북한교육과 평화통일교육

한 나라의 교육을 알면 그 나라의 미래를 알 수 있다

KB193326

북한교육과 평화통일교육

한 나라의 교육을 알면 그 나라의 미래를 알 수 있다

초판 1쇄 인쇄 2025년 3월 20일
초판 1쇄 발행 2025년 3월 29일

지은이 이병호
펴낸이 김승희
펴낸곳 도서출판 살림터

기획 정광일
편집 송승호
북디자인 이순민

인쇄.제본 (주)신화프린팅
종이 (주)명동지류

주소 서울시 양천구 목동동로 293 22층 2215-1호
전화 02) 3141-6553
팩스 02) 3141-6555
출판등록 2008년 3월 18일 제313-1990-12호
이메일 gwang80@hanmail.net
블로그 https://blog.naver.com/dkffk1020
한국교육연구네트워크 https://www.kednetwork.or.kr

ISBN 979-11-5930-316-6 03370

북한교육과 평화통일교육

한 나라의 교육을 알면 그 나라의 미래를 알 수 있다

이병호 지음

살림터

한반도 평화와 평화통일교육,
그 토대와 디딤돌을 희망하며

남북이 분단된 지 2025년 현재 80여 년이 되었다. 그러나 분단과 적대적 남북관계의 지속과 반복은 계속되고 있다. 윤석열 정부가 들어선 지 1년 8개월 된 2024년 1월 북한은 "통일은 끝났다"라며 남북은 '적대적 두 교전국가'임을 선언했다. 한국에서는 2024년 9월 19일 임종석 전 대통령 비서실장의 "통일하지 맙시다"라는 발언이 큰 사회적 논쟁거리가 되기도 했다.

북한은 두 교전국가 선언 이후 통일 관련 국가 부서를 없앴으며, 경의선과 동해선 철로와 도로 파괴 등 남북 화해와 교류·협력의 산물 대부분을 파괴했다. 이어 한국의 대북 전단 살포 방치와 대북방송, 평양의 무인기 발견 등 적대적 행위에 대한 상응 조치로, 북한의 오물풍선 날리기 등 남북의 대립 상황은 일촉즉발의 전쟁위기에 처했다.

이 같은 상황에서 2024년 12월 3일 밤 대통령 윤석열은 "북한 공산 세력의 위협으로부터 자유대한민국을 수호하고 우리 국민의 자유와 행복을 약탈하고 파렴치한 종북 반국가 세력들을 일거에 척결하고 자유 헌정 질서를 지키기 위해 비상계엄을 선포한다."라는 비상계엄을 선포했다. 이는 한국의 극우 보수 정치인 또는 정당이 분단과 적대적 남북관계를 집권과 통치에 어떻게 악용해 왔는가를 잘 보여주는 대표적인 사례라 할 수 있다.

　분단과 적대적 남북관계의 지속과 반복이 계속되는 상황에서 남북 평화와 공영 그리고 평화통일 가능성은 매우 낮다. 이른바 민주·진보 진영이라는 정부 또는 대통령이 들어선다 해도 큰 차이가 없을 것 같다. 분단과 적대적 남북관계의 구조적 요인을 적극적으로 제거하려는 의지와 노력이 없다면 분단과 적대적 남북관계는 지속되기 때문이다.

　문재인 정부 시절 2019년 2월 27~28일 하노이 북미회담 결렬로 남북관계는 이명박·박근혜 정부 시절의 차가운 남북관계로 돌아갔다. 문재인 정부에 이어 등장한 윤석열 정부의 남북관계는 50여 년 전인 1972년 7·4 남북공동성명 이전 시기로 돌아갔다고 할 정도로 참혹했다. 이 같은 측면에서 남북의 평화적 통일은 당분간 어렵다고 추정할 수 있다. 남북의 평화통일은 장기과제로 하고, 남북 화해와 교류·협력의 재개를 위한 남북 간의 적극적인 노력으로 평화와 공영을 위한 노력을 당면과제로 하는 것이 더 합리적이고 효과적이라고 할 수 있다. 그러나 이 같은 과제의 완수도 쉽지 않다고 볼 수 있다. 무엇보다 극우 보수 정권의 재집권 가능성이 여전히 높거나 지속될 수 있기 때문이다.

남북 평화와 공영, 나아가 평화통일을 위한 우선 과제는 무엇일까? 여러 과제가 있지만 첫째, 북한의 로동신문과 조선중앙TV 등 북한의 방송과 신문을 한국 국민이 객관적이고도 비판적으로 볼 수 있도록 개방하는 것을 제안한다. 이것은 북한을 바르고 제대로 알 수 있는 가장 합리적이고 효과적인 방법이 될 것이기 때문이다.

둘째, 한국에서 외국군대와 연합군사훈련을 중단하여 파기된 9·19 남북군사합의를 복원하고, 개성공단을 재가동하며, 금강산과 개성관광에 이어 평양 및 원산 그리고 백두산 관광까지 가능하게 하는 것이다. 이렇게 될 때 2세를 포함한 이산가족 상봉이 가능하고 평양 마라톤대회에 해외 동포를 포함한 한국 달림이 들의 참가 등으로 남북관계가 활기를 되찾으리라 기대된다.

셋째, 유·초·중·고 학생들을 위한 평화통일교육 기준을 현재와 같이 집권 정부의 북한관·통일관에 크게 영향을 받는 통일부 산하 국립통일교육원이 아닌, 교육의 정치적 중립을 지향하며 미래 지향적이라 할 수 있는 교육부와 한국교육과정평가원, 한국교육개발원 등 국가교육기관의 관리와 지원을 받는 기관에서 연구 개발하는 것이다. 이렇게 연구 개발된 시안은 공청회를 통해 국민 의견을 수렴하고 최종적으로 국가교육회의에서

심의 결정하여, 교육부 장관이 국가교육과정개정기에 다른 교과 교육과정기준들과 함께 고시할 수 있다. 이 책 III부 '한국의 평화통일교육 방향'에서 4장 중 3장(9·10·11장)에 걸쳐 독립교과목 개설의 필요성과 방법에 대해 서술한 이유가 여기에 있다.

교과목 개설 필요성에 대한 나의 이 같은 주장에 많은 평화통일교육자들은 대체로 부정적인 입장이라 할 수 있다. 대표적인 이유는 '북한과 통일에 대한 다양한 견해가 상충하는데 온전한 교육과정기준 개발이 가능하겠냐'는 회의론이다. 그러나 이런 회의론은 다양한 견해가 상충되기 때문에 교과교육과정전문가들이 오랜 시간 연구와 협의를 통해 개발해야 한다는 국가교육과정개발의 필요성과 원리에 대한 이해의 부족에서 기인한다고 할 수 있다. 또 다른 회의론은, 독립교과목이 개설되면 기존 범교과학습주제로서 학교 교육이 없어지느냐는 것에 대한 우려다. 그러나 독립교과목이 개설된다 하여 범교과학습주제로서 교육이 사라지는 것이 아니다. 특히 이런 일이 있어서는 안 된다. 독립 교과목이 개설되더라도 범교과학습주제로서 평화통일교육은 지금과 같이 지속 또는 더욱 확대되어야 한다.

나는 이 책에서 남북 평화와 공영을 위해서는 북한을 바르고 제대로 이해하는 것이 우선 과제라고 보고, 북한의 교육역사와 실제를 살펴봄으로써 북한에 대한 지식과 이해를 높이려고 했다. 북한의 역사를 김일성 시기와 김정일 시기 그리고 현재의 김정은 시기로 나눈 뒤, 주요 역사적 사건 및 교육 변화를 중심으로 북한 교육사와 실제를 살폈다(Ⅱ. 북한교육의 역사와 실제).

한편, 이 책에서는 북한을 제대로 이해하려면 북한 건국의 토대가 된 사회주의에 대한 이해가 중요하다고 보고, 사회주의 교육의 역사와 실제에 대해서도 살폈다. 자본주의의 자본 소유 여부에 따른 '부익부 빈익빈' 문제의 해결을 위해, 1800년대 초반 영국과 프랑스 등 유럽에서 나타난 사회주의는 여러 변화와 발전 그리고 자본주의와 대립을 거듭하다가 1990년대 초 몰락했다. 그러나 사회주의는 자본주의의 문제점을 개선하는 데 많은 기여를 했으며, 현재도 자본주의 또는 개인중심주의의 문제점을 해결 또는 개선하는 데 많은 역할을 하고 있다고 할 수 있다.

현재 러시아는 사회주의 국가가 아니다. 중국도 적어도 경제 및 사회·문화 분야에서는 사회주의 국가가 아니라고 할 수 있다. 북한 역시 사회주의 국가로 출발했지만 정치와 경제, 사회·문화 등 여러 측면에서 건국 초 사회주의 국가로서의 모습을 찾기 어렵다. 사회주의 이념이나 가치보다는 다른 국가들과 같이 국가의 존속과 유지·발전을 최우선으로 하는 실용주의와 합리주의를 추구하는 국가라고 할 수 있다.

좋은 책을 위해 나름대로 노력했지만 미흡한 점이 많다. 특히 사회주의 교육의 실제 부분에서는 많은 연구가 필요하다. Ⅲ부 '한국의 평화통일교육 방향'에서는 교과목 개설의 필요성과 방법 및 내용에 대해 집중적으로 살폈는데, 더욱 다양한 측면에서 많은 연구가 필요하다. 이런 측면에서 최근 출간된 『통일교육의 페다고지』(김병연. 박영스토리, 2025)는 잘 쓰여진 좋은 책으로, 이 책과 함께 보면 유익하다 할 수 있다. 12장 '분단과 적대적 남북관계 지속과 반복의 구조적 원인과 해결' 역시 더 많은 사람의 관심과 연구 그리고 논의를 통해 발전시켜야 할 부분이다. 아울러 내가 2019년 10월부터 2024년 8월까지 한겨레신문 '왜냐면'에 기고한 12편의 칼럼을 부록에 실었다. 해당 칼럼의 QR코드를 통해 볼 수 있는데, 이 칼럼들은 나의 교육관과 남북관계관을 이해하는 데 도움이 될 것 같다.

이 책은 많은 분의 관심과 도움으로 출간할 수 있었다. 특히 나를 북한 연구 영역으로 안내해 주신 김화순 박사님, 많은 자료를 보내 주시고 크게 응원해주신 신효숙 전 남북하나재단 박사님, 최근 북한교육에 대해 많은 연구를 하시고 질문에 친절히 답해주신 김지수 한국교육개발원 박사님, 교육과정 일반 연구자로서 평화통일 교육과정에 관한 많은 연구를 하신 김진숙 전 한국교육과정평가원 박사님, 한국 평화통일교육의 토대를 닦았다고 할 수 있는 한만길 전 한국교육개발원 석좌연구위원님, ㈜코리아통합연구원을 설립하신 정지웅 아신대 교수님, 한국통일교육학회장을 역임하신 박찬석 공주교대 교수님 등 여러 선후배 박사님과 동료 연구자, 그리고 교육자와 시민활동가 여러분께 깊이 감사드린다. 바쁘신 중에도

멀리서
바람불어와
풍경소리
들리면

보고싶은
내마음이
찾아온줄
말아라

정호승시 풍경소리
지어쓰다

미흡한 책에 과분할 정도로 좋은 추천사를 써 주신 김연철 인제대 교수님 (전 통일부장관), 서보혁 통일연구원 선임연구위원님, 한만길 전 한국교육개발원 석좌연구위원님께도 깊이 감사드린다. 끝으로 아내 지연 박미선 선생님께 깊은 감사와 사랑의 마음을 전한다.

 아내의 습작을 보며 처자식을 북에 두고 내려와 〈꿈에 본 내 고향〉을 자주 부르시던 선친이 생각나는 이유가 무엇인지 곰곰이 생각해 본다. 모쪼록 이 책이 남북 평화와 공영, 나아가 평화통일에 작으나마 도움이 되길 기원한다.

을사늑약 120년 해방과 분단 80년, 2025 을사년 3월
서창동에서 이병호

평화통일교육의 더 나은 발전을 위하여

김연철(전 통일부 장관, 인제대 통일학부 교수)

분단이 길어지면서 통일의 기대감이 낮아지고, 대결이 길어지면서 협력의 기억도 잊히는 현실이다. 그러나 우리가 겪고 있는 정치, 경제, 외교 거의 모든 분야의 약점과 한계는 분단 모순과 연결되어 있다. 때로는 비관적 현실주의가 정확한 상황 파악에 도움을 주지만, 아무리 어렵고 복잡한 문제라도 해결할 수 있다는 낙관주의가 결국 미래의 문을 연다. 분단 극복을 위해서는 분단의 현실을 알아야 한다. 북한 교육과 평화통일에 관한 이병호 박사의 책이 분단 극복의 가능성을 넓히는 데 도움을 주었으면 한다.

이 책은 먼저 사회주의 교육의 이론과 역사를 살펴본다. 19세기 사회주의 사상이 등장하던 시기의 교육철학부터, 현실 사회주의 즉 소련과 동독 그리고 중국 교육정책의 특징을 소개한다. 북한을 이해하기 위해서는 비교사회주의적 시각이 중요하다. 다른 사회주의 국가와의 공통점과 차이점을 비교해 보면, 북한 체제의 보편적 특징뿐만 아니라 특수한 성격을 이해할 수 있다.

그리고 이 책은 북한 교육을 다룬다. 소련 군정 시기부터 교육정책의 역사를 시대별 특징을 중심으로 살펴본다. 북한 체제도 지도자의 통치 스타일에 따라 특징이 다르고, 세대 변화에 따라 사회상이 다를 수밖에 없다.

교육정책은 정치·사회적 변화를 반영한다. 특히 이 책에서 다루는 김정은 시기의 교육정책 변화는 중요하다. 김정은 체제는 김일성·김정일 시기와 연속성도 있지만, 세대 변화에 따른 차이점도 크기 때문이다. 특히 학제 개편을 비롯한 몇 가지 제도변화는 앞으로 북한 체제를 전망할 때 주의 깊게 들여다볼 주제다.

3부 평화통일교육과 관련해서는 특히 두 가지가 눈에 띈다. 하나는 방향이다. 저자는 교류와 협력을 통한 상호이해를 강조한다. 특히 북한 방송을 비롯한 상호 정보 개방의 중요성을 주장한다. 독일의 평화적인 통일 과정에서 방송은 가장 중요한 역할을 했다. 동독 주민들이 통일조약 투표에 적극적으로 찬성할 수 있었던 이유는 방송을 통해 접했던 서독 사회에 대한 이해였다. 여전히 북한 방송 개방에 부작용을 우려하는 목소리도 적지 않지만, 상호인식의 변화가 평화통일의 기반이 될 수 있는 긍정적 역할이 있다는 저자의 의견을 경청할 필요가 있다.

그리고 이 책은 학교 통일교육의 개혁 방향을 제시한다. 통일평화 교육을 독립교과목으로 만들고 교육부 중심의 통일교육을 체계적으로 추진하기 위해 통일교육지원법 개정이 필요하다는 의견이다. 또한 이 책은 통일교육 관련 교과서 집필 기준을 비롯한 상세한 개편 방향을 제시한다.

평화통일교육에 관해서는 의견이 다양하다. 인문 교양을 포함해서 학생들의 인격과 품성을 높이기 위한 교육철학의 방향 전환이 필요하다. 평화통일교육과 관련해서도 갈등 해결의 지혜를 포함해서 일상생활에서 평화만들기의 경험을 체험할 수 있어야 한다. 독일을 비롯한 평화교육을 강조하는 선진국 사례에서 시사점을 찾아야 할 것이다.

평화통일교육의 제도 개혁과 관련해서는, 통일부와 교육부의 관계, 학교 통일교육과 사회통일교육의 연계 등 많은 쟁점이 있다. 각 기관의 역할을 인정하면서도 협력을 통한 시너지가 있으면 좋겠다. 나아가 교육부와 교육청의 관계에 대해서도 더 나은 대안을 모색할 필요가 있다. 저자의 주장이 계기가 되어, 폭넓은 토론을 통해 평화통일교육의 거버넌스 체제에 대한 대안이 만들어지기를 기대한다.

아일랜드 출신의 시인 예이츠는 "평화는 천천히 오는 것"이라고 했다. 다시 세계적으로 전쟁과 내전, 갈등과 혐오가 넘치는 세상에서 평화의 가치가 더욱 소중해졌다. 일상에서, 조직에서, 국가에서, 평화의 감수성은 학교에서 만들어진다. 그만큼 학교에서 평화교육은 중요하다. 남북관계에서 두 국가론이 나오고 분단에 익숙해지고 있지만, 분단 극복의 과제 역시 소홀히 해서는 안 된다. 통일이라는 개념도 시대와 세대가 변하면서 의미의 폭이 넓어지고 있다. 통일교육의 내용 또한 더욱 풍부해져서 더 많은 사람이 공감하기 바란다. 이 책이 평화통일교육의 더 나은 발전을 위한 기회를 제공하기 바란다.

통일교육의 의의와 역할에 대한 외길의 외침

서보혁(통일연구원 선임연구위원, 북한연구학회 제30대 회장)

평화와 통일이 멀어져가는 듯한 시기에 평화통일교육의 기치를 다시 들어올렸다. 당위에 머무르지 않고 그 이유와 방도를 설득력 크게 제시하고 있다. 북한을 타자가 아니라 서로-주체의 일부로 여기며 다가갈 길을 열어줄 탁월한 저작이다.

교육이든 그 어떤 정책이든, 이론과 실무, 당위와 현실을 균형 있게 제시할 때 정당성과 가능성을 함께 내다볼 수 있다. 학교와 시민단체 그리고 분단의 현장 곳곳에 이병호 박사는 있었고, 거기서 그가 길어 올린 통일과 평화의 영감이 오늘 그의 평화통일교육론에 융해되어 있다. 이 박사만큼 평화통일교육의 이론과 실제, 당위와 방법을 조화시킬 능력을 겸비한 사람은 많지 않을 것이다. 수십 년에 걸친 그의 통일교육 연구의 족적을 담은 이 책은 그의 역량을 다 담아내기에 부족할 수 있지만, 그만큼 그는 오랜 시간 평화통일교육에 헌신해왔다. 늦어서 더욱 반가운 그의 첫 단독 저서 출간을 환영하고 축하드린다.

3부로 구성되는 이 책의 첫 파트가 '사회주의 교육'인 것은 의외이고 그

만큼 창의적이다. 냉전체제가 붕괴한 지 30년이 훌쩍 지나고 있는데 평화
통일교육과 북한 교육의 전제로서 사회주의 교육에 대한 이해가 있어야
한다는 것은 저자의 소신일 것이다. 사회주의 교육은 자본주의와 자본주
의 체제 아래 진행되는 교육의 문제들에 대한 일말의 해독제 역할로 남아
있다는 점에서, 평화통일교육을 위해서가 아니라도 필요할지 모른다.

제Ⅰ부에서 분단 상태였던 동독과 오늘날까지 존속하는 중국의 사회주
의 교육에 대한 논의는 북한 교육과 평화통일교육 구상에 배경 지식과 함
의를 제시하므로 결코 시대착오적이지 않고, 저자가 북한 및 평화통일교
육을 깊이 궁리해온 사실을 보여주는 대목이다. 특히, 중국의 교육에 실
용성이 있다는 점은 사회주의 교육관이 평화통일교육에 주는 함의가 적
지 않을 수 있어 보다 깊은 연구가 필요하다.

북한 교육은 평화통일교육의 전제가 됨은 물론, 나아가 평화통일교육
의 일부로도 충분히 볼 수 있다. 객관적으로 존재하는 한 정치·사회 구성
체이자 주민의 삶의 현장으로서의 북한에 대한 이해 없는 평화통일교육
은 일방적이고 비현실적이기 때문이다. 그런 점에서 이 책의 제Ⅱ부를 '북
한 교육의 역사와 실제'로 잡아서 6개 장에 걸쳐 북한 교육에 대한 통시적
이해와 정책적 평가를 전개한 점은 탁월하다. 저자의 깊은 평화통일교육
관을 재확인할 수 있는 대목이다.

북한 교육의 전개 과정을 일별한 뒤 저자는 제8장에서 '김정은 시대 북
한 교육의 평가와 전망'을 시도하면서 무상 의무의 사회주의 교육의 이상
을 추구하는 점을 장점으로 꼽는다. 동시에 정치사상 중심의 교육과정과
재정적 열악함을 문제로 지적하며 균형적인 평가를 시도한다. 그럼에도

그런 북한 교육의 문제점을 북한 스스로, 혹은 남북 교류를 통해 해결할 수 있는지는 앞서 제시한 타 사회주의 국가들의 경험과 국제 규범 등을 통해 깊이 연구할 과제로 다가온다.

　이 저작이 기존 평화통일교육 저작과 특별히 차별화되는 것은 이 책의 제Ⅲ부다. 저자는 '한국의 평화통일교육과 정책의 개혁'에 대해 오랫동안 깊이 탐구해왔고, 그만큼 이 부분이 책의 백미다. 평화통일 교과와 교육시간, 그리고 이 교과교육과정과 기준의 연구개발을 두 장에 걸쳐 분석하고, 제11장에서 '평화통일 교과용 도서 편찬과 검정기준 개발'을 대안으로 제시한다. 2015, 2022 개정 교육과정에 따른 교과서 집필기준 비발간이 통일교육 개선에 주는 의미와 과제를 깊이 있게 논한다. 그러면서 학교 통일교육에서 교육의 전문성과 자율성 확보, 관련 연구 및 교육기관의 참여 문제를 제기하는 등, 통일교육 관련 교과서 집필기준의 문제점을 날카롭게 다룬다. 저자는 모순적인 대북관 및 통일관, 통일교육 정책상의 단기적 이익과 장기적 이익의 긴장, 그리고 통일 여론의 전반적 악화가 영향을 미치고 있음을 상세하게 다룬다.

　필자는 청소년들과 교사들 사이에 통일의식의 차이가 있다는 사실을 알게 되었는데, 그것이 통일 교과 개발에 어떤 영향이 미칠지가 궁금하다. 마지막 장에서 저자가 '분단과 적대적 남북관계의 지속과 반복의 구조적 원인과 해결'을 다룬 것은 평화통일교육이 결국 분단 극복이라는 대과제에 복무해야 하고, 그와 관련한 정세가 이 교육의 방향에 결정적인 영향을 미침을 강조하기 위함이라고 본다.

통일이 멀어져가는 듯한 시국에 통일교육의 의의와 역할을 강조하는 것은 저자의 외길의 외침으로 들린다. 그러나 그 목소리는 평화와 통일 없이 한반도의 미래와 그 구성원들의 안녕이 불가능하다는 울림으로 돌아온다. 이 저작은 저자의 오랜 경륜이 깊이 밴 결실이라는 점뿐만 아니라, 타자로서의 북한이 서로-주체의 일부로 승화할 가능성을 그리고 있다는 점에서 오래 회자되리라 확신한다.

평화로운 한반도를 위한 과업에 크게 기여할 책

한만길(전 한국교육개발원 석좌연구위원, 흥사단 공의회 의장)

오랜만에 북한 교육과 평화통일교육 분야의 저서가 출간되어 반갑습니다. 최근 남북한을 비롯한 한반도 주변 상황이 긴장되고 엄혹하여 남북관계 개선을 위한 노력이 절실합니다. 이 책이 올바른 북한 이해를 돕고 평화통일의 희망을 새롭게 다지는 디딤돌이 될 것으로 기대합니다.

2024년 1월 북한은 '통일은 끝났다'라며 남북은 '적대적 두 교전국가'임을 선언했습니다. 윤석열 대통령은 3·1절 기념사에서 통일을 여덟 번 언급하며, 민족공동체 통일방안에는 자유주의적 철학 비전이 빠져 있어 새로운 통일관을 마련하겠다고 했습니다. 아울러 "우리가 추구하는 통일은 인류 보편적 가치인 자유에 근거해야 하며 북한 주민 한 명 한 명의 자유를 확대하는 통일이 되어야 한다."고 밝혔습니다.

문재인 정부와 윤석열 정부의 통일교육은 큰 차이가 있습니다. 문재인 정부는 남북한 평화공존을 통한 공동번영을 추구하면서 평화의식에 기초하는 '평화·통일교육'을 모색했습니다. 반면 윤석열 정부는 북한의 핵미사일 위협에 대응하여 안보의식을 강조하고 자유민주주의를 북한에 전파하는 공세적인 관점인 '안보통일교육'을 강조했습니다. 이것은 남한의 자유민주주의를 북한에 확장하는 흡수통일 방식의 구상이라 할 수 있습니다.

남북한 관계개선을 통해 평화로운 한반도를 유지하는 것은 시급한 시대적 과제입니다. 남북한의 경색된 국면이 장기화되고 군사적 긴장관계가 고조되는 상태가 이대로 계속되어선 안 됩니다. 남북한은 하루빨리 관계개선을 위해 대화와 회담을 재개해야 하고, 상대방을 이해하고 존중하면서 상호 실리를 추구하는 정상적 관계로 나아가야 합니다.

이 책은 북한 교육에 대한 이해를 도모하고 평화통일교육의 방안을 제시한다는 점에서 중요한 의미가 있습니다. 특히 북한 그리고 북한 교육의 토대가 되는 사회주의 및 사회주의 교육에 대해 상세히 살핀 것은 새로운 시도입니다. 북한 교육의 역사와 현실, 전망을 김일성 시기, 김정일 시기, 현재의 김정은 시기로 구분하여 교육정책의 변화를 차분히 짚고 있습니다.

북한은 다른 사회주의 국가와 마찬가지로 사회주의 교육이념을 토대로 교육이념과 체제를 구축했지만, 시대가 변하면서 사회주의 이념 추구보다는 실용주의 국익 추구라는 일반적인 국가교육의 특징을 지닌다고 분석했습니다. 물론 남한이나 다른 국가들과 크게 차이가 나는 사상교육 및 지도자에 대한 절대적 충성을 요구하는 특징도 있습니다.

무엇보다도 남북 분단과 적대적 관계를 종식해야 한다는 저자의 시각에 공감합니다. 남북한의 평화와 통일을 위해서는 먼저 북한을 바르고 정확히 이해해야 하는데, 이런 점에서 이 책은 북한 이해의 폭을 넓히는 데 도움을 줍니다. 북한 교육의 다양한 측면을 제대로 보면서 북한 교육의 변화하는 모습을 이해하고 인정하는 것이 평화통일교육의 시작이라 할 수 있습니다.

　평화통일교육을 국가교육개혁을 위한 과제로 채택하고 있다는 점은 획기적입니다. 평화통일교육의 온전한 실현을 위해서는 교육의 정치적 중립성이 매우 중요합니다. 이 책은 정권교체와 변화에 흔들림 없는 평화와 평화통일에 관한 국가교육과정기준을 세워야 하고, 이를 위해 평화통일교육 과목을 독립 교과목으로 채택할 것을 제안합니다. 평화통일교육을 독립교과목으로 개설할 뿐만 아니라, 범교과학습주제로서 더 많은 교육시간과 교육기회를 확대해야 한다고 강조합니다.

　우리 국민은 정권이 교체될 때마다 통일정책이 변화하는 혼란스런 모습을 경험해 왔습니다. 그동안 남북관계에는 대화와 협력의 시기가 있는가 하면, 단절과 대립의 모순적인 상황도 있었습니다. 지난 남북관계의 역사는 갈등과 대립의 역사이면서 대화와 협력의 역사이기도 합니다. 이러한 남북관계의 파란만장한 역사는 우리에게 평화통일로 가는 여정에서 소중한 자원입니다.

　우리는 남북관계에서 교류와 협력을 위해 노력해 왔으며, 풍부한 경험과 사례가 있습니다. 이러한 남북협력의 사례는 평화통일의 기반이며 평화통일교육을 위한 중요한 자원입니다. 이를 복원하여 토론하고 논쟁하는 것이 통일교육의 원리이며 기본 과업이라 할 수 있습니다. 이런 과업을 실현하는 데 이 책이 크게 기여하리라 기대합니다. 평화로운 한반도를 그리며….

| 차 례 |

여는 글

한반도 평화와 평화통일교육, 그 토대와 디딤돌을 희망하며 _4

추천사

평화통일교육의 더 나은 발전을 위하여 / 김연철 _12

통일교육의 의의와 역할에 대한 외길의 외침 / 서보혁 _15

평화로운 한반도를 위한 과업에 크게 기여할 책 / 한만길 _19

I 사회주의의 교육

1 사회주의 교육의 역사 _27

2 사회주의 교육의 실제 _48

II 북한 교육의 역사와 실제

3 소련 군정과 교육형성(1945~1948) _75

4 주체사상 형성과 교육성장(1948~1994) _90

5 '고난의 행군기'와 교육혁신(1994~2011) _109

6 김정은의 등장과 교육개혁(2012~) _133

7 김정은 시대 교육 발전(2012~) _146

8 김정은 시대 북한 교육의 평가와 전망(2012~) _174

III 한국의 평화통일교육과 정책의 개혁

9 평화통일 교과목 개설과 교육시간 확대 _191

10 평화통일 교과교육과정과 기준의 연구개발 _217

11 평화통일 교과용 도서 편찬과 검정기준 개발 _243

12 분단과 적대적 남북관계의 지속과 반복의 구조적 원인과 해결 _277

부록 _308

참고문헌 _310

찾아보기 _320

I

사회주의의 교육

1

사회주의 교육의 역사

자본주의에서 사회주의로의 변화는 정치·경제 구조의 변화만이 아니라
노동·사회관계·사회 전반에 걸친 사고 변화까지를 수반한다.
사회의식은 무엇보다도 사회·경제적 조건을 발전시키는 요소다.
교육은 계획된 의식의 체계적 형상화를 뜻한다.
사회주의자는 사회변혁의 한 수단으로서 교육의 중요성을 깨닫고 있으며,
그들의 전략에서 교육을 우선순위에 둔다.

_스티븐 캐슬·비브케 뷔스텐베르크(1979)

북한은 사회주의 국가이며 사회주의 교육을 한다. 따라서 북한과 북한
교육을 이해하려면 사회주의와 사회주의 교육을 이해해야 한다. 사회주
의 사상의 등장은 산업자본주의 발달에 따른 노동력 착취와 인간성 상실
에 대한 반발에서 비롯되었다고 할 수 있다. 즉, 사회주의 사상의 형성은
산업자본주의가 가장 먼저 발달하고 그 병폐도 심했던 19세기 초, 영국의
로버트 오언과 프랑스의 생시몽 및 샤를 푸리에 등 유럽 사상가들에 의해
시작되었다고 볼 수 있다. 사회주의 교육의 형성과 시작 역시 로버트 오언
(Robert Owen, 1771~1858, 영국 웨일스)이 대표적 인물이라 할 수 있다.

이 장은 1) 스티븐 캐슬과 비브케 뷔스텐베르크의 『사회주의 교육의 이
론과 실천』, 2) 사회주의 국가에서 교육의 중요성, 3) 로버트 오언의 유년
시절과 교육, 4) 1800년대 초 영국의 유·소년학교, 5) 로버트 오언의 뉴 라
나크(New Lanark) 학교, 6) 마르크스의 '전반적 교육과 종합기술교육'을 통해

사회주의 교육의 형성과 변화에 대해 살펴본다. 사회주의 교육 형성과 변화에 대한 이해는 북한 교육 형성과 변화를 이해하는 출발점이라고 할 수 있다.

『사회주의 교육의 이론과 실천』

이 책 1장과 2장의 절반 정도는 스티븐 캐슬과 비브케 뷔스텐베르크가 쓰고 이진석이 옮긴 『사회주의 교육의 이론과 실천The education of the future: an introduction to the theory and practice of socialist education』(1979, London Pluto Press; 1990, 서울: 푸른나무)을 중심으로 사회주의 교육의 형성과 시작에 대해 살펴본다.

스티븐 캐슬(Stephen Castles, 1944-2022, 호주)은 말년에 시드니 대학교의 사회학 명예교수를 지냈으며, 2006~2009년에는 옥스퍼드 대학교 국제이주연구소(IMI) 재단 이사를 역임했다. 그는 사회학자이자 정치경제학자로서 아프리카, 아시아 및 유럽의 국제 이주 역학, 글로벌 거버넌스, 이주 및 개발, 이주 동향 등에 대해서도 많은 연구를 했다(국제이주연구소IMI, 2022). 비브케 뷔스텐베르크(Wiebke Wüstenberg, 독일)는 교육학·심리학·사회학자로, 프랑크푸르트 암마인 응용과학 대학교수를 지냈고(1979~2007), 프랑크푸르트 응용과학대학 "Research-Oriented Children's House" 과학자문위원회 위원을 역임했다. 괴테 대학교에서 교육학, 심리학, 사회학을 전공했고(1969~1973), 1991년 「1~2세 아동의 사회적 능력」으로 박사학위를 받았다. 현재까지도 활발한 연구 및 활동을 하고 있다.

이 책은 1979년 스티븐 캐슬과 비브케 뷔스텐베르크에 의해 런던에서 처음 발간되었다. 따라서 독일 통일이나 소련 등 동유럽의 사회주의 붕괴를 예측할 수 없는 상태에서 쓰여졌다. 한편, 한국어본이 출간된 것은

1990년 3월이다. 독일 베를린 장벽은 붕괴되었지만(1989.11.09), 공식적인 독일통일 선언이 이루어지기(1990.10.03) 전이다. 특히, 구소련 등 동유럽의 사회주의 붕괴는 예측하기 어려운 시기였다. 이와 같은 시대 배경에서 쓰였고 한국에서 번역 출간된 이 책은 사회주의 교육의 형성과 변화를 이해하는 데 매우 유용한 책이다.

스티븐 캐슬

비브케 뷔스텐베르크

[그림 1-1] 『THE EDUCATION OF THE FUTURE』 원본과 한국어본

사회주의 국가에서 교육의 중요성

스티븐 캐슬과 비브케 뷔스텐베르크는 사회주의 국가에서 사회주의 전략으로서 교육의 중요성을 이렇게 설명한다.

자본주의로부터 사회주의로의 변화는 정치·경제 구조의 변화만이 아니라 노동, 사회관계, 사회 전반에 걸친 사고의 변화까지를 수반한다. 사회의식은 무엇보다도 사회·경제적 조건을 발전시키는 요소다. 달리 말하면 의식과 물질적 조건의 관계는 변증법적이다. 낙후된 의식은 물질적 조건의 변화를 저해하며, 그 역도 성립한다.[1] 교육이란 계획된 의식의 체계적인 형상화를 말한다. 사회주의자는 사회변혁의 한 수단으로서 교육의 중요성을 깨닫고 있으며, 그들의 전략에서 교육을 우선순위에 둔다[스티븐 캐슬·비브케 뷔스텐베르크. 이진석 옮김(이하 '앞의 책'), 1990: 13].

스티븐 캐슬과 비브케 뷔스텐베르크는 교육은 생산수단을 통제하는 계급에 의해 좌우된다고 본다. 특히 교육은 다음과 같은 두 가지 중요한 기능을 한다고 본다. 하나는 '특정 계급의 한 사람으로서 정해진 일을 하는 데 필요한 일반적 능력과 직업훈련을 제공하는 것'이다. 또 하나는 '현존 계급지배 형태를 합법화하는 정치·종교적 이데올로기를 받아들이게 하는 것'이다(앞의 책, 1990: 14). 그런데 스티븐 캐슬과 비브케 뷔스텐베르크의 두 가지 교육 기능은 사회주의 국가뿐만 아니라 자본주의 국가에서도 동일하다고 할 수 있다. 스티븐 캐슬과 비브케 뷔스텐베르크는 사회주의 혁명 이후에도 교육은 계속 중요한 문제라고 하며 다음과 같이 말한다.

----

1 독일 관념론의 완성자라 불리는 헤겔(Georg Wilhelm Friedrich Hegel, 1770~1831, 독일)은 "역사발전은 인간의 절대정신(관념)에 의해 변증법적으로 변한다"고 했다. 한편 칼 마르크스는 헤겔의 변증법적 발전을 수용했지만, 세계를 바꾸는 것은 정신(관념)이 아니라 물질(물질적 조건, 사회환경이나 체제 등)이라고 보았다. 이것이 칼 마르크스의 변증법적 유물론 또는 유물사관의 핵심이라 할 수 있다. 한편, 칼 포퍼(Karl Raimund Popper, 1902~1994, 영국)는 초기에는 사회주의 사상을 추구했으나 칼 마르크스의 변증법적 유물론을 받아들일 수 없어 결국 칼 마르크스의 사상과 단절했다. 그러나 스티븐 캐슬과 비브케 뷔스텐베르크는 『사회주의 교육의 이론과 실천』(1979)에서 "또한 그 역도 성립한다"고 하여 헤겔의 변증법적 관념론이나 칼 마르크스의 변증법적 유물론을 모두 수용하고 있음을 추정할 수 있다. 한편, 로버트 오언은 헤겔이 태어난 다음 해에 영국 웨일스에서 태어나, 두 사상가는 같은 시대에 살았던 인물이다.

혁명정부는 낡은 사회로부터 물려받은 정치·경제·사회 구조를 변혁시켜야 한다는 과제에 직면한다. 이 과제가 달성되지 않는 한 자본주의로 돌아갈 위험은 어떤 형태로든 계속 남는다. 또 이 과제는 물질적 조건뿐만 아니라 사회의식을 변화시키는 문제이기도 하다. 사람들의 문화수준과 사회인식 방법은 자본주의에 의해 형성되어 왔다. 즉, 개인주의, 이윤추구, 경쟁 그리고 육체노동보다 정신노동이 우월하다는 신념과 같은 여러 가치는 사회주의를 건설하는 데 더는 적절치 않다(앞의 책, 1990: 15-16).

이 글은 사회주의 국가 건설 76주년을 맞는 2024년 현재 북한이 체제 유지와 국가 발전을 위해 효과적인 국가교육을 실행하는 것이 여전히 중요하고 필요한 것임을 추정케 한다.

로버트 오언의 유년 시절과 교육

로버트 오언의 교육사상을 알아보기 전에 그의 출생과 유소년기 및 청년기에 대해 살펴보자. 이 시기의 경험과 삶이 그의 교육사상과 실제에 큰 영향을 미쳤다고 볼 수 있기 때문이다.

로버트 오언은 1771년 웨일즈 변방 몽고메리셔(Montgomeryshire)의 평범한 소도시 뉴타운(Newtown)에서 일곱 자식 중 여섯째로 태어났다. 오언의 아버지는 철물점 주인 겸 지역의 우체국장이었다. 유년시절 사회적·경제적으로 큰 어려움이 없었던 그는 책 읽기를 즐겼다. 소설, 문학, 시, 역사, 종교, 철학 등 다양한 분야의 책을 섭렵했는데, 특히 종교 서적을 많이 읽었고, 신학에 대해 주변 이웃들과 논쟁하는 것을 즐겼다. 책 읽고 신학 논쟁을 즐기는 애늙은이 같은 모습도 있었지만, 또래 아이들과 축구, 달리기, 춤

등 신체적 활동도 즐겼으며, 클라리넷 같은 악기를 잘 연주하여 인기와 평판이 좋았다. 어려서부터 정신적으로 조숙했고, 신체적으로는 빠르고 민첩하며 지치지 않는 체력도 지녔다. 그러나 어린 시절 그가 받은 교육은 당시 유행하던 '랭커스터식 교육'이 전부였다.[2]

학교에서 성적이 좋았던 오언은 7세에 교장 딕니스(Thickness)가 추천하여 다른 아이들을 가르치는 교사 역할을 하면서 용돈 벌이를 했다. 오언은 이런 부실한 학교를 혐오했는데, 그가 2년간 학교에 있던 것을 허송세월이라고 할 정도였다. 어린 시절의 그가 보더라도 이런 랭커스터식 교육 시스템은 결함이 많았다. 기본적인 읽기와 쓰기, 사칙연산 등 교육 내용이 정규교육보다 부실했기 때문이다.

1780년 2년간의 조교 생활을 마친 오언은 겨우 10세 소년이었지만, 10세가 되면 스스로 생계를 책임지는 당시 관습대로 일자리를 찾기 시작했다. 곧 이웃이 경영하는 포목점 겸 채소 가게에 직원으로 채용되어 기본적인 장사 기술을 익혔다. 그는 마을에서 조수로 일하다 1년 뒤 런던에서 일하는 형의 연락을 받았다. 오언의 형이 런던으로 상경해서 하이 홀본(High Holborn)이란 사람에게서 가게를 넘겨받았으니 일을 도우러 오라는 것이었다. 마침 지루한 시골에서 벗어나 더 큰 세계를 보고 싶었던 그는 형에게 가겠다고 고집을 부렸고, 부모님의 허락을 받아 단돈 40실링만 가진 채 고향 웨일즈를 떠나 런던으로 가는 기차에 몸을 실었다.

20세가 된 로버트 오언은 1790년대 초, 새로운 기술이 가장 발달한 맨

---

[2] '랭커스터 교육'은 19세기 초 영국의 조셉 랭커스터(Joseph Lancaster, 1778~1838, 영국)가 만든 교육체제이자 학교다. 먼저 배운 아이가 많은 아이를 대상으로 적은 비용으로 교육하는 것이 대표적인 특징이다. 그래서 학비는 1년에 겨우 4실링이 전부였고, 교사 고용비나 학교시설 등 큰 비용이 필요하지 않았다. 이 때문에 좋은 반응이 있었지만, 정규 교육시스템 없이 어린이가 어린이를 교육한다는 한계점과 교회교육과 정규교육 과정을 지지했던 영국 상류사회의 견제로 쇠퇴하게 되었다(나무위키. https://han.gl/UAphJb. 2023.04.18). 조셉 랭커스터가 학교를 처음 세운 것은 1798년이라 할 수 있으므로 이 책에서는 '랭커스터식 교육'이라는 표현을 쓴다.

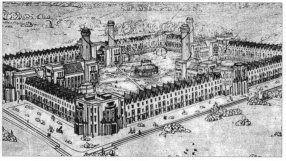

[그림 1-2] 로버트 오언과 그가 꿈꾼 뉴 하모니(New Harmony) 협동마을 구성도.
한국에선 '공상적' 사회주의자로 알려졌지만 1816년 영국 스코틀랜드 글래스고 주변 뉴 라나크에
'인격형성학교'를 세우는 등, 사회주의 교육의 시조라고도 할 수 있다.

체스터로 갔다. 21세 때 오언은 방직공장 경영자가 되었고, 여기서 생산
수단을 발전시키는 데 크게 기여했다. 동시에 18세기 유럽 계몽주의 전통
에 따라 형성된 학자와 사업가의 모임인 맨체스터 문학·철학협회에서 주
도적인 역할도 했다.[3] 루소(Jean-Jacques Rousseau, 1712~1778, 프랑스)와 엘베티우스
(Claude Adrien Helvétius, 1715~1771, 프랑스)[4] 그리고 고드윈(William Godwin 1756~1836)[5]
에 힘입어 인간 이성의 잠재력을 믿었다. 교육을 통한 체계적인 인격형성
이 중요하다는 것도 알게 되었다.[6, 7] 그는 인간을 사회환경의 산물로 보았
다. 따라서 가난과 범죄는 그에게 나쁜 환경과 교육의 산물이었다. 올바

---

3 오언은 노동자들을 자신의 행동에 책임지는 존재로 대우했다. 그는 상호 신뢰를 깨닫도록 격려하면 생산성이
   향상되고 공동체 의식이 고양되리라 확신했다. 그리고 노동자들이 교육을 받으면 목표를 더 잘 달성하리라고
   생각한 끝에 1809년 '인격형성학교(New Institution for the Formation of Character)'를 세웠다. 이 사업에 대해
   그는 동업자들의 지원을 받지 못했지만, 몇 차례에 걸쳐 동업자 관계의 변화를 겪은 후 이 건물은 마침내 1816
   년에 문을 열었고, 다음 해에 새 학교가 지어졌다(유네스코와 유산. https://zrr.kr/BwAK, 2023.09.20).
4 프랑스의 철학자이자 문학가.
5 영국의 언론인, 정치철학자, 작가.
6 G. D. H. *Coles, Socialist Thought-The Forerunners 1789-1850*, London: MacMilan, 1962, pp.87~90. 스
   티븐 캐슬·비브케 뷔스텐베르크. 이진석 옮김(이하 앞의 책), 1990: 39.
7 이같이 로버트 오언은 체계적인 인격형성을 중시했기 때문에 뉴 라나크에 세운 학교를 '인격형성학교'로 명명
   한 것으로 추정할 수 있다.

른 교육을 통해 모든 사람은 바람직한 인성을 형성할 수 있으며, 이것이 결국 사회변혁을 이끈다고 보았다. 1812~13년에 집필하여 많은 동료로부터 높이 평가받은 『사회에 대한 새로운 견해A New View of Society』에서 로버트 오언이 밝힌 기본 원칙은 다음과 같다(앞의 책, 1990: 39-40).

> 어떤 사회에서, 나아가 온 세상에서 적당한 방법을 사용한다면 가장 착한 것부터 가장 나쁜 것, 가장 무지한 것부터 가장 교양있는 것에 이르기까지 학생 또는 인간에게 어떠한 인격이라도 부여할 수 있다. 그 수단의 대부분은 인간사에 영향력을 가진 사람들의 지시나 통제다.[8]

로버트 오언은 나쁜 인격이나 비합리적인 인격을 끌어낼 수밖에 없는 기존 사회를 비판했다. 세상의 모든 정부는 그들의 가장 중요한 과제인 국민에 대한 교육을 버려두고 있었다. 오언이 보기에 불평등과 착취는 인류의 참된 이익, 즉 공동체의 행복을 증진하는 행위로 다다를 수 있는 인류의 행복을 모르기 때문에 생겨난 것이었다(앞의 책, 1990: 40).[9]

스코틀랜드의 노동자들이 그들의 새 영국인 고용주 로버트 오언을 불신하고 있었음에도 오언은 차례로 개혁을 시작했다. 첫 번째 조처는 '모니터링 학교(monitorial school)'의 충원을 금지하고 공장에 10세 미만 어린이 고용을 금지하는 것이었다.[10] 집을 개축하고 새로 지었다. 새 거리도 만들었

----

8 Robert Owen, "A New View of Society", Harold Silver(ed.), Robert Owen on Education, Cambridge : Cambridge University Press, 1969, p.71). 앞의 책, 1990: 40.

9 "오언은 그의 작은 책자를 왕과 정치가, 고용주와 과학자에게 보냈다. 그의 사회이론에는 그의 정치적 전략이 철저히 이상적이었기 때문에 계급투쟁이 들어설 여지가 없었다"라고 스티븐 캐슬과 비브케 뷔스텐베르크는 서술한다.

10 모니터링 학교는 학생들이 서로 학습하도록 돕는 모니터링 시스템이라는 교육 방법을 사용하는 학교였다. 이 시스템은 랭카스터 시스템(Lancasterian System), 마드라스 시스템(Madras System) 또는 상호 지시 시스템으로

다. 음식, 의복, 연료는 생산자로부터 직접 사들여 노동자에게 싼값으로 팔았다. 오언은 알코올 중독과 도둑질, 거짓과 사기를 처벌이 아니라 이성과 술집 수를 줄이는 것 같은 예방수단을 통해 줄여가려고 했다. 그 결과에 대해 오언은 다음과 같이 말했다.

> 고용인들은 부지런하고 절제하며 건강해졌다. 고용주에게 충실하고 다른 사람에게 친절하게 대했다. 반면 고용주는 상호 신뢰와 친절로 거의 감독 없이, 어떤 다른 수단을 쓰는 고용주가 얻을 수 있는 것보다 훨씬 많은 도움을 서로의 애정에서 얻을 수 있었다
>
> (Robert Owen, "A New View of Society", p.95).

이상은 로버트 오언의 유소년 및 청년시절 모습을 비롯하여 그의 사회주의 사상과 사회주의 교육사상이 어떻게 그리고 왜 싹텄는지를 짐작하게 한다. 아울러 로버트 오언의 사회주의 사상은 매우 구체적이며 실제적이라 할 수 있다. 이런데도 엥겔스가 로버트 오언과 생시몽·푸리에의 사상을 유토피아 사회주의(utopia socialist)라고 명명한 것을 한국에서는 '공상적(空想的, fictional) 사회주의'로 번역·사용하고 있는데, 이 용어는 평가절하된 것으로 적합하지 않다고 볼 수 있다.[11]

한편, 이윤미는 「로버트 오웬: 유토피아와 도덕적 신세계 그리고 교육」

도 알려져 있다. 이 방법은 유능한 학생이 교사의 '도우미'로 사용되어 자신이 배운 정보를 다른 학생에게 전달하는 데 기반을 둔다. 19세기 초 스페인, 프랑스, 영국이 식민지 국가에서 선배 학생을 활용한 저비용 교육을 토대로 한다. 한국어로 번역하면 '학생-교사 학교' 또는 '조교(助教)학교'가 적합하다. 이하 이 책에서는 '조교학교'로 사용한다. 참고: 위키 백과

11 한국에서 공상(空想)의 의미가 일반적으로 '허구(fiction)' 또는 '실현 가능성이 없는 것(something that is not feasible)'을 의미한다는 점을 고려할 때, 엥겔스가 말한 'utopia socialist'는 '유토피아 사회주의' 또는 '이상적(理想的) 사회주의'로 번역, 사용하는 것이 바람직하다.

(2023)에서 "교육은 인간 삶의 궁극적 희망과 관련되어 있다는 점에서 유토피아와 내재적으로 연결되어 있고(Halpin, D. 2001), 대부분의 교육실천에는 유토피아적 정신이 다양하게 드러나 있다(Lewis, 2006)"고 밝힌다. 아울러 오언의 교육사상은 당대 계몽주의에 기반하여 과학과 합리성을 지향했으며, 환경 변화를 통한 근본적 인간 변화의 가능성을 전개했다고 본다(p.84).

또한 이윤미는 오언의 개혁활동과 사상으로부터 다음과 같은 시사점을 찾을 수 있다고 본다. 첫째, 오언은 모든 인간은 평등한 행복을 추구할 목표에 대한 권리가 있다고 봤다.[12] 둘째, 작은 공동체의 힘에 관한 희망과 의미를 중시했다. 즉, 400~500명에서 2,000명 정도 규모의 작은 공동체가 '확대된 가족'처럼 밀도 있게 교류하고 함께 성장하는 자치적인 평등사회를 구상했다고 봤다. 셋째, 유토피아의 이상성과 현실성을 동시에 추구했다고 봤다. 이런 특징들을 종합할 때, 오언은 '작은 공동체들에서의 실천이 확장되어 인류 사회를 끄는 일종의 빛이 될 수도 있음을 시사했다'고 평가할 수 있다(2023: 106-108).

1800년대 초 영국의 유·소년학교

오언이 살던 당시 영국의 일반 학교의 모습을 살펴보면 다음과 같다. 제시되는 내용의 학교를 보면 다음 절에서 살펴볼 오언의 학교가 매우 개혁적이었음을 알 수 있다.

먼저 산업사회 이전 영국에는 극빈계급을 위한 학교가 없었다는 점을 유념할 필요가 있다. 시골 초등학교(dame school)는 몇몇 어린이에게 읽기와

---

12 이윤미는 이를 '무전제적 인간 평등'이라고 서술한다(2023, 107).

쓰기 기초를 가르쳤으나, 학교의 주 관심사는 어린이를 사고로부터 보호하는 것이었다. 교구 목사에 의해 유지되는 이 학교는 주로 교리문답을 가르쳤고, 도시에서는 '자선학교'가 몇몇 가난한 어린이에게 수습공인 도제가 될 수 있도록 기초교육을 했다. 그러나 시골과 도시의 대부분의 가난한 어린이는 보통교육을 받지 못하는 상황이었다(앞의 책, 1990: 34).

그런데, 퀘이커교도였던 조셉 랭카스터와 영국 국교 목사 앤드루 벨(Andrew Bell. 1753~1838)에 의해 거의 동시에 고안된 '조교학교(monitorial school)'가 있었다.[13] '조교(助敎) 제도'는 분업과 계급제도, 표준화라는 원칙에 기초한 산업혁명의 효과적인 제도라 할 수 있는데, 1천 명이 넘는 어린이가 큰 교실에 모여 교사 한 사람의 통제를 받았다.

어린이 중에서 상급생이면서 성적이 우수한 어린이는 교사에게 배우면

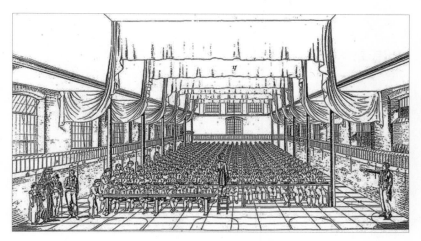

[그림 1-3] 조셉 랭카스터가 세운 조교학교(monitorial school)의 교실.[14]

서 규모가 작은 아동 집단의 교육을 담당했다. 모든 말과 행동은 꼭 짜인 시간표에 따라 이루어졌다. 교사는 타종이나 신호로 지시했고, 주된 교육 방법은 암기하는 것이었으며, 교재는 어린이로서는 도저히 이해할 수 없는 신학 교재였다(앞의 책, 1990: 35). 이런 조교학교에 로버트 오언이 다녔고 10세에 로버트 오언은 조교가 되었다.

한편, 노동계급 어린이를 위한 새로운 형태의 학교는 1833년의 공장법으로 시작되었다. 이 법은 9세 미만의 어린이를 직물생산의 주요 부분에 고용하지 못하게 했다. 9~13세 어린이의 노동은 1주일에 6일, 하루 9시간으로 제한했다. 특히 하루 2시간씩 교육하는 것이 어린이 고용 조건이었다. 공장 감독관은 효과적인 감독을 하기에 숫자가 부족했지만, 이 법의 준수 여부를 확인하도록 임명되었다. 마르크스는 『자본』 1권에서 공장법을 피하기 위해 고용주가 고안한 여러 가지 속임수를 자세히 보여준다.[15]

로버트 오언의 뉴 라나크 학교

로버트 오언은 교육의 중요한 역할을 깨닫고 있었으므로 뉴 라나크(New Lanark)에서 그의 학교는 매우 중요한 위치를 차지했다. 1816년 '인격형성학교' 개교 후 발전된 오언의 교육제도를 살펴보면 다음과 같다. 오언이 세운 학교에 그가 붙인 이름이 교육에 대한 그의 생각을 알 수 있게 해준다. 이 학교는 유아학교, 주간학교, 야간학교 등 세 학교로 되어 있다.[16]

---

15 Capital, vol. 1, pp.389~411. 앞의 책, 1990: 36.

16 앞의 책, 1990: 42에는 '성격형성 학원'으로 번역되어 있다. 그러나 character의 의미에는 성격뿐만 아니라 인격의 의미가 있고, 또 한국에서 사교육 기관으로서 학원이 갖는 의미의 혼돈을 고려하여, 필자는 '성격형성학원'보다는 '인격형성학교' 또는 '인격학교'가 적합하다고 보고, 이 용어를 쓴다.

유아학교: 18개월~5세

주간학교: 6~10세

야간학교: 10~20세 청소년, 하루 일(노동)을 마친 후 등교

　　앞선 세 부속학교는 다음과 같은 원칙이 있었다. ① 벌이나 상 주기 없기, ② 정신과 육체적 행동의 교류, ③ 추상적 교육과정보다는 아동의 실제 환경과 호기심에 기초를 둔 교육, ④ 책보다는 실제 사물·그림·지도 같은 교재를 통해 배우기. 세 학교에 대해 구체적으로 살펴보면 다음과 같다.

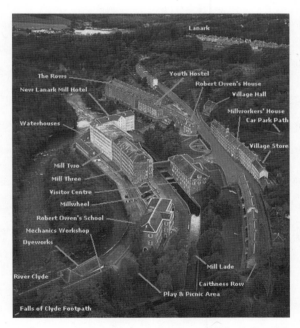

[그림 1-4] 스코틀랜드 클라이드강 옆 로버트 오언의 '뉴 라나크' 전경.
로버트 오언의 공장, 노동자 숙소, 학교(Robert Owen's School), 오언 자택, 유스호스텔, 염색소, 마을상점 등이 있다.[17]

17　뉴 라나크는 스코틀랜드 글래스고(Glasgow)에서 동남쪽으로 40km 떨어진 라나크에서 다시 2km 정도 떨어진 곳에 있다. 뉴 라나크는 1968년까지 공장이 운영되다 문을 닫았으나, 1974년 뉴 라나크 보존 트러스트

첫째, 유아학교는 생후 18개월부터 5세까지의 어린이들로 구성된다. 오언은 노동계급 부모는 자기 자녀를 직접 교육하기에는 매우 부적합하다고 봤다. 특히 이런 집과 이웃은 성격 발달에 해를 끼치는 '나쁜 조건'으로 가득 차 있다고 보았다.[18] 이에 아동 발달에서 유아기의 중요성을 깨달은 오언은 아이가 걸을 수 있을 때부터는 바로 가정 밖에서 교육해야 한다고 생각했다. 그 결과 1~5세 아이들은 끼니때를 제외하고는 종일 유아학교에 있었다. 유아학교 시간의 반은 소집단으로 나누어 단순한 교육을 했고, 나머지 반은 학교 앞 놀이터에서 마음대로 놀게 했다(앞의 책, 1990: 43).

둘째, 주간학교는 6~10세 어린이들로 구성되었다. 유아와 달리 이곳 어린이들은 커다란 한 교실에서 무리 지어 배웠다. 모든 어린이는 읽기, 쓰기, 셈하기, 박물학, 지리 그리고 고대사 및 현대사를 배웠다. 소녀에게는 뜨개질이 있었다. 춤추기, 노래하기 등은 정신노동과는 다른 독특한 방법으로 실시되었다. 노동계급 어린이를 위한 다른 모든 학교가 신학 교재를 몽땅 베껴서 암기하게 했다는 점을 감안할 때, 오언의 교육과정이 매우 혁명적이었음은 그의 교육방법에서도 나타난다. 셈하기는 스위스의 페스탈로치(Pestalozzi, 1746~1827)가 개발한 방법으로 가르쳤고, 학생들은 자기가 하는 것을 이해하고, 또 어떤 방법으로 이를 삶에 유용하게 이용할 수 있을지를 배웠다. 마찬가지로 소녀의 뜨개질 교육에서도 유용성이 중시되었다(앞의 책, 1990: 44-45).

(New Lanark Conservation Trust, NLCT. 이후에는 NLT)가 설립되어 복원을 시작하여, 이후 2001년 유네스코 문화유산으로 등재되었고, 유럽산업유산루트(ERIH)가 특별 관리하면서 매년 40만 명 이상이 찾는 명소가 되었다(남북교육연구소 https://lrl.kr/eXs4). 한편, 유네스코 세계유산위원회는 이렇게 말했다. "뉴 라나크는 스코틀랜드의 빼어난 자연경관 속에 형성된 18세기의 조그만 마을로서 박애주의자이며 이상적 사회주의자 로버트 오언이 19세기 초 이곳에 모범적 산업 공동체의 모델을 만들었고, 인상적인 방적 공장 건물과 잘 설계된 널찍한 노동자 숙소, 권위 있는 교육기관과 학교가 지금까지 남아있어 오언의 인도주의 정신을 보여준다."(유네스코 세계유산위원회 https://zrr.kr/UUo5.)

18 "A Life of Robert Owen by Himself", 앞의 책, p.55.

셋째, 야간학교는 10~20세 청소년들로 구성되었다. 학생들은 하루 일 (노동)을 마친 후 등교했다. 야간학교는 오언의 공장에서 어린이와 청소년을 대상으로 했는데, 노동시간도 19세기 초보다는 짧아서 1주일에 6일, 하루 12시간(식사시간 1시간 15분 포함)이 되었지만, 청소년들이 낮에 공장에서 긴 시간 일하고 나서 제대로 배울 수 있었을지 의문이 든다. 야간학교에서 사용한 교육방법과 교수과목은 주간학교와 같았고, 야간학교에는 일반 관심사에 대한 강의와 모임도 있었다(앞의 책, 1990: 47).

로버트 오언의 뉴 라나크 학교 교육의 중요성에 대해 스티븐 캐슬과 비브케 뷔스텐베르크는 다음과 같이 제시한다.

1816년 유아·주간 학교에 약 3백 명의 어린이가 있었으며, 야간학교에는 4백여 명이 다녔다. 10여 명의 교사가 주간에, 그리고 2~3명의 교사가 야간에 근무했다. 이에 비하면 '조교학교'에서는 1명의 교사가 1천 명이나 되는 아동의 모든 것을 맡고 있어 비교된다. 유아·야간 학교는 수업료가 없었다. 주간학교 학생의 부모는 한 달에 3페니를 내야 했는데, 이 돈으로 학교가 경비를 충당할 수 없었지만 학부모에게는 제법 비싼 교육비였다.[19] 그러나 로버트 오언은 이렇게 해야 극빈학교로 여기지 않을 것으로 판단하여 최소의 교육비로 받았다.[20]

'사회주의로 옮아가는 사회 및 시대 배경에서 뉴 라나크 학교는 칼 마르크스가 말하는 종합기술교육의 모형(model)인가?'라는 의문이 들 수 있다. 뉴 라나크 학교는 여러 면에서 이후 사회주의자의 교육 형성에 큰 영향을 미쳤다고 할 수 있다. 일상 경험과 학습의 결합, 모든 사람을 위한 높은 수준의 일반교육, 정신과 육체노동의 교류, 그리고 무엇보다 사회의 정치·

---

19 로버트 오언에 의하면 한 아동이 1년에 약 2파운드를 부담한다.

20 "A Life of Robert Owen by Himsef", 앞의 책 p.62.

경제적 관계에 대한 교육의 강조가 그것이다. 즉, 노동자 대부분이 전혀 교육을 받지 못하고, 그나마 학교에 간 사람들은 종교적 교화에 마쳐되어 버린 시기에, 오언의 학교는 매우 진보적이었다고 할 수 있다. 오언의 학교는 노동계급의 억압된 잠재력을 발견했고, 교육이 노동계급의 해방에 큰 역할을 할 수 있다는 것을 보여주었다(앞의 책, 1990: 47-48).

마르크스의 '전반적 교육과 종합기술교육'

마르크스(Karl Marx, 1818~1883. 독일)는 교육에 관한 견해를 펼 때 로버트 오언의 경험과 사례를 참고했다고 볼 수 있다.[21] 즉, 마르크스는 교육은 현대 산업이 요구하는 산물인 동시에 미래의 인간발달을 위해 매우 필요한 조건이라고 보았다. 이 같은 마르크스의 새로운 형태의 교육을 독일과 러시아의 마르크스주의자들은 '종합기술교육(polytechnic education)'이라고 불렀다(앞의 책, 1990: 19).

마르크스의 교육론을 살펴보기 전에 오언에 대한 마르크스·엥겔스의 견해를 살펴볼 필요가 있다. 먼저 엥겔스는 기존 사회주의와 마르크스의 차이를 드러내기 위해 생시몽, 푸리에, 오언을 언급하면서, 이 '유토피안'들은 모두 프랑스혁명의 유산 위에서 사회주의를 주장하지만, 계급적대에 대한 의식이 약하고, 모두를 한 번에 해방하려는 조급한 포부를 드러낸다고 비판한 바 있다(Engels, 1908).(이윤미, 2023: 83)

또한 '과학적 사회주의'와의 대비에서 두드러지게 나타나는 차이는 '계급적대'와 '이행 방법'이다. 마르크스와 엥겔스가『공산당 선언*Manifesto*

---

21 이렇게 보는 이유 중 하나는, 칼 마르크스가『공산당 선언』을 발표할 때도(1848) 로버트 오언이 칼 마르크스가 살던 영국에서 살고 있을 정도로 서로 영향을 받은 점을 들 수 있다.

of Communist Party』(1848)에서 긍정적으로 평가했듯이 오언은 당시 사회 체제를 철저하게 비판하고 부정했지만, 계급투쟁보다는 계급연대를 강조했고, 지배자들에 대한 계몽(인간과 사회변혁에 대한 과학 혹은 진리를 통한 설득)을 통해 새로운 사회의 완전한 구축이 이루어지기를 기대했다는 점에서 근본적 차이가 있다(Harrison, 1969),(이윤미, 2023: 83)[22]

생산노동과 교육을 연결하는 것이 마르크스주의 교육이론의 핵심이라 할 수 있다. 실제로 몇몇 동유럽 국가에서 마르크스 교육이론을 이 원칙에 국한시키는 경향이 있었다. 그런데 진정한 종합기술교육은 이보다 많은 뜻을 담고 있다. 즉, 종합기술교육의 목적은 '전반적으로 발달된 인간'을 양성하는 것이다. 이는 생산노동뿐 아니라 생산을 지배하고 사회를 운용할 수 있는 사람을 교육목적으로 한다. 모든 사람은 이런 종합기술교육의 목적, 기술 그리고 생산과정의 구체적인 방법을 익히고, 이것들과 사회 일반의 관련성을 이해할 수 있어야 한다는 것이다(앞의 책, 1990: 20). 이 같은 교육을 위해 마르크스는 다음과 같은 선결 조건이 필요하다고 보았다.

> 첫째, 모든 사람을 위한 높은 수준의 교육
>
> 둘째, 정신과 육체노동의 구별 극복
>
> 셋째, 노동과 학습 및 교육과 일을 나누지 않기
>
> 넷째, 모든 아동이 어릴 때부터 사회적으로 필요한 생산에 참여하기
>
> 다섯째, 모든 성인이 일터 등 어디서나 배울 기회를 갖기
>
> 여섯째, 모든 사람이 계획과 의사결정에 참여하기 등

----

22 이 장에서 제시되는 이윤미의 견해는 이윤미(2018), 「유토피아와 교육: 로버트 오웬(Robert Owen)의 『도덕적 신세계』에서 나타난 교육사상」, 『교육사상연구』 32(1), 135-160; 이윤미(2019), 「오웬의 유토피아적 공동체와 교육」, 『비판적 실천을 위한 교육학』, 살림터를 토대로 수정·보완 제시된 글이다.

종합기술교육이 모든 사람에게 사회목표와 기술의 문제를 이해시키기 위해서는 어떤 사람도 계획과 의사결정 기구에서 배제해서는 안 된다. 즉, 종합기술교육과 함께하는 사회는 민주주의적 사회여야 한다고 본 것이다(앞의 책, 1990: 20).

마르크스의 종합기술교육 이론은 레닌(Vladimir Ilyich Lenin, 1870~1924, 러시아)[23]과 크룹스카야(Krupskaya, 1869~1939, 러시아)에 의해 받아들여져 비교적 정치와 경제가 낙후된 러시아(소련)에 적용되었다. 레닌의 아내이자 교사였던 크룹스카야는 내용뿐만 아니라 교수법이 인격형성에 중요하다는 것을 밝힘으로써 소련의 교육 발전에 큰 기여를 했다. 엄격한 교육과정과 권위주의적 훈련으로는 사회를 그들의 관심대로 운용할 수 있는 사회주의자를 길러낼 수 없다고 보았다. 크룹스카야는 진보적인 부르즈아 교육가들이 가진 핵심적인 생각을 이어받아 이를 종합기술교육의 원칙과 결합하여 혁명적인 소련의 새로운 교육체제의 토대를 마련한 것이다(앞의 책, 1990: 21).[24]

마르크스와 엥겔스의 여러 저작에서 교육과 관련된 것은 적다. 그러나 교육은 마르크스의 사회이론에서 핵심 역할을 한다고 할 수 있다(앞의 책, 1990: 50). 마르크스의 바람직한 인간상은 새로운 형태의 사회인 '자유인의 연합' 속에서 합리적인 생산과정과 분배를 지배할 수 있는 '전반적으로 발달된 인간(totally developed individual)'이다. 여기서 '전반적으로 발달된 인간'을 줄이면 '전인(온전한 인간)'으로, 이런 '전인교육'은 21세기 현대사회에서도 중시하고 필요로 하는 교육의 바람직한 인간상과 일치한다고 할 수 있다.

인간의 생존과 욕구 충족을 위해 자연과 맞서 싸우는 노동은 마르크

---

23 본명은 블라디미르 일리치 울리야노프(Владимир Ильич Ульянов)이며, 흔히 알려진 레닌(Ленин)은 1902년경부터 러시아 레나강(江)에서 따온 필명 겸 가명이다. 니콜라이 레닌(Николай Ленин)으로도 알려져 있다(나무위키, 2023.08.07).

24 그러나 1924년 레닌 사망 이후 스탈린 정권이 들어서면서 레닌과 크룹스카야가 강조했던 생산노동과 교육의 조화 교육은 쇠퇴했다고 할 수 있다.

스의 관점에서 인간의 자아실현을 위한 인간의 필수적 활동이다. 그러나 마르크스는 자본주의 사회에서 인간은 자신의 노동으로부터 두 가지 면에서 소외된다고 보았다. 하나는 노동생산물이 노동자가 아니라 자본가에게 귀속되는 것이다. 또 하나는 최대이윤을 추구하는 부르즈아의 관심사는 노동시간을 늘리고 분업을 시킴으로써, 노동내용을 줄여 노동이 의미 없고 단조로우며 고된 것이 되게 하는 것이었다.

즉, 자본주의 사회에서 노동은 노동자의 자아실현을 위한 것이 아니라 하나의 억압이었던 것이다. 그리하여 몸과 마음에 상처를 입고, 다른 모든 잠재력을 완전히 잃는 대가로 제한된 능력의 지나친 발달을 조장하는 것이다. 그러므로 인간해방의 선결요건은 노동자에 의한 경제 관계의 계획적 통제 또는 관리라고 봤다[25](앞의 책, 1990: 51-52).

이와 같이 노동의 가치를 중시한 마르크스는 교육에서도 생산노동의 가치를 중시했다. 마르크스의 이런 사상은 『자본』 1권에서 잘 나타난다.

> 로버트 오언이 우리에게 자세하게 보여주듯이 로버트 오언의 공장 제도로부터 미래교육의 씨알이 생겨났다. 미래의 교육은 일정 연령 이상의 모든 아동을 위해 생산적 노동을 학업과 체육에 결합하는 것인데, 그것은 생산의 효율성을 높이기 위한 한 방법일 뿐만 아니라, 전반적으로 발달한 인간(전인)을 육성하는 유일한 방법이기도 하다(Capital, vol.1, p. 614).[26]

....

25 칼 마르크스의 이런 사상적 기초와 토대에서 사회주의와 공산주의, 사회민주주의 등 정치사상이 탄생 및 심화 확대되었고, 실제로 국가 탄생이 이루어지고 지속했으며 공산당, 노동당, 사회민주당 같은 다양한 정당이 나타나게 되었다고 볼 수 있다.
26 앞의 책, 1990: 56.

마르크스의 교육사상은 『자본』 1권이 발간되기 1년 전인 1866년 국제 노동자연맹 총회의 「제네바 결의문」(The Geneva Resolution)에서 선명히 드러난다. 주요 내용은 다음과 같다.

첫째, 우리는 현대 공업이 남녀 아동과 청소년을 위대한 사회적 생산노동에 동참하도록 하는 것은 진보적이며 타당하다고 본다. 둘째, 9세 이상의 모든 아동이나 노동 능력이 있는 성인이라면 누구라도 먹고살기 위해 머리뿐 아니라 두 손으로 노동하지 않으면 안 된다는 보편적 자연법칙에서 제외될 수 없다. 즉 생산노동자여야 한다. 셋째, 남녀 아동과 청소년을 구분해 연령에 맞는 생산노동시간을 가져야 한다. 9~12세는 하루 2시간, 13~15세는 하루 4시간, 16~17세는 하루 6시간으로 제한해야 한다. 16세와 17세는 최소한 1시간의 식사시간 또는 휴식시간을 줘야 한다.

이와 같은 마르크스의 소년들에 대한 노동시간 부여의 필요성과 타당성은, 마르크스가 살던 당시로부터 150여 년이 지난 현재 기준에 비추어 적합하다고 보기 어렵다. 그러나 당시 사회상황을 고려할 때 이는 매우 개혁적이거나 혁명적 수준의 교육관이었다고 할 수 있으며, 로버트 오언의 뉴 라나크 학교의 노동시간보다도 적은 시간이다.

마르크스는 아동과 소년의 노동과 교육을 결합시키지 않으면 부모와 기업주가 그들에게 노동시킬 수 없다고 선언하며, 바람직한 교육으로 세 가지를 제시한다.

첫째, 정신 또는 지적 교육이고, 둘째, 신체교육으로 체육교육과 군사훈련을 통해 교육하는 것이며, 셋째, 기술교육으로 아동과 소년에게 생산과정의 일반원리를 이해할 수 있도록 하고, 각종 생산의 간단한 도구를 다루고 실제로 활용하는 것이다.

기술학교의 일부 비용은 학교의 생산품을 팔아 보충하며 보수가 있는 생산노동, 정신교육, 육체교육과 기술교육을 결합하면 노동자계급을 귀족과 자본가계급의 수준보다 더 높이 끌어올릴 수 있을 것으로 마르크스는 보았다(앞의 책, 1990: 58-59).

  지금까지 스티븐 캐슬·비브케 뷔스텐베르크의 『사회주의 교육의 이론과 실천)』을 중심으로 사회주의 교육의 형성 역사와 기본 성격에 대해 살펴봤다. 사회주의 국가에서 교육은 새로운 사회 또는 국가의 건설을 위해 매우 중요하게 여겨졌다. 영국 산업자본주의 사회의 폐해를 목격하고 이를 개혁하려 했던 로버트 오언은 뉴 라나크 학교의 설립과 운영을 통해 바람직한 학교 교육 실현에 선구적 역할을 했다. 또 칼 마르크스도 '종합기술교육'을 통해 노동과 생산의 가치를 결합하는 전인교육을 강조했다. 이런 로버트 오언과 칼 마르크스의 교육사상과 실제는 훗날 소련에서 레닌과 그의 아내 크룹스카야를 통해 사회주의 국가교육 형성에 영향을 주었고, 실현되었다고 할 수 있다.

2
사회주의 교육의 실제

볼셰비키는 새로운 사회를 건설할 때 교육이 중요한 역할을 한다는 것을 인식하고
사회주의 교육체제를 수립하는 일에 곧바로 착수했다. 이 과업을 수행하는 데
주요 지침이 된 것은 마르크스의 종합기술교육이다.
그러나 마르크스는 일반원칙이라 할 수 있는 육체노동과 정신노동의 차별을
극복할 필요성, 학습과 생산노동의 결합이 갖는 중요성, 모든 사람에 대한 높은 수준의
일반교육과 직업훈련의 중요성을 제시만 했다. 즉, 그는 사회주의로 옮아가는 사회 교육체제의
목표·형식·내용 등 세부적인 내용은 제시하지 못했던 것이다.

_스티븐 캐슬·비브케 뷔스텐베르크(1979)

1800년대 초·중반 유럽에서 로버트 오언과 칼 마르크스 등에 의해 제시된 사회주의 교육사상은 사회주의 국가에서 어떻게 전개·발전했을까? 북한은 소련 군정기에 소련의 교육정책과 제도의 대부분을 받아들여 국가교육의 출발점으로 삼았다. 북한 교육을 살펴보기에 앞서 다른 사회주의 국가에서 사회주의 교육은 어떻게 전개·변화되었는지 살펴볼 필요가 여기에 있다. 이 장에서는 1871년 파리코뮌의 교육강령, 소련과 동독 및 중국의 사회주의 교육에 대해 살펴본다.

1871년 파리코뮌의 사회주의 교육

1917년 러시아 혁명 이후 로버트 오언과 마르크스 등의 사회주의 교육사상이 사회주의 국가에서 어떻게 실현되었는지 이해하는 것은 중요하다.

그러나 이에 앞서 매우 짧은 기간이지만 1871년 세계 최초의 사회주의 또는 공산주의 정부라고 할 수 있는 '파리코뮌(Paris Commune)'에서 사회주의 교육 강령이 발표되고, 또 교육이 실행되었다는 것은 주목할 필요가 있다. 파리코뮌은 러시아 혁명이 일어나기 무려 36년 전 등장한 사회주의 또는 공산주의 정부라 할 수 있다. 마르크스가 살아있을 때 등장한 정부 체제로, 마르크스는 파리코뮌의 사상과 실천지침에 많은 영향을 받았다고 볼 수 있다. 하니 로젠버그(Chanie Rosenberg, 1922~2021, 영국)는 1871년 '파리코뮌'의 교육원리 또는 강령에 대해 다음과 같이 설명한다.[1]

> 자본주의 체제에 맞서 노동자들이 권력을 장악한 최초의 혁명적 격변은 1871년 단명한 파리코뮌이다. 파리 노동자들은 권력을 잡자마자 낡은 질서를 해체하는 일에 착수했다. 파리코뮌은 72일 동안 존속했다(1871.03.18-05.28). 파리코뮌은 모두를 위한 무상 의무 학교 교육을 도입했다. 파리코뮌이 세운 학교는 필기구를 무상으로 제공하고, 교회와 국가의 간섭에서 벗어난 세속 교육을 실시하고, 각 지역 코뮌에 자치권을 부여하고, 미신에서 벗어나 이성과 과학적 실험에 근거를 둔 합리적 수업을 실시하며, 관습이나 종교적 교리에 근거하는 전통적 도덕에 반대해 연대와 계급투쟁을 강조하는 이성적 도덕을 가르쳤다. 또한 학생들을 학교 울타리에 가두는 비정치적 교육에 반대해 혁명적 활동 참가를 목표로 한 사회·정치적 교육

----

[1] 하니 로젠버그는 영국 사회주의 노동자당의 창립자 토니 클리프의 아내이자 평생 동지였으며, 99년의 삶을 살며 평생 부정의에 맞선 투사라 할 수 있다(도서출판 책갈피). 오늘날 공산주의를 뜻하는 '커뮤니즘(communism)'은 파리코뮌의 코뮌(commune)과 어원을 같이 하는 것으로 볼 수 있다. 한편, 황선길은 'communism'을 일제강점기에 '공산주의(共産主義)'로 번역하여 오늘날까지 사용하지만, 'community'(지역사회, 공동체)의 의미를 고려하면 'communism'은 '공산주의'보다는 '공동체주의'로 번역·사용하는 것이 더 적합하다고 본다(2022.04.02. 유라시아평화통합연구원 온라인 세미나. '자본주의 세계시장의 형성과정과 노동').

을 지향하고, 예술을 가르치고, 교육과 산업을 연결시키려 했다. 코뮌 교육위원회가 연 학교에는 이런 공고문이 붙었다. "과학적·문학적 소양을 기르는 과목들과 실습을 주로 하는 과목들을 조화롭게 가르칠 것이다." 마르크스는 이 요소들을 모두 교육의 원리에 담았다. 이 원리가 사회주의 교육에서 매우 중요한 것은 러시아 혁명 이후 입증됐다고 할 수 있다. 특히 교육과 산업의 연계가 근본적으로 중요했다. 이렇게 코뮌은 권력을 잡은 민중이 참여해 교육을 통제했다[2]

하니 로젠버그가 제시하는 파리코뮌의 교육내용은 ① 무상 의무교육, ② 학습도구 무료제공, ③ 교회와 국가의 간섭에서 벗어난 자율교육, ④ 이성과 과학에 기초한 교육, ⑤ 사회·정치교육 등, 러시아 혁명과 이후 사회주의 국가에서 실시한 사회주의 교육의 주요 특징 및 내용이 대부분 담겨 있다고 할 수 있다. 특히 하니 로젠버그의 진술 중 "마르크스는 이 요소들을 모두 교육의 원리에 담았다"는 내용은 주목할 필요가 있다. 하니 로젠버그의 글과 같이 마르크스가 이런 내용을 모두 포함했다면, 마르크스 교육사상의 형성은 파리코뮌 교육강령에 크게 영향을 받았다고 할 수 있다.

이상에서 살펴본 파리코뮌의 교육사상 및 내용 중 많은 부분은 파리코뮌이 결성된 지 153년이 지난 2024년 현재도 사회주의 국가 또는 자본주의 국가에서 상당 부분 적용되고 있다고 할 수 있다. 따라서 초기 사회주의 교육의 기본원리 또는 교육내용 중 일부는 비교적 긴 시간이 흘렀음에

----

2   하니 로젠버그, 김인식·백은진 옮김. "교육과 혁명-러시아 혁명의 위대한 사회주의 교육실험". 마르크스21 15호, 책갈피. 2016. 07: 206-246.

도 오늘날 보편적 또는 일반적 교육원리 또는 내용으로 여전히 유효하고 또 영향을 미치고 있다고 할 수 있다.

소련의 사회주의 교육

가. 소련 사회주의 교육의 형성과 변화

레닌(1870~1924)은 1917년 혁명의 성공을 통하여 제정 러시아를 마르크스주의에 기초한 사회주의 국가로 만들었다. 러시아 혁명 당시 국가교육 건설의 어려움과 실현에 대해 스티븐 캐슬과 비브케 뷔스텐베르크(1979)는 다음과 같이 설명한다.

> 볼셰비키는 새로운 사회를 건설할 때 교육이 중요한 역할을 한다는 것을 인식하고 사회주의 교육체제 수립에 곧바로 착수했다. 이 과업을 수행하는 데 그들의 주요 지침이 된 것은 마르크스의 종합기술교육이다. 그러나 마르크스는 일반원칙들, 즉 육체노동과 정신노동 사이의 차별을 극복할 필요성, 학습과 생산노동의 결합이 갖는 중요성, 모든 사람에 대한 높은 수준의 일반교육과 직업훈련의 중요성을 제시만 했다. 즉, 그는 사회주의로 옮아가는 사회의 교육 목표·형식·내용 등 세부적인 내용은 제시하지 못한 것이다. 따라서 소련의 교육은 마르크스주의 교육사상을 토대로 러시아 혁명이라는 특수한 역사적 조건의 결합으로 이루어졌다고 할 수 있다. 특히, 혁명 전 레닌과 그의 아내 크룹스카야는 종합기술교육의 원칙을 러시아 상황에 적용하는 작업을 시작했다(스티븐 캐슬·비브케 뷔스텐베르크. 이진석 옮김, 1990: 63).

볼셰비키의 교육강령은 이런 작업의 소산이며, 러시아 혁명 전후 소련의 교육 상황은 다음과 같다. 1917년 혁명 전 러시아에서 사는 사람들은 제대로 된 교육을 받지 못했다. 1897년 기준 러시아 국민의 73%가 문맹이었고, 8~14세 아동의 취학률은 1903년 기준 24%였다.[3] 이런 상황을 타개하고자 소련 공산당의 전신인 러시아 사회민주노동당은 1903년 ① 모국어 교육의 권리, ② 교회와 학교 기관의 분리, ③ 중등의무교육, ④ 탁아소 설립 등의 강령을 선포했다. 이후 1905년에 '2월 혁명', '대학생·고등학생의 학생운동', '교원조합운동'이 이뤄지며 대중교육의 필요성과 대중 교육열이 뜨거워졌다.

한편 1917년 혁명 이후 들어선 소비에트 정권은 우선 대학교와 고등 전문 교육 기관, 유아원, 탁아소를 증설하고, 중등교육의 신분별 차등 등의 구시대적인 교육제도를 폐지하는 교육개혁을 단행했다. 소비에트 정권은 "좋은 것은 모두 아이들에게 우선으로!"라는 구호를 내걸고 ① 문맹 퇴치, ② 비종교적 보통의무교육의 대중화, ③ 교육의 지역별 자율화, ④ 자율적인 학교 운영, ⑤ 교육자 처우 개선, ⑥ 대학교 입학 기회 균등화 등을 실현했다(이인선. "러시아는 지금, 교육체계로 보는 러시아", 자주시보 2021.4.16).

이상의 내용은 1917년 러시아 혁명으로 집권한 레닌과 크룹스카야가 사회주의 교육의 실현을 위해 힘쓴 모습을 이해할 수 있게 한다. 그러나 1924년 레닌이 사망한 후 스탈린(Joseph Stalin, 1878~1953, 러시아·소련)이 30여 년 집권하면서 레닌과는 다른 정치 및 교육의 변화가 나타났다.

---

3 스티븐 캐슬·비브케 뷔스텐베르크. 이진석 옮김(1990: 68)의 『사회주의 교육의 이론과 실천』에 의하면 "초등학교 수는 1905년 9만 3천 개에서 1914년에는 12만 4천 개로 늘었고, 1914년에는 전체의 3분의 2가 세속적인 권위에 의해 운영되었고 나머지 3분의 1이 교회의 권위 아래 있었다. 그러나 대다수 아동은 여전히 문맹이었으며, 개혁의 대부분이 문서로만 남아 있었다. 1913년 취학아동 수는 전체 취학 대상 아동의 22%였으며, 전체 인구의 4.7%만 학교에 다니고 있다고 레닌은 추산했다. 결과적으로 전체 아동과 젊은이의 5분의 4는 교육을 받을 기회조차 없었다고 할 수 있다.

나. 소련 교육의 변화와 러시아 교육의 실제

1930년대 이후 소련의 교육은 다음과 같이 변화한다. 먼저 소련 인민위원회와 소련 공산당 중앙위원회는 1934년 공동결정문 〈소련에서 초등 및 중등학교의 구성에 대해〉를 발표했다. 이에 따라 4년제 의무교육과 농촌과 도시 등 지역적 특성을 고려하여 초등학교(3~4년), 불완전 중등학교(7년), 중등학교(10년)가 세워졌다. 3년제와 4년제 중 어느 초등학교로 갈 것인지, 불완전 중등학교로 갈 것인지, 아니면 중등학교로 갈 것인지는 학생과 부모가 선택한다. 불완전 중등학교를 졸업하면 기술학교에 입학할 자격이 주어졌고, 중등학교를 졸업하면 고등 교육기관(종합대학, 단과대학 등)에 입학할 자격이 주어졌다.[4] 보통교육의 발전뿐만 아니라 직업교육의 발전도 당시 크게 이뤄졌다.

소련 정부는 전국의 수많은 노동자를 위한 야간학교·강습회·직업학교·통신교육제도 등을 수립했고, 대학교육을 받을 기회도 제공했다. 특히 노동 경험자·군 복무 경험자 등은 대학입학에서 우대받았고, 전체 대학생의 약 60%가 야간 및 통신교육 수강생이었다. 대학교수가 공장에 출장 강의를 하며 노동자의 통학 시간을 덜어 주기도 했다(이인선. "러시아는 지금, 교육체계로 보는 러시아", 자주시보 2021.4.16).

주러시아 한국대사관은 홈페이지에서 2023년 현재 러시아 교육을 다음과 같이 소개한다. 러시아 교육제도는 소련 시대의 교육체제를 근간으로 유지하면서 교육개혁 조치로 유럽 등 국제표준에 근접하는 교육체계로의 변화를 시도하고 있다. 또, 러시아 교육은 다양화, 개별화 및 민주화를 기본원칙으로 하는 교육목표를 추구하며, 대부분 국립학교로 운영되지만 사

---

4 '불완전'이라는 용어는 교육의 본질과 목표 측면에서 적합하다고 보기 어려우므로 새로운 용어로의 한국어 번역이 필요하다.

립학교(초, 중, 고, 대학)도 설립 운영하고 있다. 현재 러시아 교육은 일반교육(초, 중, 고교 교육, secondary education), 전문교육(initial and intermediate education, professional) 그리고 고등교육(대학 이상, higher education) 등 세 부문으로 대별된다.

일반교육은 초등·중등 교육을 포함하는 11학년제로 운영되며, 11학년 과정까지 의무교육이다. 전문교육은 발레(무용), 음악, 공예, 영재학교 등 다양한 분야로 운영하며, 특히 예술 및 영재 분야 전문교육의 우수성은 세계적으로 널리 알려져 있다. 대학은 국립과 사립대학으로 구분되며, 대학 설립허가(licensing)와 정부의 인증(accreditation)이 필요하다. 대학생은 일정 비율(1/4~1/3)을 의무적으로 장학생으로 선발하며, 납입금을 내는 유료학생을 선발한다. 최근 들어 재정수입 확보를 위해 학비 인상 비율이 증가하는 경향을 보인다.

한편, 국립대학들(state universities)은 국가의 부문별 인력 양성·배치 계획에 의해 설립·운영되어 왔으며, 종합대학교(university)는 지역 단위로 설립·운영되어 국가·지역별 기초인력 양성을 담당하고 있다. 기타 대부분 대학은 단일 계열(예: 경영, 공학, 지질, 물리, 음악, 체육 등)의 전문분야별로 비교적 특성화가 잘 되어 운영된다. 모든 교육기관은 9월부터 학기가 시작되어 다음해 6월에 수업을 종료한다. 여름방학은 한국에 비해 긴 편이나, 겨울방학은 짧은 편이다(주러시아 한국대사관 홈페이지. 2023.01.31).

위 글에서 주러시아 한국대사관은 "러시아의 교육제도는 소련 시대의 교육체제를 근간으로 유지하면서 최근 교육개혁 조치로 유럽 등 국제표준에 근접하는 교육체계로의 변화를 시도하고 있다."고 밝히고 있다. 여기서 소련 시대의 교육체제를 근간으로 유지한다는 것은 오만석·신효숙(2004)의 연구에 의하면 '학제(학교체제)'에 국한되는 것으로 볼 수 있다. 오만석·신효숙(2004)은 러시아 교육의 특징을 다음과 같이 설명한다.

1990년대의 체제변혁 과정은 교육에 전향적인 변화를 가져왔다. 러시아 정부는 1917년 소비에트 혁명 이후 약 반세기 이상 지속된 공산주의 교육이념 및 체제와 결별하고, 구미의 자유민주주의 교육과 시장원리를 도입하여 민주성과 다양성을 강조하는 등 새로운 교육개혁을 단행했다. 이런 교육개혁 정책에 따라 제정 러시아의 전통이 복권되고, 다양한 민족학교가 생겨났으며, 시장경제 원리에 기초한 각종 사립학교와 사교육 시장도 확산했다. 또한 구소련 당시 중앙집권적으로 교육에 행사되었던 연방정부의 독점적 권한과 역할이 지방정부와 학교 그리고 개인에게도 이양되고 있다. 교육행정기구로부터 학교 행정, 교육과정, 교육내용에 이르기까지 과거의 과도한 중앙집권화, 획일화, 표준화의 특성에서 벗어나 다양화·민주화의 방향으로 나아가고 있다. 학생들은 능력과 적성에 따라, 학부모들은 그들의 교육철학을 토대로 교육내용을 선별하고 교육기관을 선택할 권리를 갖게 되었다(오만석·신효숙, 2004: 187).

아울러 1990년 초부터 본격화된 교육개혁의 결과로 많은 사립학교와 비국립교육기관이 신설되었으며, 단일 검정교과에서 벗어나 다양한 교과서와 참고서들이 쏟아져 나왔고, 학부모와 학생들은 원하는 교육철학에 입각해 교육기관과 교과서를 선택할 권리를 갖게 되었다. 구소련 체제하에서 학생들은 무료로 10~11년제 보통교육을 받았으며, 원하는 학생들은 무료 고등교육의 기회까지 누릴 수 있었다. 그러나 페레스트로이카[5] 이후에는 국립교육기관에 한해 무료 보통교육의 기회가 제공된다. 고등교육의 경우 무료교육 학생 수의 비율은 갈수록 줄어들고 있다고 할 수 있다(앞의 책, 187-188).

현재 러시아의 기본 학제는 1992년 새 교육법에 의해 기초가 마련되었

---

5 '재건', '개혁'이라는 뜻의 러시아어로, 미하일 고르바초프가 1985년 3월 소련 공산당 서기장에 취임한 후 실시한 개혁 정책을 가리킨다.

다. 기본 학제는 교육프로그램에 따라 일반교육과정과 직업교육과정으로 대별된다. 보통교육에 해당하는 일반교육과정은 초등일반교육(초등학교) 3~4년, 기본일반교육(중학교) 5년, 중등일반교육(고등학교) 2년으로 구분된다. 한인기(2006)의 '러시아 학제' 도표에 의하면 의무교육은 9년까지로 표시된다.[6] 그러나 주러시아 한국대사관은 앞서 제시한 것과 같이 현재 러시아의 의무교육을 11년제로 밝히고 있다. 따라서 2006년 이후 러시아의 의무교육이 9년에서 11년으로 확대된 것으로 추정된다.

대학교	post Doc. 과정			대학 졸업 후 다시 진학
	박사과정(3년)			
	석사과정(4+2년)			
	전문가과정(4+1년)			
	학사과정(4년)			
상급학교 (10~11학년)	중등직업전문학교	수학·물리 영재기숙학교	리째, 김나지야	
기초학교(5~9학년)				
초등교육[7]	4년제			의무교육
	3년제			
유치원				4~6(7)세
보육원				~3세

[그림 2-1] 러시아의 학교제도[8]

6 한인기(2006). 러시아의 중등학교 체계와 수학 교수-학습 자료들. 한국수학교육학회 〈전국수학교육연구대회 프로시딩〉 제37회. 2006.10. 219~223.
7 초등학교는 3년제와 4년제로 구분되는데, 4년제의 1학년은 초등학교 준비과정에 해당한다. 3년제 또는 4년제의 선택 여부는 부모나 교사가 아동의 지적·정서적·신체적 발달 정도를 고려하여 이루어진다(오만석·신효숙, 2004: 192). 4년제에 입학하는 학생들은 만 6세에, 3년제에 입학하는 학생들은 만 7세에 입학한다(https://zrr.kr/KMwQ).
8 한인기(2006). 러시아의 중등학교 체계와 수학 교수-학습 자료들. p.219.

오만석·신효숙(2004)에 의하면 2002년 초에 발표된 '러시아 교육 현대화 구상'에 의해 러시아 교육은 큰 개혁을 추구했다. 주요 내용으로 기존 대학입시 제도를 '국가공통시험' 제도로 일원화하는 입시제도 개혁, 현대사회의 특성에 맞추어 전문교육을 강화하고 학생들의 관심 및 진로에 따른 선택권을 확대하기 위한 심화교육 도입을 들 수 있다. 이런 면에서 현재 러시아의 교육은 구소련의 교육과는 명확히 구분된다고 할 수 있다.

구소련의 교육과정은 학생들을 공산주의 정신과 마르크스-레닌주의 사상으로 무장시키고자, 이념적 교과들인 〈레닌주의 역사〉, 〈소련사〉, 〈소련 정부와 법의 기초〉 등 역사나 특정 과목으로 구성되어 있었다. 그러나 현재 러시아의 교육과정에서는 정치사상 교육을 담당하는 특정교과가 폐지되었다. 특히 주목되는 것은 러시아의 교육을 유럽교육권에 편입시키기 위해 노력하고 있다는 것이다. 대표적인 것이 2000년 이탈리아 볼로냐에서 채택된 '볼로냐 선언(볼로냐 프로세스)'이다. 이것은 2010년까지 러시아를 포함한 유럽 지역에 단일 고등교육(대학교육) 제도를 수립하기 위한 것인데, 러시아가 이에 가입하면 러시아의 학위가 유럽 전역에서 인정될 뿐만 아니라, 유럽과 러시아 대학 간 수업과 학점 교류도 가능하게 된 것이다. 러시아는 볼로냐 프로세스에 가입하여 2023년 현재까지 계속 적용되고 있다.

세계 최초의 사회주의 국가인 소련에서 사회주의 교육이 어떻게 실현되었고, 사회주의 체제 붕괴 후 러시아의 국가교육이 어떻게 변했는지에 대해 살펴봤다.

위 글에서 주러시아 한국대사관은 "러시아 교육제도는 소련 시대의 교육체제를 근간으로 유지하면서도 최근 교육개혁 조치로 유럽 등 국제표준에 근접하는 교육체계로 변화를 시도하고 있다."고 설명한다. 또 현재 러시아 교육은 정치사상 교육을 담당하는 특정 교과가 없고, '볼로냐 프로세스' 가입과 같은 국가교육의 여러 변화가 일어나고 있다. 이런 러시아 교육의 변화는 사회주의 국가가 붕괴했을 때 국가교육은 어떤 모습을 취하게 되는지 추정하는 데 좋은 사례가 된다.[9]

동독의 사회주의 교육

가. 동독 사회주의 교육의 형성과 변화

스티븐 캐슬과 비브케 뷔스텐베르크는 동독의 경험이 소련과 다른 동유럽 국가들의 보편적인 교육 발달 형태를 대표하며, 동독의 지도자들은 소련 교육정책의 변화에 민감하게 대처했다고 본다(1990: 110). 매우 비슷한 문화와 역사적 배경에 상반되는 정치체제를 지닌 동독과 서독의 교육 발전을 비교하는 것은 흥미로운 일인데, 놀랍게도 이 나라들에서 교육 변화가 어느 정도 비슷한 형태를 띠었다.

스티븐 캐슬과 비브케 뷔스텐베르크의 이 같은 의견은 동독뿐만 아니라 소련의 영향을 받은 동유럽 사회주의 국가들의 일반적인 특징으로 추정된다. 스티븐 캐슬과 비브케 뷔스텐베르크는 1945년 동·서독이 4개국에 의해 강제 분단된 후 동독의 교육 형성에 대해 다음과 같이 설명한다.

> 1949년 동독이 건국되면서부터 소련의 교육방법이 도입되기 시작했다. 1940년대 후반 냉전이 강화됨으로써 독일은 완전히 분단되었다. 냉전의 양측 모두 완충지대로서, 또 두 사회체제의 '진열장'으로서 두 독일을 건설하기 시작했다. 동독의 집권당인 사회주의

---

9 1922년 12월 30일 건국된 소련은 건국 69주년을 4일 앞둔 1991년 12월 26일 붕괴했다. 소련이 붕괴하면서 소련으로부터 독립한 국가들은 새롭게 국제사회에 등장했다. 소련이 해체되면서 공산 진영 또한 막을 내리며 20세기 후반 자본주의와 공산주의 세력이 이념적으로 대립하던 냉전 시대가 공식적으로 완전히 막을 내린 것이다. 러시아는 2024년 현재 사회주의 또는 공산주의 국가가 아니다. 즉, 푸틴은 2000년 무소속으로 출마하여 공산당 후보를 제치고 대통령으로 당선되었다.

통일당[10]은 소련식 사회주의를 건설하고자 했다. 가장 먼저 공업기반의 급속한 강화 특히 중공업 건설이 추진되었다. 모든 주요 산업은 국유화되고, 고도로 집중된 국가계획체제가 수립되고, 스탈린식 5개년 계획이 채택되었다(1979: 111).

한편, 소련 군정은 전체의 3분의 2나 되는 교사를 해고하고, 교사교육을 거의 받지 않은 4만의 노동자·농민들로 대체했다. 그 밖에 8년제 초등학교에 기초를 두고 모든 사람에게 개방되어 있는 단일제 학교 설립과 사립학교 금지, 교육과 국가·교회의 엄격한 분리 등의 조치와 시골의 취학수준을 높이는 계획 등이 있었다. 고등교육은 전통 독일의 김나지움(Gymnasium)과 구조가 비슷한 4년 고등학교를 통해 실시되었다. 노동자·농민 집안 출신 고등학생 비율이 1950년에는 34%에 불과했으므로 선발의 폭은 좁았다.

이상에서 살펴본 동독의 소련식 교육체제 적용과 중공업 중심의 국가건설 등은 이 책 뒤에서 다루는 소련 군정 시 북한의 모습과 매우 유사하다. 김창환은 독일 통일 이전 동독 교육에 대해 이렇게 설명한다.

> 통일 이전 동독은 한마디로 이데올로기가 지배하는 국가였다. 다른 공산주의 국가들과 마찬가지로 마르크스-레닌주의 이념이 국가사회 전체를 지배했다. 마르크스-레닌주의 이념은 단지 도그마[11]가 아니라 '행동을 이끄는 지침서'가 되어야 하며, '혁명적 정치를 이

---

10 제2차 세계대전 이후 소련이 독일의 소련군 점령 지구 내 독일 공산당과 독일 사회민주당이 통합하여 동베를린에서 1946년 창설된 공산주의 정당으로, 1990년 독일민주공화국 총선거 때까지 존재했다(위키백과, 2023.08.30). 통일 이후 현재까지도 독일에서는 '사통당' 또는 '사통당 독재'라는 용어를 사용한다.

11 '도그마dogma'의 사전적 의미는 신조(信條), 교조(敎條), 신앙심(信仰心)으로 번역되며, 어떤 대상에 대한 굳은 믿음과 가치관을 의미한다.

끄는 과학적 근거'로서의 구실을 했다. 교육 역시 마르크스-레닌주의 이념, 사회주의 이념을 추구하고 그것을 실현하는 방향으로 운영되었다. '정치와 이념 그리고 경제와 교육의 통합'이 구동독 사회주의 정권이 추구하던 핵심 원칙이었는데, 이 원칙은 교육정책에도 영향을 미쳤다고 할 수 있다(2016: 17-18).

동독의 교육정책은 독일 전체에 사회주의 국가를 완성하도록 학생들을 이념적으로 교화시키고 사회주의 인간으로 양성하는 것이었다. 동독 교육법 제1장 제1조 제1항에는 교육의 목적을 다음과 같이 규정했다. "사회주의 교육의 목적은 전체 국민을 다면적이고 조화롭게 교육하여 사회주의 인격을 갖추도록 하는 것이다." 이어 2항에는 "사회주의 교육제도는 시민들이 사회주의 사회를 건설하고, 기술적인 혁명을 이루고, 사회주의적 민주주의가 발전하는 데 기여하게 하는 역량을 갖추도록 한다."라고 명시하고 있다. 즉, 사회주의 인격을 갖추고, 사회주의 국가 건설에 기여하는 것이 교육의 목적이라는 것이다. 이런 교육목적의 달성을 위한 교육정책은 제2차 세계대전 이후 동독이 건설되고 1989년 동독이 붕괴할 때까지 일관성 있게 추진되었다고 할 수 있다.

이런 교육목적을 학교교육에서 보다 구체적으로 달성하기 위해 동독은 '국가시민' 교과를 정규교과로 채택했다. '국가시민' 교과 수업은 학생들이 마르크스-레닌주의 세계관을 익히고, 사회주의 혁명 과업을 완성해 가는 데 적극 참여하도록 이끄는 것이었다. '국가시민' 교과는 정치이념교육으로서 학생들을 사회주의 시민으로 키우고, 학생들로 하여금 생각하고 느끼고 행동함에 공산주의 이상, 사회주의적 애국주의, 프롤레타리아 국제주의 정신을 일깨워 사회주의 모국과 공산당에 충실할 수 있게 하는 것이었다.

김창환(2016: 19)은 통일 이전 동독의 교육제도에 대해 "동독의 교육제도는 서독과 같이 복선형 학교제도가 아니라 단선형 학교제도였다. 초등학교와 중학교를 통합한 10년제 일반 종합기술학교(Polytechnische Oberschule; POS)와 더불어 2년제 상급고등학교(Erweiterte Oberschule; EOS)(인문계와 직업학교)로 구성되어 있었다."고 밝혔다. 아래 [그림 2-2]는 동독의 학제를 나타낸다.

나. 동독의 학제

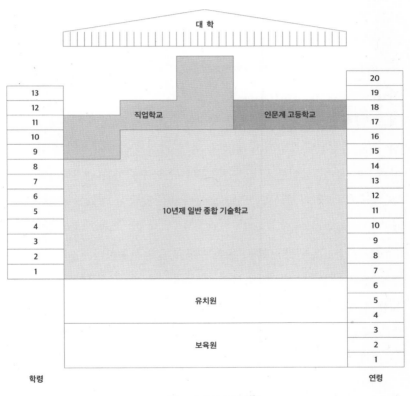

[그림 2-2] 동독의 학제[12]

12 O. Anweiler(1988), Schulpolitik und Schulsystem in der DDR, Opladen; p.128; 통일부. 2016. 독일통일 총서 17 교육통합 분야 관련 정책문서, p.19.

1989~1990년 통일 독일로 가는 변혁기에 동독인들은 자신들이 45년 동안 건설해온 사회주의 체제 대신 기꺼이 서독식 자본주의 체제를 선택했다. 서독(독일연방공화국)의 헌법인 '기본법' 146조에 따라 양 체제의 장점을 수렴한 새로운 헌법을 제정하는 방식의 통일도 가능했지만, 동독인들은 새로운 연방주를 건설하고 서독의 일부가 되는 방식을 택했다(김상무, 2022: 27).

1990년 1월, 서독과 동독의 대표들은 독일 통일과정에서 교육통합 문제를 협의하기 위해 동·서독 장관급 접촉을 했고, 2월과 3월에는 전문가 협의회 개최, 9월 26일 3차 회의를 거친 뒤 공동합의문을 채택했다. 합의문 채택에서 동독이 제안한 '이의 제기 가능한 평생교육권 보장', '국가가 지원하는 10년제 정규학교 유지' 등은 채택되었다. 그러나 '10년 의무교육제도', '아비투어 자격을 취득할 수 있는 직업학교 유지', '종합기술교육 유지' 등은 합의문에 포함되지 않았다. 한편 '학교 졸업장의 등가성', '12년제 아비투어 유지', '상이한 교육과정과 졸업장을 수여하는 전기중등학교 허용', '취득한 교사자격증 인정' 등에 대해서는 양국이 타협했다(김상무, 2022: 29).

이상에서 서독이 대부분 내용을 수용했지만 서독이 수용하지 않은 제도도 있음을 발견할 수 있다. 즉, '10년 의무교육제도', '아비투어 자격을 취득할 수 있는 직업학교 유지', '종합기술교육 유지' 등 사회주의 교육의 주요 특징은 서독 국민이 통일 독일의 교육제도로 수용하지 않았음을 알 수 있다.

동독 사회주의 교육의 변화는 소련 붕괴 이후 러시아 교육의 변화 모습과 유사하게 자본주의와 사회주의 국가가 통일 또는 통합될 때, 기존 사회주의 교육이 어떻게 변화·수용하게 되는지 짐작할 수 있는 좋은 사례다.

중국의 사회주의 교육

가. 중국 사회주의 교육의 형성과 변화

북한과 중국의 접경지역은 1,376km로, 서울~부산 간 왕복 거리보다 길다.[13] 이같이 북한과 중국은 정치이념 및 체제뿐만 아니라 지리적으로도 매우 밀접하다. 중국은 북한의 김일성(1912~1994) 주석이 소학교와 중학교를 다녔고, 1930년 초부터 1943년 소련으로 가기 전까지 10여 년간 항일 무장독립운동을 하던 곳이기도 하다.[14] 2019년 2월 하노이 2차 북미정상회담 때 김정은 국무위원장이 수천 킬로미터의 중국 철도를 이용하여 베트남 하노이까지 이동하기도 했다. 이처럼 중국과 북한은 지리 및 역사적 그리고 정치 및 경제적으로 매우 밀접한 전통적인 우방 국가라고 할 수 있다.

중국과 북한의 공통점 중 하나는, 소련을 위시하여 동유럽 사회주의 국가들이 1990년대에 대부분 붕괴했으나 두 나라는 붕괴하지 않았다는 점이다. 오히려 중국은 현재 G2 국가로서 건국 100주년이 되는 2049년이 되면 미국을 제치고 G1이 되겠다는 목표, 즉 '중국몽'이 있는 14억 인구의 강대국이라 할 수 있다.

이 책은 중국 사회주의 교육의 형성과 전개에 대해 1장과 같이 스티븐 캐슬과 비브케 뷔스텐베르크의 책을 통해 알아본다. 한편 중국 교육의 실제에 대해서는 "중국 교육부의 2017년 업무요강"(한국교육과정평가원, 2017)을 통해 주요 특징을 살핀다. 스티븐 캐슬과 비브케 뷔스텐베르크는 중국의 사회주의 국가 건설에 대해 다음과 같이 설명한다.

---

13 반면, 북한과 러시아의 접경지역은 16km 정도다(신효숙, 2023: 61).

14 중국과 북한의 우호 관계 형성에서 중국의 6·25전쟁(항미원조전쟁) 참전은 대표적 사례다.

1949년 중국 공산군은 미국을 등에 업은 국민당 군대와 20년에 걸친 싸움을 승리로 끝내고 중화인민공화국을 선포했다.[15] 그러나 사회주의 건설을 위한 중국의 조건은 1917년의 러시아보다 훨씬 좋지 않았다. 중국은 거대하긴 하지만 뒤떨어진 농업국가로 현대 기술이 거의 도입되지 못한 상태였고, 국민의 90%가 농민이었는데 그들 대부분이 문맹이었다. 전통적인 농업경제는 붕괴되어 있었고, 1911년 왕조가 멸망한 후 정치는 계속 어지러웠다. 게다가 일본의 침략과 오랫동안 계속되어온 내전은 대중을 엄청난 불행으로 몰고 갔다(스티븐 캐슬·비브케 뷔스텐베르크. 이진석 옮김(이하 앞의 책, 1990: 137).

스티븐 캐슬과 비브케 뷔스텐베르크는 중국 사회주의 교육이 중국 사회주의 건설에 큰 영향을 미쳤으며, 중국 교육의 기본원칙은 마르크스의 교육이론에 뿌리를 두고 있음을 다음과 같이 설명한다.

교육은 중국공산당의 사회주의 건설 정책에서 매우 큰 역할을 해왔으며, 문화혁명에서뿐만 아니라 당내 갈등에서도 중요한 논쟁거리였다. 중국처럼 경제가 매우 뒤떨어진 나라에서 지식이나 의식과 같은 주관적인 요인은 중요한 역할을 해왔다. 교육체제를 만들고 고치는 데 들인 엄청난 노력은 서방 교육자들이 깜짝 놀랄 결과를 낳았다고 할 수 있다. 그런데 중국의 여러 기본원칙은 기본적으로 마르크스의 교육사상에 토대를 두고 있다고 할 수 있다(앞의 책, 1990: 138).

---

15 국민당은 1911년 민주혁명 중에 생겨났다. 국민당은 손문의 지도 아래 중국을 다시 통일하고 서방의 정치제도를 도입하려 했다. 1928년 이후에는 부유한 지주와 상인이 국민당을 장악하게 되었다. 장제스가 이끌면서 국민당은 공산주의와 맞서 싸우며 미국의 후원을 받는 반동적인 당이 되었다(스티븐 캐슬·비브케 뷔스텐베르크. 이진석 옮김, 1990: 137).

스티븐 캐슬과 비브케 뷔스텐베르크는 중국 건국 해인 1949년 이전 중국의 교육에 대해 다음과 같이 설명한다.

중국 공산주의자들은 오랫동안 해방전쟁을 이겨내면서 생산과 통치의 경험을 얻을 수 있었다. 전체 사회를 이끌기 전에 비록 규모가 작긴 하지만, 새로운 모형을 철저히 시도해 볼 수 있었던 것이다. 교육체제도 마찬가지로 초기 형태는 1949년 이전에 해방구에서 발달되었다. 최초의 소비에트(평의회; 인민회의) 정부는 1931년 강서성의 산악지방에서 선포되었다. 헌법 제12조에는 교육목표가 다음과 같이 규정되어 있다. ① 중국 사회주의 정부는 모든 노동자·농민 그리고 그 밖의 노동인민들이 교육받을 권리를 인정한다. ② 모든 아동을 위한 무료학교의 도입이 즉시 시행되어야 한다. ③ 교육시설은 당의 지원을 받아 인민이 운영한다. 옌안 장정(1935~45) 시기와 제3차 혁명내전(1945~49) 시기에 학교와 성인 교육과정을 세우는 데 큰 노력이 기울여졌다. 대중교육은 대중을 동원하거나 혁명투쟁에 그들이 적극적으로 참여케 하기 위한, 중국공산당의 전술에서 중요한 부분을 차지했다(앞의 책, 1990: 142-143).

중화인민공화국 건설 후 중국은 마르크스의 교육사상을 도입 실행했음을 스티븐 캐슬과 비브케 뷔스텐베르크는 아래와 같이 설명한다.

1958년 중국공산당 중앙위원회는 「교육은 생산노동과 결합되어야 한다」라는 문서에서 새 교육원리를 다음과 같이 밝혔다. "우리는 전반적인 발달이라는 교육원리를 주장한다. 인간을 다방면에서 발달시키는 유일한 방법은 그들을 정치적으로 노동자계급에 봉사하

도록 교육하고, 생산노동과 교육을 결합하는 것이라고 생각한다

(앞의 책, 1990: 150).

나. 현대 중국 사회주의 교육의 실제

중국은 1949년 국가 건설 후 대약진 운동과 문화혁명 및 마오쩌둥 (毛澤東, 1893~1976) 이후 화궈펑(華國鋒, 1921~2008)이 등장했다. 덩샤오핑(鄧小平, 1904~1997)의 개혁·개방 정책이 이루어졌고, 장쩌민(江澤民, 1926~2022) 이후에는 시진핑(習近平, 1953~)이 등장하여 2024년 현재에 이른다. 1900년대 중국의 정치·경제·역사에 여러 변화가 있었듯이 교육에서도 마르크스의 교육사상과 소련 교육에 대한 크고 작은 인식의 변화가 있었다.

오늘날 중국의 국가교육은 중국 실정에 적합한 형태로 매우 안정적이고 발전지향적 모습을 갖추고 있다고 할 수 있다. 중국 교육에 대해 이처럼 높이 그리고 안정적으로 보는 이유 또는 근거로 중국의 정치·경제·사회적 안정을 들 수 있다. 2017년과 2018년 중국 교육부의 '업무(교육정책)요강'은 현대 중국 교육의 특징을 잘 나타낸다고 할 수 있다.

중국은 중앙부서인 교육부에서 매년 발표하는 업무요강을 중심으로 각 성(省)과 자치구에서 지역의 교육환경을 고려하여 교육정책을 수립·시행한다(한국교육과정평가원. 2017. 중국교육동향 정리[교육정책]. https://zrr.kr/MfIF). 2017년 중국 교육부의 6개 업무요강을 통해 현대 중국 교육의 실태를 살펴보면 다음과 같다.

첫째, "중국 특색의 사회주의의 위대한 깃발을 높이 들고, 중국 공산당 18차 전국인민대표대회와 18기 중앙위원회 제3차, 4차, 5차, 6차 전체회의 정신을 전반적으로 실천한다." 이 요강은 중국 국가교육의 목적과 목표가 사회주의 이념을 지향하며 중국 공산당의 정신을 전반적으로 실천해야 함을 강조한다. 또, 이는 대부분 자본주의 또는 자유주의 국가에서 교

육과 정치는 분리되어야 하고 교육의 정치적 중립성이 보장되어야 한다는 입장과는 크게 다르다고 할 수 있다.

둘째, "'덩샤오핑 이론', '3개 대표'의 중요 사상 및 과학적 발전관을 지도적 사상으로 하며, 시진핑 총서기의 주요 연설문에 제시된 정신과 국가 정책의 이념과 신사상, 신전략을 심화 학습하고 실현한다." 여기서 '덩샤오핑 이론'은 덩샤오핑이 1978년 이후 '사상해방'과 '실사구시'라는 두 가지 틀에서 20년간 개혁 개방 정책을 추진해 오면서 탄생한 이론으로, 중국식 사회주의로 널리 알려진 것이다. 경제적으로는 시장경제를 도입하더라도 정치적으로는 사회주의 체제를 유지하는 형태를 뜻한다(앞의 자료). '3개 대표'란 장쩌민이 2000년 2월 25일 발표한 것으로, 중국 공산당은 ① 선진 사회 생산력, ② 선진적인 문화, ③ 대다수 인민의 근본 이익을 대표하는 조직이어야 한다는 것이다. 즉, 정치적으론 공산당의 일당독재를 유지하지만, 경제적으로는 성장 동력인 민간 기업인, 자영업자, 전문 지식인들이 중심이 되어 중국식 사회주의 발전에 박차를 가하려는 중국의 의도를 엿볼 수 있는 개념이다(한국교육과정평가원. 2017. 중국교육동향 정리[교육정책]. https://zrr.kr/MfIF).

대부분의 자본주의 또는 자유국가에서 위와 같이 특정 정치인의 이론과 연설문이 국가 교육목표나 교육내용으로 선정되는 경우는 극히 드물다. 그런데 중국의 경우 위와 같이 덩샤오핑 이론과 시진핑 연설문 등 특정 정치인의 이론과 연설문 등의 국가 교육 지침으로 강조되고 있다. 이는 북한에서 김일성·김정일·김정은 등의 교시와 연설이 교육 목표와 내용으로 제시되는 것과 유사하다고 할 수 있다.

셋째, "'오위일체'의 전체적 구조와 '4개 전면'의 전략적 구조에 따라 혁신, 조화, 친환경, 개방, 공유의 발전 이념을 견고하게 수립하고 철저히 실천한다." 이 요강에서 '오위일체'란 ① 시장경제(경제), ② 민주정치(정치), ③

선진문화(문화), ④ 조화로운 사회(사회), ⑤ 생태문명(환경) 모두를 위한 개혁을 추진하는 것을 의미한다. 또 '4개 전면'이란 2015년 중국 인민대회에서 시진핑 주석이 제시한 새로운 국가 목표를 의미하는데, ① 소강사회(모든 인민이 의식주 걱정 없이 일정 수준의 복지 혜택을 누릴 수 있는 사회), ② 전반적 개혁 심화, ③ 전반적 의법치국, ④ 전반적 당풍쇄신 이 네 가지를 뜻한다(한국교육과정평가원. 2017. 중국교육동향 정리[교육정책]. https://zrr.kr/MfIF).

넷째, "경제발전의 새로운 상황에 적극적으로 적응하고, 당의 교육방침을 전반적으로 실현하며, 업무의 중심 기조를 안정적으로 추진한다." 이 요강의 저의는 중국 교육이 경제발전을 중시한다는 것과 공산당의 교육정책을 충실히 그리고 안정적으로 이행해야 함을 강조하는 데 있다 하겠다.

다섯째, "내면적 발전에 중점을 두고 공평한 발전과 시스템 개혁, 안전에 대한 책임, 총체적인 품질향상, 당 건설을 지속해 나간다." 이 요강은 중국 정부가 외형보다 내실에 충실해야 함을 구체적 사항을 들어 강조하고 있다고 할 수 있다.

여섯째, "중국 특색의 사회주의 교육 노선에 발맞추어 지속 전진하며, 교육 현대화를 가속적으로 추진하고, 우수한 성과를 통하여 당의 19차 전국 인민대표대회의 성공적 개최를 위한 여건을 조성한다." 이 요강은 중국 특색의 교육 추구의 중요성을 강조하며 교육 현대화를 중시하고, 교육이 정치 발전에 기여해야 함을 강조한다. 이런 강조점은 대부분의 자본주의 또는 자유국가들이 강조하고 추구하는 것과 큰 차이점이 없는 중국 국가 교육요강이라고 할 수 있다.

2023년 한국은행에 따르면 중국의 GDP는 미국에 이어 2위다(한국무역협회KITA 홈페이지. 2023.09.21). 중국의 국력과 경제발전에 교육이 뒷받침하지 못하면 다른 나라들과의 GDP 성장 경쟁은 불가능하다고 할 수 있다. 특히 중국의 과학기술력 발전 속도는 놀라울 정도로 성장하고 있다. 이런 중국과학기술의 빠른 발전에는 지금까지 살펴본 중국의 치밀한 국가 교육 정책이 있기 때문이라고 할 수 있다.

중국 교육동향 정리[교육정책]

제목: '인터넷 학습공간 구축 및 운영 지침' 발표에 관한 교육부 통지.　　　교기(2018) 4호.

수신: 각 성, 자치구, 직할시 교육청(교육위원회), 각 계획단위 시 교육구, 신장 생산 설립 군기지 교육국, 유관부서(단위) 교육사(국), 부속 각 고등학교:

당의 19기 인민대회 정신을 성취하고, "인터넷+" 행동을 적극 추진하며, 인터넷 학습공간에서 "모든 사람이 인터넷 학습공간 활용" 계획을 더욱 규정에 맞고 질서 있게 추진하고, 교육정보화를 가속 진전시키며, 교육정보화를 통해 교육현대화를 선도하고, 교육강국 설립을 위해 《인터넷 학습공간 구축 및 운영 지침》을 특별히 제정하여 발표하니 참고하고 집행하기 바랍니다.

첨부: 인터넷 학습공간 구축 및 운영 지침

인터넷 학습공간 구축 및 운영 지침

서언

1. 총칙
   가. 인터넷 학습공간의 내용　　　나. 공간 구축 및 운영 목표
   다. 공간 구축 및 운영 원칙　　　라. 공간 구축 및 운영 과정

2. 인터넷 학습공간의 구성

3. 개인 및 기관 공간
   가. 개인 공간의 기본 기능　　　나. 교사의 역할 기능
   다. 학생의 역할 기능　　　라. 학부모의 역할 기능
   마. 관리자의 역할 기능　　　바. 기관 공간의 기본 기능

4. 공공서비스
   가. 데이터 공유 서비스　　　나. 교육 지원 서비스
   다. 양방향 학습 서비스　　　라. 정책 평가 서비스

5. 데이터 분석 서비스

6. 보안 대책

[그림 2-3] 중국 교육 동향(교육정책)[16]

16　중국 교육부 https://zrr.kr/yHs0, 한국교육과정평가원KICE. 2018. 중국 교육 동향 정리[교육정책]. https://zrr.kr/1QJJ 2023.04.22.)

중국 교육부는 2018년 '인터넷 학습공간 설립 및 운영 지침'을 각 성 및 자치구, 직할시 교육청(교육위원회)에 내려보냈다. 지침 내용이 매우 구체적이고 자세하다. 중국의 반도체 및 자동차 산업 등 최첨단 분야의 발전에는 이같이 발전된 중국의 치밀한 국가 교육의 역량이 뒷받침하고 있다고 할 수 있다. [그림 2-3]의 지침은 이런 목차와 목차의 각 항목에 대한 상세한 설명을 덧붙여 제시한다.

사회주의 교육의 실제를 이해하기 위해 ① 1871년 '파리코뮌'의 사회주의 교육, ② 소련의 사회주의 교육, ③ 동독의 사회주의 교육, ④ 중국의 사회주의 교육의 실제를 살펴봤다. 주요 내용은 아래와 같다.

첫째, 1871년 '파리코뮌'과 사회주의 3개국 사회주의 교육 실제의 공통점은 '무상 의무교육 실시', '노동과 교육의 결합 및 조화 중시', '종합기술교육 강조', '국가건설과 발전에서 교육의 중요성 강조' 등이다.

둘째, 러시아, 동독, 중국 3개국이 마르크스와 레닌의 교육사상을 중시하고 추구했으나 각 국가의 역사·지역·시대적 특성을 고려하여 자국에 적합한 국가 교육을 추구했다.

셋째, 정치적 측면에서 공산당 또는 프롤레타리아 독재라는 정치체제를 추구했으나 경제적인 면에서는 자본주의의 시장경제체제를 추구해온 중국의 정치·경제의 변화와 발전은 오늘날 사회주의와 사회주의 국가의 교육 실제를 이해하는 데 큰 도움이 된다. 특히 중국의 국가교육은 중앙정부의 정책 결정 및 전달 양식이 비사회주의적 국가들과 차이가 있지만, 국가 교육의 효과와 영향을 중시하는 것은 대부분의 비사회주의 국가들과 같다고 할 수 있다.

코로나 19 팬데믹이 발생하기 전인 2019년 중국에 있는 한국 유학생 수가 6만 6667명으로 미국 유학생 수와 비슷한 것은, 이념이나 가치보다 '실용성'을 중요시하는 중국 교육의 특징을 잘 보여줄 뿐만 아니라 오늘날 중

국 교육의 실제가 잘 나타나는 지표라고 할 수 있다.[17]

17 중국 대학과 연구기관 등에 유학하는 40만 외국인 유학생 중에 한국 유학생이 6만6667명으로 가장 많은 것
    으로 나타났다.(한겨레신문. 2019.10.19.)

II

북한 교육의 역사와 실제

3

소련 군정과 교육 형성
(1945~1948)

국가 건설 이전 소련 군정기 북한 교육의 목표는 '일제 식민교육 청산과 의무교육제 실시'로
요약할 수 있다. 1945년 11월 17일 조선노동당 북조선분국 조직위원회 제3차 확대집행위원회는
새 교육정책 방향을 제시하는 보고서에서 '새로운 인민적·민주주의적 교육제도 수립의
방향으로 철저히 개혁하고 청소년들의 머릿속에서 일본 제국주의의 잔재를
뿌리 뽑아 버려야 한다고 주장했다.

─신효숙(1999)

북한 교육사 이해의 중요성과 시대 구분

『역사란 무엇인가What is History?』(1961)를 쓴 애드워드 핼릿 카(Edward Hallet Carr, 1892~1982, 영국)는 "역사는 역사가와 역사적 사실들 사이의 지속적인 상호작용 과정이며, 현재와 과거의 끊임없는 대화다"라고 정의했다. E. H. 카의 역사 정의는 역사는 역사를 보는 관점에 따라 달라질 수 있음을 뜻한다고 할 수 있다. 따라서 북한 교육사에 대한 이해는 북한관과 통일관에 따라 달라질 수 있다. 그럼에도 이 책에서 북한 교육사를 살피는 것은, 바른 북한 교육 이해를 위해서는 북한 교육사를 최대한 사실적이고 객관적으로 이해하는 것이 우선 과제라고 보기 때문이다.

레닌(Ленин, 1870~1924, 러시아·소련)은 "혁명의 역사는 학교에 의해 공고해지며 미래 세대들의 훈련은 혁명을 통해 얻은 모든 것을 정착시킨다"고 했다(신효숙, 1999: 28). 레닌의 말 중 학교와 훈련을 '교육'으로 바꾸면 레닌의 발언

은 사회주의 혁명 또는 국가건설에서 교육의 역할이 중요함을 강조한다고 할 수 있다.

북한 교육사에 대한 국내 연구는 매우 적다. 특히 2000년 이후 북한 교육사 연구는 더욱 적다. 2000년 이후 북한 교육사에 대한 대표적 연구 중 하나로 이향규·조정아·김지수·김기석의『북한 교육 60년 형성과 발전, 전망』(2010)이 있다. 이 책은 북한 교육의 역사를 '해방 직후', '국가건설기', '학교교육의 팽창과 교육개혁'. '김정일 시대의 교육' 등의 순서로 소개한다. 그런데 '해방 직후', '국가건설기', '학교교육의 팽창과 교육개혁' 등이 언제부터 언제까지를 의미하는지 정확히 파악하기 어렵다. 즉, 북한 교육사에 대한 시대 구분이 명료하지 않다고 할 수 있다. 한편, 박찬석의『북한 교육 연구』(2013)는 1장 "북한 교육의 이해"에서 '김일성 시대', '김정일 시대', '김정은 시대'로 분류했다. 그런데 2장 "북한 교육의 역사적 접근"에서는 '북한 교육의 성립기', '6·25 전쟁 시기', '전쟁 이후' 등으로 시대를 구분했다. 통일된 북한 교육의 시대 구분이 적합하고 타당하다고 할 수 있다.

이 책은 선행연구들을 참고하고, 또 국가교육은 집권자의 정치적 영향을 많이 받는다는 측면에서 크게 김일성 시기, 김정일 시기, 김정은 시기의 세 시기로 나눈다. 다만 김일성 시기는 집권 기간이 길어 해방 이후 국가 설립기(1945~1948)까지와 국가 설립 후 사망(1948~1994)까지의 두 시기로 나눈다. 또, 김정은 시기(2012년 이후)는 집권 11년을 맞이하는 2023년 현재 북한 교육이어서 '전반적 의무교육의 실시', '북한 교육의 변화', '성과 보이는 12년제 교육개혁 10년' 등 3개 교육 주제를 중심으로 살핀다.

이 책에서는 북한 교육사와 북한 교육 실제에 대한 이해를 위해 이같이 분류했지만, 향후 북한 교육사의 명확한 이해를 위해서는 시대구분에 대한 보다 체계적인 연구가 필요하다. 이상의 내용을 종합하여 이 책 Ⅱ부 '북한교육의 역사와 실제'에서는 1) 소련 군정과 교육형성(1945~1948), 2) 주체사상 형성과 교육성장(1948~1994), 3) '고난의 행군기'와 교육혁신(1994~2011), 4) 김정은의 등장과 교육개혁(2012~), 5) 김정은 시대 교육 발전(2012~), 6) 김정은 시대 북한교육의 평가와 전망(2012~)의 6개 부분으로 나누어 살핀다.

소련 군정의 배경과 소련 군정기 북한 교육 연구

소련은 1945년 8월 8일, 대일 선전포고를 하고 한반도 북쪽에서 군사작전을 개시했다. 소련군의 대일작전에는 만주 진공 작전의 일환으로 해군에 의한 한반도 북변 항구들을 봉쇄하고 전황에 따라 해병대를 상륙시키는 계획도 있었다. 이에 따라 8월 9~11일까지 소련 비행대와 태평양함대 전함이 청진, 나진, 웅기를 공습하고 일본 전함과 수송선을 침몰시켰다. 8월 12일부터는 태평양함대 해병대와 보병사단이 합동작전으로 웅기, 나진, 청진을 차례로 점령했다. 소련군의 본격적인 북한 진주는 8월 16일 미국의 국무·육군·해군 3성 조정위원회(SWNCC)에서 결정한 한반도의 38선 분할점령의 내용을 담고 있는 '일반명령 제1호'를 스탈린이 받아들임으로써 이루어졌다(신효숙, 2003: 39).[1]

해방 이후 북한에 진주한 소련군은 평양에 제25군 사령부를 설치하고 기타 모든 점령지역에 군사령부 조직인 경무사령부를 설치했다. 북한의

---

1   김학준(1987)은 "한반도 분단의 대내외적 요인"에서, 브루스 커밍스(1986) 『한국전쟁의 기원』 168쪽 내용을 토대로 "38선을 긋는 결정은 전적으로 미국이 취한 것으로, 1945년 8월 10일과 11일 사이에 미 국무성, 육군성, 해군성의 3성 조정위원회의 야간회의에서 이루어졌다. 이런 결정이 이루어진 배경은 미국이 8월 6일과 9일 히로시마와 나가사키에 투하한 원자폭탄이 예상외로 성공적인 결과를 가져왔으며, 또한 소련이 예기치 못할 정도로 신속하게 아시아 대륙에서 일본군과 전투를 벌인 결과 일본은 패배했다. 이런 상황에서 소련의 남하를 급히 저지하기 위해 한반도 38도선 분할 점령을 소련에게 제시했다"고 서술했다. 그러나 필자는 '소련의 남하를 급히 저지하기 위해 미국이 한반도 분할 점령을 소련에게 갑자기 제시했다'라는 의견보다는, 미국은 소련이 대 일본전 참전 시 한반도의 이북 지역에 대한 군정을 얄타회담(1945.02.04.~02.11, 소련 얄타. 미국, 소련, 영국 참여), 포츠담 회담(1945.07.17.~08.02, 독일 포츠담. 미국, 소련, 영국, 중국 참여) 등을 통해 소련의 대일본전 참여시 소련의 군정을 사전 회담들을 통해 여러 차례에 걸쳐 언급했기 때문인 것으로 본다.

도·시·군 단위에 설치된 경무사령부의 임무는 지역의 질서 유지와 주민들의 정상적인 생활을 조직하는 것이었다. 대민업무와 관련하여 소련군은 진주 초기부터 북한의 자생적 조직을 기반으로 한 좌우합작 형태의 지역 인민위원회를 통해 민사행정을 처리해 나갔다.

교육 관련 사업에서 소련군 정치담당자들은 각 지역 인민위원회의 교육 활동을 지도하고 지원했다. 이런 가운데 소련군사령부는 인민위원회를 효율적으로 지원하고 통제하기 위해 소련 민정기관을 만들기도 했다(신효숙, 1999: 2).[2] 미국과 소련의 군정은 1948년 8월 15일 한국과 9월 9일 북한이 정부 및 국가건설 선포가 있기까지 계속되었고, 3년 간에 걸친 소련의 군정에 따라 북한에는 소련식 사회주의 교육이 형성되었다.

이같이 소련 군정은 북한의 국가 건설과 국가교육 형성에 큰 영향을 미쳤으나 연구 자료의 미흡 또는 부족으로 그동안 국내에서 체계적인 연구가 거의 이루어지지 못했다. 그러나 1990년 한국과 러시아의 수교를 계기로 러시아가 보관하고 있던 많은 자료를 입수할 수 있게 되었다. 이런 상황에서 신효숙은 「소군정기 북한의 교육정책」이란 박사학위 논문을 냈고(1998), 「해방 후 북한 고등교육체계의 형성과 특징: 김일성종합대학의 창립과 운영을 중심으로」(1998)와 「소련 군정기 북한의 교육개혁」(1999) 등의 연구와 논문을 발표했다. 특히 러시아 모스크바 유학 중 『소련 군정기 북한의 교육』(2003)이란 단행본을 발간하기도 했다. 이런 이유로 본 장은 신효숙의 연구와 자료를 중심으로 소련 군정과 교육 형성(1945~1948)에 대해 살핀다.

---

2 민정기관은 1947년 5월 주북한소련민정국으로 확대·개편되었다. 소련민정국의 설치 목적, 설치 부서와 그 책임자들의 명단과 활동에 대해서는 기광서, "쏘련의 대한반도 - 북한정책 관련 기구 및 인물분석: 해방~1948.12", 경남대학교 북한대학원, 『현대북한연구』(1998년 창간호), 131~140쪽을 참고(신효숙(1999: 2).

소련 군정기 북한 교육 상황과 소련의 지원

해방된 한반도는 일제의 교육을 폐지하고 교육개혁을 함으로써 온전한 자주 독립국가를 건설하는 데 기여해야 했다. 그러나 우리 선열들의 치열한 독립운동에도 불구하고 일본의 패전과 해방은 미국과 소련 등 외세 강국의 승전에 의해 이루어졌기 때문에 한반도는 부득이 미군정과 소군정에 의한 신탁 통치에 놓이게 되었다.

당시 소련은 사회주의의 종주국으로 또 미국은 자본주의의 종주국으로 서로 자신들이 추구하는 정치 체제 또는 이념이 이상적이라고 판단하고, 한 나라라도 더 자신의 편으로 끌어들이려고 했다. 이런 이유로 한반도 이북에는 소련식의 사회주의 체제와 사회주의 교육이, 이남에는 미국식의 자본주의 체제와 자본주의 교육이 형성되게 되었다고 할 수 있다.

소련의 대북한 교육정책 방향은 1945년 9월 14일, 소련군사령부가 발표한 〈인민정부 수립요강〉에서 잘 나타난다. 〈인민정부 수립요강〉 5조는 "개인 경영의 기술 기관은 허용하나 특별한 감시를 요한다. 모든 문화시설과 위생설비 및 교육기관은 국가경영으로 이관하여 노동자·농민에게 개방을 요한다."고 했다. 이는 교육 및 문화기관의 기본정책으로 국유화를 제안한 것이고, 초기 단계의 조치로 사립 기술기관을 허용하지만 향후 폐지하여 국가경영으로 전환될 것을 암시하는 것이라고 볼 수 있다(신효숙, 1999: 2).

소련은 1946년 3월 20일 개최될 미소공동위원회 제출을 위해 내부 문서인 〈미소공위를 위한 지침서〉를 작성했다. 이 지침서는 북한 임시정부가 기초해야 할 정치강령 20개 조를 포함하고 있다. 이 중 교육에 관한 정강 제8항은 "모국어로 자유로운 초등 무료의무교육제를 실시하며, 국가경영인 초·중·고등 교육기관을 확대할 것"을 명시하고 있다. 이것은 소련이 사회주의 교육의 핵심으로 지속적으로 추구해온 '의무교육제 실시'와 '교육

기관'의 국가경영이 반영된 것으로 볼 수 있다.

소련 군정기 북한에서 소련의 교육정책은 특권계층을 중심으로 한 일제의 차별적 식민교육의 근본적 개혁을 희망하던 북한 지도부 및 대중의 교육개혁 요구와 합치되는 것이었다. 그 결과 1946년 2월, 소련의 교육정책은 북한 임시인민위원회의 교육정책에 반영되어 실천에 옮겨졌다. 여기서 주목할 점은, 소련 군정은 북한에 급진적인 사회주의 교육정책이 아니라 반제·반봉건 개혁을 중심으로 하는 사회주의의 기초를 닦는 교육개혁을 하고 있었다는 점이다. 즉, 북한은 교육 목적이나 정책으로 1948년 북한이 수립된 직후에도 '마르크스-레닌주의에 입각하여' 또는 '사회주의 교육의 원리에 따라' 등의 사회주의 교육방침을 공식적으로 천명하지 않았다(신효숙, 1999: 3). 그러나 북한이 이같이 공식적으로 사회주의 교육방침을 명시하지 않았다 하더라도, 소련 군정기 북한의 국가 교육 기본정책이나 학제, 교육과정에는 무료의무교육이나 사립학교 폐지 등 사회주의 교육제도의 많은 부분이 북한 교육의 기초에 반영되어 있음을 발견할 수 있다.

아래 내용은 북한의 임시인민위원회[3]가 설립하여 활동하던 1946년 2월, 소련민정국이 본 북한의 교육상황이자 교육과제다. 이 내용은 소련 민정국이 북한의 교육상황을 어떻게 보고 있는지에 대한 이해와 함께 소련이 북한의 사회주의 교육 형성에 어떻게 영향을 미쳤는지 알 수 있는 좋은 자료다.

> 1) 절대적으로 부족한 각 도 교육부 직원(3명) 및 교육부 지도자의 부재는 인민
> 교육 노선에 따라 지도하고 통제할 가능성을 상당히 제한하고 있다.

---

3 정식 명칭은 북조선임시인민위원회로, 1946년 2월 8일 발족되어 1947년 2월까지 인민민주주의 독재(정치) 기능을 수행한 북한 최초의 중앙정권기관이다. 여기서 독재의 의미는 '홀로(獨) 재단(裁)한다'는 뜻으로 '개인, 또는 일정 집단(정당)'이 지배한다는 뜻이 담겨 있다. 사회주의에선 일반적으로 하나의 정당을 중심으로 정치가 이루어지기 때문에 일당독재 또는 독재정치라고 불리거나 비판받기도 한다.

2) 교육국 직원(18명)들은 상호관계가 잘 유지되지 않아 자신들의 과제를 능숙하게 처리하지 못하고 있다. 교육국을 재편할 필요가 있다.

3) 교과서 및 교육과정을 편찬할 수 있는 능력을 겸비한 전문가가 없다. 소련 교과서와 교육과정에 의거하여 교육과정과 교과서를 편집하는 데 지방당국에 도움을 줄 전문 통역요원이 없다. 종이와 최소한의 교육용품도 없다.

4) 교과서 발행을 위한 예산이 없다. 학교 예산 문제는 아직 논의가 끝나지 않았다. 아직도 이른바 사립학교가 존재하고 있다. 교사의 경우 봉급의 균등화가 지배적이다.

5) 한국어판 서적 출판, 영화, 연극공연, 음악, 가요 제작이 추진되지 않고 있다(신효숙, 1999: 4).

소련민정국은 위와 같이 북한 교육상황을 진단하며 다음과 같은 지원 요청을 한다.

1) 모든 형태의 교육기관을 위해 교육과정 및 교과서 편찬을 위한 고문을 배정해 줄 것을 요청한다. 각종 교육기관용 소련 교육과정과 교과서 일체를 비록 한 세트일지라도 우리에게 공급해야 한다.

2) 일본에서 납품되고 있는 펜, 연필, 제도용구 등의 학용품을 북한으로 수출해야 한다.

3) 러시아의 문학, 정치서적, 아동서적, 예술서적, 과학도서 등이 한글로 번역되어야 한다. 인쇄시설의 바탕 위에 자격을 갖춘 통역 참모요원으로 러-한 출판을 추진해야 한다.

4) 소련의 극장 공연물, 가요와 음악을 한국어로 번역하고 보급해야 한다.

5) 러시아 영화에 한국어 자막 및 한국 영화를 만들기 위해 영화관 설립이 필요하다.

6) 학교에서 로어를 제1외국어 과목으로 강의하고 성인들에게 러시아를 보급하기 위해 로어 교습을 위한 학교와 강좌를 개설할 목적으로 전문가를 요청해야 한다.

7) 한국인의 로어 학습용 교과서, 러-한사전, 한-러사전 및 한국인을 위한 자

습서 등을 발행해야 한다(신효숙, 1999: 4-5).

이와 같은 내용을 토대로 신효숙(2003)은 소련 군정의 대북한 지원정책을 다음과 같이 제시한다.

첫째, 교육이념이나 바람직한 인간상의 설정에 대해 소련 군정은 직접적으로 명시하지 않았으나 사회주의적 품성의 함양을 목적으로 했다. 주요 덕목은 정직, 노동애호, 인민에 대한 사랑, 전세계 노동대중에 대한 사랑, 일제로부터 한반도를 해방시킨 소련 인민에 대한 사랑, 민주주의와 사회주의의 적에 대한 증오 등이다. 이런 덕목과 교양의 기초는 마르크스-레닌주의 이데올로기이다.

둘째, 교육개혁을 추진해 나갈 각 분야의 소련 교육전문가 특히 소련계 한인 교육자 및 소련학자들의 파견이 필요하다.

셋째, 북한의 교육전문 인력 양성 또는 재교육에 대한 적극 지원이다. 전체 교육에 대한 재교육사업에서 소련 군정의 역할과 지원은 물론이고, 사회주의 사상에 익숙한 전문 인력의 양성과 재교육을 위한 가장 직접적인 지원 방법은 소련유학생 및 교원시찰단 파견이다.

소련에 대한 이 같은 지원 요청에 따라, 실제로 소련 정부의 협조로 1946년 329명이 소련의 다양한 교육기관에서 공부할 수 있도록 파견되었다. 또, 1947년에는 제2기 소련 유학생으로 학부생 120명과 대학원생 20명이 파견되었다. 아울러 1947년에는 북한 교수 30명이 모스크바로 가서 6개월의 재교육 강습을 받기도 했다. 이 외에도 교육국 및 도교육부, 그리고 고등교육기간의 지도적 근무자들은 인민교육 조직을 시찰하기 위해 소련을 견학했는데, 이는 북한 교육사업 실행에 크게 기여했다고 할 수 있다(신효숙, 1999: 6).

소련 군정기 북한의 학교교육 정책

국가건설 이전 소련 군정기 북한 교육의 목표는 '일제 식민교육 청산과 의무교육제 실시'라고 할 수 있다. 1945년 11월 17일 조선노동당 북조선분국 조직위원회 제3차 확대집행위원회는 새 교육정책의 방향을 제시하는 보고서에서 "새로운 인민적·민주주의적 교육제도 수립의 방향으로 철저히 개혁하고 청소년들의 머릿속에서 일본 제국주의의 잔재를 뿌리뽑아 버려야 한다"고 주장했다.

1946년 2월 8일 평양에서는 '북조선 각 정당·사회단체·각 행정국 및 각 도·시·군인민위원회 대표 확대협의회'가 개최되었다. 이 회의에서 김일성을 수반으로 하는 북조선임시인민위원회가 수립되었다. 김일성은 2월 9일 반제·반봉건 사회경제개혁의 원칙을 담은 〈11개조 당면 과업〉을 발표했다. 교육정책과 관련된 주요 사항을 살펴보면, 당면 과업으로 "8. 민주주의적 개혁에 적응토록 인민교육제도를 개혁하며 초등·중등학교를 확장하며 교원 양성을 재준비하며 국문 교과서를 편성할 것, 9. 과거 일본 제국주의 교육의 노예화 사상을 청소하기 위해 진실한 민주주의적 정신으로 인민을 교양하며 각계각층 인민에게 문화계몽사업을 광범히 전개할 것"을 제시했다.

위에서 제시한 11개 조 당면과업을 확대하고 정교화하는 한편, 1946년 3월 23일 아래 내용과 같은 〈20개조 정강〉도 발표했다. 정강에는 해방 직후부터 강조해 왔던 '전반적 인민의무교육제 실시'와 교육제도 개혁에 관한 내용을 명시하고 있다.

1) 전반적 인민의무교육제를 실시하며 광범위하게 소·중·전문·대학교를 확장할 것, 국가의 민주주의적 제도에 의한 인민교육제도를 개혁할 것(제16조)

2) 민족 문화, 과학 및 기술을 전적으로 발전시키며 극장, 도서관, 라디오 방송
   국 및 영화관 수를 확대시킬 것(제17조)

3) 국가기관과 인민경제의 제 부문에서 요구되는 인재들을 양성하는 특별학
   교를 광범하게 설치할 것(제18조)

4) 과학과 예술에 종사하는 인사들의 사업을 장려하며 그들에게 보조를 줄
   것(제 19조)(신효숙, 1999: 6-7)[4]

　　북한은 이와 같은 1946년 3월 〈20개조 정강〉 발표에 앞서 1945년 11월
21일 〈북조선 학교교육임시조치요강〉을 발표했는데, 여기에는 학교사업
조직의 기본방향과 원칙의 토대가 되는 아래와 같은 「북조선 교육이념」을
제시했다.

　　민주주의(사회주의)적 교육 원칙에 입각하여 조선 인민의 복리 증진
　　과 문화 향상을 기할 수 있는 교육을 실시하며 국어, 역사 교육에
　　치중하면서 반제 교육에 주력할 것과 소련에 관한 지식을 풍부화시
　　키는 동시에 과학적 세계관을 배양하도록 할 것이며, 신교의 자유
　　를 인정하되 종교교육만은 특정학교에 한할 것이다(신효숙, 1999: 7).[5]

　　이런 학교교육 이념에 기초한 구체적인 학교교육 방침은 1947년 10월
에 발표되었다. 교육국은 통일된 일정한 기준이 없어 혼돈상태에 있는 학
교사업을 개진하기 위해 1947년 10월 〈각급 학교 규정안〉을 발표했다.
정식 규정이 발표될 때까지 잠정적으로 이에 근거하여 실시하도록 했다.
1947년의 규정안은 북한 정부 수립 이후에도 효력을 유지했으며, 1950년

4　이 내용의 원 출처는 『김일성 선집』 제1권(평양: 조선노동당출판사, 1954), 55쪽이다.

5　원문은 조선민주주의인민공화국 교육성 편, 『해방후 10년간의 공화국 인민교육의 발전』(평양, 1955), 15쪽이다.

3월에 와서야 교육성은 〈학급학교 규정〉을 새로 발표했다. 새 규정안은 "이미 발표된 규정안을 기초로 하여 더욱 선진적인 교육이론과 학교에서의 모든 경험을 참작하여 작성"되었음을 밝히고 있다(신효숙, 1999: 7-8).

소련 군정기 북한의 교육과정과 학제 및 교과서

해방 이후 6·25 전쟁 전까지 북한은 3차에 걸친 교육과정 개정을 했다. 제1차는 1945년 11월 21일, 제2차는 1947년 10월 그리고 제3차는 1948년 9월 9일 북한 정부 수립에 의해 이루어졌다. 그러나 제3차 교육과정의 실행은 1949년 9월 1일부터였다. 불과 5년 동안 북한이 세 차례에 걸쳐 교육과정을 개정한 이유는 교육적 요구뿐만 아니라 시대적·정치적 요구의 반영이 필요했기 때문이다. 세 차례 교육과정 개정에서 가장 중요시한 것은 일본 식민교육 청산과 소련의 사회주의 사상 보급이었다. 구체적으로 일제시대의 '수신'을 '인민'과 '인민도덕'으로, 일본어를 한국어로, 일본사를 한국사로 전환하는 것으로부터 시작했다. 당시 북한 교육과정 개정의 내용과 성격을 분석하면 다음과 같은 특징이 있다.

첫째, 한글학습을 중심으로 한 국어교육에 중점을 두어 교과교육과정에서 국어시간을 계속 늘렸다. 즉, 1945년 말 전체 교과 교육시간 중 27.5%에서 1947년 31.6%, 1949년 36.4%로 계속 증가시켰다. 그 결과 한국 전쟁 직후인 1953년 인민학교 개정안에는 국어 시간이 절반에 이르는 50.4%까지 확대되었다. 이렇게 한 원인 중 하나는 국어 교과의 성격이 한글학습뿐만 아니라 정치사상 교육에도 적합한 과목이라고 판단했기 때문으로 볼 수 있다.

둘째, 교수요강 작성의 기본방향으로 과학적 세계관 형성, 즉 마르크스-레닌주의적 세계관 형성과 더불어 정치 지향성을 일관되게 추구했다.

예를 들면 교수요강 작성의 기본방향으로 "새 사회를 건설하는 인민의 투쟁을 정당하게 반영하며, 학생들의 이해에 적합하게 이를 배열하고 서술할 것"을 주문했다. 이에 따라 교과를 통한 학습 경험의 결과로 기초적 지식과 기술의 습득과 더불어 민주주의(사회주의 사상)와 애국주의 사상, 그리고 과학적 세계관의 함양을 기대했다.

셋째, 해방 직후부터 정치교양 과목으로 '인민도덕'(인민학교), '인민'(초급중학교), '사회과학'(고급중학교), '맑스 레닌주의 기본'(대학교) 등을 신설하고, 이 과목을 통해 정치사상교육을 실시했다. 북한의 교육정책은 식민교육을 청산하는 것과 병행해서 진보적 사상교육을 실시하려는 것이었으므로 학교 교육과정에 이런 방침을 철저히 반영하고자 했다. 1945년 과정안에 특수과목을 설치했으며 이와 더불어 각종 명칭으로 동원되는 학교 내외의 과외활동을 통해 이런 교육정책을 수행했다. 그러나 1948년 북한 정부가 수립되면서 기존 특수교과를 폐지하는 대신 모든 교과에서 정치사상 교양을 실시하도록 했다. 1948년 과정안에 독립과목으로 새로이 채택된 '헌법'이 초급중학교에서 정치사상 교양의 옛 기능을 수행함과 동시에 국어, 지리, 역사 등 다른 과목에서도 정치사상 교양이 광범위하게 실시되도록 했다(신효숙, 1999: 23-24).

교육과정 개정과 함께 서둘러 추진된 사업은 교과서 편찬이다. 해방 후 각급 학교에서 수업이 재개되었을 때, 소련 군정과 북한 지도부가 최초로 당면한 어려움은 교과서와 교수요강을 편찬하고 수정하는 일이었다. 이런 요구에 따라 1945년 말 5도 10국 행정부에 교육국을 설치하고 교과서 편찬부를 신설하여 교과서 편찬 작업에 들어갔다. 본격적인 편찬 활동은 1946년 초부터 활발하게 이루어지는데, 교육국에서는 1946년도에 이용할 114개 과목에 해당하는 183종의 교과서를 집필하기 위해 200여 명의 집필자들과 협조자 500명으로 구성된 집필집단을 구성했다(신효숙, 1999: 24-

25).[6]

　북한의 학교체제 즉 학제(學制)는 소련의 교육체제를 토대로 1946년 12월에 만들어졌다. 새로운 학제를 만듦에 무엇보다도 교육 기회균등과 취학기회 확대를 우선시했다. 신학제는 모든 인민이 사회경제적 배경과 성별에 관계없이 균등하게 교육받을 기회를 가질 수 있도록 규정되었다. 이런 기준에 따라 초등의무교육 실시는 물론 중등교육과 고등교육을 확충하기 위한 계획을 수립했다. 북한 교육제도 개선의 기본 원리는 식민교육의 잔재를 청산하기 위해 사회주의 교육의 원리에 근거해 교육 기회를 확대하는 것이었고, 특히 중요시했던 점은 노동 대중에게 교육기회 제공을 위해 법적·물질적 조건을 구비하는 한편 일하면서 공부하는 교육체제를 조직하는 것이었다. 1947년 9월 북한의 학제는 아래와 같다(신효숙, 1999: 25).

　다음 [그림 3-1]의 북한의 학제(1947.9)를 보면 중학교의 명칭과 교육기간이 초급중학교(3년)와 고급중학교(3년)로 되어 있다. 중학교에 대한 이 명칭은 김정은 시기인 2012년 9월 25일 '전반적 12년제 의무교육 실시'에 따른

연구원				
대학(2~4년)				
고급중학교(3년)	전문학교(3~4년)	특수학교	직장전문학교(3년)	
초급중학교(3년)	초급기술학교(3년)		직장기술학교(3년)	성인중학교(3년)
인민학교(5년)				성인학교(2년)
				한글학교(4개월)
유치원(3년)			직장학교체제	성인학교체제
학교교육체계			사회교육체계	

출처: 신효숙(2003) p.150

[그림 3-1] 북한의 학제(1947.09)

6　원문은 사회과학원 역사연구소, 『조선전사』 23권(평양: 과학출판사, 1981), 238쪽이다.

학제 개편에서 다시 사용하게 된다. 또 인민학교 또는 소학교의 교육연한이 '전반적 12년제 의무교육실시'에 대한 학제 및 교육과정 개정 전에는 4년이었는데 5년으로 확대되었다. 이는 1947년 개정 학제의 교육기간과 동일하다. 이런 측면에서도 소련 군정기 북한 교육은 '북한 교육의 형성기'였다고 할 수 있으며, 이 시기 국가 교육은 북한 교육의 출발점 또는 기본 토대로서 북한 교육의 변화에 지속적인 영향을 미쳤다고 할 수 있다.

북한에서 소련 군정기는 1945년 8월 15일 일본이 항복을 선언하고 북한이 정부 및 국가 건설을 선포했을 때까지 3년여 기간을 뜻한다. 2023년 현재 기준 75년이란 북한 역사에서 소련 군정기 3년은 짧은 것처럼 느껴질 수도 있다. 그러나 소련 군정은 북한(조선민주주의인민공화국)이란 사회주의 국가가 세워졌고, 또 75년 이상 지속되고 있으며, 국가 교육 측면에서도 북한 교육 즉 북한의 사회주의 교육 형성에 출발점 또는 기본 토대 형성에 큰 영향을 미쳤다고 할 수 있다.

소련 군정에 따라 북한 지역에는 마르크스-레닌주의에 기초한 소련식 사회주의 정치체제 또는 교육체제가 형성되었다고 할 수 있다. 소련은 대일본전에 참전하기 전에는 한반도 이북에 소련에 적대적인 국가가 등장하지만 않으면 된다는 소극적인 자세였다고 볼 수 있다. 그러나 이북 지역에 대한 군정을 하며 날로 미국 중심의 자본주의와 소련 중심의 사회주의가 심하게 대립하게 됨에 따라 이북 지역은 자연스럽게 사회주의 국가가 건설되게 되었고, 이에 따라 사회주의 교육이 뿌리를 내리게 되었다 하겠다.

미 군정과 소 군정의 정치 이데올로기 갈등 또는 경쟁 속에 이북 지역 국가교육의 과제는 일제 식민지 잔재 청산과 마르크스-레닌주의에 기초한 사회주의 교육의 형성이었다. 오랜 일제 강점으로부터 해방된 이북 지역에 학교와 교원 및 교육과정·교과서와 같은 국가교육의 기반이 거의 부재하다시피 한 상황에서, 소련은 물적·인적 측면에서 북한 교육을 적극 지원했

다. 이에 북한의 사회주의 교육은 크게 성장했다고 볼 수 있는데, 문맹률
이 낮아지고 교육기회가 확대된 것은 대표적인 예가 된다.

4

주체사상 형성과 교육 성장
(1948~1994)

교육은 공산주의적 인간을 양성하는 사상·문화 교양의 무기이며,
교원은 후대들을 혁명의 계승자·공산주의자로 키우는 직업혁명가다.[1]

「사회주의교육에 관한 테제」(1977)

북한 사회의 성격과 교육의 변화

이 책에서 김일성 시기 2는 김일성(1912.04.15.~1994.07.08)이 1948년 9월 9일 36세로 조선민주주의인민공화국 내각 수상이 되고 나중에는 국가 주석이 된 후, 1994년 7월 8일 83세로 사망하기까지 46년의 기간을 뜻한다. 김일성의 공식 집권 46년은 2023년 기준 남북분단 78년 중 60여 퍼센트를 차지할 정도로 긴 시간이다. 이 긴 시간의 김일성 시기 교육사를 간략히 요약하는 것은 어려운 일이다. 이 장에서는 이향규 외(2010), 신효숙(2014), 김

---

[1] 북한은 2009년 개정 헌법에서 '공산주의'를 삭제했다. '공산주의와 사회주의'로 내걸었던 국가목표 가운데 공산주의를 삭제하고 사회주의 실현만을 남겨두었다. '공산주의' 삭제는 2010년 개정한 헌법에도 반영됐다. 아울러 2013년 6월 개정된 「당의 유일적 령도체제 확립을 위한 10대 원칙」에서는 '프롤레타리아 독재' 용어도 삭제되었다. [참고. 김병로(2016). 북한, 조선으로 다시 읽다.pp. 369-373] 사회주의를 토대로 하는 공산주의 용어의 등장은 1848년 마르크스와 엥겔스의 '공산당 선언'을 출발로 하여 레닌의 러시아 혁명으로 실현, 확장되었다고 할 수 있다. 북한이 헌법에서 공산주의를 폐기한 것은 공산주의보다 공산주의의 사상적 토대인 사회주의를 더 중시하겠다는 입장으로 해석할 수 있다.

성보·기광서·이신철(2018), 김지수·김지혜·김희정·김병연·한승대·강호제·김선·
조정래(2019)의 저서와 연구 및 기타 참고 문헌들을 중심으로 북한 사회의
일반적인 성격과 북한 교육 변화에 대해 살펴본다.[2]

〈표 4-1〉 시기별 북한 사회의 성격 변화

	김일성 시기		김정일 시기	김정은 시기
	1945~1958	1959~1994	1995~2011	2012~2019
경제체제	계획경제와 시장경제 병존	계획경제 전면실시 시장기능 미흡 (농민시장 10일장)	계획경제 약화 시장확대(상설시장) 정부의 시장 견제	계획경제와 시장경제 병존 법으로 시장기능 인정
공업 부문	주요 산업 국유화, 개인소유 기업 인정	모든 공업 부문 계획경제 편입	7.1 경제조치 기업 독립채산제	5.30 담화 기업 자율경영 개인 투자 인정
농업 부문	토지개혁 (토지 개인소유)	국영농장, 협동농장(토지 국가·사회 소유)	협동농장 분조관리제 (10~25명 분조경영)	협동농장 포전관리제 (가족단위 토지경영)
교육 부문	높은 교육열 4년제 의무교육 7년제 의무교육 학교교육 확대 각급 학교 규정	교육열 냉각 9년제 의무교육 11년제 의무교육 어린이보육교양법 사회주의 교육에 관한 테제	학교교육 위축 교육법 보통교육법 고등교육법	학교교육 정상화 12년제 의무교육 교원법 교육강령집행법 직업기술교육법

출처: 김지수 외(2019), 15-16

〈표 4-1〉은 김일성 시기부터 김정은 시기까지 북한 사회의 성격 변화에
대해 잘 제시하고 있다. 한 국가의 교육정책과 제도 형성 및 실행에 큰 영
향을 미치는 것이 정치 부문이라 할 수 있는데, 정치 부문이 빠져있어 다

---

2 이 책은 김일성 시기를 북한 정부 수립을 기준으로 둘로 나누는데, 일부 내용은 이런 구분에 적용되지 않는
   경우도 있다.

소 아쉽다. 그러나 경제체제, 공업 및 농업 부문, 그리고 교육 부문에 대한 정책과 제도에 관한 요약은 매우 의미 있고 타당하다고 할 수 있다.

〈표 4-1〉을 보면 김지수 외(2019)는 김일성 시기를 1959년을 기준으로 둘로 나누었다. 그 이유 중 하나는 김일성 시기가 길고, 1959년에 2차 학제 개정이 있었기 때문으로 추정한다. 아울러 〈표 4-1〉에서 1959년 이후 김일성 시기를 '교육열 냉각기'로 표현했다. 이렇게 본 이유에 대해 김지수 박사에게 질의한 결과 김지수 박사는 다음과 같이 답변했다.

> 북한의 교육열 냉각의 원인을 우선 1958년 기술의무교육제 추진과
> 관련하여 볼 수 있다. 즉, 1958년 후기 중등과정에 고급중학교와
> 더불어 기술학교를 신설했는데, 대량의 중등기술자 양성을 원하는
> 북한 정부의 의도와 달리 초급중학교 졸업생들이 고급중학교 진
> 학에 몰렸고, 기술학교 진학은 부진한 상황이 벌어졌다. 이에 북한
> 정부는 고급중학교를 폐지하고 기술학교만을 후기 중등과정에 남
> 기는 조치를 취했다. 따라서 1956년 입안되었던 7년제 의무교육은
> 1961년까지 달성목표를 3년 앞당겨 1958년에 달성했지만, 1958년 입
> 안된 9년제 기술의무교육제는 1963년 실시 목표를 달성하지 못하
> 고 1967년에야 변형된 안으로 실시하게 되었다(김지수. 2023.09.24).

이상 김지수 박사의 의견은 북한 당국의 의도와 다른 북한 주민들의 학교 선택으로 국가교육의 분위기가 가라앉아서 냉각기로 표현한 것으로 해석된다.

〈표 4-1〉에서 경제 체제는 계획경제와 시장경제 병존 → 계획경제 전면 실시 시장기능 미흡 → 계획경제 약화 시장 확대(상설시장, 정부의 시장 견제) → 계획경제와 시장경제 병존(법으로 시장기능 인정)으로 제시한다. 이런 변화는 북

한에도 사회주의 계획경제와 자본주의 시장경제의 비중의 변화가 지속적으로 이루어지고 있다고 볼 수 있다. 공업 부문과 농업 부문은 경제 체제의 변화 양상과 유사하지만 시장경제의 자율성은 대체로 확대되는 양상을 보이고 있다. 그러나 이에 대한 해석은 더 면밀한 연구가 필요하다 하겠다. 한편, 교육 부문은 경제체제, 공업·농업 부문의 변화 양상과 같이 시대 변화에 부응하여 국가 교육력 향상을 위해 지속적인 변화가 있었다고 할 수 있는데, 세부 내용은 아래와 같다.

북한 학제 개정과 의무교육제도의 변화

신효숙(2015)은 「북한 교육의 발전과정과 특징」 연구에서 김일성 시기 북한의 주요 교육 변화와 내용을 다음과 같이 제시한다.

첫째, 4년제 초등 의무교육제 실시와 7년제 무료 중등의무교육 실시

북한은 소련 군정기인 1946년 처음 학제 발표 후 1953년 1차 학제 개편을 했다. 1953년 학제 개정에 대해 신효숙(2015: 12)은 6·25 전쟁 전후 복구 및 근대화라는 시대적 요청에 따라 추진되었고, 교육 기본방향으로 '보통교육 부분은 1956년까지 전쟁 전 수준으로 끌어올릴 것'이며, 고등교육은 '우선 고등교육과 기술교육 사업을 강화하여 민족 간부를 많이 양성할 것'의 강조로 봤다. 아울러 신효숙(2015)은 학제 개편에서 인민학교의 교육 연한이 짧아진 이유로 인민학교의 교육연한은 교육 내용에 비해 여유가 있던 반면, 대학과 전문학교의 교육연한은 짧아 확대 필요성이 컸던 것으로 봤다. 이런 이유로 인민학교의 교육연한이 1953년 내각 결정에 따라 5년에서 4년으로 단축됐다고 볼 수 있다. 북한 건국 후 현재까지 북한의 학제 개정과 무상의무교육의 역사에 대해 김지수 외(2019: 16)는 〈표 4-2〉와 같

이 제시한다.[3]

〈표 4-2〉 북한 학제 개정과 의무교육제도의 변화

학제 연령	1946년 제정	1953년 개정	1959년 개정	1966년 개정	1973년 개정	2012년 개정
17	고급중학교 / 기술전문학교		고등기술학교	고등학교 / 고등기술학교		
16	고급중학교 / 기술전문학교	고급중학교	고등기술학교	고등학교 / 고등기술학교		고급중학교 / 기술고급중학교[4]
15	고급중학교 / 기술전문학교	고급중학교	기술학교	중학교		고급중학교 / 기술고급중학교
14	초급중학교 / 초급기술학교	고급중학교	기술학교	중학교	고등중학교 (중학교)	고급중학교 / 기술고급중학교
13	초급중학교 / 초급기술학교	초급중학교	중학교	중학교	고등중학교 (중학교)	초급중학교
12	초급중학교 / 초급기술학교	초급중학교	중학교	9년 의무교육 / 중학교	고등중학교 (중학교)	초급중학교
11	인민학교	7년 중등의무교육	7년 중등의무교육	9년 의무교육 / 중학교	11년 의무교육	12년 의무교육 / 초급중학교
10	인민학교	4년 초등의무교육	58년 실시	67년 실시	72~75년 실시	2014 실시
9	인민학교	4년 초등의무교육 / 인민학교	인민학교	인민학교	인민학교 (소학교)[5]	소학교
8	인민학교	56년 실시 / 인민학교	인민학교	인민학교	인민학교 (소학교)	소학교
7	인민학교				인민학교 (소학교)	소학교
6						
5					유치원 / 높은반	유치원 / 높은반
4					유치원 / 낮은반	유치원 / 낮은반

출처: 김지수 외(2019) p.16

둘째, 산업화 진전과 주체사상 형성 및 정치사상 교육 강화

신효숙(2015)은 이종석(2002: 80-81)의 의견을 참고하여 김일성 시기 북한의 사회 상황을 다음과 같이 설명한다. 북한의 1960년대는 본격적인 공업

3　〈표 4-2〉는 김정원·김지수·최유림(2014)의 『남북한 교사 역할 비교 분석 연구』, 한국교육개발연구원 52쪽 내용에 김지수 외(2019)가 2017년 신설된 기술고급중학교를 추가한 것이다. 〈표 4-2〉는 북한의 학제 개정사와 무상의무교육역사를 이해하는 데 매우 유용하다.

4　기술고급중학교는 2017년 도입된 학교다(김지수 외, 2019: 16).

5　인민학교는 소학교, 고등중학교는 중학교로 2002에 명칭이 바뀌었다(김지수 외, 2019: 16).

화 건설을 추진하면서 자립적 민족경제가 고창된 시기이자, 정치사상적으로 대외적 긴장 속에 주체사상이 대두하고 개인숭배와 사회의 군사화 경향이 가속화된 시기다. 또 1962년 10월 쿠바 위기를 계기로 북한은 군사력 증강의 필요성을 절감하여 '4대 군사노선'을 채택했고, 중·소 이념 분쟁의 영향으로 사회주의 국가들의 대북한 원조가 격감함에 따라 경제계획이 차질을 빚기 시작했다. 대내지향적 공업화 정책은 서서히 한계가 나타나기 시작했고, 이에 1967년부터 김일성 중심의 유일지도체제가 구축되었다 하겠다.

이어 신효숙은 1959년에 예체능 분야 및 외국어 분야의 특수목적 교육체계가 새롭게 마련된 것으로 본다. 특히 음악, 무용, 조형예술 및 체육의 경우 인민학교 단계부터 시작하는 11년제 학교와 중학교 졸업생을 받아들이는 4년제 체육학교가 1960년부터 개설되었고, 외국어 인재 양성의 11년제 외국어학교가 개설되었다고 한다(신효숙, 2015). 이상의 내용을 종합하면 북한에서 음악, 무용, 조형예술, 체육의 예체능 영재교육과 외국어 분야의 영재교육은 1960년이라는 매우 이른 시기부터 시작되었다고 할 수 있다.

셋째, 유일사상 확립과 11년제 의무교육 실시

신효숙(2015)은 이종석의 연구를 토대로 1970년대를 사상적 및 북한 교육의 학제적 측면에서 매우 중요한 시기로 본다. 대표적인 이유로 1972년 12월 27일, 기존 헌법을 폐지하고 김일성 '주석'의 절대권력을 제도화한 새로운 「사회주의 헌법」이 제정되었기 때문이다.[6] 또, 1960년대 후반부터 주

---

6 1972년 12월 27일, 이날은 공교롭게도 한국에서 유신헌법이 시행된 날이기도 하다. 한겨레신문 이제훈 기자는 1972년 7월 4일 자주, 평화, 민족 대단결이라는 한반도 평화통일의 3대 원칙을 처음으로 발표했음에도 12월 7일 남북 모두 장기 집권의 독재 체제를 구축했다는 점에서 양측 모두 비판받아야 한다고 주장한다("박정희·김일성 간접대화로 7·4성명…이후 분단독재의 길", 한겨레신문 2023.05.22.

체사상의 유일 우상화와 체계화 작업을 주도했던 김정일이 1974년 2월 조선노동당 중앙위원회 정치위원회 위원이 되면서 후계자로 공인되었다. 이후 1980년 10월 제6차 대회에서 북한 사회가 도달해야 할 목표로 '온 사회의 주체사상화'와 함께 '사회주의 경제건설의 10대 전망목표'가 제시되었으며, 김정일은 당내 3대 권력기구에 선임됨으로써 후계체제가 완성되었고, 이로써 북한 사회 전반에 영향력을 행사하게 되었다(이종석 2002: 82-95).

이향규·조정아·김지수·김기석(2010)의 『북한 교육 60년 형성과 발전, 전망』 중 이향규의 연구는 김일성 시기 북한 교육 이해에 큰 도움이 된다고 할 수 있다. 이향규(2010)는 앞서 살펴본 신효숙(2015)과는 조금 다르게 김일성 시기 북한 교육의 특징을 다음과 같이 제시한다.

첫째, 학교 교육 팽창과 교육개혁

해방과 함께 남북한 지역 모두 놀랄 만한 교육 팽창이 이루어졌다. 북한의 경우 해방 이후 불과 10년 만에 초등 무상의무교육제를 실시했고, 중등교육단계로 확대되어 1970년대 중반에 이르면 아시아 최초로 11년제 무상의무교육제를 실시한다(이향규 외, 2010: 97). 구체적으로 1945년 해방 당시 2,200여 개의 인민학교는 5년 사이 4천여 개로 증가했고, 초급중학교는 1945년 185개에서 1949년 926개로 성장했다. 그러나 1945년부터 1950년까지 빠르게 확대된 학교 수는 6·25 전쟁을 거치면서 그 수가 급감하거나 성장이 정체되었다. 인민학교의 경우 3년간 6·25 전쟁 중 2년간 800개 학교가 줄어들었다(앞의 책: 104).[7] 한편, 1959년부터 새로운 종류의 학교가 증가하는데, 기술학교와 고등기술학교가 대표적 예다. 1959년 500여 개의 기술학교가 개교하고, 1966년에는 1,200개로 늘어났다. 고등기술학교도

---

[7] 이에 대한 정확한 수치와 변화 동향은 이향규 외(2010: 105) "각급 학교 학생 수 변화"를 보면 알 수 있다.

1966년에는 470여 개로 늘어난다. 대학교는 1959년 37개이던 학교가 92개로 늘어났다(앞의 책: 104-105).

둘째, '사상혁명'과 11년제 의무교육의 완성(1967~2010)

이향규(2010)는 김일성 집권기 중 대부분을 차지하는 1967년부터 2010년까지 북한 교육에 대해 다음과 같이 서술한다. 특히 주체사상과 유일체계 중심의 정치사상 교육의 출현 배경을 잘 나타내고 있다.

이 시기 학제 개혁과 기술의무교육의 특징은 의무교육 단계에서 중등일반교육을 강화하는 데[8] 있었다. 일반교육의 강조는 기초이론을 튼튼히 해준다는 의미도 있지만, 더 중요한 것은 사상교육 강화와 관련되었다. 즉 문화혁명의 거점인 학교를 강화하고 발전시키는 데 목적이 있었다. 이 시기에 강조되기 시작한 것은 '주체교육'이다. 학교교육을 강화하는 방식은 교육에서 주체를 철저히 세우는 것이고, 그 구체적 표현은 '후대들이 조선을 잘 알도록 가르치는 것', '후대들이 우리 당의 로선과 정책으로 철저히 무장하는 것', '사회주의 애국주의 교양을 갖추는 것'이었다. 여기서 '사회주의 애국주의 교양'이란 것은, 예컨대 사회주의 제도의 우월성을 자본주의 제도의 부패성과 비교해서 알게 하는 것, 당과 수령에 대한 무한한 충실성, 사회주의제도와 조국과 인민에 대한 열렬한 사랑, 국가와 인민재산의 애호 등의 내용, 이른바 '주체교육', '충실성 교양 교육'의 전면으로 등장한 것이다(앞의 책: 119-120).

---

8   김일(1966.11), 「전반적 9년제 기술의무교육을 실시할 데 대하여」, 최고인민회의 제3기 제6차 대회 회의록, 이향규 외 2010: 119에서 재인용.

셋째, 정치사상 교육의 등장

이 시기 교육의 가장 중요한 과제는 '수령의 사회주의 교육학'을 학교에서 철저히 관철시키는 것이었다. 김일성은 1968년 3월, 주체사상을 교육에서 실현하는 방안으로 「사회주의 교육학의 원리」를 발표했다. 이는 주체사상을 교육에서 실현하는 방안이다. 이어 1972년에 김일성은 다시 「교육사업에서 사회주의 교육학의 원리를 철저히 구현할 데 대하여」를 발표했다.

각급 학교에서는 '사회주의 교육학'의 이름으로 주체형 인간을 기르기 위한 교육교양 방법들이 강조되었다. 1975년에 사회과학출판사에서『주체사상에 기초한 사회주의 교육리론』이 출판되었고, 같은 해 교육도서출판사에서『사회주의교육학』이 발간되었다. 북한식 사회주의 교육이론의 결정판은 1977년 발표된 「사회주의교육에 관한 테제」였다. 결국 1972년 개정된 학제는 주체사상에 입각하여 '후대들을 경애하는 수령께 끝없이 충직한 혁명인재로, 유능한 사회주의 공산주의 건설자로 교양'하는 교육체제를 구현하고자 한 것이고, 이를 위해 정치 사상교육의 대상 연령을 훨씬 어린 시기로 앞당긴 것이다(앞의 책: 121-122).

북한 교육의 기본원리 「사회주의교육에 관한 테제」

앞 절에서 언급한『사회주의교육학』은 1991년 북한의 사범대학용 교재로 발간 및 사용되는 등(총 486쪽) 북한의 교원 교육에서 여전히 중요한 비중을 차지한다. 1977년 제정된 「사회주의교육에 관한 테제」는 1999년 교육법 제정 전까지 북한 교육의 기본으로서 역할을 해 왔다고 할 수 있다. 「사회주의 교육테제」에 대해『한국민족문화대백과사전』은 "주체의 교육사상·이론·방법을 전반적으로 집대성한 북한의 공식적 교육강령"으로 정의하며 다음과 같이 제시한다.

1977년 9월 5일 조선노동당 중앙위원회 제5기 14차 전원회의에서 발표한 「사회주의교육에 관한 테제」(이하 '교육테제')는 그동안 사회주의 건설과 혁명 발전의 매개 단계에 따라 그 내용을 고쳐왔던 교육정책을 종합적으로 정리한 공식적 교육강령이다. 북한에서는 이를 두고 주체의 교육사상·이론·방법을 전반적으로 집대성한 불멸의 교육총서로 평가한다. 교육테제에 따르면 교육은 공산주의적 인간을 양성하는 사상·문화교양의 무기이며, 교원은 후대들을 혁명 계승자·공산주의자로 키우는 직업혁명가로 규정된다. 북한에서 교육은 사상교양의 핵심적 방법이며 내용이다. 사상혁명이란 낡은 사상을 뿌리 뽑는 인간개조사업으로, 공산주의의 완전 승리에 이를 때까지 진행되는 계급투쟁 형식으로 설명된다. 따라서 사상·기술·문화의 3대 혁명 가운데 사상혁명의 중요성이 특별히 강조된다.

북한 지도층은 정치사상교양을 체제 유지를 위한 사상투쟁으로 규정하고 체제 존립 문제와 직결되어 있다고 인식한다. 따라서 '사회주의 교육학'은 후대들을 혁명화·노동계급화·공산주의화하여 수령에게 무한히 충직한 혁명투사를 양성하는 과학적 원리와 방법이라고 정의된다. 사회주의 교육의 개념 정의는 1968년 3월 김일성이 교육 부문 일꾼들 앞에서 한 연설에서 비롯된 것이다. 그는 "공산주의에 적대되는 사상인 낡은 사상, 개인주의와 이기주의, 부르주아 자본주의 사상이 특히 교육 부문에 만연되어 있다"라고 전제하고 낡은 부르주아 교육사업을 개선하기 위해 사회주의 교육학의 적용을 강조했다. 이에 기초하여 1976년 4월 탁아소 및 유치원 교육을 법으로 규정한 〈어린이보육교양법〉을 제정했고, 1977년 9월 주체사상을 구현한 교육강령으로서 「사회주의교육에 관한 테제」를 발표했다. 교육 테제는 5개 장으로 되어 있다. '사회주의 교육의 원리·내용·방법·제도, 그리고 교육기관의 임무와 역할 및 교육사업에 대한 지도와 방조' 등이 그것이다.[9] 교육 테제에서 제시한 교육목표는 모든 인민을 '혁명화·노동계급화·공산주의화하여 공산주의적 새 인간을 만든다는 것'이다. 이를 실현하기 위해 견지해야 할 원칙과 정책 노선은 ① 교육에서의 당성과 노동계급성 구현, ② 교육에서 주체의 확립, ③ 교육과 혁명 실천의 결합, ④ 국가의 교육사업에 대한 조직·진행의 책임 등이다. 북한은 교육테제 발표일인 9월 5일을 '교육절'로 정하여 매년 기념행사를 열고, 교육강령에 따른 '주체형'의 공산주의 혁명인재 양성을 거듭 강조한다.[10]

이상에서 제시된 북한의 「사회주의교육에 관한 테제」는 북한 교육법이 제정되기 전 북한 교육의 목적, 내용, 방법 등 북한 교육 전반에 대한 법적 역할을 했다고 볼 수 있다. 따라서 김일성 시기 북한 교육을 이해하는 데 매우 중요한 내용이라 할 수 있다.

주체사상 및 김일성주의·수령론의 변화

북한의 정치사상 또는 정치사상 교육의 핵심을 이루는 두 요소는 '주체사상'과 '사회주의 교육이념'이라 할 수 있다. 김성보·기광서·이신철의 『사진과 그림으로 보는 북한현대사』(2004; 2018)는 '주체사상'을 이해하는 데 유용하다. 김성보 외(2018: 218)는 '주체사상'을 "혁명과 건설의 주인은 인민대중이며 혁명과 건설을 추동하는 힘도 인민대중에게 있다는 사상" 또는 "자기 운명의 주인은 자기 자신이며 자기 운명을 개척하는 힘도 자기 자신에게 있다는 사상"으로 정의한다.

한편, 김일성의 주체사상에 대한 최초의 언급은 1955년 12월 28일, 당

9 「사회주의교육에 관한 테제」에 관한 내용은 뒤에서 좀 더 다룬다.
10 이 내용은 『95북한개요』(통일원, 1995)와 『북한이해』(통일교육원, 1996)을 참고하여 도홍열이 작성했다. https://zrr.kr/0XRt.

선전선동 담당자들 앞에서 '사상사업에서 주체를 확립할 데 대하여'라는 연설이다. 김일성은 이 연설에서 형식에 얽매이거나 소련식이나 중국식만 최고로 아는 풍토를 비판하고 주체적으로 일할 것을 촉구했다(김성보 외, 2004; 2018: 218).

한편, 허문영(1996: 230)은 「북한의 대외정책 이념: 형성과 적응」이라는 논문에서 이 연설의 주요 내용을 다음과 같이 서술한다.

> 유감이지만 우리의 선전사업은 많은 점에서 교조주의와 형식주의에 빠져 있습니다. 모든 문제에 깊이 들어가지 못하고 주체가 없는 것이 사상사업의 가장 주요한 결함입니다. (중략) 당 사상사업에서 주체는 무엇입니까? 우리는 무엇을 하고 있습니까? 우리는 어떤 다른 나라의 혁명도 아닌 바로 조선혁명을 하고 있는 것입니다. 이 조선혁명이야말로 우리 당 사상사업의 주체입니다. 그러므로 모든 사상사업을 반드시 조선혁명의 이익에 복종시켜야 합니다. (중략) 전쟁 시기에 군대 내에서는 정치사업의 방법 문제를 가지고 허가이, 김재욱, 박일우가 쓸데없이 서로 싸운 일이 있습니다. 쏘련에서 나온 사람들은 쏘련식으로, 중국에서 나온 사람들은 중국식으로 하자고 했습니다. 이렇게 쏘련식이 좋으니 중국식이 좋으니 하면서 싸웠습니다. 이것은 부질없는 일입니다.[11]

1965년 김일성은 북한이 걸어갈 길을 "사상에서의 주체, 정치에서의 자주, 경제에서의 자립, 국방에서의 자위"로 요약했다. 1967년 12월에 열린

---

[11] 이 글의 원본은 『김일성저작선집 1』 "사상사업에서 교조주의와 형식주의를 퇴치하고 주체를 확립할 데 대하여", pp.560~569이다.

최고인민회의 제4기 1차 회의에서 김일성은 공화국 10대 정강을 발표하면서 "주체사상을 모든 부분에 훌륭하게 구현"할 것을 제1조항으로 내세웠다. 주체사상이 국가 활동의 지도 사상으로 공포된 것이다. 다만 이때까지 지도 주체사상은 마르크스-레닌주의를 조선혁명의 현실에 창조적으로 적용한 것으로 이해되었다(김성보 외, 2004; 2018: 218-219). 김성보 외(2004; 2018)는 주체사상의 형성과 변화에 대해 다음과 같이 평가한다.

> 김일성에 대한 개인숭배가 고조되면서, 주체사상은 점차 마르크스-레닌주의를 계승하는 정도를 넘어서서 김일성이 창시한 새로운 독창적인 사상으로 간주되기 시작했다. 급기야 1974년도에는 '김일성주의'라는 용어가 널리 쓰이기 시작했다. 이 해는 김정일이 당 중앙위원회 제5기 8차 전원회의에서 당내 핵심 권력 기구인 중앙위원회 정치위원회 위원이 되면서 김일성의 후계자로 공인된 해다. 김정일은 후계자로 인정받게 되면서 주체사상의 해석권을 독점하고 이 사상을 더욱 체계화하는 데 박차를 가했다. 주체사상을 김일성주의로 정식화한 인물이 바로 김정일이다(김성보 외, 2004; 2018: 219).

위 내용은 주체사상이 어떻게 변화 발전하며 김정일이 어떻게 김일성을 잇는 후계자로 부각되는지 잘 나타내고 있다. 김성보 외(2004; 2018)는 주체사상과 수령론의 변화를 아래와 같이 제시한다.

참고: 김성보 외(2004; 2018: 219)

[그림 4-1] 주체사상 및 김일성주의·수령론의 변화

한편, 통일교육원은 주체사상 및 유일사상 체계 등의 형성 과정을 〈표 4-3〉과 같이 제시했다. 1955년 12월 28일 김일성이 당선전선동원대회에서 처음 언급한 후 2012년까지 구체적으로 어떻게 변했는지 일목요연하게 설명하고 있다. 〈표 4-3〉에서 북한의 주체사상과 유일체계는 주체의 철학과 사상을 출발점으로 대내외 정치, 경제, 군사, 교육 등 국가 전 부문에 걸쳐 오랜 시간에 걸쳐 상호 관련되어 나타난 현상 또는 결과라고 할 수 있다.

〈표 4-3〉 주체사상 체계의 형성 과정

*주체사상 및 유일체계의 형성과 변화	사안 관련 발표 대회 및 회의명	사안 관련 대내외 주요 사건
사상에서 주체	당선전선동원대회 (1955.12.28)	• 스탈린 사망 • 당내 남로당파 숙청
경제에서 자립	당중앙위원회 전원회의(1956.12.11)	• 대외조 감소(5개년 경제계획 수립 차질) • 당내 반 김일성 움직임 고조
정치(내정)에서 자주	당 중앙위원회 확대 전원회의(1957.12.5)	• 공산권 내 개인숭배 반대운동 • 당내 연안파, 구소련파 타도
국방에서 자위	당중앙위원회 확대 전원회의(1962.2.10)	• 중·소분쟁 심화 • 미소 공존 모색 • 한국의 5·16 군사정변
정치(외교)에서 자주	제2차 당대표자회의 (1966.10.5)	• 중·소분쟁 확대 • 비동맹 운동 발전
유일사상체계 확립	당중앙위원회 제4기 제15차 전원회의(1967.5.28) 당중앙위원회 제5기 제8차 전원회의(1974.2.12)	• 김일성 1인 지배체제 확립 • 김일성 개인숭배 운동 전개
온 사회 주체사상화	제6차 당대회 (1980.10.10)	• 부자 세습체제 공고화
주체사상, 선군사상의 유일지배이념 강화	제3차 당대표자대회 (2010.9.28)	• 김일성-김정일-김정은 세습체제 공식화
김일성·김정일주의의 유일지배 이념화	제4차 당대표자대회 (2012.4.11)	• 김정은 체제 출범

참고: 통일교육원, 『2016 북한 이해』 36.[12]

----

12 〈표 4-3〉 주체사상 체계 형성 과정의 통일교육원 원자료에는 "주체사상 및 유일체계의 형성과 변화' 등의 항목

북한 교육 관련 법규의 변천 및 내용 구성

김지수 외(2019)는 해방 직후 북한 교육 분야의 가장 큰 과제는 일제강점기 교육을 청산하고 해방된 나라에서 새로운 교육을 세워가는 것으로 봤다. 이 과제의 수행은 교육 관련 법규 제정과 학제 개정 등 새로운 교육제도 정비와 교육과정 개정, 학교교육기회 확대 등으로 나타났으며, 이 시기 제정된 교육 관련 법규를 1958년 이전과 1959년 이후로 나누어 제시한다.[13] 김일성 시기 중 1958년 이전 공표된 교육 관련 법규들의 목록은 다음과 같다.

〈표 4-4〉 북한의 교육 관련 법규 목록(1945~1958)

법규명	연도	제정 주체
「학교교육개선책에 대한 건」	1946	북조선임시인민위원회
「학교교육체계에 관한 규정 및 그 실시에 관한 조치에 대한 결정서」	1946	북조선임시인민위원회
「헌법(제18조)」	1948	최고인민회의
「전반적초등의무교육제 실시에 관한 법령」	1949	최고인민회의
「인민학교에 관한 규정」	1950	교육성
「초급중학교에 관한 규정」	1950	교육성
「고급중학교에 관한 규정」	1950	교육성
「인민학교 기술전문학교 및 대학의 학제 개편에 관하여」	1953	내각
「전반적중등의무교육제를 실시하며 기술의무교육제[14] 실시를 준비할 데 관하여」	1958	최고인민회

출처: 김지수 외(2019) 19.

제목이 없었는데, 필자가 통일교육원 내용을 참고하여 수정·보완했다.

13 이 표들은 이 책 3장 '소련 군정과 교육형성(1945~1948)'과 4장 '주체사상 형성과 교육성장'에서 제시되는 교육정책과 교육제도들의 법 제정 연도와 이에 대한 설명의 구체적 법규와 연도를 확인할 수 있다는 점에서 유용하다.

14 기술의무교육제는 교육과 생산노동을 밀접하게 결합시킨 기술학교를 의무교육에 포함시키는 것인데, 1958년 입안되어 1962년 완료되는 것을 목표로 진행되었지만 계획대로 추진되지 못했고 1967년에 수정된 형태로 실행되었다(김지수 외 2018: 25-26).

〈표 4-4〉는 1946~1958년 북한의 교육 관련 법규 목록을 제시한다. 이 법규들은 제정 연도를 고려할 때 북한 국가교육의 기초가 된 법규들이라고 할 수 있다. 1948년 제정된 북한헌법을 보면 국가교육 관련 조항은 제18조다. 이 조항은 국가의 인민에 대한 무상 의무교육제도 실시를 아래와 같이 강조한다.

〈헌법(1948년) 제18조〉

- 공민은 교육을 받을 권리를 가진다.

- 초등교육은 전반적으로 의무제다. 국가는 빈한한 공민의 자녀에 대하여 무료로 교육을 받도록 보장한다.

- 전문학교 및 대학의 대다수 학생에 대하여 국비제를 실시한다.

- 교육용어는 국어로 한다.

1946~1958년 공표된 북한의 교육 관련 법규 중 인민학교와 초급 및 고급중학교에 관한 규정의 목차는 다음과 같다.

〈표 4-5〉 각급 학교 규정 구성(1950년 제정)

	인민학교에 관한 규정	초급중학교에 관한 규정	고급중학교에 관한 규정
1장	총칙	총칙	총칙
2장	교육교양 사업조직	교육교양 사업조직	교육교양 사업조직
3장	학생의 권리와 의무	학생의 권리와 의무	학생의 권리와 의무
4장	기구 및 운영	기구 및 운영	기구 및 운영
5장	재정 및 재산	재정 및 재산	재정 및 재산
6장	학교 내 단체	학교 내 단체	학교 내 단체
7장	-	야간 초급중학교	야간 고급중학교

출처: 앞의 책 p. 22

〈표 4-5〉에서 목차를 보면 인민학교와 초급중학교 그리고 고급중학교의 구성이 7장의 야간 초급중학교와 야간 고급중학교를 빼고는 동일하다. 김일성 시기 전기에 이어 김지수 외(2019) 연구는 1959년 이후 교육 관련 법규들에 대해 다음과 같이 제시했다.

〈표 4-6〉 교육 관련 법규 목록(1958-1994)

법규명	연도	제정 주체
「인민교육체계를 개편할 데 관한 법령」	1959	최고인민회의
「전반적9년제기술의무교육을 실시할 데 대하여」	1966	최고인민회의
「사회주의 헌법」	1972	최고인민회의
「전반적10년제고중의무교육과 1년제학교전의무교육을 실시할 데 대하여」	1973	최고인민회의
「어린이보육교양법」	1976	최고인민회의
「사회주의교육에 관한 테제」	1977	노동당(김일성 발표)

출처: 앞의 책 pp. 24-25

〈표 4-6〉 교육 관련 법규 목록(1958-1994)을 보면, 법령 제정과 관련해서는 인민교육체계를 개편할 데 관한 법령(1959), 사회주의 헌법(1972), 어린이보육교양법(1976) 등이 있다. 아울러 전반적 9년제 기술의무교육(1966)과 전반적 11년제 의무교육(1973) 등 의무교육 기간 확대와 북한 교육법 제정 이전 실질적 북한 교육법 역할을 해온 「사회주의교육에 관한 테제」(1977)가 김일성의 발표로 공표되었다. 「사회주의교육에 관한 테제」 내용에 대해 김지수 외(2019)는 〈표 4-7〉과 같이 내용이 구성되었다고 제시한다.

〈표 4-7〉에는 북한 교육 특히 김일성 시기 북한 교육의 특성이 잘 나타나 있다. 무엇보다 교육과 노동의 결합, 무상의무교육 등 사회주의 교육의 일반적 특징이 나타난다. 그러나 「사회주의교육에 관한 테제」에 나타나는 김일성 시기 북한 교육의 기본원리와 내용에는 '교육의 주체를 세워야 한

〈표 4-7〉 사회주의교육에 관한 테제 내용 구성

1. 사회주의교육의 기본원리	-교육에서 당성, 로동계급성을 구현해야 한다. -교육에서 주체를 세워야 한다. -교육과 혁명실천을 결합해야 한다. -사회주의 국가가 교육사업을 책임지고 조직 진행해야 한다.
2. 사회주의교육의 내용	-정치사상교양 -과학기술교육 -체육교육
3. 사회주의교육의 방법	-깨우쳐주는 교수교양 -리론교육과 실천교육, 교육과 생산로동의 결합 -조직생활, 사회정치활동의 강화 -학교교육과 사회교육의 결합 -학교전교육, 학교교육, 성인교유의 병진
4. 우리나라 사회주의 교육제도	-전반적의무교육제도 -전반적무료교육제도 -일하면서배우는 교육제도 -국가적어린이보육교양제도
5. 교육기관의 임무와 역할, 교육사업에 대한 지도와 방조	-학교의 사명과 임무 -교원의 위치와 역할 -교육사업에 대한 당적 지도 -교육사업에 대한 국가적 보장, 사회적 지원

출처: 앞의 책 28-29

다', '정치사상교양 강화' 등 주체사상과 유일체계를 추구하는 북한만의 사회 교육의 원리와 내용이 강조되는 특징이 있다.

북한 교육사에서 김일성 시기는 소련 군정기(1945~1948)와 국가 건설 이후 김일성 사망까지 50여 년의 긴 기간이 된다. 이 기간 북한의 사회주의 국가교육은 다른 국가들과 같이 국가의 유지와 존속, 발전에 크게 기여했다고 할 수 있다.

주요 특징으로 첫째, 다른 나라들에서도 찾기 어려운 장기간의 무상의 무교육을 매우 일찍부터 시작했다. 둘째, 잦은 학제 개편과 다양한 학교 신설 등을 통해 학교 교육의 팽창과 확대 그리고 효율화와 다양화를 위한 노력을 지속적으로 추진해왔다. 셋째, 다른 사회주의 국가에서 나타나지 않는 주체 및 유일체계 유지를 위한 정치사상 교육이 교과목으로 개설되고 교육시간도 많이 부여되었다. 이런 결과는 북한의 국가 및 정치체제 유지에 교육의 역할과 기대가 컸음을 나타내는 하나의 증거라 할 수 있다.[15]

---

15 북한의 정치사상 교육을 위한 교과목 개설 및 편성과 교육시간은 이 책 7장, '김정은 시대 교육 발전'에서 제시한다.

5

'고난의 행군기'와 교육혁신
(1994~2011)

북한의 교육목적은 개인이 아닌 집단과 국가 그리고 당과 수령을 위해 헌신할 수 있는
인간 양성이라고 할 수 있다. 여기서 개인이 아닌 '집단과 국가를 위해'는
사회주의 교육의 일반적인 목적이라고 할 수 있다.
그러나 수령을 위해 헌신할 수 있는 인간 양성은 사회주의 국가 중에서도
북한만의 교육목적이라고 할 수 있다.

'고난의 행군기'와 교육 상황

1994년 7월 8일 김일성 주석의 갑작스러운 사망에 따라 그의 아들 김정
일(1942.02.16.~2011.12.17.)이 김일성에 이어 북한 지도자가 되었다. 이 책은 김
정일 시기를 김일성 주석이 사망한 1994년부터 김정일 국방위원장이 사
망한 2011년까지로 설정한다. 그러나 김정일 국방위원장이 북한의 정치
와 교육에 영향을 미친 것은 훨씬 이전으로 올라간다. 이런 맥락에서 한
만길(1997: 296-302)은 김정일의 교육정책 전개 과정을 ① 유일사상 확립 시기
(1960~1972), ② 사회주의 교육제도 확립 시기(1972~1985), ③ 후계체제 확립 시
기(1986~1997)로 나눈다.

1948년 북한 건국 후 가장 심각한 북한의 위기 상황은 1995년부터
1997년까지 3년간의 대 기근기인 이른바 '고난의 행군기'라고 할 수 있다.
북한과 북한 교육사 이해에서 이 시기 북한에 대한 이해는 매우 중요하

다. 유럽의 공산권이 붕괴하고, 러시아와 중국이 한국과 국교를 맺고, 또 '고난의 행군기'를 거치면서도 북한이 한국과 세계 여러 나라의 전망과 달리 붕괴하지 않았기 때문이다.[1]

한만길은 '고난의 행군기'가 한참 진행 중이던 1997년 북한의 경제난 또는 기근에 대해 다음과 같이 설명한다. "최근 북한은 경제적으로 심각한 위기에 봉착해 있다. 1990년 이래 연속 7년간 마이너스 성장을 기록하듯이, 북한의 경제 침체 현상은 장기적으로 지속되고 있다. 경제 침체와 더불어 식량 생산도 1990년 이후 계속 감소하고 있다. 올해 들어서는 식량 부족 현상이 심화하면서 수많은 주민이 영양실조와 기아 상태에 있다는 소식이 전해지고 있다. 더욱 심각한 문제는, 북한이 근본적인 경제체제의 개혁조치를 취하지 않는다면 경제 회생 가능성은 거의 없을 뿐만 아니라 체제 존립마저 의심하게 된다는 것이다."[2]

한만길(1997: 305-306)은 1990년대 북한의 경제난 속에서 북한 교육의 실상을 탈북민들과의 면담을 통해 ① 교원들의 궁핍한 생활, ② 학교 교육 기피 현상, ③ 피폐해지는 교육 여건, ④ 조악한 교과서 상태, ⑤ 김정일 중심의 교과서 개편으로 나누어 제시한다. 이 중 교원들의 궁핍한 생활과 관련하여 탈북민의 증언을 토대로 다음과 같이 설명한다. "식량 배급이 중단된 상황에서 아무런 생산 기반이 없는 교원이나 의사들이 가장 큰 혼란을 겪었다.", "1996년 10월부터 1997년 4월까지 월급이라고는 단 한 차례 50

---

1   고난의 행군이란 용어는 김일성이 이끄는 항일유격대가 일본군의 토벌 작전을 피해 1938년 12월부터 1939년 3월까지 혹한과 굶주림 속에서 중국 몽강현 남패자로부터 압록강 연안 국경 일대로 100여 일간 강행군을 한 것을 일컫는 데서 유래한다. 이후 어렵고 힘든 상황이나 시기를 의미할 때 '고난의 행군'이라고 하는데 2차는 1956년 '8월 전원회의'와 천리마운동 전개 시기를 뜻하며, 3차는 1994년 김일성 사후 자연재해와 경제난으로 수십여만 명이 아사하는 등, 1990년대 중후반 4~5년의 기간을 뜻한다. 공식적인 용어 사용은 1996년 신년 공동사설을 통해 제시되었다(통일부 정보 포털). 한편 김병로는 "1990년대 중후반 북한의 대재난을 '고난의 행군기'로 불리는 3년(1995~1997)과 '사회주의 강행군'으로 불리는 3년(1998~2000)으로 나누어 볼 수 있다"는 견해를 제시한다(김병로, 2016. 235쪽).

2   한국개발연구원, 「북한경제동향」, 1996.04. 18~28쪽.

원을 받았다. 식량 배급도 중국산 밀가루 10킬로그램을 받았을 뿐이다."

또, 학생과 학부모의 학교 교육 기피 현상과 관련하여 다음과 같은 탈북민의 발언을 제시한다. "최근 들어 학생이나 부모들은 학교교육을 기피하는 현상도 나타나고 있다. 먹을 것이 없어 허기진 상황에서 학교에 가는 것이 아무런 도움이 되지 않는다고 보기 때문이다. 학교에 가 봐야 먹을 것도 주지 않고 굶주린 배를 더욱 허기지게 만들 뿐이라는 것이다. 학생들 사이에서는 차라리 장사하는 편이 훨씬 낫다는 생각이 팽배해 있으며, 학생들은 부모와 함께 빵을 구워서 장마당에 내다 파는 장사를 하고 있다."

북한의 1990년대 대 경제난과 대 기근은 독일 통일(1990.10.3)과 구소련 및 동유럽 사회주의 국가들의 정치경제 체제 전환, 한·러(1991.12.26) 및 한·중(1992.8.24) 국교 수립 등으로 북한의 국제관계 입지와 해외 지원이 줄어든 영향이 크다고 할 수 있다. 특히 1995년과 1996년의 대홍수는 많은 북한 주민이 기근으로 사망하는 데 결정적인 영향을 미쳤다. 정확한 통계는 파악되지 않았지만 많은 북한 전문가들은 당시 북한의 아사자 수를 최소 수십여만 명으로 추정한다.[3]

이런 북한의 '고난의 행군기'에 대해 북한의 대응·극복 과정과 한국의 대응 방식은 어떠했고, 또 이런 대응 방식이 남북 평화와 평화통일 측면에서 바람직하고 타당했는가에 대해, 면밀하고 체계적인 연구가 필요하다.

김정일 시기 교육 변화와 특징

김대중 대통령은 해방이자 동시 분단 55년이 되는 2000년 6월 15일,

---

3   김병로는 'Spoorenberg and Schwekendiek, 2012:133-158'에 근거하여 1993~2008년에 60만~85만 명이 사망한 것으로 추정했다(김병로, 2016: 239).

평양에서 김정일 국방위원장과 분단 최초로 남북정상회담을 했다. 이어 2003년 출범한 노무현 대통령도 김대중 정부의 대북한과 통일정책을 이어받아, 개성공단 가동 및 금강산·개성 육로관광 등 적극적인 남북 교류 및 협력 관계를 이어갔다. 노무현 정부에서 발간한 통일부 통일교육원의 주제가 있는 『통일문제 강좌 10 김정일시대 북한 교육의 변화』는 이런 시대 배경에서 발간된 책으로, 김정일 시대 북한과 북한 교육에 대해 잘 제시하고 있다. 이 같은 이유로 본 절에서는 이 책을 중심으로 김정일 시기 북한의 교육목적과 교육정책의 기조, 그리고 김정일 시대 북한 교육의 특성에 대해 살펴본다.

북한의 교육목적과 교육정책 기조

김정일 시대 북한의 교육목적은 '개인이 아닌 집단과 국가를 위해', '당과 수령을 위해 헌신할 수 있는 인간을 양성하는 것'이라고 볼 수 있다. 여기서 '개인을 위해서가 아닌 집단과 국가를 위해서'는 사회주의 또는 사회주의 교육의 기본목표라고 할 수 있다. 반면 '수령을 위해 헌신할 수 있는 인간을 양성하는 것'은 다른 사회주의 국가와 구별되는 북한 고유의 교육목적이라고 할 수 있다.

통일부 통일교육원의 주제가 있는 『통일문제 강좌 10 김정일시대 북한 교육의 변화』(2006)는 김정일 시대 교육정책의 기조를 '주체형 인간 양성'과 '교육의 대중화: 11년제 의무교육제 및 성인교육 발전'에 있다고 봤다. 먼저 '주체형 인간 양성'에 대해 다음과 같이 설명한다.

> 1950년대에 형성되기 시작한 주체사상은 '70년대에 와서는 정치원리로 채택되어 「노동당규약」(1970)과 「사회주의헌법」(1972)에 명문화됐다. 또 주체사상은 교육원리에도 반영되어 「어린이보육교양법」(1976),

「사회주의교육에 관한 테제」(1977)로 명확히 드러났다. '사회주의교육테제'에 의하면 북한의 사회주의 교육은 본질적으로 인간을 혁명화·노동계급화·공산주의화하는 것이다. 즉, 교육은 당성과 노동계급성을 구현하여 학생들을 넓게는 당과 사회주의 혁명에 충실한 혁명 인재로 키우는 것이며, 좁게는 김일성과 김정일에게 절대적으로 충성하는 인재로 양성하는 것이다(통일부 통일교육원, 2006: 11).

이상의 내용은 북한은 사회주의 국가로서 일반적인 사회주의 교육목표뿐만 아니라 주체사상에 기초한 '주체형 인간 양성'이라는 북한 고유의 교육목표가 있음을 의미한다. 즉, '주체형 인간 양성'의 국가교육목표는 구소련과 현 중국의 국가교육목표와는 다른 것으로, 1990년 초 구소련 및 동유럽 사회주의 국가가 붕괴했음에도 북한이 사회주의 국가로서 체제를 유지하는 데 기반이 되는 주요 요소 중 하나로 볼 수 있다.

<표 5-1> 북한 의무교육제도의 역사[4]

시행 연도	의무교육 내용
1950	5년제 초등의무교육(6·25 전쟁으로 중단)
1956	4년제 초등의무교육
1958	7년제 중등의무교육(인민학교 4년 + 중학교 3년)
1967	9년제 기술의무교육(인민학교 4년 + 중학교 5년)
1975	11년제 전반적 의무교육(유치원 1년 + 인민학교 4년 + 고등중학교 6년)
2012	12년제 전반적 의무교육(유치원 1년 + 소학교 5년 + 중학교 6년)

....

4   2012년 9월 25일 북한은 12년제 의무교육 실시를 발표했다(로동신문 2012.9.25). 2006년 발간된 [그림 5-1]의 원문에는 내용이 없어 필자가 "전반적 12년제 의무교육(2012)"을 추가했다. 참고: 통일부 통일교육원, 『김정일 시대 북한 교육의 변화』, 2006.

이 책은 북한 교육정책의 두 번째 기조로서 '교육의 대중화: 11년제 의무교육제 및 성인교육 발전'을 들고 있다. 무상의무교육은 사회주의 국가교육의 대표적인 국가 교육정책이다. 특히 북한은 1950년부터 일찍이 무상의무교육을 실시해 왔는데, 11년제 의무교육은 1975년부터 실시되었다. 이런 11년제 의무교육은 김정은 정권이 들어선 2012년 학제 개편 시기에 12년제로 확대되었다. 1990년대 경제난과 기근기에는 제대로 실행되지 못했지만, 북한과 북한 주민이 자부심과 만족감을 갖는 대표적인 북한 교육의 장점이자 특징으로 오래전부터 자리매김한 교육정책이라 할 수 있다. 여기서 북한 의무교육제도의 역사를 요약하면 〈표 5-1〉과 같다.

김정일 시대 북한 교육의 특징

김정일 시대 북한 교육의 특징을 살펴보기 전에 북한 교육의 이해를 위해 북한의 전반적인 교육행정 체계를 살펴보면 [그림 5-1]과 같다. 이런 북한의 교육행정 체계는 김일성 시기에 형성되어 김정일 시기를 거쳐 김정은 시기에 이르기까지 대체로 큰 변화가 없었던 것으로 추정한다.[5]

북한의 교육행정 체계는 한국의 교육행정 체계와 유사한 점도 있고 차이점도 있다. 대표적인 유사점으로 의사결정기관과 집행기관이 분리되어 있다. 한국의 교육정책 관련 최종 결정기관이 대통령실이나 국회에 해당한다면, 북한의 경우는 당중앙위원회 과학교육부라고 할 수 있다. 한편, 북한의 내각은 한국의 교육부에 해당한다고 볼 수 있다. 또 중앙 행정부에서 북한의 도(직할시·특별시) - 시(구역·군) - 각급 학교로의 하위 체제는 한국의 경우와 유사하다고 할 수 있다. 차이점으로는 북한의 경우 당(조선로동당)의 영향력이 크고, 김일성종합대학의 경우 내각 직할에 있다는 점 등을 들 수 있다.

---

5   이렇게 보는 이유 중 하나는 북한의 교육행정 체계에 대한 연구나 자료를 매우 찾기 힘들기 때문이다.

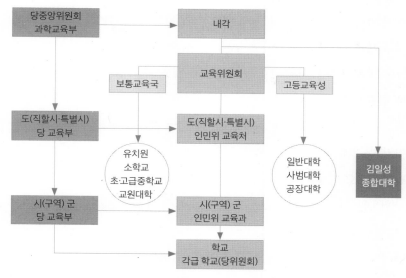

[그림 5-1] 북한의 교육행정 체계 [6]

여기서 남북 교육행정 체계에서 유사점은 국가교육정책 수립과 운영에서 나타나는 일반적인 국가교육의 특성에 기인하고, 차이점은 남북 정치체제의 차이 및 특징에서 연유한다고 볼 수 있다.

2006년 통일부 통일교육원이 발행한『김정일 시대 북한 교육의 변화』는 김정일 시대 북한 교육의 특징을 다음과 같이 다섯 가지로 제시한다. 이들 특징은 김정일 시대뿐만 아니라 오늘날 북한 교육을 이해하는 데도 큰 도움이 된다.

체제유지와 이데올로기교육 재생산

주체사상은 북한의 통치담론으로서 확고한 유일 이데올로기다. 북한은 주체사상의 유일적 위상을 인정하면서도 정치적 여건과 주변 환경 변

---

6   국립통일교육원, 『2023 북한이해』, 319.

화에 따라 그 하위 담론을 수시로 발전시켜왔다. 이런 현상은 김정일 시대의 도래를 전후한 1990년대에 두드러진다. 이 시기 체제 유지를 위한 통치담론은 세 가지로 대별된다. 첫째, 구소련 및 사회주의 국가들의 급격한 체제 전환에 대한 대응으로서의 '우리식 사회주의', 둘째, 김일성 사망 이후의 '붉은기 철학'과 유훈 통치, 셋째, 김정일 정권 출범 이후 '강성대국'과 '선군정치'가 그것이다. 북한은 시대적·정치경제적 요구를 반영하여 통치담론을 만들어내고 이를 이데올로기교육을 통해 재생산하고 있다(앞의 책: 20-21).

위 내용은 1990년 초 구소련 및 동유럽 국가들이 사회주의를 포기하고, 독일 통일(1990), 한·러 및 한·중 수교(1991-1992), 김일성 사망(1994), 경제난과 기근난(1990년대 중후반) 등을 겪으면서도 북한이 사회주의를 포기하지 않고 여전히 건재한 이유와 원인을 잘 설명한다. 특히 통치담론 형성과 실행, 교육에 의한 지속적인 영향력을 잘 제시한다 하겠다.

과학기술교육과 IT교육 강화

이 책은 로동신문 기사를 인용하여 김정일 시대 과학기술교육과 IT교육 강화에 대해 다음과 같이 설명한다. "국가 교육재정 부족으로 학교에 컴퓨터 설치를 제대로 못한 문제점이 있지만, 정보 및 컴퓨터 교육의 중요성에 대한 인식과 국가 교육 실시는 한국의 정보 및 컴퓨터 교육 실시와 큰 차이가 없다고 할 수 있다."

"김정일 정권 출범 이후 북한은 '과학의 해'를 지정하는가 하면 '과학기술 중시 풍조'를 사회적으로 확산시키고 있다. 김정일은 20세기가 기계제 산업의 시대였다면 21세기는 정보화산업의 시대라고 규정하고, 정보산업 발전에 박차를 가하는 가운데 과학·교육·출판·통신 각 분야에서 정보기술을 받아들여 강성대국을 건설할 것을 당부하고 있다.", "과학기술교육에 대한 강조는 학교에서 정보통신과 컴퓨터 교육 실시로 구체화되고 있다. 주체의 사회주의 강성대국은 IT의 위력으로 건설된다. 앞으로 21세기의 문맹자는 정보기술을 모르고 컴퓨터를 다룰 줄 모르는 사람, 정보를 이용할 줄 모르는 사람(로동신문, 2001.5.23)이라며 컴퓨터 교육을 강조하고 있다.", "1998년부터 김정일의 지시에 의해 중학교 4학년 이상부터 컴퓨터 수업을 주당 2시간씩 편성했다. 또한 과학기술인재를 조기 양성하기 위해 자연과학 분야의 수재를 양성하는 제1중학교를 시·군·구역별로 확대 신설했고, 대학에서는 정보통신 및 컴퓨터 관련 학과와 수재반을 신설하고 있다."(앞의 책: 25-26)

김정일 시기의 이런 과학기술교육과 IT교육의 강화는 체제 유지와 이데올로기교육 재생산 등 김정일 시대 북한 교육의 주요 특징이라고 할 수 있으며 이런 특징은 김정은 시대로 이어졌다고 할 수 있다.

보통교육 정상화 및 수재교육 확대

김정일 시대 북한 교육의 세 번째 특징으로 보통교육 정상화 및 수재교육 확대를 들 수 있다. 1990년대 경제난과 기근으로 수많은 아사자가 발생하며 북한의 국가 교육체제는 거의 붕괴했다고 할 수 있다. 이런 상황에

<표 5-2> 북한 「교육법」(1999)의 무료교육 관련 조항

조항	주요내용
제16조	• 모든 교육은 무료. 학부모로부터 입학, 수업, 실습, 견학, 답사와 관련한 요금을 받을 수 없음.
제18조	• 학생들에게 식량을 공급하며, 학용품과 생활필수품을 눅은(싼) 값으로 보장.
제39조	• 해당기관, 기업소, 단체는 학교의 교사, 실험실, 실습기지의 건설과 보수를 보장.
제40조	• 해당기관, 기업소, 단체는 교육사업에 필요한 기자재, 실험설비, 교구비품을 생산 공급.
제41조	• 교육 지도기관은 교과서, 참고서, 과외도서, 교육용 녹화 테이프를 보장.
제42조	• 교통 운수기관과 해당 기관은 학생의 실습, 견학, 답사 조직을 우선으로 보장.
제43조	• 지방 정권기관과 해당 기관은 교육기관에 필요한 기숙사, 식당, 진료소 같은 봉사시설을 보장.

서 김정일은 1998년 공식적으로 국가 지도자 자리에 올랐다. 김정일 정권은 보통교육 정상화를 위한 다양한 조치를 했는데, 대표적인 것이 1999년 북한 최초로 「교육법」을 제정한 것이다.

〈표 5-2〉는 북한 「교육법」(1999)의 무료교육 내용을 나타낸다. 그런데 이런 무료교육은 국가나 도·군·시의 재정이 확보돼야 하는데, 그렇지 못할 경우 지역 간, 학교 간 편차가 크게 나타난다. 따라서 북한 학교교육의 정상화는 무엇보다도 국가 예산 증대가 선결되어야 한다고 할 수 있다(앞의 책, 31-32).

김정일 시대에 국가경쟁력 차원에서 조명된 교육기관으로는 단연 '수재학교'를 들 수 있다. 영재학교에 해당하는 수재학교는 이미 1958년부터 설립되기 시작했다. 외국어에 소질 있는 학생들을 조기에 별도로 양성하기 위해 6~7년제 외국어학원이 설치됐다. 1960년 초부터 6~11년제로 운영되는 음악학교, 무용학교, 조형예술학교, 체육학교 등 예체능 분야의 수재학교가 신설되었다. 또한 혁명 유자녀를 위한 교육기관으로는 만경대혁명학원, 강반석혁명학원, 해주혁명학원 등이 세워졌다. 과학영재교육의 필요에 따라 1984년에 뒤늦게 설립된 6년제 제1고등중학교가 최근 가장 각광 받고 있다 하겠다(앞의 책: 33).

학교교육과정 변화: 실용적 교과 도입

김정일 시대 북한 교육 변화의 특징으로 실용적 교과를 도입한 학교 교육과정의 변화를 들 수 있다. 북한의 교과서는 정치적 이념과 사회적 성격을 철저히 반영하는 방식으로 구성된다. 그중에서도 정치이념적 내용을 다루는 교과서는 외국 교과서와 다른 특징을 지닌다. 〈사회주의 도덕〉, 〈현행 당정책〉 같은 정치사상 과목 외에 통치자를 우상화하는 과목이 그

것이다(앞의 책: 37-38).[7]

우상화 교과목 편성의 역사는 1968년으로 거슬러 올라간다. 김일성을 우상화하는 교과인 〈위대한 수령 김일성원수님 혁명활동〉, 〈위대한 수령 김일성원수님 혁명력사〉가 중학교 과목으로 공식 채택된 데 이어 1986년부터는 김정일을 우상화하는 〈친애하는 지도자 김정일동지 어린시절〉, 〈친애하는 지도자 김정일동지 혁명활동〉 과목이 새로 편성되었고 1998년 말부터 〈항일의 녀성영웅 김정숙어머님 어린시절〉이라는 과목까지 편성되었다(앞의 책: 37-38).

이런 정치사상교육을 지속하면서도 김정일 시대 교육은 과학기술교육과 컴퓨터 교육을 강조했다. 대학에서는 과학기술 인재 양성을 위해 자연과학 분야의 학과를 신설하고 교육과정 및 교육내용 개편을 추진했다. 특히 컴퓨터 전문가 양성체계의 준비를 위해 김일성종합대학에 컴퓨터과학대학을 신설하고, 주요 대학에 컴퓨터 관련 단과대학과 학과, 강좌를 신설했다. 일반대학에서는 〈컴퓨터 기초실기〉, 〈프로그램작성법〉이라는 과목을 가르쳤다(앞의 책: 42).

특히 김정일 시대에는 실용적 외국어교육을 강조했는데, 시대 변화에 적응하기 위해 영어·중국어 등 실용적인 외국어교육이 한층 강조되는가 하면, 중학교에서는 선택과목교육이 실시되고 일부 대학에서는 자본주의 교과목이 개설되는 등, 실용적 교과도 등장했다. 전통적으로 북한의 제1외국어는 로어(러시아어)였다. 그러나 1980년대 말 구소련 해체와 함께 러시아에 대한 의존도가 낮아지면서 영어를 중심으로 외국어 교육의 다변화가 이루어지게 되었다. 로어에 대한 관심이 줄어들면서 제1외국어로 영어

---

7 이 책에서는 원문 내용을 인용하여 우상화라는 용어를 사용했다. 그러나 철학이나 종교에서 사용하는 우상(偶像, idol, idola, 베이컨의 우상론 등)의 의미가 '가짜(false)', '허위(untruth)'를 뜻하는 것을 고려할 때, 우상화라는 용어보다는 '숭배화' 또는 '절대화' 등의 용어가 학문적 측면에서는 적합하다고 본다.

를 선택하는 학교가 많아졌다. 1995년에는 로어를 필수과목에서 선택과목으로 정함으로써 영어가 제1외국어의 자리를 차지했다. 전문학교와 대학교에서도 영어를 주당 3~4시간 필수과목으로 편성했고, 주당 2시간의 선택과목으로는 로어보다 일본어와 중국어가 더 인기가 있었다(앞의 책: 44-45).

북한의 교육과정안은 학생들의 과목선택권을 전혀 인정하지 않았었다. 그러나 2001년 4월 새 학기부터 전국의 중학교에서 지역별·지대별 특성에 따라 '선택과목교육'을 실시하기 시작했다.[8] 여기서 북한의 선택과목은 '학생의 관심과 능력에 따라 특정 과목을 선택할 수 있다'는 것을 의미하지 않는다. 지역별·지대별 특성에 따라 공업·농업·수산업·임업 등 과목을 신설함으로써 학생들이 그 지역의 특성에 맞는 과목을 공부할 수 있게 됨을 의미한다(앞의 책: 47).

'7·1 경제관리 개선조치'와 교육 변화

이 책은 2002년 '7·1 경제관리 개선조치'가 경제 분야뿐만 아니라 인민생활 전 분야에 엄청난 파급효과를 가져왔다고 본다. 무엇보다도 사회주의 계획경제의 바탕이라 할 수 있는 국정 가격제를 포기하고 시장의 수요와 공급을 반영하는 물가 현실화 조치를 인정하는 방식으로 가격개혁조치를 단행했다고 서술한다. 경제개혁조치에 따라 교육 부문도 신속하게 대응해 갔는데, 북한은 시장경제 학습과 그 준비에 주의를 기울였다고 한다(앞의 책: 48-49).

우선 북한은 해외연수생을 파견하는 방식으로 시장경제 분야 전문가를 양성하기 시작했다. 1997년 이후 지속적으로 미국·유럽·아시아 등 여

---

8   지대(地帶)는 동일하거나 유사한 지리적 속성이 나타나는 일련의 지역을 의미한다.

러 나라로 해외연수생을 파견했다. 이는 경제발전을 위해 필수적인 선진 과학기술을 도입하고 자본주의 경제를 학습하기 위한 것이었다. 이들의 교육은 경제학·국제법·국제기구·유럽 문제 등 학문 분야뿐만 아니라 국제 무역·통상외교·외국인 투자·개발 문제 등 시장경제 분야 전반에 초점이 맞춰져 있었다. 최근에는[9] 북한당국의 협조하에 유럽 등 외국 기관과 기업들이 북한 간부와 주민을 대상으로 자본주의 시장경제원리와 기업운영 등을 본격적으로 가르쳤다. 스위스 정부 산하기구인 개발기업청의 지원으로 북한에 최초로 사립경영학교인 '평양비즈니스스쿨'이 설립되었고, 2005년 현재 30여 명의 첫 졸업생이 배출되었다. 이와 함께 북한의 대학들도 자본주의 경제질서에 적응하기 위한 본격적인 변화에 착수했다. 김일성종합대학은 1997년 〈자본주의경제강좌〉를 개설한 데 이어 2000년에는 사상 최초로 법률대학을 신설하여 국제법 전문가 양성을 준비했고, 경제학부에는 무역경제학과를 신설함으로써 자본주의 기업관리 연구 등에 주력했다. 한편 1998년에는 나진 정보센터 등 무역 전문가 양성기관을 설립했고, 2000년에는 무역성 산하에 '자본주의 제도 연구원'을 창립하기도 했다(앞의 책: 48-51).

　1990년 구소련 및 동유럽 사회주의 국가들의 체제 전환, 독일 통일, 김일성 사망, 한·러 및 한·중 수교, 경제난과 기근난, 6·15 남북정상회담 등 세계적 변혁 속에서 1998년 북한 지도자로 공식 등장한 김정일은 위에서 살펴본 바와 같이 엄청난 정치·경제 및 교육개혁을 취했다. 그러나 이런 자본주의 체제의 부분적 도입이 어떻게 전개되었고 효과 및 현재 상황이 어떤가에 대한 연구는 찾기 어려운 상황이다. 따라서 북한의 '7·1 경제관리 개선조치'와 교육 변화에 대한 국가 또는 기관 및 개인 차원의 체계적

9　2006년 책 발간 시기를 뜻한다.

인 연구가 이루어질 필요가 있다.

교육에서 실리주의와 교육평등의 갈등

앞 절에서 통일부 통일교육원(2006)의 『김정일 시대 북한 교육의 변화』를 중심으로 김정일 시대 북한 교육에 대해 살펴봤다. 이 책 외에 김정일 시대 북한 교육을 이해하는 데 도움이 되는 대표적인 책으로 이향규·조정아·김지수·김기석(2010)의 『북한 교육 60년 형성과 발전, 전망』이 있다. 이 절에서는 이 책 중 조정아의 「김정일 시대의 북한 교육 정책」(2004)을 중심으로 김정일 시대 북한 교육에 대해 더 살펴본다.

김정일 시대 교육의 특징

김정일이 북한 정치무대에 등장한 시기부터 현재에 이르기까지 북한 교육정책의 변화과정을 살펴보면 아래와 같이 두 가지로 나누어 볼 수 있다.[10]

첫째, 사회주의 교육에 일반적으로 나타나는 두 측면인 '홍(紅)'과 '전(專)', 양자 사이에 균형과 조화를 잡는 문제와의 관련이다. 여기서 '홍(紅)'은 정치 사상교육을, '전(專)'은 국가 건설에 필요한 전문성 교육을 의미한다. 다른 사회주의 국가와 마찬가지로 북한 역시 정치 사상성과 사회적 전문성을 모두 갖춘 공산주의적 인간형의 양성을 교육목적으로 삼았다. 이런 측면에서 북한 교육에서 '홍(紅)'과' 전(專)'의 균형은 지속적인 국가교육의 주요

---

10 '홍(紅)'이란 정치사상 교육을, '전(專)'이란 전문기술 교육을 뜻한다. 이 용어의 탄생은 A. Yang(1965), Red and Expert: Communist China's Educational Strategies of Manpower Development, Unpublished doctoral dissertation, University of California, Berkeley에서 비롯한다(조정아, 2010: 223). 대체로 홍과 전(紅·專)은 중화인민공화국 성립 이후 중국 공산당의 이념을 크게 둘로 나눈 개념인데, 일반적으로 경제 개발 문제와 관련한 논쟁에서 발생했다고 볼 수 있다.

관심사이자 논의 주제였다고 볼 수 있다.

둘째, 사회주의적 교육원리가 지향하는 평등주의와 인재 양성 및 교육의 수월성 추구에 대한 교육적 비중 문제다. 이를 중등교육과 고등교육으로 나누어 보면, 고등교육에서는 해방 후 초기 개혁 시기에는 고등교육의 기회 자체가 극히 제한적이었다. 따라서 소수 엘리트에게 고등교육의 기회를 부여했다. 그러나 점차 국가 건설에 필요한 많은 전문 인력 양성이 국가의 중요한 교육문제가 되었다. 이에 따라 교육 기회의 평등과 수월성 추구가 국가 교육의 중요한 문제로 대두되었다. 1980년대 초까지는 사회생활이나 군 복무 경력을 지닌 사람들에게 대학 교육을 부여했다는 점에서, 1980년대 초까지 북한 교육은 교육의 평등주의를 중시해 왔다고 할 수 있다(조정아, 2010: 253-254)(이하 '앞의 책').[11] 조정아의 이런 의견은 김정일 집권 이전인 1980년 초반까지는 수재 교육이 부분적으로 이루어졌지만, 전체적으로는 초·중등 의무 또는 평등교육이 강조되어 왔다고 볼 수 있다. 그러나 2000년대 들어서는 수월성 또는 실리 추구 교육이 더욱 강화되었다고 할 수 있다.

교육에서 실리주의와 교육 평등의 갈등

조정아(2010: 262)는 경제적 어려움이 최악에 달했던 "고난의 행군기"를 지나 북한은 2000년대에 들어 공교육 정상화에 전력을 기울였다고 본다. 또, 북한 교육의 지형이 빠르게 변화하고 있는데, 가장 큰 변화는 학부모들의 교육비 부담과 교육에 관한 의식 측면에서 사적 영역이 크게 확대되고 있다는 점을 든다. 즉, 김정일 시대의 교육 변화와 특징을 크게 ① 공교

---

11 조정아는 1980년대 이전 시기에는 대학생의 10%만이 '직통생'으로 비교적 적었다고 한다(조정아, 2010: 254). 여기서 '직통생'은 군이나 사회 경험 없이 중등학교 졸업 후 바로 대학에 진학하는 학생을 뜻한다.

육 약화와 교육의 사적 영역 확대, ② 교육에서 실리주의 추구, ③ 평등주의 교육에서 '수재' 중심의 교육체계로 변화를 든다. 주요 내용을 다음과 같이 제시한다.

공교육 약화와 교육의 사적 영역 확대
- 국가의 교육지원 감소와 사부담 공교육비 증가

유니세프(United Nations Children's Fund, UNICEF, 유엔아동기금) 보고서에 의하면 북한의 전체 예산 대비 교육예산 비율은 1994년부터 1999년까지 10~12% 정도였다.[12] 이는 전체 예산 대비 비율 면에서도 크지 않을 뿐만 아니라 전체 예산액 감소를 고려하면 훼손된 공교육 체계를 복구하기에는 상당히 부족하다 할 수 있다. 학생들 입장에서 가장 직접적인 어려움은 교과서 공급이 원활하지 않았다는 것이다. 1980년대까지는 모든 초·중등학생에게 교과서가 무상공급된 것은 물론, 학습장도 매년 30권 이상 국정 가격으로 공급되었다. 기타 학용품과 교복도 공급되었다. 그러나 1990년대 이후에는 교과서가 한 반에 대여섯 권밖에 공급되지 못했고,[13] 이런 어려움은 2000년대에 들어서도 대부분 지역에서 크게 개선되지 못했다(앞의 책: 262-263).

따라서 경제난 이후 국가의 교육 재정 약화와 일반 공교육 부문에 대한 교육 투자의 급격한 감소로 사부담 공교육비가 증가했고, 이는 해방 이후 효과적으로 지속되어 온 무상교육의 이념적 효과를 반감시키는 결과를 가져왔다고 할 수 있다(앞의 책: 266).

---

12 UNICEF(2006), *Analysis of the situation of children and women in the Democratic People's Republic of Korea*.

13 함경북도 소학교 교사였던(1984~1996) 탈북민의 발언(2005년 면담).

- 사교육의 등장

북한에서 사교육이 눈에 띄게 증가한 것은 수요와 공급 측면의 두 요인이 모두 작용했기 때문으로 볼 수 있다. 수요 측면의 첫 번째 요인으로 제1중학교의 확대를 들 수 있다. 1995년부터 영재교육기관인 제1중학교가 급증했는데, 특히 1999년에는 전국 시·군·구역마다 제1중학교를 1개교씩 추가 신설하는 조치에 따라 제1중학교가 200여 개로 늘어났다. 이는 단순히 공부 잘하는 학생들을 모아서 효율적으로 가르친다는 의미가 아니라, 중등교육체계 전반을 평양 제1중학교 - 도 제1중학교 - 시·군·구역 제1중학교 - 일반중학교의 서열화된 체계로 구성되는 것을 의미하기도 한다. 결과적으로 일반중학교와 제1중학교 간에 국가적 지원과 학생들의 학력, 대학 진학 가능성에서 큰 편차가 발생했다고 볼 수 있다(앞의 책: 267).

공급 측면에서는 경제난 이후 교사들이 교직을 통해서는 생계유지가 어려웠기 때문에 개인지도를 생계유지의 방편으로 삼았다는 의견이 많다. 주로 대학교수, 중학교 교사, 과학원 연구사, 김책공대와 이과대 등 중앙대학의 공부 잘하는 학생들이 일과 후 두세 시간 정도 학생들을 개인적으로 가르쳤다는 것이다. 이공계 대학의 경우 교원 중 절반 정도가 교직과 개인지도를 병행했다는 증언도 있다(앞의 책: 267).[14] 한편, 평양에서 살다가 2014년 탈북한 방송인 나민희는 오빠가 김책공업종합대학에 다녔는데, 입시 철이면 오빠가 집에 잘 들어오지 않는 경우가 많을 정도로 과외를 많이 했다고 한다. 즉, 입시 과외를 받는 학생들은 희망 대학과 학과의 언니 오빠들에게 시험 6개월 전부터 새벽 2~3시까지 과외 선생님과 공부, 숙식을 같이 할 정도로 성행하고 있다고 했다(MBC TV '통일전망대'. 2022.11.12).

....

14 2004년까지 양강도대학 교수를 지낸 탈북민의 증언(2007년 면담).

북한판 발전교육론: "교육에서의 실리주의"

2000년대 이후 북한 교육정책의 기조는 한마디로 발전교육론[15]이라고 할 수 있다. 이를 북한에서는 "교육에서의 실리주의"라고 부른다. 2007년 교육 관련 정기간행물 『인민교육』에 실린 다음 글은 교육에서의 실리주의에 대해 구체적으로 설명한다.

> 교육사업에서 실리를 보장하도록 한다는 것은 발전하는 현실과 교육목적, 시대적 특성에 맞게 교육기간과 강령, 과목 편성을 합리적으로 하여 최단기간에 쓸모있는 혁명인재를 많이 키워내도록 한다는 것을 의미한다(신기화, 2007).

이 글은 '실리주의'라는 것이 교육의 효율성과 인재육성의 속도와 관련 있음을 시사한다. 이는 "새 세기의 교육혁명은 교육사업발전에서 높은 속도와 질을 보장할 것을 요구"하는데, "교육 발전의 속도는 혁명 실천에서 요구하는 인재들을 얼마나 빨리, 또 얼마나 많이 키워내는가를 나타내는 양적 지표"이며, "교육의 질은 교육 내용과 방법의 수준을 보여주는 것으로서 얼마나 실력 있는 인재들을 육성하는가를 나타내는 질적 지표"라는 주장과 맥을 같이한다(김미향, 2003).

교육에서 '실리'를 거두려면 교육의 효율성과 질을 높여야 한다. 이에 2000년대 이후 대학 학제 개편, 교육과정 조정 등, 교육의 효율성과 질적 수준을 향상시키기 위한 다양한 노력이 전개되고 있다. 2000년대 이후 대학교육에서는 학과통합, 수업연한 단축, 학점제 도입, 선택과목 도입 등 교

---

15 발전교육론은 2차 대전 이후 신생국과 발전도상국에서 각광 받아 온 이론으로, 국가 발전이 교육의 최대 관심이자 목표인 이론이다.

육과정 운영상의 다양한 변화가 일어나고 있다(앞의 책: 272-278).

평등주의 교육에서 '수재' 중심 교육체계로

조정아(2010)는 이 연구에서 북한이 평등주의 교육에서 '수재' 중심 교육체계로 전환하는 것에 대해 상세히 서술한다. 조정아의 서술 중 북한의 수재 판별 방법과 기준에 대한 탐색은 북한 교육정책의 수준과 깊이를 헤아리는 데 큰 도움이 된다 하겠다.

2000년대 중반 이후 교육 관련 신문과 정기간행물에는 수재의 특성과 판별법에 관한 글이 많이 실리고 있다. 이 글들에서 수재 선발의 지표로 꼽는 것은 관찰력, 이해력, 주의집중력, 상상력, 기억력(교원신문, 2004.01.15)이고, 분석능력·비교능력·종합능력·추상일반화능력, 추리판단능력 등의 창조적인 사고력과 응용능력, 기발한 착상력과 독창적인 결합능력, 정보처리능력, 수학 등 기초과학지식·외국어, 논리적 사고 및 표현능력 등 과학적이며 합리적인 지식구조, 인내력·투지력·탐구력·열성, 조직력·교류협동능력, 성격 등 개성적 측면 등이다(장관호, 2006).

수재 판별을 위해서는 관찰법과 지능조사법을 배합하여 적용해야 한다는 연구 결과도 제시되고 있다. 지능조사법은 기억력, 관찰력, 언어적 지능, 수학적 지능을 측정하는 것으로, 언어적 지능과 수학적 지능의 종합점수가 1:1이 되도록 구성하는데, 100점 만점 기준 80점 이상의 학생을 수재형 학생이라고 본다(최청의, 2003).

위 글은 북한의 교육전문가들이 보는 수재의 특성과 수재 판별 방법에 대한 내용이다. 이 내용은 2023년 기준으로 20년 전 발표인데, 현재 한국과 세계의 다른 나라들과 큰 차이가 없는 수재에 대한 인식 수준 또는 관점이라고 볼 수 있다.

조정아는 수재교육 강화와 세분화된 능력별 교육체계의 형성은 해방 이후 북한 교육에서 일관되게 유지되어 온 평등주의적 교육 기조와 상반되는 정책이라고 본다. 또, 수월성보다는 사회적 평등성을 중시하는 사회주의 체제의 지향점과도 일치하지 않는 것이라고 본다. 따라서 북한에서는 수재교육의 필요성을 강조하면서도 그것이 자본주의 사회와는 다르게 '모든 사람을 재능 있는 사회주의 건설자로 키우는 것'으로 주장하고 있다고 본다(앞의 책: 288).

북한 교육법령의 변화와 특징

김지수 외(2019)는 김정일 집권 시기 북한 교육제도는 외형적으로 큰 변화를 보이지는 않았으나, 교육 관련 법령 제정은 활발하게 진행됐다고 본다. 한 가지 사례를 제시하면, 북한 헌법에 나온 교육목적이 이전에는 '공산주의적 새 인간'이었는데, 개정된 헌법에는 '주체형의 인간'으로 바뀌었다는 것이다(김지수 외, 2019: 33-35). 여기서 '공산주의적 새 인간'에서 '주체형의 인간'으로의 개정은 추상적이고 이념적인 교육목표에서 구체적이고 현실적인 교육목표로의 변화로 볼 수 있다.

<표 5-3> 개정된 북한 헌법의 추구하는 인간상의 변화

1972년 헌법 제39조	2009년 헌법 제43조
국가는 사회주의 교육학의 원리를 구현하여 후대들을 사회와 인민을 위해 투쟁하는 견결한 혁명가로, 지덕체를 갖춘 공산주의적 새 인간으로 키운다.	국가는 사회주의 교육학의 원리를 구현하여 후대들을 사회와 인민을 위해 투쟁하는 견결한 혁명가로, 지덕체를 갖춘 주체형의 인간으로 키운다.

출처: 김지수 외(2019:): 33.

법령 개정 및 제정을 통한 북한 교육의 변화는 17년 만에 개정된 아래와 같은 '어린이보육교양법' 개정에서도 나타난다. 1972년 어린이보육교양

법은 "맑스-레닌주의를 우리나라(북한)의 현실에 창조적으로 적용한 조선로
동당의 위대한 주체사상을 유일한 지도사상으로 삼는다"고 했는데, 개정
된 1999년의 어린이보육교양법은 "학령전 어린이들을 탁아소와 유치원 같
은 어린이 보육교양기관에서 국가와 사회의 부담으로 보육교양하는 제도
와 질서를 규제한다"로 바뀌었다. 즉, '맑스-레닌주의', '조선로동당', '주체사
상' 같은 정치나 이념적 용어 대신, 북한 인민이 어린이보육교양법 내용을
일상용어로 이해하기 쉽게 개정한 것이다.

<표 5-4> 개정된 어린이보육교양법의 목적과 성격

1972년 어린이보육교양법 제5조	1999년 어린이보육교양법 제5조
조선민주주의인민공화국 어린이보육교양법은 맑스-레닌주의를 우리나라의 현실에 창조적으로 적용한 조선로동당의 위대한 주체사상을 유일한 지도사상으로 삼는다.	조선민주주의인민공화국 어린이보육교양법은 학령전 어린이들을 탁아소와 유치원 같은 어린이 보육교양기관에서 국가와 사회의 부담으로 보육교양하는 제도와 질서를 규제한다.

출처: 앞의 책, p.34.

1994~2011년까지 제정 및 개정된 교육 관련 법령 목록은 다음과 같다.
여기서 어린이보육교양법은 1972년 제정 이후 17년 만인 1999년에 개정되
었고, 다른 법령은 처음 제정되었다.

<표 5-5> 교육 관련 법령 목록(1994~2011)

법령명	연도	제정·개정 주체
교육법	1999	최고인민회의
어린이보육교양법	1999 개정	최고인민회의
보통교육법	2011	최고인민회의
고등교육법	2011	최고인민회의

출처: 앞의 책, p.34.

1999년 제정된 북한 교육법과 2011년 제정된 보통교육법과 고등교육법의 내용 구성(목차)을 보면 〈표 5-6〉과 같다.

〈표 5-6〉에서 소개하는 교육법, 보통교육법, 고등교육법은 1999년과 2011년에 공표된 것인데, [그림 5-2]에서 제시하는 장의 구성과 제목만 보면 성격이나 수준을 알기 어렵다. 이런 점에서 보통교육법의 일부 내용을 소개하면 아래와 같다.

<표 5-6> 북한 교육 관련 법령의 내용 구성

	교육법	보통교육법	고등교육법
제1장	교육법의 기본	보통교육법의 기본	고등교육법의 기본
제2장	전반적무료의무교육제	무료의무교육 실시	고등교육 실시
제3장	교육기관과 교육일군	보통교육기관 설립 및 운영	고등교육기관 조직
제4장	교육내용과 방법	보통교육일군 양성	고등교육일군과 학생
제5장	교육조건 보장	교육교양사업의 조직	교수교양 및 과학연구사업 조직
제6장	교육사업에 대한 지도통제	보통교육사업에 대한 지도통제	고등교육사업의 조건 보장
제7장			고등교육사업에 대한 지도통제

출처: 앞의 책, 34.

보통교육법은 53개 조항으로 되어 있는데, 마지막 2개 조항은 보통교육법 내용을 위반했을 경우 '행정적 책임'과 '형사적 책임'에 관한 내용이다. 보통교육법이 53개 조항으로 되어 있고, 한 조의 조항 내용이 아래와 같이 구체적이고 실제적인 것을 볼 때, 다른 법령도 이와 유사할 것으로 추정한다. 북한법령에 대해 자세한 내용을 알고 또 원문 받기를 원하면 2020년 국가정보원이 발간한 『북한법령집(北漢法令集)』(상·하)을 보면 된다. 상권은 1,097쪽, 하권은 965쪽으로 분량이 많다. 인터넷(https://www.nis.go.kr:4016/AF/1_2_1.do)으로도 쉽게 내려받아 볼 수 있다.

보통교육법

제52조 (행정적 책임)

다음의 경우에는 해당 기관, 기업소, 단체의 책임 있는 일군과 개별적 공민에게 정상에 따라 해당한 행정처벌을 준다.

1. 학교추천이나 입학, 수업, 실습, 견학, 답사와 관련하여 돈이나 물건을 받았을 경우
2. 학교배치 및 건설을 정해진 대로 하지 않거나 학교건물, 시설관리를 잘하지 않아 교육사업에 지장을 주었을 경우
3. 교사와 운동장 같은 학교시설을 교육사업과 관련이 없는 다른 사업에 리용하여 학생들의 교육교양에 지장을 주었을 경우
4. 교원양성, 배치사업을 잘하지 않아 교육사업에 지장을 주었을 경우
5. 교육강령집행을 태공했거나 학생들을 승인 없이 학습과 관련이 없는 일에 동원시켰을 경우
6. 시험조직을 정해진 대로 하지 않아 학생들의 건강과 발육에 지장을 주었을 경우
7. 학생교육에 필요한 교과서와 참고서 같은 것을 제때에 보장하지 않아 교육사업에 지장을 주었을 경우
8. 교과서 같은 것을 비법적으로 출판, 인쇄하여 상적목적에 리용했을 경우
9. 리기적인 목적으로 비법적인 개인교수행위를 했을 경우

제53조 (형사적 책임)

이 법 제52조의 행위가 범죄에 이를 경우에는 기관, 기업소, 단체의 책임 있는 일군과 개별적 공민에게 형법의 해당 조문에 따라 형사적 책임을 지운다.

[그림 5-2] 북한의 보통교육법 일부(제52조, 제53조항)[16]

김정일(1942.2.16.~2011.12.17)은 선친 김일성(1912.4.15.~1994.7.8)처럼 북한을 건국하거나 장기집권하지 않았고, 그의 아들 김정은처럼 현재 북한 지도자가 아닌 관계로 한국에서는 그렇게 큰 관심을 받지 못하는 인물로 비치기도 한다. 그러나 김정일은 1974년 김일성의 후계자로 일찍부터 내정되었고, 또, 1980년에 공식 후계자로 등장하여 주목받았으며 많은 일도 했다. 그의 아버지 김일성의 장기 집권으로 그가 북한 최고 지도자로 공식 집권한 기간은 1994년부터 2011년까지 17년으로, 김일성의 46년에 비해 상대적

16 국가정보원, 『北漢法令集』, https://www.nis.go.kr:4016/AF/1_2_1.do

으로 짧다고 할 수 있다.

　교육 부문에서 오늘날 한국에서 김정일에 대한 큰 관심은 없다고 할 수 있다. 그러나 이 장에서 살펴본 바와 같이 북한 교육체제의 기초를 닦는 데 김정일의 영향은 컸다고 볼 수 있다. 특히 김일성을 도와 사회주의를 추구하면서도 중국과 러시아라는 양대 사회주의 국가 사이에서 주체사상을 만들어 북한의 체제를 유지하는 데 그의 업적이 컸다고 할 수 있다. 교육 부문에서는 사회주의 교육 이념을 추구하면서도 국가 발전에 기여할 수 있는 수재 교육이나 실리주의 추구 등의 교육정책 수립은 오늘날 북한이 존재하는 데 큰 공을 세운 것으로 북한에서는 높이 평가하고 있다고 볼 수 있다.

6

김정은의 등장과 교육개혁
(2012~)

'전반적 12년제 의무교육실시'에 대하여 북한법령이 제시한 목적은
① 사회주의 강성 국가 건설, ② 교육강국 건설, ③ 문명국 건설,
④ 지식경제시대의 세계적 추이에 맞는 교육 발전, ⑤ 완성된 중등일반지식 확보하기,
⑥ 현대적 기초기술지식 갖추기, ⑦ 창조적 능력 소유의 주체형 혁명인재 양성하기 등으로
제시할 수 있다. 이 일곱 개는 2024년 현재 김정은 시기 북한 교육의 목적 또는 목표라고 해도
큰 무리가 없다고 할 수 있다.

김정은 시대는 2012년부터 시작하여 2023년 현재까지 11년이 됐다. 김정은 시대의 대표적인 교육개혁인 '전반적 12년제 의무교육실시'가 공표된 지도 11년이 되었다. '전반적 12년제 의무교육실시'는 2012년 9월 25일 조선노동당 최고인민회의 제12기 제6차회의에서 채택 발표된 북한 교육 법령이다. 주요 내용은 기존 4년제 소학교를 5년제로 확대하고, 중학교는 기존 6년제 단일학교 형태를 초급중학교 3년과 고급중학교 3년으로 분리하며, 12년간 의무교육과 무상교육을 실시하는 것이다(조선신보, 2012.9.25). 이 법령은 정책 실행을 위해 ① 학제 개편, ② 학교 건설, ③ 교원 확충 및 전문성 향상, ④ 교육강령 및 교수법 개선, ⑤ 교과서 및 실험실 확충 등 방대하지만 구체적인 국가 교육개혁의 계획과 실천 과제를 담고 있다. 줄여 말하면 현대 또는 김정은 시기의 북한 교육의 전환 또는 개혁조치라고 할 수 있다. 따라서 법령 내용과 진행 과정 및 변화는 김정은 시대 또는 현대

북한 교육을 이해하는 데 매우 중요하고 필요하다. 이런 측면에서 이 책 6~8장에서는 '전반적 12년제 의무교육실시'를 주제어로 김정은 시기 북한 교육의 변화와 특징에 대해 살펴본다. 여기서 김정은 시기는 2024년 현재 북한 교육의 실제 또는 모습이라 해도 지나치지 않다고 할 수 있다.

전반적 12년제 의무교육실시에 관한 국내 선행연구

북한의 '전반적 12년제 의무교육실시'는 김정은 시대 대표적인 교육개혁으로, 북한 교육의 변화와 특징을 이해하는 데 중요한 교육정책이다. 따라서 이에 관한 국내 선행연구들이 몇 편 있는데, 시대 순으로 분석하면 다음과 같다.

첫째, 김지수(2013)의 「북한 의무교육제도의 전개와 12년제 의무교육제도 추진에 대한 연구」가 있다. 이 연구는 북한 의무교육제의 전개 과정과 '전반적 12년제 의무교육'의 도입 및 교육개혁 추진 등의 내용을 분석했다. 북한 주민들의 지지와 협력 그리고 경제 상황에 따라 '전반적 12년제 의무교육실시'의 성패가 결정될 것으로 보았다.

둘째, 한만길·이관형(2014)의 「북한의 12년 학제 개편을 통한 김정은 정권의 교육정책 분석」이 있다. 이 연구는 학제 개편의 배경과 의미를 교육적·정치적·경제적 측면에서 살핀 후 향후 추진 과정을 전망했다. 학제 개편이 원활히 추진되기 위해서는 김지수의 연구와 유사하게 온전한 행·재정적 지원이 핵심 과제가 될 것으로 전망했다.

셋째, 조정아(2014)의 「김정은 시대 북한 교육정책 방향과 중등교육과정 개편」이 있다. 이 연구는 '김정은 시대 교육정책의 특징', '2012년 학제 개편의 내용 및 방향성', '개정 교육과정의 내용 및 특징' 등을 분석했다. 김정은 시대 교육정책의 특징으로 ① 정보산업시대, 지식경제시대에 걸맞은 창조형·실천형 인재의 강조, ② 교육정보화의 적극 추진, ③ 세계적 교육 추세의 이해와 국제적 기준에 입각한 제도 개선 추구 등을 제시했다. 한편 개정된 교육과정의 특징으로 ① 초급중학교 단계에서 부분적인 통합형 교육과정의 적용 시도, ② 정치사상교육의 전반적 강화, ③ 기술 관련 교과 신설과 자연과학교과 및 기술교과 수업시수 증가 등, 과학기술 교육 강화와 정보화 교육 강화를 들었다. 아울러 향후 남북한 교육과정 통합을 대비한 본격적인 연구와 준비작업의 필요성을 강조했다.

넷째, 김진숙(2016)의 「북한의 전반적 12년제 의무교육에 따른 학제와 교육과정 개정 동향」은 북한이 '전반적 12년제 의무교육실시'를 발표한 후 5년 되는 해에 이루어진 연구다. 주요 연구내용은 '한국과 북한의 교육 기초통계 비교(2015년)', '남북한 교육과정 용어 및 총론의 의미 비교', '북한의 학교급별 교과구성 비교', '남북한 국가교육과정의 비교 분석' 등이다. 이 연구는 "북한 교육은 글로벌 스탠다드를 따르기 위한 노력 등에서 한국 교육과 많은 유사성을 발견할 수 있다"고 하며, 향후 남북교육의 교류 협력과 통합 방안 개발에 대한 기대와 함께 적극적 준비가 필요함을 강조하고 있다.

다섯째, 김석향·김경미(2017)의 「로동신문에 나타난 북한의 전반적 12년제 의무교육 분석」이 있다. 이 연구는 2014년 9월 1일부터 2016년 10월 31일까지 2년 2개월 동안 로동신문 수록 기사에서 북한의 12년제 의무교육 관련 내용을 전수 조사한 뒤, 이 내용들을 분석·분류 제시했다. 이 연구는 북한 당국이 '전반적 12년제 의무교육실시'의 실행을 위해 어떤 영역에 어떤 관심을 가지고 어떻게 노력·실행하려는지를 파악하는 데 큰 도움이 된다. 기사 내용을 ① 담론, ② 교육정책, ③ 교육방법, ④ 교육사업, ⑤ 대중운동, ⑥ 정령, ⑦ 현지지도로 분류한 뒤, 기사의 빈도를 기록했다. 조사 결과 ① 교육조건과 환경개선(16.81%), ② 교수방법(12.67%), ③ 대중운동

(10.45%), ④ 담론(5.9%), ⑤ 새 세기 교육혁명(5.88%)의 순서로 나타났다.

기사 빈도를 살펴보니 '전반적 12년제 의무교육실시'의 핵심 내용인 학제 개편과 교육과정 개정, 교원확충 등의 문제는 제시되지 않고 있는데, 그 이유는 이런 과제가 '전반적 12년제 의무교육실시' 법령 발표 후 1~2년 내 이미 완료되었기 때문으로 추정된다.

여섯째, 김지수 외(2019)의 「김정은 시대 북한 유·초·중등 교육연구」가 있다. 이 연구는 ① 유치원 및 초·중등 교육과정 개정, ② 교원 확충 및 전문성 강화, ③ 교육조건 및 환경 개선, ④ 직업기술교육 및 정시사상교육 강화 등 북한 교육의 여러 분야를 연구 대상으로 했다. 특히 '전반적 12년제 의무교육실시' 발표 후 7년 간 북한 교육의 변화와 특징을 연구한 최근 연구로서 김정은 시대 오늘날 북한 교육 이해에 큰 도움이 된다 하겠다.

전반적 12년제 의무교육실시의 목적과 목표

교육내용과 방법 등 교육의 종합적 실행 계획을 담고 있는 것이 교육과정(敎育課程, curriculum)이다. 교육과정의 주요 요소와 절차는 교육과정학에서 일반적으로 ① 교육목적과 교육목표, ② 교육내용, ③ 교육방법, ④ 교육평가라고 할 수 있다. 이 같은 교육과정의 요소와 절차는 국가·지역·학교 등 다양한 수준의 교육 실제를 이해하는 데 도움이 되지만, 특히 한 국가의 교육정책을 이해하는 데 큰 도움이 된다.

〈표 6-1〉은 2012년 9월 25일 조선노동당 최고인민회의에서 채택 발표된 법령 전문에 나타난 '전반적 12년제 의무교육실시'의 목적·목표와 국내 선행연구들이 제시한 목적·목표를 필자가 분석한 내용이다.

〈표 6-1〉에서 '전반적 12년제 의무교육실시'에 대한 북한 법령이 제시하는 목적은 ① 사회주의 강성 국가 건설, ② 교육강국 건설, ③ 문명국 건

설, ④ 지식경제시대의 세계적 추이에 맞는 교육 발전, ⑤ 완성된 중등일
반지식 확보하기, ⑥ 현대적 기초기술지식 갖추기, ⑦ 창조적 능력 소유의

〈표 6-1〉 '전반적 12년제 의무교육실시'의 목적과 목표

	북한 법령 전문 (2012)	김지수 (2013)	조정아 (2014)	한만길·이관형 (2014)	김진숙 (2016)
목적	•사회주의 강성 국가 건설 •교육강국, 문명국 건설 •지식경제시대의 세계적 추이에 맞는 교육 발전 •완성된 중등일반지식 •현대적 기초기술지식 •창조적 능력 소유의 주체형 혁명인재 양성	•학교 교육 질 향상 •지식 경제시대 인재양성을 위한 중등일반교육 개선 •정권 정통성 확보와 지지 확보 •교육 정상화와 선진화 •경제발전 원동력	•'정보산업시대', '지식경제시대'에 맞는 '창조형', '실천형 인재' 양성 •세계적 교육추세에 부합하는 국제적 기준에 맞는 교육제도 개선	•학제 개편 •지식경제시대에 필요한 전문적·과학기술인재 양성 •고급인재 육성을 통한 경제발전 도모 •정권 정당성 확보	•12년 무상의무교육과 이에 기반한 학제 개편 •초등 교육연한 확대를 통한 초등교육의 질 향상 •김정은 정권의 치적 확보
목표	•의무무상12년제 교육 실시 •학제 개편 •교육강령 개정 •교원보충 및 역량 향상 •교육조건과 환경개선(학교, 교실, 통학수단, 교구, 학용품, 교육실습설비, 실험기구, 교육도서 등) •본보기 유치원 확대 •교원과 연구사 생활조건 보장 •전국가적, 전인민적, 전사회적 사업 진행 •모범교육군(시, 구역) 운동 전개 •학교후원단체 확정 및 분담 •교원, 학생동원 통제 •내각과 기관들의 실무대책 수립	•의무교육연한 확대와 학제 개편 •교육과정과 교육방법 개혁 •교육시설 및 환경개선 •우수교원 확충	•초중등교육 학제 개편과 12년제 의무교육 실시 •교육강령 개정 •과학기술교육 강화 •정보화교육 강화	•교원보충, 교원자질 향상 •국가투자를 통한 교육조건과 환경개선 •효과적 시행을 위한 행정적 지도와 법적 통제 강화 •내각과 행정기관의 실무대책 세우기 •전국가적, 전인민적, 전사회적 사업으로 진행 •2024년 완성(예측)	•인문사회과학과 과학기술교육의 기본 소양 교육 강조 •창의 융합형 인재 양성 •정보기술 강조 •영어 교과 강조

주체형 혁명인재 양성하기 등 7개라고 할 수 있다.[1]

국내 주요 선행연구들이 '전반적 12년제 의무교육실시'의 목적으로 보는 내용을 보면, 북한 법령이 제시하는 것보다는 비교적 적지만 내용 면에서는 유사하다. 이런 면에서 북한 법령에서 제시하는 '전반적 12년제 의무교육실시'의 목적이 양적인 면이나 질적인 면에서 국내 선행연구들보다 비교적 많다고 할 수 있다.

〈표 6-1〉에서 북한과 국내 주요 선행연구가 제시하는 정책 또는 법령의 목적은 크게 둘로 나눌 수 있다. 하나는 북한이 지향하고 건설하려는 '이상 국가의 모습'과 '추구하는 인간상'이고(목적 ①, ②, ③, ⑦), 또 다른 하나는 '지식경제 또는 정보시대의 국제 변화에 부응하는 인재 양성'이라고 할 수 있다(목적 ④, ⑤, ⑥). 이 같은 분류에 따르면 김정은 시대 또는 현대 북한이 추구하는 교육의 목적은 '지식경제 또는 정보시대의 국제적 변화에 부응하여 사회주의 강대국, 교육강국, 문명국 건설에 기여하는 혁명 인재 양성'이라고 할 수 있다.

일반적으로 교육목적이 교육이 추구하는 이유라고 하면, 교육목표는 교육을 통해 도달 또는 만족할 수 있는 수준이나 정도를 뜻한다. 교육목적과 교육목표를 이와 같이 구분할 때 북한 법령 전문에 제시되는 '전반적 12년제 의무교육실시' 목표는 다음과 같이 총 12개로 제시할 수 있다. ① 의무무상 12년제 교육 실시, ② 학제 개편, ③ 교육강령 개정, ④ 교원 보충 및 역량 향상, ⑤ 교육조건과 환경개선(학교, 교실, 통학수단, 교구, 학용품, 교육실습설비, 실험기구, 교육도서 등), ⑥ 본보기 유치원 확대, ⑦ 교원과 연구사 생활조건 보장, ⑧ 전국가적, 전인민적, 전사회적 사업 진행, ⑨ 모범교육군(시·구역

---

[1] 7개 목적은 필자가 2012년 9월 25일 조선노동당 최고인민회의에서 채택 발표된 '전반적 12년제 의무교육실시' 전문 내용을 요약·분석하여 도출한 것이다.

운동 전개), ⑩ 학교후원단체 확정 및 분담, ⑪ 교원, 학생동원 통제, ⑫ 내각과 기관들의 실무대책 수립 등이다.

국내 주요 선행연구 중 김지수(2013)는 '전반적 12년제 의무교육실시' 정책 목표를 ① 의무교육 연한 확대와 학제 개편, ② 교육과정과 교육방법 개혁, ③ 교육시설 및 환경개선, 우수교원 확충 등 세 개에 초점을 맞추었고, 조정아(2014)는 ① 초중등교육 학제 개편과 12년제 의무교육실시, ② 교육강령 개정, ③ 과학기술교육 강화, ④ 정보화교육 강화 등 네 개에 초점을 맞추었다. 한만길·이관형(2014)은 ① 교원보충, 교원자질 향상, ② 국가투자를 통한 교육조건과 환경개선, ③ 효과적 시행을 위한 행정적 지도와 법적 통제 강화, ④ 내각과 행정기관의 실무대책 세우기, ⑤ 전국가적, 전인민적, 전사회적 사업으로 진행, ⑥ 2024년 완성(예측)하기 등 여섯 가지로 보았으며, 김진숙(2016)은 ① 인문사회과학과 과학기술교육의 기본 소양 교육 강조, ② 창의 융합형 인재양성, ③ 정보기술 강조, ④ 영어 교과 강조 등 네 개로 보았다.

이상에서 살펴본 북한과 국내 주요 선행연구들이 제시한 '전반적 12년제 의무교육실시'의 목표는 국가교육의 일반적인 실행과 절차 측면의 차원에서 다음과 같이 여섯 가지로 요약할 수 있다고 본다. ① 학제 개편, ② 교육강령 개정, ③ 학교와 교실 등 교육시설 확충 및 개선, ④ 교원 확충 및 자질 향상, ⑤ 실험 실습 장비 및 교과서 등 교구재 개선, ⑥ 국가의 행·재정적 지원 등이다. 여기서 '전반적 12년제 의무교육실시'의 정책 목표에 대해서는 연구자의 관점이나 방법에 따라 다른 결과가 나타날 수 있다. 그런데 중요한 것은 북한이나 국내 선행 연구가 본 목적과 목표뿐만 아니라 전반적인 내용이 무엇이며, 어떻게 진행되어 왔고, 성과와 전망이 어떠한지 등 북한의 '전반적 12년제 의무교육실시'에 관심을 갖고 구체적이고도 면밀히 살펴보는 일이라고 할 수 있다.

전반적 12년제 의무교육실시의 목적·목표와 선행연구와의 일치도

김정은 시대 교육개혁 조치인 '전반적 12년제 의무교육실시'의 목적과 목표에 대한 탐색과 설정은 김정은 시대 북한 교육을 이해하는 데 중요한 지표가 된다. 본 절은 필자가 설정·제시한 '전반적 12년제 의무교육실시'의 목적과 목표에 대해 국내 선행연구들은 어느 정도 연구내용으로 다루고 있는지에 대해 살펴본다. 국내 선행연구들의 연구내용을 필자가 설정한 '전반적 12년제 의무교육실시'의 목적에 비추어 나타내면 〈표 6-2〉와 같다.

전반적 12년제 의무교육실시의 '목적'과 국내 선행연구 내용의 일치 정도

〈표 6-2〉에 따르면 국내 주요 연구들의 내용이 '전반적 12년제 의무교육실시'의 목적 중 상위 목적(예: 사회주의 강성 국가 건설, 교육강국·문명국 건설, 지식경제시대의 세계적 추이에 맞는 교육 발전)과 대체로 일치한다고 볼 수 있다. 이는 상위 목적들이 정책 초기 과제로서(예: 학제 및 교육강령 개편 등) 초기에 이미 실현되었기 때문으로 추정할 수 있다. 반면 하위 목적(예: 완성된 중등일반지식, 현대적 기초기술지

〈표 6-2〉 '전반적 12년제 의무교육실시'의 '목적'과 국내 선행연구 내용의 일치 정도

'전반적 12년제 의무교육실시'의 목적	한만길·이관형 (2014)	조정아 (2014)	김진숙 (2016)	김석향·김경미 (2017)	김지수 외 (2019)
·사회주의 강성 국가 건설	○	○	○	○	
·교육강국, 문명국 건설	○	○	○	○	○
·지식경제시대의 세계적 추이에 맞는 교육 발전	○	○	○	○	○
*·완성된 중등일반지식		○	○		○
·현대적 기초기술지식		○	○		
·창조적 능력 소유의 주체형 혁명인재 양성	○			○	○

식, 창조적 능력 소유의 주체형 혁명인재 양성)은 일정한 시간이 소요되는 과제이기 때문에 연구 내용으로 다루지 못했거나 다루기 어려웠다고 볼 수 있다.[2] 〈표 6-2〉의 하위목적 중 '완성된 중등일반지식'은 북한의 유치원 및 소학교 그리고 초급중학교, 고급중학교의 온전한 교육을 통해 이루어지는 이상적 교육 결과를 뜻한다. 이상의 분석 결과를 보면 이 책에서 필자가 설정한 '전반적 12년제 의무교육실시'의 목적으로 본 6개 목적, 즉 ① 사회주의 강성 국가 건설, ② 교육강국, 문명국 건설, ③ 지식경제시대의 세계적 추이에 맞는 교육 발전, ④ 완성된 중등일반지식, ⑤ 현대적 기초기술지식, ⑥ 창조적 능력 소유의 주체형 혁명인재 양성은 국내 선행연구들의 연구 내용과 대체로 일치한다고 할 수 있다.

전반적 12년제 의무교육실시의 '목표'와 선행연구들과의 일치 정도

〈표 6-2〉가 '전반적 12년제 의무교육실시'의 목적과 국내 선행연구들의 내용과의 일치 정도를 나타낸다면, 〈표 6-3〉은 필자가 설정한 '전반적 12년제 의무교육실시'의 목표와 국내 선행 연구들과의 일치 정도를 나타낸다.

〈표 6-3〉 '전반적 12년제 의무교육실시'의 '목표'와 국내 선행 연구들과의 일치 정도

'전반적 12년제 의무교육실시'의 목표	한만길·이관형 (2014)	조정아 (2014)	김진숙 (2016)	김석향·김경미 (2017)	김지수 외 (2019)
1. 학제 개편	○	○	○	○	○
2. 교육강령 개정	○	○	○	○	○
3. 학교와 교실 등 교육시설 확충 및 개선				○	○
4. 교원 확충 및 자질 향상				○	○
5. 실험 실습 장비 및 교과서 등 교구재 개선					○

----

2   그러나 김석향·김경미(2017)와 김지수 외(2019) 등 법령 발표 후 5년 정도가 지난 뒤 이루어진 연구에서는 어느 정도 나타난다고 할 수 있다.

〈표 6-3〉은 국내 선행 연구들의 연구 연도에 따라 이 책이 설정한 6개 목표 중 ① 학교와 교실 등 교육시설 확충 및 개선, ② 교원 확충 및 자질 향상, ③ 실험 실습 장비 및 교과서 등 교구재 개선 등의 목표가 점차 이루어지고 있음이 나타난다고 할 수 있다.

〈표 6-3〉과 같은 결과는 '전반적 12년제 의무교육실시' 발표에 따라 앞에서 살펴본 '목적'의 경우와 유사하게 학제 및 교육강령 등은 비교적 신속히 이루어졌으나, 교육시설 확충 및 개선, 실험 실습 장비 및 교과서 등 교구재 개선에는 준비 기간과 재정 확보 및 지원에 시간이 걸렸기 때문인 것으로 볼 수 있다. 그러나 국가 교육개혁을 위해 북한이 얼마나 행·재정적 지원을 했고, 또 인민들과 지역이 얼마나 후원 및 지원을 했는지에 대한 구체적인 수치의 파악은 현재 남북관계로서는 어렵다고 할 수 있다.

2023년 현재 기준 공표 10년을 맞은 김정은 시대 북한 교육개혁 조치인 '전반적 12년제 의무교육실시'의 성과 및 평가에 대한 최근의 체계적인 국내 연구는 찾기 어렵다. 대표적인 이유로 코로나 펜데믹으로 인한 국경 폐쇄 등 북한 교육에 관한 인쇄물로 된 1차 자료를 구하기 어려운 점을 들 수 있다. 또 하나는 남북관계 경색으로 인한 북한과의 교류·협력, 고위급 만남 등의 부재는 물론 연구기관 및 시민단체, 개인 연구자들의 1차 자료 입수의 어려움 등이 있기 때문이다.

이상의 분석과 논의를 통해 필자가 설정하는 '전반적 12년제 의무교육실시'의 목표는 ① 학제 개편, ② 교육강령 개정, ③ 학교와 교실 등 교육시설 확충 및 개선, ④ 교원 확충 및 자질 향상, ⑤ 실험 실습 장비 및 교과서 등 교구재 개선, ⑥ 국가의 행·재정적 지원 등이다. 이들 여섯 개 목표는 북한 교육의 변화와 특징을 살피고 평가하는 데 중요한 기준 또는 지표로서 역할을 하게 된다.

지금까지 '전반적 12년제 의무교육실시'의 목적·목표와 국내 선행연구

내용과의 일치 정도에 대해 살펴봤다. '전반적 12년제 의무교육실시'의 목적·목표가 무엇인가에 대해 명확한 분석은 '전반적 12년제 의무교육실시'의 내용과 성과 그리고 변화 및 특징을 파악하는 데 출발점 또는 토대로서 중요한 역할을 한다고 할 수 있다.

김정은 시기 교육개혁의 특징

이 책 7장과 8장은 '전반적 12년제 의무교육실시'의 목적과 목표를 중심으로 김정은 시대의 교육 변화를 살피고 평가에 대해 살펴본다. 구체적인 결과나 변화에 앞서 '전반적 12년제 의무교육실시'에 대한 국내 선행연구들이 김정은 시기 북한 교육의 변화와 특징에 대해 어떻게 제시하고 있는지를 개괄적으로 살펴보면 〈표 6-4〉와 같다.

〈표 6-4〉에서 제시하는 김정은 시기 교육개혁의 특징을 〈표 6-2〉와 〈표 6-3〉, 즉 '전반적 12년제 의무교육실시'의 목적·목표와 관련지어 요약하여 설명하면 아래와 같다.

첫째, 한만길·이관형(2014)은 소학교가 4년→5년으로 확대, 중학교 6년을 초급중학교 3년과 고급중학교 3년으로 분리한 12년제 의무교육의 개편을 꼽았다. 이어 김정은 정권의 안정을 추구하는 정치사상교육으로 '혁명성'을 강조했다. 또한 지식경제시대에 필요한 전문적 과학 기술인재 양성 강화를 강조했으며, '전반적 12년제 의무교육실시'의 성공 여부는 북한 당국의 행·재정적 지원 정도에 달려있다고 봤다.

둘째, 조정아(2014)는 김정은 시대 북한 교육은 '정보산업시대', '지식경제시대'에 걸맞은 인재로 '창조형', '실천형' 인재를 중시하며 이의 양성을 교육의 중요한 목표로 삼고, 국제적 기준에 기초한 교육강령의 확보와 제도 개선을 추구하고 있다고 보았다. 구체적 예로 '초급중학교에서 통합형 교육

<표 6-4> 국내 선행연구에 나타난 김정은 시기 교육개혁의 특징

한만길·이관형 (2014)	조정아 (2014)	김진숙 (2016)	김석향·김경미 (2017)	김지수 외 (2019)
① 12년제 의무교육 개편: 소학교 4년→5년, 중학교 6년을 초급중학교 3년과 고급중학교 3년으로 분리 ② 김정은 정권의 안정성을 추구하는 정치사상교육으로 '혁명성' 강조 ③ 지식경제시대에 필요한 전문적 과학기술인재 양성 강화 ④ 세계적 교육 변화 추세에 부응 ⑤ '전반적 12년제 의무교육실시'의 성공 여부는 행·재정적 지원 정도에 있음	① '정보산업시대', '지식경제시대'에 걸맞은 인재로 '창조형', '실천형' 인재 강조 ② 세계적 교육 변화의 추세에 부응 ③ 국제적 기준에 기초한 제도 개선 추구 ④ 초급중학교에서 통합형 교육과정 적용 ⑤ 정치사상교육의 전반적 강화 ⑥ 기술 관련 교육 신설과 자연과학 교과 및 기술교과 수업시수 증가 등 과학기술교육 강화 ⑦ 정보화교육 강화	① 교육 목표·내용·방법·평가 등 국가 교육과정이 국제기준으로 변화 ② 초등교육 연한 확대 ③ 후기 중등교육 강화 ④ 영어교육 강화 ⑤ 과학기술교육 강조 ⑥ 인민교화 및 체제 안정 도모 ⑦ 소학교와 초급중학교에서 교육과정 통합 실시	① '새 세기 혁명'과 인재 강국 지향 ② 교수방법 변화 ③ 교육여건과 환경 개선 활동 전개 ④ 대중 동원을 통한 주민 부담 우려	① 유치원 통합과정 운영(생활중심, 종합놀이교육 도입) ② 초·중등과정에서 영어교육 강조 ③ 사회교과에 세계 상황 내용 추가 ④ 탐구활동과 사고 과정 중시 ⑤ 교원 전문성 향상과 교원정책 강화(교원법과 교육강령집행법 제정) ⑥ 교육여건 및 환경개선(컴퓨터 보급, 네트워크 연결, 멀티미디어 설치) ⑦ 직업기술교육 강조(기술고급중학교 신설)

과정의 적용', '기술 관련 교과 신설과 자연과학교과 및 기술교과 수업시수 증가 등 과학기술교육 강화', '정보화 교육 강화' 등을 제시했다. 아울러 '정치사상교육의 전반적 강화'도 강조하고 있다.

셋째, 김진숙(2016)은 교육과정 연구자로서 김정은 시대 북한 교육은 교육 목표·내용·방법·평가 등 국가 교육과정이 국제기준을 지향하고 있다고 보았다. 구체적으로 '초등교육 연한 확대', '후기 중등교육 강화', '영어교육 강화', '과학기술교육 강조', '소학교와 초급중학교에서 통합 교육과정 실시' 등을 제시했다. 김진숙 역시 다른 국내 선행연구자와 같이 '인민교화 및 체제 안정 도모'를 김정은 시대 북한 교육의 주요 변화와 특징으로 보았다.

넷째, 김석향·김경미(2017)는 로동신문에 게재된 북한 교육뉴스 조사 분석을 통해 김정은 시대 북한 교육의 변화를 제시했다. 김정은 시대 북한 교육의 주요 변화와 특징으로 새 세기 혁명과 인재 강국 지향, 교수방법 변화, 교육여건과 환경개선 활동 전개, 대중 동원을 통한 주민 부담 우려 등을 들었다.

다섯째, 김지수 외(2019)가 제시한 김정은 시대 북한 교육 변화와 특징은 ① 유치원 통합과정 운영(생활중심, 종합놀이교육 도입), ② 초·중등교육과정에서 영어교육 강조, ③ 사회교과에 세계 상황 내용 추가, ④ 탐구활동과 사고 과정 중시, ⑤ 교원 전문성 향상과 교원정책 강화(교원법과 교육강령 집행법 제정), ⑥ 교육여건 및 환경개선(컴퓨터 보급, 네트워크 연결, 멀티미디어 설치), ⑦ 직업기술교육 강조(기술고급중학교 신설) 등을 제시했다. 이상 국내 연구 중 김지수 외(2019) 연구는 가장 나중에 이루어진 연구로, 또 북한 교육의 여러 영역의 구체적인 자료를 제시하는 점에서, 현대 북한 교육의 실제를 이해하는 데 매우 유용하다고 할 수 있다. 다음 '7장 김정은 시대 교육발전'에서는 본 장에서 개괄적으로 살펴본 내용을 구체적으로 살펴본다.

김정은 시대 교육 발전
(2012~)

김정은 시대 교육개혁 조치인 '전반적 12년제 의무교육실시'의 목표는
① 학제 개편, ② 교육강령 개정, ③ 교육시설 확충 및 개선, ④ 교원 확충 및 자질 향상,
⑤ 실험실습 장비 및 교과서 등 교구재 개선, ⑥ 국가의 행·재정적 지원 등으로 요약할 수 있다.

　김정은 시대 북한 교육개혁 조치인 '전반적 12년제 의무교육실시'의 목표는 학제 개편과 교육강령 개정 등 6개로 요약할 수 있다. 본 장에서는 6장에서 살펴본 '전반적 12년제 의무교육실시'의 목표를 중심으로 김정은 시대 또는 현대 북한 교육의 변화를 살핀다. 특히 교육강령 개정과 관련해서 한국의 2022 개정 교육과정과 어떤 공통점과 차이점이 있는지 비교 분석하여 살펴본다.

학제 개편

　2012년 '전반적 12년제 의무교육실시' 법령 발표에 따라 북한 학제는 기존 소학교 4년 + 중학교 6년제에서 소학교 5년 + 초급중학교 3년 + 고급중학교 3년제로 바뀌었다. 이에 따라 무상의무교육도 11년에서 12년으로

늘어났다. 소학교 교육기간을 늘린 이유는 학생들의 학력 신장을 도모하기 위한 것이며, 6년제 중학교를 초급중학교와 고급중학교로 나눈 것은 청소년들의 발달단계를 고려하고 교육의 효율화를 높이려는 의도로 볼 수 있다. 이런 북한의 학제 개편은 국제 교육의 변화를 중시하고, 이에 적극 부응하는 조치로 볼 수 있다.

학제 개편에 따라 2014년부터 전반적 12년제 의무교육이 이루어질 수 있도록, 북한은 2013년에 소학교, 초급중학교, 고급중학교 교육강령을 개발·발표했다. 이어 교육강령에 따른 교과서 집필을 위한 '집필요목', '집필요강', '전개된 집필요강'을 개발·발표했고, 이를 토대로 교과서도 개발·보급했다(조정아, 2014: 177-178).

이 같은 학제 개편의 조기 완료는 소학교 교육기간 연장을 2014~15학년도부터 시작하여 2~3년 안에 종료하고, 중학교의 두 단계 분리는 2013학년도부터 본격적으로 실행된 교육개혁 조치에 따른 것이다(앞의 책: 185). 소학교의 경우 2013년이 아닌 2014~15학년도부터 시작된 것은 교실 확보 등 개별 학교 상황의 어려움에 따른 조치로 추정할 수 있다. 한편, 북한 어린이들의 소학교 취학연령은 종전과 같이 만6세로, 한국 어린이들의 취학연령과 동일하다.

교육강령 개정

어느 나라건 학제 개편이 이루어지면 국가 교육과정 개정이 반드시 뒤따라야 한다. 이는 북한도 마찬가지다. 국가 교육과정에 해당하는 것이 북한에서는 '교육강령'이다. 북한의 교육강령은 '교육과정안'과 '교수요강'으로 구성된다. '교육과정안'은 각급 학교의 학년별 교과구성과 수업시간 수 그리고 전체 학기 학사 일정이 포함되어 있다. 이런 측면에서 북한의 교육과정안은 한국의 국가교육과정 총론에 해당한다고 볼 수 있다. 한편, '교수요강'은 각 교과의 교육 내용, 방법, 교과 내용별 시간 배정 등이 포함되는데, 이는 한국의 경우 '교과교육과정(각론)'에 해당한다고 할 수 있다. 따라서 북한의 '교육강령'은 한국의 국가교육과정 총론과 국가교육과정 각론(교과교육과정)을 모두 포함한 국가교육과정 또는 국가교육과정 기준이라고 할 수 있다. 북한 교육법은 교육강령과 교과서 개발을 위해 국가 중앙교육지도기관인 교육위원회에 상설 심의위원회를 설치·운영하고 있다(앞의 책: 178).

북한의 새 교육강령은 '전반적 12년제 의무교육실시'의 교육목표를 "자라나는 모든 새 세대들에게 자주적인 사상의식과 창조적 능력을 키워주어 그들을 지덕체를 겸비한 전반적으로 발전된 선군혁명인재로 키우는 것"이라고 하며, 다음과 같은 다섯 가지 교육목표를 제시한다(앞의 책: 190-192).

첫째, 정치사상교육 분야의 교육목표는 '학생들이 투철한 혁명적 수령관을 핵심으로 하는 혁명적 세계관의 골격이 튼튼히 서고 학습과 생활에서 진실하고 문화적이며 고상한 정신도덕적 품성을 지니도록 하는 것'을 가장 중요한 교육목표로 한다.

둘째, 일반교과의 교육목표로 학생들에게 중등일반지식을 충분히 주는 기초 위에서 정보기술교육과 기초기술교육을 옳게 배합하여 창조적 능력을 키워주는 것이다.[1]

셋째, 예능교육의 목표는 학생들에게 예술에 대한 기초 지식과 예술적 기량, 미학적 정서를 체득시키면서 학습과 생활을 문화·정서적으로 지낼 수 있는 능력을 형성시키는 것이다.

---

[1] 여기서 '중등일반지식'이란 유치원과 소학교, 초급중학교, 고급중학교 등 '전반적 12년제 의무교육실시'에 따른 교육강령에서 제시되는 교육목표와 교육내용을 뜻한다.

넷째, 체육교육의 목표는 학생들이 노동과 국방에 필요한 건장한 체력을 갖추게 하는 데 기본을 두면서 일생 동안 체육을 할 수 있는 일반적인 운동능력과 체육 기초지식 그리고 한 가지 이상의 체육기술을 지니는 것이다.

다섯째, 군사적 능력 함양과 관련된 목표는 조국 보위가 최대의 애국이라는 자각을 가지고 군사활동을 벌일 수 있는 초보적 능력을 갖추는 것이다.

지금까지 살펴본 북한 새 교육강령에서 제시하는 국가교육목표의 주요 특징 중 주목할 것은 '자주적인 사상의식', '선군혁명인재', '조국 보위' 등 개인의 전인적 발달보다는 국가 발전에 기여가 우선한다는 것이다. 이는 북한이 사회주의 국가라는 점과 북한 고유의 국가교육 특징에서 나온 것으로 볼 수 있다.

북한 교육강령에 제시되는 교육목표의 성격을 명료하게 파악하기 위해, 2022년 12월 22일 고시된 한국의 2022 개정 교육과정이 '추구하는 인간상의 핵심역량'과 비교하면 [그림 7-1]과 같다.

한국의 2022 개정 교육과정에서 나타나는 추구하는 인간상의 핵심역량은 첫째 조항, "가. 전인적 성장을 바탕으로 자아정체성을 확립하고 자신의 진로와 삶을 스스로 개척하는 자기주도적인 사람"에서와 같이, 개인의 전인적 발달이 지역 및 국가에 대한 기여보다 우선한다고 할 수 있다. 즉, 국가나 사회 공동체보다 개인 우선의 국가 정치체제(자유민주체제)와 일치하는 국가 교육목표라고 할 수 있다. 반면 북한은 개인보다는 사회 우선의 사회주의 체제의 특성이 국가 교육목표에서도 나타난다. 이런 면에서 북한과 한국의 국가 교육목적 또는 교육목표의 근본적인 차이는 일차적으로 국가의 정치·경제·사회체제의 차이에서 비롯한다고 할 수 있다.

① 소학교 교과목 편제와 배당 시간, ② 초급중학교 교과목 편제와 배

추구하는 인간상의 핵심역량

우리나라의 교육은 홍익인간의 이념 아래 모든 국민으로 하여금 인격을 도야하고, 자주적 생활 능력과 민주시민으로서 필요한 자질을 갖추어 인간다운 삶을 영위하고, 민주 국가의 발전과 인류 공영의 이상을 실현할 수 있도록 함을 목적으로 한다. 이런 교육 이념과 교육 목적을 바탕으로, 이 교육과정이 추구하는 인간상은 다음과 같다.

가. 전인적 성장을 바탕으로 자아정체성을 확립하고 자신의 진로와 삶을 스스로 개척하는 자기주도적인 사람

나. 폭넓은 기초 능력을 바탕으로 진취적 발상과 도전을 통해 새로운 가치를 창출하는 창의적인 사람

다. 문화적 소양과 다원적 가치에 대한 이해를 바탕으로 인류 문화를 향유하고 발전시키는 교양 있는 사람

라. 공동체 의식을 바탕으로 다양성을 이해하고 서로 존중하며 세계와 소통하는 민주시민으로서 배려와 나눔, 협력을 실천하는 더불어 사는 사람

이 교육과정이 추구하는 인간상을 구현하기 위해 교과 교육과 창의적 체험활동을 포함한 학교 교육 전 과정을 통해 중점적으로 기르고자 하는 핵심역량은 다음과 같다.

가. 자아정체성과 자신감을 가지고 자신의 삶과 진로를 스스로 설계하며 이에 필요한 기초 능력과 자질을 갖추어 자기주도적으로 살아갈 수 있는 자기관리 역량

나. 문제를 합리적으로 해결하기 위해 다양한 영역의 지식과 정보를 깊이 있게 이해하고 비판적으로 탐구하며 활용할 수 있는 지식정보처리 역량

다. 폭넓은 기초 지식을 바탕으로 다양한 전문 분야의 지식, 기술, 경험을 융합적으로 활용하여 새로운 것을 창출하는 창의적 사고 역량

라. 인간에 대한 공감적 이해와 문화적 감수성을 바탕으로 삶의 의미와 가치를 성찰하고 향유하는 심미적 감성 역량

마. 다른 사람의 관점을 존중하고 경청하는 가운데 자신의 생각과 감정을 효과적으로 표현하며 상호협력적인 관계에서 공동의 목적을 구현하는 협력적 소통 역량

바. 지역·국가·세계 공동체의 구성원에게 요구되는 개방적·포용적 가치와 태도로 지속 가능한 인류 공동체 발전에 적극적이고 책임감 있게 참여하는 공동체 역량

[그림 7-1] 2022 개정 교육과정의 '추구하는 인간상의 핵심역량'[2]

당 시간, ③ 북한 고급중학교 교과목 편제와 배당 시간 등 북한 교육강령과 한국의 교육과정을 비교하며 북한의 국가 교육목표가 어떻게 실현되는지를 살펴보면 다음과 같다.

---

2   국가정보원, 『北漢法令集』, https://www.nis.go.kr:4016/AF/1_2_1.do

소학교 교과목 편제와 배당 시간

2012년 '전반적 12년제 의무교육실시' 법령 발표에 따라 개정된 북한 교육강령의 소학교 교과목 편제와 배당 시간은 〈표 7-1〉와 같다.

〈표 7-1〉 북한 12년제 의무교육강령상 소학교 교과목 및 수업시수

	과목	총 시간	비율(%)	학기별 주수/주별 수업시수				
				18/16	18/16	19/16	18/16	18/16
				1학년	2학년	3학년	4학년	5학년
1	위대한 수령 김일성대원수님 어린시절	171	16.6	1	1	1	1	1
2	위대한 령도자 김정일대원수님 어린시절	171		1	1	1	1	1
3	항일의 녀성영웅 김정숙어머님 어린시절	34		1				
4	경애하는 김정은 원수님 어린시절	171		1	1	1	1	1
5	사회주의도덕	171		1	1	1	1	1
6	국어	1,197	30.9	7	7	7	7	7
7	영어	136					2	2
8	수학	821	24.8	4	5	5	5	5
9	자연	250		1주	1주	2	2	2
10	정보기술	52	1.2				1주	1주
11	체육	462	26.5	2 1주	2 1주	2 1주	2 1주	2 1주
12	음악무용	342		2	2	2	2	2
13	도화공작	342		2	2	2	2	2
	주당 시간			22	22	24	26	26
	계, 학년별 교수시간	4,320		792	792	864	936	936
	과외학습	(900)		(5)	(5)	(5)	(5)	(5)
	소년단생활	(432)				(4)	(4)	(4)
	과외체육	(513)		(3)	(3)	(3)	(3)	(3)

출처: 김지수 외(2019) p. 92

〈표 7-1〉 북한 12년제 의무교육강령의 소학교 교과목 및 수업시수를 [그림 7-2] 한국의 2022 개정 교육과정과 비교하면 대표적인 차이점이 '위대한 수령 김일성대원수님 어린시절' 등 정치사상 과목이 편성되어 있는

것이다. 편성 시간도 소학교 전체 교과 시간의 16.6%를 차지할 정도로 많다.[3] 북한이 국가 체제 유지와 존속·발전을 국가 교육에 거는 기대가 매우 큼을 추정할 수 있는 특징이다. 이외에 한국 초등학교 학생들보다 북한

2022 개정 교육과정 초등학교의 편제와 시간 배당 기준

1) 편제

　가) 초등학교 교육과정은 교과(군)와 창의적 체험활동으로 편성한다.

　나) 교과(군)는 국어, 사회/도덕, 수학, 과학/실과, 체육, 예술(음악/미술), 영어로 한다. 다만, 1, 2학년 교과는 국어, 수학, 바른 생활, 슬기로운 생활, 즐거운 생활로 한다.

2) 시간 배당 기준

구분		1~2학년	3~4학년	5~6학년
교과 (군)	국어	국어 482 수학 256 바른 생활 144 슬기로운 생활 224 즐거운 생활 400	408	408
	사회/도덕		272	272
	수학		272	272
	과학/실과		204	340
	체육		204	204
	예술(음악/미술)		272	272
	영어		136	204
	소계	1,506	1,768	1,972
창의적 체험활동		238	204	204
학년군별 총 수업시간		1,744	1,972	2,176

　① 1시간 수업은 40분을 원칙으로 하되, 기후 및 계절, 학생 발달 정도, 학습 내용의 성격, 학교 실정 등을 고려하여 탄력적으로 편성·운영할 수 있다.

　② 학년군의 교과(군)별 및 창의적 체험활동 시간 배당은 연간 34주를 기준으로 2년간의 기준 수업 시수를 나타낸 것이다.

(하략)

[그림 7-2] 2022 개정 교육과정 초등학교 편제와 시간 배당 기준[4]

・・・・・・・・・・・・・・・・・・・・・・・

3　〈표 7-1〉 내용은 통일부에서 발간하는 '북한 교육'에 근거한 자료다. 2000년부터 2019년까지 매년 발간해온 북한 교육 자료는 2004년과 2005년, 2015년에는 발간되지 않았다. 사회주의도덕으로 교과명이 변화된 시점은 2005년이나 2004년일 가능성이 있다(김지수 외 2019: 91). 이 글에서 제시하는 북한 교과목과 수업시수는 김지수 외(2019)가 (북한)교육위원회(2013: 16) 자료를 재구성한 것에 기초한다.

4　한국교육과정평가원 국가교육과정정보센터 https://zrr.kr/W6wQ. 2023.07.17.

어린이들은 토요일에도 등교하며,[5] 소년단생활 등 정치사상 교육의 하나로 실시되는 비교과 활동, 즉 과외학습, 과외체육 등 학교에서 보내는 시간이 많다고 할 수 있다. 한편, 2022 개정 교육과정으로 고시된 한국의 초등학교 교육과정은 [그림 7-2]와 같은데, 북한 교육강령보다 간결한 형식을 취하고 있다.

북한의 소학교 교육강령과 비교할 때 한국의 국가 교육과정의 형식과 내용은 다소 차이가 있다. 그러나 학년에 따른 교과목 구성이나 수업시수 증감 등은 유사한 측면도 많다. 북한 소학교 교육강령과 한국 2022 개정 초등학교 교육과정의 가장 큰 차이점은 정치사상교육의 유무와 비중이라고 할 수 있다. 그러나 북한의 소학교와 한국의 초등학교 입학 연령은 만 6세로 같다. 또한 지덕체의 전인교육과 세계 또는 국제 교육 변화에 부응하며 이에 맞는 적합한 교육을 실시하려고 노력하는 것은 북한과 한국 교육의 공통점이라 할 수 있다.

북한 유치원의 교과서 내용에는 한반도 통일과 자본주의에 대한 북한의 교육관이 잘 나타나 있다. '전반적 12년제 의무교육실시' 법령 발표에 의해 개정된 북한 유치원 교육과정에 통일교육 단원이 나오는데, 북한 유치원 교과서 4권《흰눈이 내려요》에 "우리는 하나래요"라는 소주제로 통일에 대한 내용이 제시된다. 교과서에서는 한반도를 초록색으로 단일화하여 표시하고 평양이 위치한 지점에 빨간색으로 수도를 표시한 통일 한반도 지도가 나온다. 그동안 북한 유치원 교육에서 통일교육을 교육과정에서 개별 주제로 다루지 않았다는 점을 볼 때 개정 교과서에 "우리는 하나래요"라는 주제로 통일교육 내용이 등장한 것은 북한 교육의 새로운 변화로 볼 수 있다(김지수 외, 2019: 62). 그러나 2024년 연초 북한의 이른바 '통일

---

5   한국의 경우 현재 유·초·중·고가 주5일 수업을 하지만, 북한은 대체로 주6일 수업을 한다고 볼 수 있다.

종언(終焉)과 적대적 남북관계' 선언에 따라 북한 교육에서 통일교육에 대한 내용은 삭제될 것으로 예상된다.

유치원 교육과정 활동 내용 중《지주, 자본가는 나쁜 놈》에는 '넓은 벌판에서 농민들은 호미질하고 지주놈은 나무그늘에 앉아 비단옷을 입고 부채질'하는 그림, '가을에 지팽이를 쥐고 달구지를 몰고 와서 농사지은 낟알을 빼앗아가는' 그림이 나온다. 이런 내용은 반지주, 반자본주의 교육을 실시하는 북한 유치원 교육과정 내용이라 할 수 있다(앞의 책: 69).

한국의 유치원 교육과정에도 유아기 통일교육이 학교 통일교육의 기초로서 1차 유치원 교육과정부터 포함되어 왔다. 한국의 유치원 교육과정은 1969년 제정된 이래 여덟 번 개정되었는데, 유치원 교육과정의 통일교육 목표와 내용은 초·중등 교육과정의 통일교육 목표 및 내용과 유사하다고 할 수 있다(조경자·이현숙, 2016: 1).[6]

초급중학교 교과목 편제와 배당 시간

2012년 '전반적 12년제 의무교육실시' 법령 발표로 개정된 북한 초급중학교 교과목 편제와 배당 시간은 〈표 7-2〉와 같다.

〈표 7-2〉에 나타나는 북한 초급중학교 교과목 편제와 배당 시간 수의 주요 특징을 살펴보면 다음과 같다. 첫째, 정치사상 교육을 소학교와 비교할 때 과목명이 북한 지도자의 '어린시절'에서 '혁명활동'으로 바뀐다. 교육시간은 초급중학교의 교육기간이 3년인 점을 고려할 때 소학교 시절과 비슷하다. 다만 전체 교육시간 비중이 소학교의 경우 교육시간 비율이 16.6%인데 비해 중학교에서는 14.8%로 다소 낮아진다. 둘째, 소학교에는

---

6   한국 유치원의 통일교육은 초·중등학교와 동일하게 반공교육에서 통일안보교육 그리고 통일교육으로 변화했다(조경자·이현숙, 2016, 「교육과정 변천에 따른 유치원 통일교육의 변화」, 『교육연구논총』, 37(4)].

없던 '조선력사'와 '조선지리' 과목이 있다(매주 1시간, 다만 조선력사는 3학년 때 주당 2시간). 체육의 경우 주당 2시간의 교육이 있는데, 집중 실시 1주간이 있는 것은 소학교와 유사하다.

한편, 한국의 2022 개정 교육과정에서 제시되는 중학교의 편제와 시간 배당 기준은 [그림 7-3]과 같다.

〈표 7-2〉 북한 12년제 의무교육 강령의 초급중학교 교과목 및 수업시수

	과목	총 시간	비율(%)	학기별 주수/주별 수업시수		
				18/16	18/16	18/16
				1학년	2학년	3학년
1	위대한 수령 김일성대원수님 혁명활동	136	14.8	2	2	
2	위대한 령도자 김정일대원수님 혁명활동	136			2	2
3	항일의 녀성영웅 김정숙어머님 혁명활동	34		1		
4	경애하는 김정은 원수님 혁명활동	102		1	1	1
5	사회주의도덕	102		1	1	1
6	국어	510	26.6	5	5	5
7	영어	408		4	4	4
8	조선력사	136	6.9	1	1	2
9	조선지리	102		1	1	1
10	수학	578	31.5	6	5	6
11	자연과학	510		5	5	5
12	정보기술	192	8.5	2주	2주	2주
13	기초기술	102		1	1	1
14	체육	204	11.8	2(1주)	2(1주)	2(1주)
15	음악무용	102		1	1	1
16	미술	102		1	1	1
	주당 시간			32	32	32
	계, 학년별 교수시간	4,320		1.152	1.152	1.152
	과외학습[7]	(900)		(5)	(5)	(5)
	소년단생활[8]	(432)		(4)	(4)	(4)
	과외체육	(513)		(3)	(3)	(3)

출처: 김지수 외(2019: 106)[9]

7 〈표 7-2〉에서 과외학습, 소년단생활, 과외체육의 시수는 괄호( )로 표시되어 있는데, 이는 교과 시수가 의무시수인 것과 달리 이 시수들은 권장의 의미가 담긴 시수로 추정된다.

8 소학교 2학년(7세)부터 초급중학교 3학년 학생(13세)들까지가 이에 해당한다. 14세부터 30세까지 가입하는 사회주의애국청년동맹의 하부 조직이며, 이들의 지도를 받는다(제시한 연령은 만 나이임). 1946년 6월 6일 만들어졌고 정식명칭은 '조선소년단'이다.

9 김지수 외(2019)가 (북한)교육위원회(2013b: 15) 자료를 재구성한 내용이다.

2022 개정 교육과정 중학교의 편제와 시간 배당 기준

1) 편제

가) 중학교 교육과정은 교과(군)와 창의적 체험활동으로 편성한다.

나) 교과(군)는 국어, 사회(역사 포함)/도덕, 수학, 과학/기술·가정/정보, 체육, 예술(음악/미술), 영어, 선택으로 한다.

(하략)

2) 시간 배당 기준

구분		1~3학년
교과 (군)	국어	442
	사회(역사 포함)/도덕	510
	수학	374
	과학/기술·가정/정보	680
	체육	272
	예술(음악/미술)	272
	영어	340
	선택	170
	소계	3,060
창의적 체험활동		306
총 수업시간		3,366

① 수업시간은 45분을 원칙으로 하되, 기후 및 계절, 학생의 발달 정도, 학습 내용의 성격, 학교 실정 등을 고려하여 탄력적으로 편성·운영할 수 있다.

② 교과(군)별 및 창의적 체험활동 시간 배당은 연간 34주를 기준으로 3년 간의 기준 수업 시수를 나타낸 것이다.

(하략)

④ 정보는 정보 수업 시수와 학교자율시간 등을 활용하여 68시간 이상 편성·운영한다.

[그림 7-3] 2022 개정 교육과정 중학교의 편제와 시간 배당 기준[10]

[그림 7-3]은 한국의 2022 개정 교육과정의 중학교 편제와 시간 배당 기준을 나타낸다. 이전 교육과정인 2015 개정 교육과정과 비교하면 '시간 배당 기준'에서 교과(군) 구분과 교육시간의 큰 변화는 찾기 어렵다. 다만 선

---

10 한국교육과정평가원 국가교육과정정보센터 https://zrr.kr/rzVE 2023.07.17.

택 교과의 과목명이 기존 독일어, 프랑스어가 생활 독일어와 생활 프랑스어 등으로 바뀌었고, 창의적 체험활동이 2015 개정 교육과정에서는 자율 활동, 동아리 활동, 봉사 활동, 진로 활동이었는데 자율·자치 활동, 동아리 활동, 진로 활동으로 바뀌었다. 아울러 '정보 과목은 34시간을 기준으로 편성·운영한다'에서 '정보는 정보수업 시수와 학교 자율시간 등을 활용하여 68시간 이상 편성·운영한다'로 바뀌었다.

북한의 초급중학교와 한국의 중학교 교과목 편제와 시간 배당을 비교할 때 다음과 같은 세 가지 차이점과 한 가지 공통점을 찾을 수 있다.

첫째, 한국과 달리 북한의 초급중학교 교과목 편제에는 전체 교육시간의 14.8%를 차지하는 정치사상교육이 편성되어 있다.

둘째, 한국에는 북한에 없는 선택과목이 있다(3년간 170시간). 그러나 최근 북한 교육도 한국의 2022 개정 교육과정과 같이 학생이 개별적으로 선택하는 과목은 없다 하더라도, 학교가 속한 지역별·지대별 선택과목이 있다.[11]

셋째, 한국의 의무 교과 수업시간은 3년간 3,060시간이고, 비교과 수업 시간(창의적 체험활동)은 306시간이다. 반면 북한의 의무 총 교과 수업시간은 3년 간 3,456시간으로 한국보다 많고, 비교과 교육(과외학습, 소년단생활, 과외체육) 권장 시간도 1,278시간으로 한국보다 많다(과외학습: 540시간, 소년단생활 432시간, 과외체육 306시간). 소년단생활을 제외하고 과외학습과 과외체육시간이 많은 것은 그만큼 학교에서 학생들이 머무르는 시간이 많음을 의미한다.

넷째, 공통점으로 한국과 북한은 동일하게 1년에 34주 교육을 기본으로 한다.

....

11 그러나 북한은 2024년 새 학년도를 시작하여 문과, 이과, 예체능 등을 구분해 보통교육 부분의 선택과목제와 심화학습을 시작했다. 출처: KBS 뉴스. [요즘 북한은] 선택과목제 시작…문과·이과 분리. 2024.04.13.

고급중학교 교과목 편제와 배당 시간

2012년 '전반적 12년제 의무교육실시' 법령 발표에 의해 개정된 북한 교육 강령에 따른 북한 고급중학교 교과목 편제와 배당 시간은 〈표 7-3〉과 같다.

〈표 7-3〉에 나타난 북한 고급중학교 교과목 편제와 배당 시간의 주요 특징은 다음과 같이 요약할 수 있다.

첫째, 교과목 수가 초급중학교 16개에서 22개로 늘어난다. '현행당정책', '심리와 론리', '국어국문학', '군사활동' 그리고 초급중학교의 자연과학이 '물리', '화학', '생물' 등으로 세분화하여 편성된다.

둘째, 학년별 교육시간과 총 교육시간이 초급중학교에 비해 적다(3,456시간 : 3,258시간).

셋째, 비교과시간도 초급중학교에 비해 적다(1,278시간 : 1,090시간).

넷째, '소년단생활'이 '청년동맹생활'로 바뀐다.

다섯째, '군사활동초보'라는 시간이 편성되어 기초 군사교육 및 활동을 받는다.

〈표 7-3〉 북한 12년제 의무교육 강령의 고급중학교 교과목 및 수업시수

	과목	총 시간	비율(%)	학기별 주수/주별 수업시수		
				15/16	14/14	10월 13일
				1학년	2학년	3학년
1	위대한 수령 김일성대원수님 혁명력사	160		3(104)	2	
2	위대한 령도자 김정일대원수님 혁명력사	148			2	4
3	항일의 녀성영웅 김정숙어머님 혁명력사	42			1월 2일	
4	경애하는 김정은원수님 혁명력사	81	18.4	1	1	1
5	현행당정책	88		1주(20)	1주	1주
6	사회주의도덕과 법	81		1	1	1
7	심리와 론리	34				1주
8	국어국문학	215	17.6	3	2	3
9	한문	81		1	1	1
10	영어	43		3	3	3

11	력사	104	5.7	1	1	2
12	지리	81		1	1	1
13	수학	36	35.8	5	5/4	4
14	물리	331		5	4	3
15	화학	248		3	4	3
16	생물	220		3	3	2
17	체육	81	5	1	1	1
18	예술	81		1	1	1
19	정보기술	111	14.6	2	1	1
20	기초기술	272		2주	2주	3주
21	공업(농업)기초	92				4
22	군사활동초보	96	2.9		1주(48)	1주(48)
	주당 시간			34	34	34
	계, 학년별 교수시간	3,258		1,122	1,136	1,000
	과외학습	(465)		(5)	(5)	(5)
	청년동맹[12]생활	(372)		(4)	(4)	(4)
	과외체육	(243)		(3)	(3)	(3)

출처: 김지수 외(2019: 107)[13]

　　이와 같은 교과목 편제와 배당 시간 수는 북한의 일반 초급중학교와 고급중학교의 해당 내용이라 할 수 있다. 따라서 외국어 및 예체능 등 영재학교와 혁명유자녀 학생들이 다니는, 즉 한국의 특수목적고에 해당하는 학교의 교과목 편제와 배당 시간 수는 다르다. 따라서 향후 영재학교나 혁명유자녀학교의 교과목 편재와 수업시수에 대한 조사 연구가 필요하다. 한편, 북한 고급중학교에 해당하는 한국의 2022 개정 고등학교 교과목 편제와 시간 배당 기준은 [그림 7-4]와 같다.[14]

---

12 1946년 1월 17일 설립된 북한의 정치 및 사회단체로, 약칭은 청년동맹, 청맹, 청년당이다. 가입 대상은 조선로동당 당원이 아닌 만 14세부터 30세까지의 공민들이다.

13 김지수 외(2019)가 (북한)교육위원회, 2013c: 18-19 자료를 재구성한 내용이다.

14 이 글에서 2022 개정 교육과정 특수목적고(과학계열, 체육계열, 예술계열)의 교과(군)와 선택과목(진로, 융합)과 전문교과의 교과(군)과 전문공통 과목, 전공일반, 전공실무, 기준학과는 생략했다. 자세한 내용은 국가교육과정정보센터의 관련내용을 검색하면 알 수 있다. https://zrr.kr/aTnx 2023.7.18.

2022 개정 교육과정 고등학교의 편제와 시간 배당 기준

1) 편제

　가) 고등학교 교육과정은 교과(군)와 창의적 체험활동으로 편성한다.

　나) 교과는 보통 교과와 전문 교과로 한다.

　(하략)

2) 학점 배당 기준

　가) 일반 고등학교와 특수 목적 고등학교(산업수요 맞춤형 고등학교 제외)

구분	공통 과목	필수 이수 학점	자율 이수 학점
국어	공통국어1, 공통국어2	8	
수학	공통수학1, 공통수학2	8	
영어	공통영어1, 공통영어2	8	
사회	한국사1, 한국사2	6	
(역사/도덕 포함)	통합사회1, 통합사회2	8	학생의 적성과 진로를 고려하여 편성
과학	통합과학1, 통합과학2 과학탐구실험1, 과학탐구실험2	10	
체육		10	
예술		10	
기술·가정/정보/ 제2외국어/ 한문/교양		16	
소계		84	90
창의적 체험활동		18(288시간)	
총 이수 학점		192	

　① 1학점은 50분을 기준으로 하여 16회를 이수하는 수업량이다.

　② 1시간의 수업은 50분을 원칙으로 하되, 기후 및 계절, 학생의 발달 정도, 학습 내용의 성격, 학교 실정 등을 고려하여 탄력적으로 편성·운영할 수 있다.

　(하략)

　나) 특성화 고등학교와 산업수요 맞춤형 고등학교

　(하략)

3) 보통 교과(하략)

[그림 7-4] 2022 개정 교육과정 고등학교 편제와 시간 배당 기준[15]

[그림 7-4]의 내용은 한국의 2022 개정 교육과정 일반 고등학교와 특

---

15 출처: 한국교육과정평가원 국가교육과정정보센터, https://zrr.kr/aTnx 2023.7.18.

수 목적 고등학교 그리고 특성화 고등학교와 산업 수요 맞춤형 고등학교의 교과목 편제와 이수학점을 제시하고 있다. 한국의 2022 개정 교육과정은 '고교 학점제' 시행이 가장 큰 특징이라고 할 수 있다. 종전에 출석일수만 2/3를 채우면 자동 진급되고 졸업하던 것과 달라진 것이다. 즉, 일정한 기준 점수를 확보하지 않으면 학점을 받을 수 없고, 학점이 부족하면 학년 진급 및 졸업이 불가능해진 것이다. 북한 교육과정과 비교할 때 일면 진보한 교육과정으로 볼 수 있지만 해결해야 할 문제들이 아직 많은 상태다.[16]

학교와 교실 등 교육시설 확충 및 개선

김정은 시대 '전반적 12년제 의무교육실시'의 이해를 위해 이 책이 설정한 세 번째 목표는 '학교와 교실 등 교육시설 확충 및 개선'이다. '전반적 12년제 의무교육실시' 법령 전문에 나타난 북한 당국의 관련 조항과 세부 목표는 [그림 7-5]와 같이 4개로 제시할 수 있다.

이 발표 내용과 관련하여 북한 교육에서 실제로 어떤 성과와 결과가 있는지에 대한 종합적이고 체계적인 북한의 연구와 자료는 찾기 어렵다. 그러나 북한 당국이 법령을 발표하면서 제시한 목표를 실천한 개별 결과와 사례는 북한 언론 보도 및 관련 매체를 통해 아래 내용과 같이 종종 알려지고 있다.

천리마 제강련합기업소 유치원에서는 경상유치원의 모범을 따라 배울데

---

16 대표적인 문제로 교사들이 맡았던 기존 과목보다 많은 수업을 해야 하는 부담이 있다. 이에 기존 교사들이 담당했던 학생지도 및 업무 경감 조치가 필요하다. 새로운 교과목을 가르치기 위한 교사 연수와 준비도 필요한데, 얼마나 어떻게 확보했는지 아직 불확실하다. 또한 교내 강의실(교실)과 휴게실, 독서 공간 등 부속 시설과 설비가 갖추어져야 하며, 대입시 변화 등의 문제도 있다. 무엇보다 교원 증원 등 실질적인 국가의 행·재정적 지원이 필요한 상태다.

대한 당의 숭고한 뜻을 받들고 힘찬 투쟁을 벌려 또다시 유치원의 면모를 일신시켰다. (중략) 유치원에서는 평양에서 돌아온 즉시 복도와 교실의 천정과 벽체, 바닥개조는 물론 새로 건설할 실내물놀이장과 종합놀이실 등을 자체 실정에 맞게 새롭게 꾸밀 대담한 목표를 세우고 대중의 정신력을 발동시켜 개건사업에 진입했다(교육신문, 2014.08.07).

3. 교육사업에 대한 국가적 투자를 늘리며 전반적 12년제 의무교육을 실시하는 데 필요한 조건과 환경을 마련한다.

  1) 지식경제시대 교육 발전의 요구에 맞게 교육사업에 대한 국가적 투자를 결정적으로 늘린다.

  2) 전반적 12년제 의무교육실시와 관련하여 부족되는 교실들을 빠른 기간에 해결할 수 있도록 학교들 을 새로 건설하거나 증축하는 사업을 주체106(2017)년 새 학년도 전으로 끝내며 살림집 지구건설에서 학교 건설을 앞세우는 원칙을 견지한다.

  3) 통학거리가 먼 농촌 및 산간지역들에 분교와 교원, 학생들을 위한 합숙을 내오며 통학 뻐스와 통학 렬차, 통학배 운영을 정상화한다.

  4) 도(직할시)마다 주체102(2013)년 상반년까지 경상유치원과 같은 본보기를 1~2개씩 꾸리고 모든 유치원들에 일반화한다.

[그림 7-5] '전반적 12년제 의무교육실시'의 교육시설 확충 및 개선 계획[17]

한편, 김정은 위원장[18]은 2019년 9월 3일 제14차 전국교원대회에 보낸 담화에서 교육사업을 위한 물질적 조건을 충분히 보장하는 것의 중요성을 강조하고, 구체적인 조건이 갖추어진 모습을 제시하며, 이를 위해 국가와 후원단체 등의 역할을 다음과 같이 제시했다.

교육에 대한 국가적 투자를 결정적으로 늘리며 교육사업에 필요한 물질적 조건들을 충분히 보장하여야 합니다. 교육부분에는 투

---

17 조선신보, 2012년 9월 25일

18 김정은은 조선로동당 총비서, 국무위원회 위원장, 조선인민군 최고사령관 등의 세 개의 주요 직책이 있다.

자를 하면 한 것만큼 인재가 나오게 됩니다. 교육사업에 대한 투자를 체계적으로 늘리며 특히 중등일반교육 부문에 대한 투자를 아끼지 말아야 합니다. 시대의 요구에 맞게 교육시설들을 현대적으로 잘 꾸리고 모든 교실들을 다기능화된 교실로 전환하며 학생들의 기숙사도 학습과 생활에 편리하게 문화 위생적으로 꾸려주어야 합니다. 교육을 현대화, 정보화하는 데 필요한 수단들과 현대적인 실험실습 설비, 실험기구들을 원만히 갖추어주고 교과서, 참고서들을 충분히 보장해주어야 합니다. 사회적으로 교육을 중시하는 기풍을 세우고 전체 인민이 학부형이 되어 교육조건과 교육환경을 개선하기 위한 사업에 한사람같이 떨쳐나서야 합니다(조선중앙통신, 2019.09.04).

위 내용은 '전반적 12년제 의무교육실시'가 발표된 지 7년 후 김정은의 담화로, 국가 교육개혁을 위한 국가의 투자와 교육시설 및 환경, 실험실습 설비 및 실험기구 등 교구재에 대한 중요성을 강조한다. 이 담화 내용을 보면 김정은 체제가 7년간 교육시설과 환경개선에 관심을 가지고 실행해왔으며, 앞으로도 계속 그럴 가능성이 높을 것으로 추정하게 된다.

2015년 연말 북한 교육신문에서 교육여건과 환경개선에 대한 평가를 다룬 "뜻깊은 올해 교육조건과 환경개선에서 이룩된 자랑찬 성과"(교육신문, 2015.12.17.) 제하의 기사에서는 지역별 거점이 되는 주요 유치원, 소학교, 중학교에서의 환경개선 모범사례를 아래와 같이 제시한다.

올해에 각급 학교들의 교육조건, 교육환경개선을 위한 사업에서도 놀라운 성과가 이룩되었다. (중략) 성천군 성천고급중학교에서는 학교 청사에 새철판지붕을 새로 씌우고 지리 학습터를 일신시켰으며 록화사업과 구획 정리에서도 전변(轉變)을 가져왔고 성천군 장림 고등중학교에서는 수영장과 로라스케트장을 새맛이 나게 보수했으며 성천 초급중학교, 비류강 고급중학교에서도 교육환경개선에서 혁신을 일으켰다(교육신문, 2015.12.17).

이상 내용을 종합하면 북한은 '전반적 12년제 의무교육실시'의 실현을 위해, 학교와 교실 등 교육시설 확충 및 개선을 위해 주어진 여건에서 나름대로 최선의 노력을 하고 있는 것으로 볼 수 있다. 그러나 북한 전 지역의 교육시설 개선 현황에 대한 구체적이고 정확한 통계 및 자료 수집이 어려운 관계로 실체 파악에는 한계가 있다.

교원 확충 및 자질 향상

[그림 7-6]은 2012년 '전반적 12년제 의무교육실시'의 실현을 위해 북한 당국이 법령에서 밝힌 교원 보충과 자질 향상 및 교육방법 개선에 대한 목표와 계획이다.

이 내용은 '전반적 12년제 의무교육실시'의 실현을 위해 북한 당국이 어떤 노력을 얼마나 어떻게 실현했는지를 파악하는 데 유용한 지표가 된다. 주요 내용은 다음과 같이 요약할 수 있다.

첫째, 교원로력기구와 교원양성부문 대학 입학생 계획을 늘린다.

둘째, 학과 실력이 가장 우수하며 교원으로서 품격을 갖출 수 있는 중학교 졸업생(제1중학교 졸업생 포함)들을 엄선하여 사범대학, 교원대학들에 추천, 입학시키며 사범대학, 교원대학 졸업생들을 교원이 부족한 학교들에 무조건 배치하는 엄격한 규율을 세운다.

셋째, 교원경력자, 적격자들을 찾아서 부족되는 교원 대렬을 보충한다.

넷째, 사범대학 및 교원대학 과정안을 검토하고 재편성하며, 교원강습과 재교육을 통한 교원과 교양원의 자질을 향상시킨다.

다섯째, 교수와 실헙실습을 정보화하고 교육행정관리의 컴퓨터화 및 교육위원회와 전국 교육기관들 사이의 정보통신망을 형성하는 사업을 추진한다.

여섯째, 교육방법에 대한 연구 심화를 통하여 교수법의 효과성을 향상시킨다.

---

3. 전반적 12년제 의무교육실시와 관련하여 부족되는 교원들을 보충하며 교원들의 자질을 높이고 교육방법을 개선하기 위한 대책을 세운다.

　　1) 소학교학제를 4년제로부터 5년제로 전환하는데 맞게 교원로력기구와 교원양성부문 대학입학생계획을 늘인다.

　　2) 시(구역), 군 단위로 거주지에 관계없이 학과실력이 가장 우수하며 교원으로서의 품격을 갖출 수 있는 중학교 졸업생(제1중학교졸업생 포함)들을 엄선하여 사범대학, 교원대학들에 추천, 입학시키며 사범대학, 교원대학졸업생들을 교원이 부족한 학교들에 무조건 배치하는 엄격한 규율을 세운다.

　　3) 교원경력자, 적격자들을 찾아내여 부족되는 교원대렬을 보충한다.

　　4) 주체102(2013)년 새 학년 도전으로 사범대학, 교원대학 과정안을 검토하고 교원양성 목적에 맞게 바로 편성하며 교원강습, 재교육을 강화하여 교원, 교양원들의 자질을 높인다.

　　5) 교수와 실험실습을 정보화하고 교육행정관리를 컴퓨터화하며 교육위원회와 전국의 교육기관들 사이의 정보통신망을 형성하는 사업을 힘있게 추진한다.

　　6) 교육방법에 대한 연구를 심화시켜 중등일반교육 부문에서 깨우쳐주는 교수방법을 전반적으로 구현한다.

[그림 7-6] '전반적 12년제 의무교육실시'의 교육확충 및 자질 향상 계획[19]

위 내용은 북한 당국의 일반적인 행정적 신속성과 실천성에 비추어 볼 때 상당수의 내용이 실현되었을 것으로 추정한다. 특히 많은 비용이 들지 않는 실현 계획에 대해서는 조기 실현되었을 것으로 판단한다. 김지수 외 (2019) 연구는 이와 관련된 북한의 성과에 대한 북한 1차 자료 내용을 토대로 아래와 같이 제시한다.

....

19 조선신보, 2012.09.25.

첫째, 북한은 2015년 보통교육법 개정을 통해 교원에 대한 재교육강습을 강조했다. 제32조에서 "중앙교육지도기관과 지방인민위원회는 교원을 위한 재교육체계를 세우고 그들에게 교종별, 과목별로 단기강습을 정상적으로 주어야 한다."고 규정했다(김지수 외, 2019: 150).

둘째, 북한은 학교 차원에서 교원 자질 향상을 위한 다양한 노력을 전개하고 있지만 교원재교육사업을 책임지고 이끌어가는 기관은 시·군 단위 교원재교육강습소가 맡고 있다. 교원재교육강습소는 한국 교육기관의 관점에서 보면 장학업무와 관리를 하는 교육청과 교육연수원의 기능을 함께 지닌 것으로 보인다(앞의 책: 150). 교원들의 역량 함양을 위해 칠판 글쓰기 경연, 이끌기 교수경연, 교재연구토론회, 교수 합평회, 교수 기량 발표회, 보여주기 수업, 따라 앞서기, 따라 배우기, 경험 교환 운동 등 교사 간 교류를 통해 자질 향상을 위한 노력이 진행되고 있다(앞의 책: 151).

셋째, 네트워크와 컴퓨터 관련 교육조건과 환경이 개선되면서 교원재교육 양상도 바뀌고 있다. 즉, 원격교육체계를 활용한 연구가 등장하고 있다. 원격 강의 방법으로 망(네트워크)에 의한 실시간 원격 강의 방법, 동화상(실시간) 대화 이용, 녹화 강의, 실시간 원격 강의 조정기능 등을 제시한다(앞의 책: 152).

넷째, 교육신문에서는 교원을 우대하고 생활조건을 보장하기 위한 지역의 모범사례를 소개한다. 교원들의 생활에 필요한 생활용품들을 시에서 제공하거나 난방용 석탄을 제공했다는 내용이 포함되어 있다(앞의 책: 156). 이런 내용은 국내에 들어온 북한 이탈 주민의 인터뷰에서도 확인된다. 북한의 전반적인 경제상황이 나빠서 교원들의 생활 조건이 좋지 못한 것으로 판단된다.

다섯째, 로동신문에 소개된 한 기사에 의하면 교원대학과 사범대학이 부분적으로 종합대학에 편입된 경우와 그렇지 않은 경우가 혼재해 있음을 알 수 있다. 대학 졸업 후 초임 발령지로 섬 분교와 산골학교에 탄원(自願)하여 배치받았다는 교원들에 대한 기사에서 과거와 달리 교원대학교와 사범대학이 종합대학의 단과대학으로 편성되어 있음을 알 수 있다.

> 올해에도 평성교원대학, 평북종합대학 차광수 제1사범대학, 평북종합대학 교원대학, 평북종합대학 제2사범대학, 선천교원대학, 조옥희해주교원대학, 강계제1사범대학, 원산사범대학, 리수덕원산교원대학, 남포교원대학, 남포사범대학을 비롯한 여러 대학의 수십 명 대학졸업생들이 섬분교와 최정연지대, 산골학교들에 탄원하여 후대들을 위한 애국의 큰걸음을 내디뎠다(로동신문, 2019.05.09.).

여섯째, 단과대학을 종합대학에 편입하는 것은 종합대학 내의 인적·물적 인프라를 최대한 활용하며 교육수준을 높여 우수교원을 양성하겠다는 의도로 이해할 수 있다(앞의 책: 160-161).

실험 실습 장비 및 교과서 등 교구재 개선

'전반적 12년제 의무교육실시'의 실현을 위한 실험 실습 장비 및 교과서 등 교구재 개선에 관한 법령 전문 내용은 [그림 7-7]과 같이 법령 전문 3항에 있다. 구체적인 내용은 다음과 같이 두 가지다.

현대화와 정보화로 대표되는 세계적 추세에 따라 북한도 교육 현대화와 정보화를 추구하는 실제 사례가 아래와 같이 많이 나타난다. 이런 현상은 2014년 김정은 위원장이 "교육시설과 실험실습기재, 체육기자재들을 현대화하며 모든 교실들을 다기능화된 교실로 전환하고 교수와 실험실습의 전 과정을 정보화하여야 합니다(교육신문, 2014.09.01.)"라는 발표와도 연관

> 3. 교육사업에 대한 국가적 투자를 늘리며 전반적 12년제 의무교육을 실시하는 데 필요한 조건과 환경을 마련한다.
>
> (전략)
>
> 4) 전반적 12년제 의무교육을 실시하는 데 필요한 교구비품과 학용품, 교육실습용 설비와 실험기구, 자재들을 제때에 생산 공급한다.
>
> 5) 교육도서를 인쇄하는 공장들의 능력을 결정적으로 늘리고 종이를 비롯한 자재를 충분히 보장하여 전반적 12년제 의무교육을 실시하는 데 필요한 교종별 교과서, 참고서들을 원만히 보장한다.

[그림 7-7] '전반적 12년제 의무교육실시'의 교육설비 및 교구재 개선 계획

된다. 2019년 〈교육신문〉 기사에는 평양의 한 학교에서 가상현실체험실을 마련하여 교육 활동에 적극적으로 활용하고 있다는 기사가 다음과 같이 보도되었다.[20]

> 만경대구역 팔골소학교에서 새로 꾸린 가상현실체험실을 리용하여 교육의 질을 높이고 있다. (중략) 례를 들어 자연과목에서 6대명산에 대하여 말하는 수업시간이면 학생들은 다양한 감각통로로 컴퓨터가 만들어낸 가상의 세계속에 푹 잠기게 된다. 실지로 이름난 산에 서있는 듯한 느낌을 가지면서 학생들은 백두산, 금강산 등에 대한 자신의 지식을 발표하고 있다
>
> (교육신문, 2019.06.27. 앞의 책: 166).

김정은 시대 북한 교육시설 개선과 관련하여 주목할 내용 중 하나는 '교육시설의 다기능화'이다. 이는 2014년 8월 30일 조선로동당 중앙위원회 제13차 전국교육일군대회에서 김정은 위원장이 "모든 교실들을 다기능화된 교실로 전환하고 교수와 실험실습의 전과정을 정보화하여야 합니다"(김

---

20 1948년 4월 15일 '교원신문'이란 제호로 창간됐다가 김정일 국방위원장의 지시로 2004년 3월 4일 지령 제3289호부터 '교육신문'으로 개명했으며 발행기관도 '교원신문사'에서 '교육신문사'로 바뀌었다. 통일뉴스(http://www.tongilnews.com)

정은, 교육신문, 2014.09.01.)라고 한 말에서 비롯된 것으로 볼 수 있다.

여기서 다기능화된 교실이란 "전통적인 교실들과는 달리 앉아서 강의 또는 수업도 받을 수 있고 도서관에 가지 않고도 필요한 도서를 열람할 수 있으며 학생이 직접 교원을 만나러 가지 않고도 상담할 수 있는 것은 물론 실험실 또는 실습실에 가지 않고도 실험 또는 실습 방법을 터득할 수 있는 등의 여러 가지 기능을 수행할 수 있는 교실"이다(교육신문, 2015. 05. 28). 이른바 텔레비전과 컴퓨터, IP 카메라, 다기능 직관물 투시기 등 현대식 교육설비가 갖추어진 교실 환경을 이른다(김지수 외2019: 19). 이와 같은 다기능화 교실뿐만 아니라 다기능화 실험실습실과 체육관, 다기능화된 유치원도 건축했다(앞의 책: 171-173).

이 외에도 실험실습 장비 및 교과서 등 교구재 개선과 관련하여 주목할 것으로 대학입학 원격시험 제도의 도입과 실행을 들 수 있다. 즉, 고급중학교 졸업생들이 대학에 직접 가지 않고 도(道)도서관에서 원격시험을 통해 입학시험을 치르는 것이다. 이 원격 대입시험은 2015년 4월 27일 국내 연합뉴스가 북한의 대외용 주간지 통일신보 발표를 토대로 보도했는데, 기사 내용은 김영수 북한 교육위원회 국장이 "새 세기 교육혁명을 적극 추진하려는 사업의 일환으로 대학입학시험에서 원격 시험평가방법을 도입했다"는 것이다. 한편, 김영수 국장은 "이미 5~6년 전부터 일부 대학에서 부분적으로 원격시험 방법을 적용했다면서 내년에는 전국 모든 도와 대학에서 원격 시험평가방법을 받아들이도록 할 계획"이라고 강조했다. 김 국장의 발표 1년 후 북한은 다음과 같은 보도를 했다.

> 황해남도에서 지난 2월 28일부터 3월 3일까지 고급중학교를 졸업하는 대학지망자들의 원격시험이 도도서관에서 진행되었다. 해주제1중학교, 해주영웅사미중학교와 시, 군에서 선발된 수백 명의 학생들이 김일성종합

대학, 김책공업대학, 평양건축종합대학, 평양기계종합대학, 평양철도종합대학, 한덕수평양경공업종합대학, 장철구평양상업종합대학 등 수도의 대학은 물론 조국의 북단에 있는 라진해운대학과 동해에 있는 정준택원산경제대학에 이르기까지 여기 서해남단으로부터 먼 곳에 있는 수십 개의 대학들에 직접 가지 않고서도 입학시험을 치는 현실이 펼쳐졌다(교육신문, 2016.04.07. 앞의 책: 174 재인용).

김정은 시대의 교과서 개선과 관련한 국내 연구로 조정아 외(2015)의 『김정은 시대 북한의 교육정책, 교육과정, 교과서』가 있다. 이 연구에서 조정아 외(2015)는 김정은 시대 북한 교과서의 변화를 다음과 같이 제시한다.

첫째, 내용과 외형 면에서 이전 교과서와 뚜렷한 차이가 있다. 내용 면에서는 소학교, 초급중학교, 고급중학교 간 교육내용의 계열성 확보에 역점을 두었고 내용을 구조화하는 동시에 서술 방식을 간략화했다. 이전에는 한 단원을 하나의 이야기로 구성하여 처음부터 끝까지 역사서술식으로 전개했다면, 개정 교과서는 학생들의 흥미를 유발할 수 있도록 도입과 전개 부분에 에피소드를 배치하고 중간에 질문이나 토론 과제를 제시했으며, 마지막에 주제와 관련된 역사서술을 압축적으로 하는 형식을 취했다.

둘째, 외형 면에서도 전면 컬러나 읽기 편한 다양한 활자체를 사용하여 학생들의 흥미를 유도하고자 했다. 교과서 구성은 머리말 - 차례 - 본문 - 용어해설 - 참고문헌 순으로 되어 있는데, 용어해설과 참고문헌은 전에 없던 것이다. 교과서에도 색인과 참고문헌을 포함시키는 것이 보편적인 추세라는 점을 북한 교육 당국이 인지했기 때문인 것으로 추정한다.

셋째, 이전 교과서에는 해당 단원에 삽화가 전혀 없었는데 개정 교과서에는 학생들의 시선을 끌고 내용 이해에 도움을 줄 수 있는 다양한 삽화나 그림 등이 삽입되었다. 설명이 필요한 용어의 경우 이전 교과서에서는 단원 마지막 페이지 중간에 줄을 긋고 설명했으나, 개정 교과서에서는 해당 페이지 가장 밑에 각주 형태의 설명으로 처리한 것도 눈에 띄는 변화의 하나라고 설명한다(조정아 외, 2015: 252-253).

이상에서 살펴본 북한의 실험실습시설 및 교과서 등 교육기자재 관련 성과와 결과를 보면 상당한 성과를 보인 것으로 추정할 수 있다. 그러나 전국에 걸쳐 어떤 형태로 얼마나 변화와 진척이 있는지에 대해서는 종합적인 자료 확보가 어려워 정확한 파악은 어렵다. 다만 북한 당국과 학교, 인민들이 많은 관심을 가지고 노력하고 있다는 추정은 충분히 가능하다.

국가의 행·재정적 지원

국가 교육개혁이 성공적으로 이루어지려면 법과 행정 규칙 같은 법률적 뒷받침과 함께 국가 지도자의 의지, 그리고 행·재정적 지원 및 국민의 관심과 참여가 있어야 한다. '전반적 12년제 의무교육실시'의 실현을 위한 북한 당국의 행·재정적 지원과 관련된 조항은 '전반적 12년제 의무교육실시' 법령 전문 4항에 나타난다.

---

4. 전반적 12년제의무교육을 성과적으로 실시하기 위한 행정적 지도와 법적 통제를 강화한다.

 1) 전반적 12년제의무교육을 실시하는 사업을 전국가적, 전인민적, 전사회적인 사업으로 진행한다.

 2) 시(구역), 군인민위원회들은 전반적 12년제의무교육을 실시하기 위한 사업을 모범교육군(시, 구역) 칭호 쟁취운동과 밀접히 결부하여 진행한다.

 3) 도(직할시), 시(구역), 군인민위원회들은 학교 후원단체들을 바로 확정하고 그 역할을 높이도록 한다.

 4) 각급 인민보안, 검찰기관들은 교원, 학생들을 과정안에 반영된 국가적 동원 외의 다른 일에 무질서하게 동원시키는 현상을 없애기 위한 법적통제를 강화한다.

 5) 각급 인민보안, 검찰기관들은 학교를 비롯한 교육기관, 교육과학연구기관들에 사회적 과제를 망탕 주어 교육사업과 과학연구사업에 지장을 주는 현상과 강한 법적투쟁을 벌인다.

[그림 7-8] '전반적 12년제 의무교육실시'의 국가의 행·재정적 지원 계획

'전반적 12년제 의무교육실시'의 실행을 위한 국가의 행·재정적 지원과 관련하여 [그림 7-8] '전반적 12년제 의무교육실시'에서 국가의 행·재정적 지원 계획 내용을 분석하면 다음과 같은 특징을 제시할 수 있다.

첫째, 무상의무 교육연한을 1년 확대하면 더 많은 국가 예산이 소요될 것으로 예상되는데, 이에 대한 구체적인 언급이나 향후 발표 계획을 찾기 어렵다.

둘째, '전국가적, 전인민적, 전사회적인 사업으로 진행', '모범교육군(시, 구역) 칭호 쟁취운동과 밀접히 결부하여 진행', '학교 후원단체들을 바로 확정하고 그 역할을 높이기' 등 국가의 직접 투자보다는 도(직할시), 시(구역), 군인민위원회 등 하부 조직의 자발적 참여를 독려하는 내용으로 구성되어 있다.

셋째, 각급 인민보안, 검찰기관들에게 교원 학생들이 과정안 외 국가적 동원이나 사회적 과제를 주는 것을 법적으로 통제하도록 지시하고 있다.

북한은 2012년 9월 '전반적 12년제 의무교육실시'의 법령 발표 후 여러 교육 관련 법령을 제정 또는 개정했다. 이런 교육 관련 법령의 제정과 개정은 전반적 12년제 의무교육실시의 성공적 시행을 위한 국가의 행·재정적 지원이라고 할 수 있다. 그러나 재정적 지원 내용에 대해서는 구체적이고 종합적인 자료를 찾기 어렵다. 따라서 향후 북한 국가 교육에 관한 정확한 이해를 위해서는 더 많은 북한 교육 자료 입수가 중요하고 필요하다.

한편, 북한 또는 북한 교육에 대해 쉽게 이해하고 알 수 있는 효과적인 방법으로 한국 내 방송에서 방영하는 북한 소개 및 평화통일 프로그램의 시청을 들 수 있다. 대표적인 공영방송으로 KBS 1TV '남북의 창'과 MBC TV '통일전망대'가 있다. 이들 프로그램은 1989년 3월 14일 첫 방송을 시작하여 모두 34년 넘게 방송하고 있다. 현재는 주말(토요일) 아침 이른 시간 (07:20~08:40)에 방송되는데, 한반도 평화와 평화통일에 관심이 있고 이의 실현을 위해 노력하는 사람들은 꼭 시청할 필요가 있는 프로그램이다.

다음 8장 '김정은 시대 북한 교육의 평가와 전망'에서는 '전반적 12년제 의무교육'의 성과를 평가하고 전망해 봄으로써 김정은 시대 및 북한 교육에 대한 이해를 높이고자 한다.[21]

---

21 북한 대학교육에 대해 더 알고 이해하려면 다음 책을 참고하기 바란다. 『북한의 대학: 역사, 현실, 전망 Universities in North Korea: History, Reality and Prospects』(정근식 엮음, 2017. 진인진)

8

김정은 시대 북한 교육의 평가와 전망
(2012~)

국내 선행연구들의 '전반적 12년제 의무교육실시'에 대한 전망과 과제를 요약하면
세계 교육 변화에 부응하며, 무상의무의 사회주의 교육의 이상을 추구하는 등,
대체로 긍정적으로 전망하고 있다고 할 수 있다. 다만 정치사상 교육이나 재정적 열악함 등
북한 교육의 기본적인 문제점에 대해서는 대체로 우려했다.

2023년은 김정은 시대 교육개혁인 '전반적 12년제 의무교육실시'가 공표
된 지 11년째 되는 해다. 이 장에서는 먼저 '전반적 12년제 의무교육실시'
가 공표된 초기와 진행 중 실시한 국내 선행연구들의 '전반적 12년제 의무
교육실시'에 대한 전망과 과제를 살펴본다. 이어 11년째를 맞이한 '전반적
12년제 의무교육실시'에 대한 북한과 한국의 평가를 각각 살펴본다. 이런
탐색은 '전반적 12년제 의무교육실시'의 성과에 대한 평가뿐만 아니라 현
대 북한 교육 또는 김정은 시대 북한 교육의 평가와 이해에 큰 도움이 된
다고 할 수 있다.

시행 초 전반적 12년제 의무교육실시의 전망과 과제

2012년 '전반적 12년제 의무교육실시' 공표 후 이에 대한 국내 연구들의
전망과 과제는 〈표 8-1〉과 같이 요약할 수 있다.

<표 8-1> '전반적 12년제 의무교육실시'의 전망과 과제

	전망	과제
김지수 (2013)	- 북한 주민들의 지지와 협력으로 '전인민적 운동'이 되는지 여부에 따라 좌우 - 학교 교육불평등 개선 정도, 북한 주민들 교육열에 부합 정도에 따라 결정 - 북한 경제 상황에 좌우	- 북한 주민들의 지지와 협력 얻기 - 학교교육 불평등 개선 및 교육열에 부합하는 정책 구현 - 국가 경제 향상
한만길·이관형 (2014)	- 지식경제시대에 과학기술의 첨단화, 정보화, 현대화 추구 - 세계적 교육 변화에 부응 및 추구	- 교육개혁을 위한 인력과 재원 확보 - 행·재정적 지원 확보
조정아 (2014)	- 교원과 교육시설, 기자재 구비 등이 평양 등 대도시를 제외한 대부분 학교에서 얼마나 실현될지 미지수 - 재정 확보에 전 국가적 동원이나 국제 지원에 의존 가능성 높음 - 정치사상 교육의 창조적·융합적 인재 양성 제한 가능성	- 재정 확보 - 정치사상교육의 부정적 측면 축소 - 교육 분야의 남북교육교류협력 추진 필요
김진숙 (2016)	- 새로운 교육 실험 시도 - 교육과정 구조, 개정 배경 등 글로벌 스탠다드 추구와 남북교육과정의 유사성 발견	- 정치체제와 국제적 이단성 문제 극복 - 교육의 정치화 문제점 극복
김석향·김경미 (2017)	- 북한 당국의 독려로 교육방법과 학교 건설 등 교육환경 개선의 활발한 진행 - 학교 교원과 기관·지역 일꾼들, 학부모 동원과 경제적 부담 증가 우려	- 교육개혁에 관한 북한 주민들의 노력 동원 및 경제적 부담 경감 조치 필요
김지수 외 (2019)	- 역량 중심 및 통합교과 확대 등 교육과정 개정 예상 - 교원연수의 확대를 통한 교사 역량 강화 - 경제 변화의 가속화에 따른 고급중학교는 줄고 기술고급중학교 증가 - 위대성 교양은 줄고 도덕 교양이나 애국주의 교양 확대	- 교육과정 개정 준비 - 교원연수 확대 - 학교 유형 변경 - 정치사상교육 개선

앞선 선행연구들에서 제시된 내용을 요약하면 첫째, 김지수(2013)는 북한 주민들의 지지와 협력, 학교교육 불평등 개선 정도, 북한경제 상황에 따라 성과가 결정될 것으로 전망했다.

둘째, 한만길·이관형(2014)은 지식경제시대의 세계적 교육 변화에 부응하여 과학기술의 첨단화, 정보화, 현대화 교육이 이루어질 것으로 전망했다. 주요 과제로 인력과 재원 확보를 위한 행·재정적 지원을 강조했다.

셋째, 조정아(2014)는 평양을 제외한 도시의 교육투자가 얼마나 확보될지, 또 재정확보가 이루어질지, 그리고 정치사상교육이 추구하는 교육의 장애 요인이 될 것을 우려했다.

넷째, 김진숙(2016)은 새로운 교육실험의 시도와 세계적인 교육과정의 변화 동향을 수용하는 것에 긍정적으로 전망하면서, 정치체제와 국제적 이단성이 걸림돌이 될 것을 우려했다.

다섯째, 김석향·김경미(2017)는 처음 발표대로 활발한 진행이 이루어지고 있으나 점증하는 주민들의 경제적 부담을 우려했다.

여섯째, 김지수 외(2019)는 처음 발표한 목표는 충실히 진행되고 있으며 새로운 국내외 교육환경 변화에 따른 새로운 준비가 필요함을 강조했다.

이상 국내 선행연구들의 '전반적 12년제 의무교육실시'에 대한 전망과 과제를 요약하면, 세계적인 교육 변화의 추세에 발맞추고 무상의무의 사회주의 교육의 이상을 추구하는 등, 대체로 긍정적으로 전망하고 있다고 할 수 있다. 다만 정치사상 교육이나 재정적 열악함 등 북한 교육의 기본적인 문제점에 대해 대체로 우려했다고 볼 수 있다.

전반적 12년제 의무교육실시에 대한 북한의 평가

2023년 현재 '전반적 12년제 의무교육실시'의 성과 및 평가에 대한 종합적이고 체계적인 학술적 연구나 저작물은 한국과 북한 양쪽 모두에서 찾기 어렵다. 그런데 [그림 8-1] 북한의 당 기관지 로동신문의 보도 내용은 '전반적 12년제 의무교육실시'의 성과 및 평가에 대한 북한의 입장을 추정할 수 있는 자료다. 로동신문(2022.09.25.) 기사에서 주목되는 세 가지 내용이 있다.

첫째, 지난 10년 동안 북한의 학교 건설 및 교구재 개선, 기술고급중학교 건설 등 북한 교육 변화에 대한 긍정적 평가 내용이 제시된다. 그런데 주목되는 점은, 김정은 위원장의 탁월한 식견이 있어 가능했음을 강조하며 김 위원장을 매우 높이 평가하고 숭배하는 내용으로 대부분 구성되어 있다는 점이다.

둘째, '전반적 12년제 의무교육실시'가 2012년 최고인민회의에서 불쑥 공표된 것이 아니라 김정은 위원장의 사전 계획에 의해 체계적으로 진행되었다고 보도한다. 즉, 2012년 6월 10일 김정은 위원장이 〈중등일반교육을 개선 강화할데 대하여〉를 발표하고, 2012년 8월 15일 최고인민회의 제12기 제6차회의에서 전반적 12년제 의무교육 실시에 대한 최고인민회의 법령(초안)을 구체적으로 본 후, 이를 첫째 의안으로 토의하도록 했다는 것이다.

이 장에서는 이와 같은 내용이 담긴 기사 내용을 모두 제시하지는 않지만, 로동신문에 게재된 '전반적 12년제 의무교육실시'에 북한 당국은 매우

"우리의 교육을 가장 우월한 교육, 리상적인 교육으로. 전반적 12년제 의무교육의 실시에 관한 법령이 채택된 10돐을 맞으며"

우리 조국이 주체혁명의 새시대가 펼쳐지는 력사의 분수령에서 교육강국, 인재강국을 향하여 힘차게 나아간다는 것을 온 세상에 알린 전반적 12년제의무교육의 실시에 관한 법령이 채택된 때로부터 어느덧 10년이라는 세월이 흘렀다.

주체교육 발전사에 길이 빛날 전반적 12년제 의무교육의 실시는 우리 당의 숭고한 후대관, 미래관이 구현되여있는 중대조치로서 새 세기 교육건설에서 일어난 하나의 혁명이였고 우리 나라 사회주의제도의 우월성을 다시 한 번 만방에 떨치는 커다란 사변이였다. 그 기간에 우리의 교육에서는 얼마나 커다란 변화가 이룩되였던가. (중략)

력사적인 시정연설을 가슴깊이 새기며 교육부문의 일군들과 교육자들만이 아닌 온 나라 전체 인민은 주체조선의 휘황찬란한 미래를 가꾸어가시는 그이의 뜻을 충성으로 받들어갈 맹세를 가다듬고 있다. 가장 숭고한 미래관을 지니신 경애하는 총비서동지의 로숙하고 세련된 령도가 있기에 우리 조국은 머지않아 온 세상이 부러워하는 교육의 나라, 인재강국으로 빛을 뿌릴 것이다. _로동신문 2022.09.25.

[그림 8-1] '전반적 12년제 의무교육의 실시' 10년에 대한 북한의 평가

만족스러운 것으로 평가했다고 할 수 있다.

전반적 12년제 의무교육실시에 대한 한국의 평가

김정은 시대 북한 교육개혁인 '전반적 12년제 의무교육실시'에 대한 종합적이고 체계적인 국내 연구는 2023년 현재까지 찾기 어렵다. 그러나 평화와 평화통일을 위한 한국의 대표적 TV 프로그램이라 할 수 있는 KBS 1TV '남북의 창'은 "성과 보이는 12년제 교육개혁 10년"이란 제목의 방송을 했다. MBC TV '통일전망대'에서도 최근 북한 교육 실태에 대한 방송을 했다. 한국의 이 두 TV 방송은 '전반적 12년제 의무교육실시'의 성과에 대한 평가와 현재 북한 교육 실태를 이해하는 데 큰 도움이 된다 하겠다.

KBS 1TV '남북의 창'

KBS1 TV '남북의 창'은 2023년 1월 14일 "[클로즈업 북한] 성과 보이는 12년제 교육개혁 10년"을 방송했다. 이 방송에서 나타난 '김정은 시대 북한 교육', '전반적 12년제 의무교육의실시', '북한 교육'의 성과와 실태에 대해 살펴본다. 향후 보다 종합적이고 체계적인 연구를 위해 방송 내용 전문을 싣는다.

[앵커] 대한민국의 높은 교육열은 세계적으로도 유명한데요. 북한도 교육열만큼은 우리 못지않습니다. / 네, 김정은 위원장 집권 직후엔 교육개혁이라 해서 국가 차원의 정책 변화가 있었는데요. 11년제이던 의무교육을 12년제로 바꿨고요. 학년마다 외국어와 기초과학 수업을 크게 늘렸습니다. 이렇게 12년제 의무교육 10년이 지났는데, 그 성과도 있다고 합니다. / OECD, 경제협력개발기구의 저소득과 중위소득 회원국들과

비교해볼 때 북한은 기초교육과 고등교육의 취학률 그리고 문해율이 높다는 분석이 나왔습니다. / 북한 학생들은 어떤 교육을 어떻게 받고 있을까요? '클로즈업 북한'에서 북한 교육을 살펴봤습니다.

[리포터] 화면에 숫자가 표시되자 단상에 선 어린이가 재빠르게 계산을 시작합니다.

[북한 아나운서] "1초 동안이면 눈 깜빡하는 순간입니다. 이 어린이는 주산 교육을 받은 지 6개월 정도 됐다고 합니다."

[리포터] 이 아이의 나이는 7세. 불과 1분도 채 되지 않아 서른 개의 숫자 암산을 끝냅니다. ["6,016입니다."] 다음으로 단상에 오른 10세 소녀는 소수점 자리 계산에 도전하는데요. ["71.88입니다."] 역시 정답입니다. 심지어 영어로 불러주는 숫자를 암산하고 정답도 영어로 말하는 학생까지.

[김란영/(북한)교육위원회 책임교학] "최근 나날이 발전해 가는 우리 사회주의 교육제도 하에서 뛰어난 재능을 가진 어린이들과 학생들이 많이 자라나고 있습니다."

[그림 8-2] KBS1 TV '남북의 창' 2023.01.14. "성과 보이는 12년제 교육개혁 10년"

[리포터] 이 아이들의 실력이 바로 교육제도 덕분이라는데요. 특히 김정은 위원장 집권 이후 시행한 12년제 의무교육의 성과라고 꼭 집어 얘기합니다.

[량명화/평양 미래소학교 분과장] "12년제 실시하기 전에 입학한 학생들보다 12년제 실시한 다음에 입학한 학생들이 지능상태가 높고 창조성이 높습니다."

[리포터] 2012년에 단행한 전반적인 학제 개편과 교육과정 개정에서 가장 눈에 띄는 건, 기존 11년제 의무 교육제도를 12년제로 개편한 겁니다.

[북한 아나운서] "전반적 12년제 의무교육은 1년제 학교 전 교육과 5년제 소학교, 3년제 초급중학교, 3년제 고급중학교 교육으로 한다."

[리포터] 그리고 10년이 지나면서 중등교육 취학률 등 일부에서는 성과가 나타났다는 분석입니다.

[서소영/정보통신정책연구원 전문연구원] "북한이 기존 중등교육 취학률을 공개한 적이 한 번도 없다가 개편하고 난 2012년 이후인 2015년 처음 중등교육 취학률을 공개했습니다. 그것은 기존 취학률보다 어느 정도 외부에 공개할 수 있는 자신감이 있고, 저소득 그룹 대비해서도 10% 정도 높은 추이입니다."

[리포터] 이를 보면 중등교육 취학률은 92.2%로 세계 평균보다 높고 북한이 소속된 OECD 저소득 국가그룹과는 2배 가까이 차이가 났습니다. 교육 수준을 평가할 수 있는 문해율 역시 세계 평균보다 높고 저소득 국가그룹 평균을 크게 웃돌았습니다.

[서소영/정보통신정책연구원 전문연구원] "문해력 자체도 워낙 높고, 다른 비슷한 소득 수준의 국가들 같은 경우에는 남녀 성비에 따라 또 교육 수준이 차이가 나는데, 재작년에 발표한 VNR보고서(자발적 국가보고서)에 의하면 남녀 성비에 따라 교육 수준도 거의 동일한 수준이라고 볼 수 있습

니다."

[리포터] 과학기술교육과 정보화교육 강화도 주목할 부분입니다. 우리의 중·고등학교에 해당하는 초급중학교와 고급중학교는 기초과학에 해당하는 수학과 과학 수업 비중이 높은데요. 특히 수학의 경우 우리보다 훨씬 많은 시간을 할애하고 있습니다.

[김지수/한국교육개발원 연구위원] "북한이 세계적 추세, 교육의 세계적 추세를 따라간다, 이런 것들을 굉장히 중시했고. 정보기술 교과목이 생겼다든지 탐구활동을 중시하는 과학교육을 받은 학생들은 이전 학생들과는 좀 다른 역량을 가졌다고 볼 수 있지 않을까 싶고요."

[리포터] 이처럼 과학화, 정보화 교육에 공을 들여 과학 영재를 발굴해 IT 인력으로 활용하는 데 초점을 맞추고 있다는 평가입니다.

[북한 아나운서] "과학과 정보와 현대화가 세계적 수준에서 실현된 교실들마다에서 어린이들의 지적 능력과 심리적 특성에 맞는 교수 방법들을 체득해 갔습니다."

[리포터] 인터넷을 중심으로 하는 전반적인 디지털 사회로의 전환까진 아니어도 경제의 정보화·현대화 작업에 필요한 인재들을 키워가고 있는 겁니다.

[서소영/정보통신정책연구원 전문연구원] "북한의 기존 생산 공정이나 기술 그리고 지금 수기로 적고 있는 자료들을 데이터화하고 있고 컴퓨터에 옮겨가는 작업들을 이제 막 시작하는 도입기라고 평가합니다. 예를 들어 우리가 1990년도에 ERP를 도입하고 기존 회사 공정들을 시스템화했던, 그 정도 단계라고 볼 수 있습니다."

[리포터] 대외적으로도 그 성과를 확인할 수 있는데요. 북한 학생들의 국제대회 수상이 이어지고 있습니다. 지난 12월 인도에서 열린 국제프로그래밍경연대회 코드쉐프에선 김일성종합대학교 학생들이 7회 연속 우

승을 차지했습니다. 국제 프로그래밍 경시대회에서 수상하기도 했던 한 탈북민은, 북한 과학 영재들의 실력이 상당하다고 전합니다.

[장혁/ 전 북한 국가과학원 연구소 근무/2020년 탈북] "북한 교육이 대부분 기초는 상당히 탄탄한 편이고요. 또 IT교육의 특성상 북한 교육에서 IT를 하는 사람들이 대부분 실력이 높은 친구들이에요."

[리포터] 그렇다면 인터넷 사용이 금지된 가운데 학생들은 어떻게 교육을 받고 실력을 쌓을까요?

[장혁/전 북한 국가과학원 연구소 근무/2020년 탈북] "북한 사람들은 인터넷이 없기 때문에 (해외 출입이 가능한 사람들이) 국내에 들어와서도 사용할 수 있는 데이터를 외국 출장 등을 다녀올 때 상당히 많은 양을 확보해서 가지고 옵니다. 북한 정권에서는 그것을 융성자료라고 불러요. 바꿔 말하면 과거에 문익점이 목화씨를 훔쳐 온 것에 비유하면서 이건 도둑질이 아니고 애국이다."

[리포터] 여기에 2021년 8차 당대회에선 기술고급중학교 개편과 설립이라는 새로운 교육 과업을 제시했습니다.

[북한 아나운서] "전국의 기술고급중학교들에서는 일반 교육과 함께 해당 지역의 경제·지리적 특성에 맞는 기술 교육을 여러가지 형식으로 해나가고 있습니다."

[리포터] 지난해에만 130개 기술고급중학교를 추가 설립했다고도 전했는데요. 전문가들은 이 점을 북한이 사회 전반적인 과학기술수준을 높이겠다는 의지로 분석합니다.

[김지수/한국교육개발원 연구위원] "굉장히 특별한 변화라고 볼 수 있는데, 이 기술고급중학교가 북한 입장에서는 지방, 지역의 기술인재들을 양성하기 위한 제도로 만든 것이라고 봐야 합니다. 그래서 우리나라로 따지면 지금 특성화 고등학교, 과거의 실업계 고등학교 같은 거지만, 지역에 필

요한 기술인재들을 양성하는 쪽으로 북한이 정책적인 변화를 만들었다고 볼 수 있는 거고요."

[리포터] 문제는 이런 교육 정책이 지속적인 성과를 낼 수 있느냐는 겁니다. 무엇보다 국제 학술 교류가 사실상 불가능한 상황, 핵미사일 개발에 따른 국제 제재로 교육 분야까지 영향을 받고 있습니다.

[서소영/정보통신정책연구원 전문연구원] "유엔 대북제재위원회에서 북한과 협력하고 있는 독일의 훔볼트대학이라든지 베를린 자유대학들, 김일성종합대학에 협력 대학들로 나와 있는 대학들에 직접 과학기술 협력은 안 된다는 지적을 보내고 그걸 소명하라는 것도 있었습니다. 그렇게 점점 제재 폭이 좁혀지고 더 깊어지고 있기 때문에 북한이 원하는 지금 ICT에서의 국제화 그다음 국제적인 성과를 계속 높여가는 것에 상당히 제약을 받고 있습니다."

[리포터] 또 극심한 경제난은 취학률을 떨어뜨리고 있습니다. 초등교육 취학률의 경우 OECD 저소득 국가그룹보다 10%가량 낮습니다. 만성적인 경제난 탓에 빈곤층 청소년들이 공교육망에서 일찌감치 벗어나고 있다는 분석입니다. 자녀 교육열만큼은 어느 나라에 뒤지지 않는 북한. 북한 당국도 인재강국을 만들겠다며 교육 투자는 아끼지 않겠다고 강조합니다.

[북한 아나운서] "후대들에게 행복한 생활을 안겨주는 것을 중요한 정책으로 내세우고 최악의 국난이 겹쌓였던 지난해에도 이 땅에서는 아이들의 웃음소리가 끝없이 울려 퍼지고 있습니다."

[리포터] 12년제 의무교육 시행 10년간 나름의 성과를 거뒀고 여전히 교육을 중시하지만, 힘겨운 국제관계와 경제난 속에 진정한 시험대는 지금부터로 보입니다.

이상에서 살펴본 2023년 1월 14일 방송된 KBS1 TV '남북의 창' "[클로즈업 북한] 성과 보이는 12년제 교육개혁 10년"은 '전반적 12년제 의무교육 실시'의 성과와 오늘날 북한 교육의 실태를 잘 보여준다고 할 수 있다.

특히 남북한의 교육자와 교육연구자 그리고 탈북민까지 참여하여 북한 교육의 실제에 대해 의견을 제시한 것은 오늘날 북한 교육의 실제를 이해하고 전망을 가늠하는 데 큰 도움이 된다고 할 수 있다. 방송 마지막에 "12년제 의무교육 시행 10년간 나름의 성과를 거뒀고 여전히 교육을 중시하고 있지만, 힘겨운 국제관계와 경제난 속에 진정한 시험대는 지금부터로 보입니다"라는 멘트는 오늘날 북한 교육의 가능성과 어려움을 동시에 표현하고 있다.[1]

위 방송 내용 중 서소영 정보통신정책연구원 전문연구원은 개발도상국의 디지털 전환단계에서 중요하게 다뤄지는 '인프라', '혁신주체의 역량지표'를 UN EDGI 2022[2]와 UNESCO 2015, UNESCO 2022 등의 자료를 토대로 북한의 혁신역량을 뉴스 페퍼 형식으로 방송 인터뷰 전 발표했다(서소영, 2022). 이 연구에서 서소영(2022)은 "북한은 '혁신주체의 역량'과 관련되는 기초교육 관련 지표인 '학교교육 예상 년수', '총취학율', '문해율', '초등교육 취학률', '중등교육취학률', '과학논문 영향력 지수', '전체 해외 출판 논문 수' 등 주요 영역에서 저소득 국가 그룹과 비교할 때 우수한 수준으로 나

---

[1] 그러나 2023년 11월 12일 KBS 사장이 바뀌었다. KBS 9시 뉴스 주 앵커가 바뀌었듯이, KBS '남북의 창' 남자 앵커가 교체되었다(11월 18일). KBS '남북의 창' 12월 2일 오프닝 멘트에서는 종전에 자주 쓰던 김정은 국무위원장이란 호칭 대신 김정은이라고 호칭했다. 또, 그동안 거의 인용하지 않았던 자유아시아방송(RFA)을 인용하여 북한 소식을 전하는 등, 전반적으로 북한에 대해 부정적·회의적·비관적 태도로 변했다고 볼 수 있다. 앞으로 이 장의 부제목인 "성과 보이는 12년제 교육개혁 10년" 같은 제목이나 해당 내용은 대북관과 통일관이 다른 정부가 들어서기 전까지는 기대하기 어려울 것으로 예측된다.

[2] EGDI는 E-Government Development Index의 약자로, '전자 정부 개발 지수'로 번역된다. 전자 정부 개발 지수는 유엔 회원국의 전자 정부 개발 상태를 나타낸다. 한 국가의 웹 사이트 개발 패턴 평가와 함께 전자 정부 개발 지수는 인프라 및 교육 수준과 같은 액세스 특성을 통합하여 국가가 정보 기술을 사용하여 국민의 접근 및 포용을 촉진하는 방법을 반영한다. EGDI는 전자 정부의 세 가지 중요한 차원, 즉 온라인 서비스 제공, 통신 연결 및 인적 능력의 복합 척도다(https://zrr.kr/TyWI).

타났다"고 했다.[3] 서소영의 연구 결과와 북한의 일반적인 의무교육제도와의 관련성 정도는 향후 연구가 필요한 과제다. 한편, 방송 중 발언한 김지수 한국교육개발원 연구위원은 이 책에서도 국내 선행연구로 계속 원용해 온 평화통일과 북한 교육 전문가다.[4]

MBC TV '통일전망대'

2023년 7월 18일 서울 강남의 한 초등학교에 교직 2년 차인 한 담임교사가 학부모들의 '악성민원'에 시달리다 교내에서 극단적 선택을 했다. 검은 옷에 검은 리본을 맨 현직 교사 5천여 명이 교권확보를 위한 법 개정을 촉구하는 등, 항의와 개선을 위한 집회를 몇 주 계속 열었다. 이 사건으로 한국의 심각한 교권 추락 현상은 사회문제를 넘어 국가문제가 되었다. 여야 정당들은 국회 계류 중인 관련법들의 신속한 통과를 추진하기로 했고, 교육부는 속히 개선책을 내기로 했다.[5]

사건 발생 며칠 후 MBC TV '통일전망대'는 북한에서 교원의 지위와 역할을 주제로 대담 방송을 했다. "북한에서도 이런 일이 발생하는가?"라는 앵커의 질문에, 탈북민으로서 북한에서 소학교 교사를 지냈고 현재 한국에서 통일전담교육사를 하고 있는 최경옥 교사는 "너무나 충격적이고, 북한에서는 상상할 수 없고, 또 있을 수도 없는 일이다. 만약 그런 일이 벌어졌다 하면, 그 학생은 끝나는 거죠. 심지어 그 학부모들에게 영향이 가죠.

---

3   서소영(2022). 개발도상국 디지털 전환에 대한 논의와 북한의 혁신역량 분석. 정보통신정책연구원. KISDI Perspectives. 초점 December 2022 No.4. 1-19.

4   이 연구는 김정은 시대 '전반적 12년제 의무교육실시'의 결과 분석과 교육 변화의 탐색에 초점을 맞추고 있기 때문에, 북한의 의무교육제와 디지털 전환을 위한 혁신역량과의 관계 분석은 후속 연구 과제로 남긴다.

5   2023년 9월 21일 교원의 지위 향상 및 교육활동 보호를 위한 특별법(교원지위법), 초·중등교육법, 유아교육법, 교육기본법 등 교권 4법이 국회 본회의를 통과했다. 이후 교육부와 시·도 교육청은 교권보호를 위한 후속 조치를 발표했다. 필자도 9월 4일 5만여 명이 모인 모인 여의도 추도집회에 후배 교원들을 응원하기 위해 참가했다. 이후 "'공교육 멈춤의 날' 겁박한 교육부 관계자 징계해야"라는 제목의 칼럼을 한겨레신문에 기고했다(2023.9.12.). 이 책 부록에 제시된 해당 칼럼의 QR코드 참조.

자녀를 잘 교양하지 못했다고요"라고 응답했다.[6] 방송에 함께 참여한 신효숙 북한대학원대학교 겸임교수는 "북한도 한국과 마찬가지로 교사의 사회적 지위가 높다. 그러나 최근 '교사는 학생을 책임지고, 학부모는 교사를 책임진다'는 말이 있듯이 교사의 경제적 대우가 미흡한 실정"이라고 했다.[7]

이 프로그램은 교원의 지위와 대우를 소재로 남북 교육 실태를 비교할 수 있는 좋은 방송이라고 할 수 있다. 즉, 자본주의 또는 자유민주주의 국가로서 한국과 사회주의 또는 전체주의 국가로서 북한에서 교원들의 위상을 비교할 수 있는 좋은 사례라고 할 수 있다. 바람직한 교육이란 측면

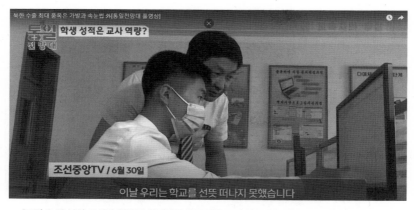

[그림 8-3] 북한 교사가 학생과 일대일로 컴퓨터를 보며 지도하고 있다. 헌신적인 북한 교사의
교육열을 중시하는 오늘날 북한 교육의 모습이다. 사진: MBC TV '통일전망대'. 2023.07.22.

---

6 북한에서 교원 생활을 했던 탈북민(북한 이탈주민, 북한 배경 주민)은 한국에서 교원으로 인정받지 못한다. 이는 북한에서 의사였던 사람들이 소정의 교육과 연수를 받으면 한국에서 의사 자격증을 받을 수 있는 것과 차이가 있다. 한국에서 정식 교사로서 생활하려면 교대나 사대 또는 교육대학원 등을 졸업함으로써 교원자격증을 취득해야 한다. 그러나 교원자격증을 취득하더라도 논술시험과 수업시연, 면접 등 교원 임용고사에 합격하기는 현실적으로 쉽지 않다. 따라서 이들에게 한국 정부는 최경옥 교사와 같이 '통일교육전담사'라는 호칭을 부여한다. 이 같은 내용은 2023년 10월 14~15 2일 간 진행된 '한독 온라인 국제학술회의' "독일과 남북한 학교의 가치교육 변화(독일 베를린 코리아협의회 주최, 구 동독 사통당 독재 청산 독일연방재단 후원)"에서 집중 논의되었다. "북한 학교 현장에서의 가치교육"을 발표한 최영실 통일사랑교육협의회 대표(전 북한교사)는 적어도 한국에서 교원 임용 고시 기회는 주어야 한다고 주장하며, 북한 교육의 장점으로 소학교 5년 담임제와 사교육비에 대한 부담이 거의 없거나 매우 적은 것을 제시했다.

7 방송에 출연한 신효숙 교수는 이 책 3장의 중심 참고자료인 『소련 군정기 북한의 교육』(2006)의 저자이기도 하다.

에서 보면 한국과 북한은 장점과 단점 또는 가능성과 한계를 함께 지니고 있다. 중요한 것은, 단점 또는 약점을 극복하거나 장점을 확대하기 위해 얼마나 개선 의지를 가지고 실행하는가다. 아래 사진은 과학화·정보화 교육의 실현을 위해 개별지도를 하는 북한 교육의 변화된 모습이다.

[그림 8-4]는 넓은 공간에 수많은 북한의 소학교 및 초급 및 고급 중학교 교원들이 한 장소에 모여 교원대회를 열고 있는 모습이다. 요즘 한국에서는 좀처럼 보기 어려운, 사회주의 국가인 북한에서 볼 수 있는 독특한 사진이다.

이와 같이 남북 평화와 분단극복 그리고 평화통일에 크게 기여하던 MBC '통일전망대'가 방송 34년 만에 2023년 12월 23일 1087회로 종영되었다. 이유는 구체적으로 밝혀지지 않았다. 윤석열 정부의 대북 및 통일 정책과 관련 있는 것으로 추정된다.

이 장에서, 현대 북한 교육의 실제라 할 수 있는 김정은 시기의 대표적인 교육개혁 조치이자 교육정책인 '전반적 12년제 실시'의 성과와 평가에 대해 살펴봤다. '전반적 12년제 의무교육실시'의 성과와 평가에 대해 북한은 매우 성공적인 것으로 평가한다. 또한, 한국의 많은 북한 교육전문가들도 구체적인 사례를 들며 '전반적 12년제 의무교육실시'에 대해 대체로 높은 긍정적 평가를 한다고 할 수 있다. 그러나 북한에 대한 한국 전문가들의 평가는 분단 체제에서 오는 한계 또는 약점에 기초해서 북한 교육의 미래 전망에 대해서는 낙관과 우려가 혼재한다고 할 수 있다. 한편, 북한 교육의 이해에서 중요한 것 중 하나는 북한이 정치·경제·외교·군사 등 국정 전반에 걸쳐 국제 변화에 민감하게 반응하고 대처해온 것처럼, 국가교육의 계획과 실행에서도 국제교육의 변화에 민감하게 반응하며, 앞으로도 국가 교육력 제고를 위해 부단히 노력할 것으로 예상된다는 점이다.

[그림 8-4] 2019년 9월 3일 평양체육관에서 개최된 제14차 전국교원대회. 넓은 공간에 수많은 교원이 단체로 참석하고 있다. 사진: MBC TV '통일전망대'. 2023.07.22.

2024년 들어 북한 교육의 놀라운 변화 중 하나는 고급중학교 교육과정에 한국 고등학교 교육과정과 같이 문과, 이과, 예체능 등 과정을 세분화했다는 점이다. 이 과정에는 문학 창작이나 문학 이론, 평론이나 문학사 같은 여러 가지로 세분화된 학과목을 선택과목으로 제시했다. 좀더 살펴보면 지금까지 북한 고급중학교 교육과정과 한국 고등학교 교육과정의 가장 큰 차이점 중 하나가 북한에는 계열 또는 과정 구분이 없던 것인데, 올해부터는 수십여 개 시범학교를 필두로 실시하게 된 것이다. 이는 2023년 조선로동당 제8기 제8차 전원회의(2023.6.16~18) 결정에 따른 조치라 할 수 있다(조선중앙 TV, KBS 남북의 창, 2024.04.13).

III

한국의 평화통일교육과
정책의 개혁

9
평화통일교육 교과목 개설과
교육시간 확대[1]

분단 80여 년이 되어도 한국의 평화통일교육은 독립교과목이 되지 못했고,
학생들은 일 년에 몇 시간도 제대로 교육받지 못한다.
교육뿐만 아니라 북한방송도 시청할 수 없어 한국의 대부분 국민은
북한의 실제와 남북의 평화와 공영을 위한 방법에 대해
제대로 알지 못한다.

　　한반도 평화와 평화통일은 한반도의 남과 북뿐만 아니라 아시아를 넘어 세계의 평화와 안녕에도 크게 기여한다. 우리나라 헌법은 "대한민국은 통일을 지향하며, 자유민주적 기본질서에 입각한 평화적 통일정책을 수립하고 이를 추진한다(제4조).", "대한민국은 국제평화 유지에 노력한다(제5조 1항).", "대통령은 조국의 평화적 통일을 위한 성실한 의무를 진다(제66조 3항)." 라는 문구와 같이 평화와 평화통일을 위한 노력을 국가과제와 대통령의 의무로 규정하고 있다.

　　분단의 시간이 길어지면 민족 정체성이 약해지고 통일 의식도 낮아지는 것은 한반도의 남과 북같이 분단 지속국이라 할 수 있는 중국과 대만

1　이 장은 필자의 논문 「통일 교과 개설의 필요성—범교과학습주제로서 한계」, 『통일교육연구』 [18(1), 2021]를 토대로 재구성한 글이다.

사례에서도 나타난다.[2] 이러함에도 한국의 학교 통일교육에 대한 국가적 노력은 교육부와 통일부가 2014년 이후 매년 실시하는 '통일교육 실태조사' 결과를 봐도 매우 소극적이고 미흡한 것으로 나타난다(이병호, 2020: 67).[3]

우리나라 통일교육은 크게 학교 통일교육과 사회 통일교육으로 나뉜다. 학교 통일교육에 가장 큰 영향을 미치는 법률은 1999년 제정된 '통일교육지원법'과 교육부 장관이 고시하는 '국가 교육과정'이라고 할 수 있다.[4] 국가교육과정은 크게 총론 부문과 각론 부문으로 나뉘고, 각론 부문은 교과교육과정과 창의적 체험활동으로 나뉜다. 현재 국가교육과정에서 학교 통일교육은 교육시간과 교육내용이 의무적으로 제시되는 교과교육과정이나 창의적 체험활동이 아니다. 권고와 권장만 하는 이른바 '범교과학습주제'다. '범교과학습주제'로서 통일교육은 도덕과·역사과·사회과 등 통일 관련 몇몇 교과에서 통일을 교과교육 내용과 관련하여 제시하는 것으로, 10개 정도 단원이 있다면 그중 1개 정도 소단원을 할애하여 교과서 단원으로 제시하는 매우 미흡한 실정이다. 학교 평화통일교육은 독립적인 교과목이 없기 때문에 통일교육 교과연구회나 통일교육 교과학회 등 교과 공동체나 교과학회가 없다. 통일교육 전반에 대해 연구하는 한국통일교육학회가 있을 뿐이다. 따라서 학교 통일교육의 개혁 또는 활성화를

2 　대만 국립정치대의 연구에 의하면 자신을 대만인이라고 인식하는 사람들의 비율이 1992년 17.6%에서 2020년 64.3%로 증가했다. 반면 중국인이라고 인식하는 사람은 1992년 25.5%에서 2020년 2.6%로 낮아졌다. 또 현 상태가 지속되는 가운데 통일을 모색하거나 빨리 통일하자고 하는 사람이 1994년 20%에서 2020년 7.6%로 낮아졌다(한겨레신문 2021.4.28).

3 　실태조사가 처음 실시된 2014년부터 2019년까지 학교에서 통일교육이 안 되는 가장 큰 요인으로 교사들은 통일교육 시간의 부족을 꼽는다(교육부·통일부, 통일교육 실태조사(2014-2019). 그러나 국가 수준의 교과목 개설의 필요성 연구는 찾기 어렵다. 2022 개정 도덕과 교육과정 개발 연구팀은 고등학교 윤리 선택과목으로 '평화와 윤리'를 교육과정 총론 팀에 제안했으나 채택되지 않았다. 학교 수준에선 최근 김병연의 "학교 자율 교육과정으로 활용 가능한 통일교육 프로그램 개발"이 발표되어 학교 통일교육 활성화에 관심 있는 사람들의 주목을 받고 있다(통일교육연구, 20(1), 2023).

4 　국가교육과정은 교육부 장관이 고시(告示)하는 교육부 명령(部令)이다. 교육부는 2022년 하반기에 '2022 개정 교육과정'을 고시할 예정이라고 했는데, 2022년 12월 22일에 이루어졌다.

위해서는 통일교육교과학회와 통일교육교과연구회 등이 구성되어야 한다 하겠다.

이 같은 이유로 학교 평화통일교육의 개혁을 위해서는 '범교과학습주제'에 불과한 현행 학교 통일교육과정의 적합성과 타당성에 대한 더 많은 관심과 적극적이고도 지속적인 연구가 필요하다. 즉, '범교과학습주제'에 불과한 학교 통일교육이 국가 과제이자 대통령 의무사항인 통일교육을 제대로 실행할 수 있는지에 대한 분석과 평가가 필요한 것이다. 이 같은 이유로 이 장에서는 1) 교과의 의미와 구성 및 성립 조건, 2) 범교과학습주제로서 평화통일교육의 문제와 한계, 3) 평화통일 교과목의 개발 방향과 방안에 대해 살펴본다. 이러한 탐색은 평화와 통일 또는 공영에 대한 교과목 개설의 중요성과 교육시간 확대의 필요성에 이론적 기초가 된다.

교과의 의미와 구성 및 성립 조건

이 장은 범교과학습주제로서 학교 통일교육과정의 문제점과 한계점을 분석하고 통일 교과 개설의 필요성을 제시한다. 먼저 통일교육 교과 개설에 시사점을 주는 교육과정학자들이 제시하는 교과의 의미와 중요성, 교과 구성 및 성립 조건 등을 살펴본다. 이에 앞서 교과의 정의와 교과와 교과목의 차이점 그리고 우리나라 교육과정의 구성에 대해 살펴보면 다음과 같다.[5]

교과(敎科, subject matter)란 학교 교육에서 국어과·수학과·도덕과 등 학문이나 지식의 내용과 형식을 토대로, 또는 국가 사회와 개인의 요구에 따라

---

5 국내 교육과정 총론 연구(자)에서 교과의 의미와 구성 및 성립 조건 등 교과교육과정의 본질을 연구한 논문이나 서적은 매우 적다. 대표적인 교육과정 연구단체인 한국교육과정학회의 학술지 『교육과정연구』(2000~2020)에 실린 논문과 관련 서적을 토대로 3명을 선정했다.

교육내용이 체계화 및 구성된 교육과정 요소다(교육과정학 용어 대사전, 2017: 54). 한편 도덕과의 '생활과 윤리'와 '윤리와 사상' 같은 세부 구성단위는 교과(도덕과)와 구별하여 교과목 또는 과목이라고 부른다. 우리나라 국가 교육과정은 크게 교과교육과정과 창의적 체험활동으로 나뉘는데, 이때 두 영역의 비중은 9대 1 정도로 교과교육이 학교 교육에서 대부분을 차지한다.[6]

김헌수의 교과의 의미와 성격

김헌수(2000: 21-34)는 학교 교육에서 교과의 의미와 중요성에 대해 다음과 같이 서술한다.[7]

> 학교에서 교육활동의 대부분은 교과를 중심으로 한 교사의 지도(teaching) 및 교수(instruction) 활동과 학습자의 학습활동(learning activity)으로 성립되는 수업활동이다. 따라서 교과교육, 즉 교수·학습과정은 학교 교육의 목적 달성에서 막중한 기능을 한다. …(중략)… 교육목적이나 이념이 달라지면 필연적으로 교과 내용이 수정되거나 개혁되기도 한다. 그만큼 교과는 교사와 학생과 더불어 교육을 성립시키고 교육의 목표 및 목적에 도달하게 하는 데 필수적인 조건의 하나다(김헌수, 2000: 21).

위 내용에서 주목할 것은 '교과교육과 교수·학습과정'을 유사하게 보며 "교육목적이나 이념이 달라지면 필연적으로 교과(교육) 내용이 수정되거나

---

6 고교 교육과정의 경우 기본 이수 단위인 204단위 중 교과가 180단위 이상, 창의적 체험활동이 24단위 이상을 이수해야 한다.(2015 개정 교육과정 기준)

7 이 글에서 김헌수의 교과와 교과교육과정에 대한 의견은 김헌수의 『교과교육의 이론과 실제』(동문사, 2000: 21-34)를 토대로 제시했다.

변한다."라는 점이다. 여기서 '교과교육과 교수·학습과정을 유사하게 보는 것'은 교과교육을 넓은 의미로 보는 것이며, 교과교육의 중심은 교수·학습과정임을 의미한다고 볼 수 있다. 또한, "교육목적이나 이념이 달라지면 필연적으로 교과 내용이 수정되거나 개혁되기도 한다."라는 것은 시대 변화에 따라 교과 내용 또는 교과목은 수정 또는 개혁될 수 있음을 뜻한다. 김헌수(2000: 30)는 교육과정의 적합성을 개인적 적합성, 사회적 적합성, 학문적 적합성에 비추어 생각할 수도 있으나, 교육에 대한 관점이나 교과는 무엇을 왜 가르치냐(교육의 목적)를 관련시킴으로써 답을 찾을 수 있다고 본다. 이 같은 관점에서 김헌수는 교과의 의미를 더욱 분명히 하기 위해 사회적 지지와 같은 문화적 요소에 대한 고려가 필요하다고 주장하는데, 이를 정리하면 [그림 9-1]과 같이 제시할 수 있다(김헌수, 2000: 29-34).

① 교과는 사회 문화에서 설정된 문화적 요소다.
② 교과는 논리적으로 구분 가능한 개념체계와 독특한 준거를 갖고 성립한다.
③ 교과는 그 가치를 인정해 온 사회적 지지와 그 교과의 지위 향상을 위해 노력하는 학문 공동체 또는 권익 집단에 의해 유지된다.
④ 특정 영역의 지식이나 경험이 교과로 선정되어 학교교육내용으로 편입되는 데는 그 교육적 가치를 옹호하는 사회적 세력의 인정이 있어야 한다.
⑤ 각 교과는 그것들을 둘러싸고 존재하는 교과 공동체가 있다.
⑥ 교과는 다양한 문화요소 중에서 선택한(된)다는 점과 이 선택 과정에는 그 권한을 행사할 수 있는 사회적 권위가 개재된다는 점에서 중요한 의사결정의 산물로 성립한다.

[그림 9-1] 교과의 의미와 성립을 위한 주요 요소

김헌수의 교과와 교과교육과정에 대한 의견 중 이 글에 주는 큰 시사점은 다음과 같이 요약할 수 있다. 첫째, 교육목적이나 이념이 달라지면 교과 내용은 수정되거나 개혁된다. 둘째, 교육과정의 적합성은 개인적 적합성, 사회적 적합성, 학문적 적합성에 비추어 볼 수 있으나, 교육 또는 교과에 대한 관점에 따라 달라질 수 있다. 셋째, 교과는 사회적 지지와 학문

공동체 또는 권익 집단에 의해 유지 또는 변화된다. 넷째, 교과 결정에는 사회적 권위가 개입되며, 이는 의사결정의 산물이기도 하다.

홍후조의 교과의 정당화 논리와 교육과정 변화

홍후조(2011: 88-90)는 각 교과들은 자기 교과가 더욱 중요하고 필요하므로 교육과정적 지위와 위상을 높이려고 하는데, 이를 '중독필조장다시(重獨 必朝長多試)'라는 용어로 표현한다. '우리 교과가 더욱 중요하므로 독립 영역에, 필수로, 조기에, 긴 기간 동안, 많은 교육시간 및 시험을 보는 교과(목)가 되어야 한다.'라는 뜻이다. 이런 관점에서 홍후조(2011: 89)는 각 교과가 교과 지위 향상 논리 또는 교과 이기주의에 빠지지 않기 위해서는 [그림 9-2]와 같은 기본 질문에 응답할 수 있어야 한다고 본다.

홍후조의 교과의 기본 질문은 교과가 교육 개선 또는 개혁을 위해 힘써야 할 과제일 뿐만 아니라, 교과 구성의 주요 기준을 파악하는 데 많은 시사점을 준다. 이렇게 보는 이유는 교과의 기본 질문을 교과의 존재 이유와 교과의 목표로도 볼 수 있기 때문이다. [그림 9-2]에서 교과의 지위, 비중, 역할, 성격, 목표, 내용 체계는 교과 구성의 주요 요소가 되고, 국가·사

---

① 전체 교육과정에서 해당 교과는 어떤 지위, 비중, 역할, 성격, 목표, 내용 체계를 갖는가?

② 교과는 학습자의 현재 삶과 미래 삶에 대한 요구와 필요에 이바지하는가?

③ 교과는 학습자의 흥미, 관심, 소질, 적성 등을 고려하여 구성되어 있는가?

④ 교과는 타 교과와 구별되는 고유의 교육과정 논리가 있는가?

⑤ 교과는 최근 합의·수용된 학문적 성과를 토대로 하는가?

⑥ 교과는 바른 역사관과 미래관을 가지며 국가 사회의 요구를 제대로 반영하는가?

⑦ 교과는 다른 교과와 구별하여 독립적으로 제시될 가치가 있는가?

⑧ 교과는 필수로 가르칠 가치가 있는가?

참고: 홍후조(2011) 89.

[그림 9-2] 교과의 기본 질문과 교과 성립의 주요 조건

회적 요구와 학생의 요구 중시 등은 김헌수의 의견과 유사하다. 홍후조는 교과의 기본 질문을 토대로 시대 변화에 따라, 국가·사회적 요구와 학생의 요구, 학문 내용 및 방법의 변화 등에 따라 교육과정은 [그림 9-3]과 같은 변화를 겪는다고 본다(홍후조, 2011: 18). 즉, 교육과정은 시간의 흐름(과거 - 현재 - 미래)에 따라 ① 삭제·폐지, ② 축소·약화, ③ 확대·강화, ④ 추가·신설의 변화과정을 겪게 된다는 것이다.

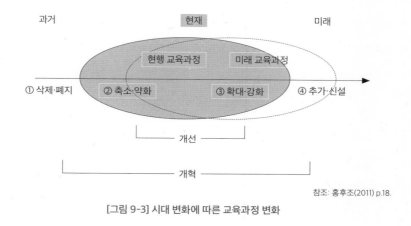

참조: 홍후조(2011) p.18.

[그림 9-3] 시대 변화에 따른 교육과정 변화

앞 절에서 살펴본 김헌수와 홍후조의 교과 의미 또는 교과과정의 주요 질문은 차이점이 있지만, 유사성과 공통점도 많다. 특히 '교과의 구성 또는 성립을 위해서는 국가·사회적 요구, 학습자 요구, 학문적 요구 등이 필요하다.', '시대가 변함에 따라 교육의 기본관점이 변하며 이는 교육과정의 변화를 초래한다' 등은 대표적인 공통점이다.

소경희의 학문과 교과와의 차이

소경희(2010: 119-114)는 '학문과 학교교과의 차이: 교육과정개발에의 함의' 연구에서 "교과의 개발이나 성립에서 개별 학문과 교과는 같지 않으며 무관하지도 않다"라며 교과 성립의 다양성을 강조한다. 소경희의 연구에서 교과 성립 조건과 관련되는 주요 내용을 요약·발췌하면 [그림 9-4]와 같이 제시할 수 있다.

[그림 9-4]에서 나타나는 소경희와 김헌수·홍후조의 의견은 다음과 같은 차이점이 있다. 첫째, 교과의 가치는 교사들에 의해 결정된다는 것이다. 따라서 교사들의 전문성이 중요하고 강조된다. 둘째, 교육과정 결정은 여러 계층 사람들에 의한 이데올로기적 타협과 절충의 산물이다. 셋째, 교과는 사회적·경제적·문화적·정치적 요구와 도전의 반응물이다. 넷째, 교육과정 개발의 핵심은 사회와 학습자에게 의미 있는 교과 고유의 범주를 개발하는 일이다.

---

① 교과 체제에는 학교제도에 대한 기대, 학습자의 필요와 관심, 사회적 요구 등이 복합적이고 역동적으로 작동한다.
② 학교의 교과 결정은 교육목적에 대한 관점에 따라 달라진다.
③ 교과의 실질적 가치는 교사들에 의해 결정된다. 교사들의 전문성이 중요하다.
④ 교육과정 결정은 여러 계층과 사람들의 이데올로기적 타협과 절충의 산물이다.
⑤ 새로운 교과의 등장은 기존 교과와의 갈등 및 위협을 초래할 수 있다.
⑥ 교과는 사회적·경제적·문화적·정치적 요구와 도전에 대한 반응물이다.
⑦ 교과교육과정개발의 핵심은 사회와 학습자에게 의미 있는 교과 고유의 범주를 개발하는 일이다.

[그림 9-4] 교과의 특성과 교과 개발에서 주요 요소 및 특징

교과의 구성과 성립에 영향을 미치는 주요 요인

앞에서 제시한 세 교육과정 전문가들의 교과와 교과교육과정의 특징에 대한 견해를 종합·비교하면 〈표 9-1〉과 같이 제시할 수 있다.

〈표 9-1〉에서 교과와 교과교육과정의 특징에 대한 세 교육과정 전문가들의 의견을 교과 구성과 성립 측면에서 비교하면 다음과 같이 제시할 수 있다. 첫째, 교육과정학에서는 교과 구성과 성립은 국가·사회, 학습자, 학

문적 요구 또는 접합성이 중요하다고 본다. 그러나 소경희는 교과 구성과 성립에 학문적 토대가 반드시 필요한 것은 아니라고 본다.[8] 둘째, 교과 구성과 성립은 시대적 변화 즉 국가·사회 그리고 학습자의 요구뿐만 아니라 교육 목적이나 이념 및 가치관 등의 변화에 따라서도 교육과정 변화가 초래된다. 셋째, 교과 구성과 성립은 사회·문화적 소산물이며, 교과가 성립하기 위해서는 학문적 공동체나 권익단체 특히 지지 세력이 필요하다. 이런 점에서 교과 개설의 결정적 요인은 국가와 사회의 의사결정 과정과 결과라고도 할 수 있다.

〈표 9-1〉 교과와 교과교육과정의 특징에 대한 교육과정 전문가들의 강조점 비교

김헌수(2000)	홍후조(2011)	소경희(2010)
○ 교과의 사회·문화성	● 교과의 구성요소와 설계	□ 학습자 요구, 국가·사회적 요구
○ 교과의 논리성과 체계성	● 학습자의 요구 조사	□ 교과와 교육목적의 변화
○ 사회적 지지와 학문공동체	● 교과 구성과 학습자 특성	□ 교과와 교사의 전문성
○ 사회적 세력의 필요성	● 교과 고유 논리의 중요성	□ 교과는 타협과 절충의 산물
○ 교과 공동체 구성의 중요성	● 교과 내용의 타당성과 신뢰성	□ 교과의 등장과 갈등
○ **사회 의사결정의 산물**	● 국가·사회적 요구 반영	□ 교과의 사회적 요구와 도전
	● 교과 독립의 필요성	□ **교과와 학습자의 유의미성**
	● 교과 교육의 필수성	
	● **시대 변화와 교육과정 변화**[9]	

8　2020년 서울대학교에 협동과정으로 평화·통일학 전공이 개설되었고, 『통일학-통일과 국력(개정판), 정지웅, 2014』 등의 서적이 출판되었지만, 우리나라에 통일학이 체계적인 학문으로 성립되어있다고 보기는 어렵다. 통일교육학도 『통일교육학: 그 이론과 실제』(박형빈, 2020, 한국학술정보)가 출간되었지만 아직 태동기라고 할 수 있다.

9　특히 이 의견은 김헌수의 '교과는 사회 의사결정의 산물' 그리고 소경희의 '교과는 교과와 학습자의 유의미성이 중요'하다는 의견과 함께 시대가 변함에 따라 교과 또는 교과교육과정의 신설 및 폐지가 가능함을 시사한다는 측면에서 의미가 크다.

범교과학습주제로서 평화통일교육의 문제와 한계[10]

범교과학습주제의 의미와 역사

범교과학습주제란 독립된 개별 교과목의 교육내용이나 교육주제가 아닌, 관심 또는 관련 있는 교과에서 가능하면 교육해 주기를 바라는 교육주제 또는 학습주제라 할 수 있다. 따라서 개별 교과목에서 국가가 권장하는 교육 또는 학습주제를 얼마나 어떻게 반영하는가는 전적으로 개별 교과의 재량이라 할 수 있다. 1~6차 교육과정기까지의 국가·사회적 요구 사항 및 범교과 영역의 내용을 박순경은 〈표 9-2〉와 같이 제시한다.

〈표 9-2〉 1~6차 교육과정기의 국가·사회적 요구 사항 및 범교과 영역의 내용

시기	강조 내용
1차(1945)	반공교육, 도의교육, 실업교육
2차(1963)	국어교육, 반공도덕교육, 건강교육 및 정서교육
3차(1973)	도덕교육, 국사교육, 건강증진, 보건위생, 체력향상, 안전교육
4차(1981)	도덕, 국민정신, 언어생활, 건강과 안전, 환경교육
5차(1987)	국가 사회 8대 강조 사항(국민정신교육, 통일안보교육, 안전교육, 환경교육, 진로교육, 인구교육, 성교육, 경제교육)
6차(1992)	도덕교육, 환경교육, 경제교육, 근로정신함양교육, 보건안전 교육, 성교육, 진로교육, 통일교육

〈표 9-2〉는 1~6차 교육과정기까지 반공교육, 반공도덕교육, 도덕교육, 도덕, 통일안보교육, 통일교육 등 명칭은 달라도 통일교육을 범교과학습주제로 계속 강조해 왔음을 나타낸다. 7차 교육과정기부터 국가교육과정

---

10 필자는 2023-24 연말연시 북한의 이른바 통일종언 선언 이후 한국통일담론의 개선 방향 또는 개선 방안으로 기존 통일 개념보다는 통일의 목적이자 과정과 방법 및 절차가 되는 평화공영 또는 공영으로 전환 또는 이동이 바람직하다고 본다. 따라서 이 책 9장, 10장, 11장에서 평화통일 또는 평화공영 등의 용어가 문맥에 따라 혼용되고 있다.

에 명시되기 시작한 범교과학습주제는 7차 교육과정기에는 민주시민교육, 인성교육, 진로교육, 통일 교육 등 총 16개로 늘어났다(박순경, 2006: 162). 2009 개정 교육과정기에는 [그림 9-5]와 같이 38개 범교과학습주제로 확대되었으나, 2015 개정 교육과정에서는 다시 10개로 통합, 축소되었다.

2015 개정 국가교육과정에서 범교과학습주제와 관련된 내용의 제시는 [그림 9-6]의 내용이 전부다. 즉, 국가교육과정에서 범교과학습주제에 대한 언급은 매우 제한적이다. 범교과학습주제의 개념이나 정의가 없고, '범교과학습주제는 교과와 창의적 체험활동 등 교육 활동 전반에 걸쳐 통합적으로 다루도록 하고, 지역사회 및 가정과 연계하여 지도한다.'는 설명과 10개의 주제 제시만 있을 뿐이다. 2022 개정 교육과정에서도 범교과학습주제에 대한 설명은 2015 개정 교육과정과 거의 동일하다.

2009 개정 교육과정	2015 개정교육과정
민주 시민 교육, 인성 교육, 환경 교육, 경제 교육, 에너지 교육, 근로 정신 함양 교육, 보건 교육, 안전 교육, 성 교육, 소비자 교육, 진로 교육, 통일 교육, 한국 정체성 교육, 국제 이해 교육, 해양 교육, 정보화 및 정보 윤리 교육, 청렴·반부패 교육, 물보호 교육, 지속가능발전 교육, 양성 평등 교육, 장애인 이해 교육, 인권 교육, 안전·재해 대비 교육, 저출산·고령사회 대비 교육, 여가 활용 교육, 호국·보훈 교육, 효도·경로·전통윤리 교육, 아동·청소년 보호 교육, 다문화 교육, 문화 예술 교육, 농업·농촌 이해 교육, 지적재산권 교육, 미디어 교육, 의사소통·토론 중심 교육, 논술 교육, 한국 문화사 교육, 한자 교육, 녹색 교육(총 38개)	안전·건강 교육, 인성 교육, 진로 교육, 민주 시민 교육, 인권 교육, 다문화 교육, 통일 교육, 독도 교육, 경제·금융 교육, 환경·지속가능발전 교육(총 10개)

[그림 9-5] 2009 개정과 2015 개정 교육과정의 범교과학습주제 비교[11]

----

11 ① 2009 개정 교육과정 〉 초·중등학교 총론 〉 Ⅱ. 학교 급별 교육과정 편성과 운영 〉 4. 학교 급별 공통 사항 〉 가. 편성·운영;

② 2015 개정 교육과정 〉 초·중등학교 총론 〉 Ⅱ. 학교 급별 교육과정 편성·운영의 기준 〉 1. 기본 사항

아. 범교과학습주제는 교과와 창의적 체험활동 등 교육 활동 전반에 걸쳐 통합적으로 다루고, 지역사회 및 가정과 연계하여 지도한다.

안전·건강 교육, 인성 교육, 진로 교육, 민주 시민 교육, 인권 교육, 다문화 교육, 통일 교육, 독도 교육, 경제· 금융 교육, 환경·지속가능발전 교육

출처: 교육부 고시 제2105-80호 [별책 1] 초·중등학교 교육과정 총론.

[그림 9-6] 국가교육과정의 범교과학습주제 조항

이상에서 살펴본 바와 같이 2022 개정 교육과정에서 학교 평화통일교육을 위한 개선 사항은 거의 없다. 문재인 정부는 남북 평화와 평화통일을 위해 평창 동계올림픽에 북한팀을 참가하도록 하고 세 차례 정상회담 및 9·19 군사합의 등을 도출했다. 그러나 2022 개정 교육과정에서 평화와 평화통일교육 개선 또는 활성화를 위한 개선 조치는 찾기 어렵다. 심지어 도덕과에서 고교 선택과목으로 '평화와 윤리' 과목 개설을 요구했으나 수용하지 않았다.

[그림 9-6]에서 제시된 10개 범교과학습주제의 공통점은 국가교육에서 강조해야 할 주요 교육내용이지만 단일 교과가 되지 못한 교육 또는 학습주제의 단순 제시라고 할 수 있다. 통일교육에 대한 국가 교육과정 총론 기준 내용은 이것이 전부다. 이를 기초로 몇몇 관련 교과(도덕과, 역사과, 사회과 등)에서 통일부가 만든 교육지침을 토대로 1~2개 성취기준을 개발한 뒤, 이를 토대로 교과서에 수록하여 교육하는 것이 현재 우리나라 평화통일교육의 전부라 할 수 있다. 이는 매우 잘못된 현상이며 '헌법 제4조 대한민국은 통일을 지향한다'는 조항에 배치되는 위헌적 요소도 있다고 할 수 있다.

10개의 범교과학습주제 중 상당수 주제는 고등학교 선택 교육과정에서 이미 안전·건강 교육은 「운동과 건강」 또는 「보건」 과목으로, 진로 교육

은 「진로와 직업」, 경제·금융 교육은 「경제」와 「실용 경제」 과목으로, 환경·지속가능발전 교육은 「환경」 등의 독립 교과목이 되었다(2015 개정 교육과정 기준).[12] 그렇지만 통일 교육은 유독 단일 교과목이 되지 못하고 수십 년간 범교과학습주제로 머물러 있다. 대한민국 헌법에 한반도 평화통일은 국가 과제이고 이의 실현은 대통령, 통일부 장관, 교육부 장관의 역할이라고 명시되어 있으나, 역대 정부와 대통령들은 독립 교과목을 개설하지 않고 일 년에 몇 시간도 안 되는 교육을 하며 통일 교육을 하고 있다며 생색을 내고 있다. 이런 우리나라의 평화통일교육 현실은 위헌적 요소가 없는지, 대통령, 교육부 장관, 통일부 장관은 직무유기를 하는 것은 아닌지 면밀한 연구와 검토가 필요하다 하겠다(이병호. "학교 통일 교육, 어떻게 할 것인가. '평화와 통합' 등 과목 개설 절실". 한겨레신문. 2022.04.21. 25면).

헌법이 명시하는 국가과제이자 대통령 의무사항인 조국의 평화와 통일을 위한 교육이 정규 교과가 되지 못하고 범교과학습주제로 머물러 있는 이유와 원인에 대한 국가 차원의 체계적이고 종합적이며 지속적인 연구와 검토가 필요하다. 본격적인 원인 규명과 연구에 앞서 몇 가지 이유를 제시하면 아래와 같다.

첫째, 교과 성립의 토대가 되는 모(母)학문이 없고, 있다 하더라도 매우 미흡하다. 국어과, 수학과, 영어과, 사회과, 과학과 및 음악, 미술, 체육 등 학교 교육 대부분의 교과는 모학문을 토대로 만들어졌다. 그러나 평화통일 교과가 만들어지려면 일반적으로 평화통일학 등의 모학문이 있어야 하는데, 세계적으로나 국내적으로나 평화통일학이라는 학문은 이론적으로나 실제적으로 찾기 어렵다. 이 같은 면에서 평화통일 교과 성립의 기본

---

12 나열된 교과목에서 「운동과 건강」과 「경제」는 일반 선택과목이고, 「보건」, 「진로와 직업」, 「환경」은 교양 선택과목이다.

토대가 되는 평화통일학의 부재나 미흡은 평화통일 교과 형성에 첫 번째 장애 요인이다. 그러나 현재 범교과학습주제 10개 중 상당수가 모학문이 없어도 선택 교과목으로 개설되어 있다. 따라서 '범교과학습주제'가 교과목이 되지 못하는 이유로 모학문의 부재는 부분적인 요인이 될 수 있으나 전체 요인은 아니라 할 수 있다.

둘째, 평화통일교육 개선을 위한 국가교육과정 총론 차원의 연구가 거의 없거나 매우 미흡하다. 우리나라 국가교육과정 개정과 관련된 연구에서 교육과정 총론과 교과교육과정의 개선 또는 개선 연구 및 정책 결정은 대체로 분리되어 있다. 2015 개정 교육과정기부터 총론과 각론(교과교육과정) 간 협업이 시작되었다고 하나 교과목 개설 권한은 총론 연구팀의 영향력이 큰 것이 사실이다. 여기서 주목할 것은, 교과목 개설 및 편성 등 총론 부문에 대해 각론(교과교육과정) 연구자들은 감히 침범할 수 없는 절대 영역으로 과도하게 인식하고 있다는 점이다.

즉, 총론 연구팀이 교과 개설과 유형(필수 또는 선택)과 시수 및 단위 등을 정하면, 각론(교과교육과정) 팀은 수동적으로 이에 따라야 한다고 인식하는 것이다. 2015 개정 교육과정 연구와 개발에서 총론 연구와 각론 연구팀의 협업이 이루어지고 있다고 하지만, 도덕과의 고교 선택과목으로 '평화와 윤리' 과목이 채택되지 않은 사례를 보면 아직도 총론 팀이 교과목 개설에 절대적인 영향력이 있다. 반면, 평화통일 교과목 개설을 위한 학회나 연구단체의 관심이나 연구가 미흡하고, 희망이나 실행 의지도 빈약하거나 적다고 할 수 있다.

셋째, 국가 통일교육에 대한 통일부의 관여 또는 영향력이 과도하다. 주지하듯 학교 통일교육이 이루어지는 곳은 개별 학교다. 학교 교육은 교육부가 연구·개발·고시한 국가교육과정에 의해 이루어진다. 학교 통일교육도 마찬가지여야 한다. 그런데 국가 통일정책을 연구 개발하고 정책을 집행하는 통일부가 개발한 교육지침을 가지고 학교 통일교육을 실시하는 것은 학교 교육의 기본 원리에 부합하지 않을 뿐 아니라, 교육의 정치적 중립성 및 지속성 측면과도 일치하지 않는다고 할 수 있다.

예를 들면 고등학교 '경제' 교과의 교육과정 기준을 기획재정부에서 만들지 않고, '음악', '미술', '체육' 교과의 교육과정 기준을 문화체육관광부에서 만들지 않는다. 온전한 학교 평화통일교육의 개선 또는 개혁을 위해서는 남북관계 및 통일정책을 수립하고 집행하는 통일부가 아니라 국가 교육을 책임지는 교육부에서 교육기준을 만들고 학교가 편성 운영할 수 있도록 해야 한다.[13] 따라서 통일교육지원법 제8조 ②항의 "통일부 장관은 대통령령으로 정하는 바에 따라"를 "교육부 장관은 대통령령으로 정하는 바에 따라"로 개정해야 한다.

넷째, 6·25 전쟁 정전 70년을 맞는 2023년까지 헌법이 명시하는 평화통일을 위한 단일 독립 교과목이 없는 원인과 이유로 국회의원과 대통령 등 정치인들과 언론 및 언론인들의 잘못을 들 수 있다. 2018년 평창 동계올림픽에서 남북한 동시 입장과 여자 아이스하키 단일팀 구성, 3차례에 걸친 남북정상회담에도 불구하고 종전선언과 평화협정을 체결하지 못한 것은 대통령과 참모 및 여당 국회의원들의 결기 부족 때문이라고 할 수 있다. 남북 평화와 평화통일의 소중함과 이를 위한 적극적인 실천의 중요성에 대한 정치인과 언론인들의 성찰이 매우 중요하고 필요하다 하겠다.

----

13 통일부의 통일 및 통일교육정책은 집권 정부의 대북 및 통일관에 따라 달라진다. 예를 들면 통일부는 윤석열 정부 출범 이후인 2023년 8월 23일 통일부의 4개 교류협력·회담·출입 담당 조직을 없애고 정원의 81명(전체의 13.1%)을 줄이는 조직개편안을 확정해 입법 예고했다. 즉, 교류협력국·남북협력지구발전기획단·남북회담본부·남북출입사무소를 '남북관계관리단'으로 통폐합한다고 밝혔다. 통일부 조직에서 '교류협력'이라는 명칭이 완전히 사라지는 것은 1990년 남북교류협력법 제정·시행 이후 처음이다. 통일정책실에 있던 '평화정책과'도 없어지고 '위기대응과'가 신설됐다(한겨레신문, 2023.08.24.). 이와 같이 집권 정부의 대북 및 통일관에 따라 우리나라 통일정책은 수시로 바뀐다. 이런 조직적 특성과 한계성이 있는 통일부에서 국가 통일교육지침을 개발·제시하는 것은 교육의 기본 논리에 맞지 않고 교육적 타당성도 결여되어 있다.

범교과학습주제로서 평화통일교육의 문제 및 한계

이 장의 주제인 '평화와 통일' 교과목 개설의 필요성 가운데 가장 손꼽히는 것은 평화통일교육이 범교과학습주제로서 지니는 한계에서 비롯된다. 그 한계는 크게 두 가지로 나누어 볼 수 있다. 하나는 학교 교육의 핵심 또는 기본 토대(platform)인 '교과 교육'이 아니라 용어 그대로 '여러 교과에서 나누어 가르치는 학습주제(범교과학습주제: cross-curricular learning subject)'로서 교육 개선 또는 교육 개혁의 중심축 또는 핵심세력(기본 토대)이 없다는 점이다. 또 하나는 이 교과 저 교과 등 여러 교과에서 나누어 가르치는 '범교과학습주제'이기 때문에 온전한 교육과정의 연구와 개발이 불가능하다는 점이다. 이에 대해 구체적으로 살펴보면 다음과 같다.

교육시간 부족 및 지속적이고 안정적인 통일 교육과정 연구 개발의 한계

교육부와 통일부는 2020년 11월 2일부터 30일까지 전국 초·중·고 670개교 73,851명(교사 4,045명)을 대상으로 '2020 통일교육 실태조사'를 했다. 그 결과, 교사들은 1년간 교과교육 시간으로 1~2시간(40.9%), 3~4시간(36.6%), 5시간 이상(22.5%)의 응답을 보였다. 우리나라 초·중·고 교사의 77.5%가 1년에 4시간 이하로 교과교육시간에 통일 관련 교육을 하는 것이다. 또 체험학습으로 교육하는 시간은 1~2시간(55.1%), 3~4시간(34.1%), 5시간 이상(10.8%)으로 나타났는데, 교사의 89.2%가 1년에 4시간 이하의 통일 관련 창의적 체험활동 교육을 하는 셈이다. 여기서 교사의 통일교육 시간을 학생이 교육받는 시간으로 환산하면, 우리나라 초·중·고 학생들의 상당수는 1년에 8시간 이하의 통일교육을 받고 있다고 할 수 있다. 한편, 고등학교 2·3학년 학생 중에 2015 개정 교육과정 기준으로 '생활과 윤리'나 '한국지리' 등 통일 관련 교육내용이 들어있는 교과목을 이수하지 않으면, 고등학교 2·3

학년 동안 통일 관련 교과교육을 전혀 받지 않게 된다.[14]

범교과학습주제로서 통일 관련 교과교육의 또 다른 문제점은, 교육실행자인 교사의 통일에 관한 관심과 열의가 부족하면 통일 관련 교육이 더욱 부실해질 수 있다는 것이다. 국가교육과정에서 교사의 교과 재구성에 대한 자율권으로 교사는 적은 시간의 적은 분량으로 수업을 진행할 수 있는 재량이 있다. 한편, '2020 통일교육 실태조사'에 의하면 창의적 체험활동 측면에서 통일교육 관련 동아리나 봉사 및 진로 활동을 하는 학교나 교사는 매우 적은 것으로 나타난다. 따라서 창의적 체험활동을 통한 평화통일교육은 교과를 통한 교육 상황보다 더 좋지 않다. 예를 들면 평화통일교육 관련 창의적 체험활동 시간에 대해 학교가 주관하는 자율활동 영역(행사)으로 참여하는 경우가 95%, 교사 개인이 운영하는 동아리 활동은 7.1%, 진로활동은 3.8%, 봉사활동은 0.6%로 나타난다(교육부·통일부, 2020 통일교육 실태조사 결과).[15] 즉 창의적 체험활동에서 통일교육이 대부분 학교 주관 행사로 대체되는 문제점을 지적할 수 있다.

김병연·조정아(2020)는 '통일교육을 적극적으로 실시하는 초·중·고 교사들과 심층 집담회를 연 결과, 교사들은 다음과 같은 문제점을 제기했다고 밝힌다. 우리나라 국가와 학교의 통일 교육과정은 ① 통일교육의 방향성에 대한 혼란이 크다. ② 당위성 중심의 통일교육은 한계가 있다. ③ 교육과정이 거대 담론적이다. ④ 한국 중심 통일관에 따른 흡수통일론 학습 가능성이 있다. ⑤ 교사역량에 초점을 둔 수업에 의존하는 경향이 크다. ⑥ 교육시간이 부족하다. ⑦ 활용 가능한 학습자료가 부족하다. ⑧ 창의적 체험활동에서 동아리 활동 조직과 운영이 어렵다. ⑨ 자율활동이 일회

---

14 이 장에서 교사들의 연중 통일교육시간이 통일되어 제시되지 않았다. 매년 실시하는 실태조사의 수치가 달라지기도 하고, 필자가 발표한 개별 연구 논문들을 토대로 작성함에 따른 차이도 있다.

15 중복 응답 가능한 설문 조사 결과다.

성 행사로 그치는 경향이 있다 등이다(김병연·조정아, 2020: 48-64). 이상의 '학교 통일 교육 실태조사'와 '김병연·조정아'의 연구는 범교과학습주제의 지위에 있는 학교 통일교육 또는 통일 교육과정의 구조적 문제점과 한계점을 잘 나타낸다.

김병연·조정아(2020: 57-59)는 이 연구에서 다음과 같은 개선 방향을 제시한다. 첫째, 통일교육 방향성 정립, 둘째, 교육과정 편성 및 운영 개선, 셋째, 교사역량 강화다. 제안된 3개 개선방안 중 교육과정 편성과 운영 개선과 관련해서 "2015 개정 교육과정 총론은 통일교육을 10개 범교과학습주제 중 하나로 제시하지만, 이런 조건은 학교 현장에서 실질적인 실행[16]을 보장하지 못하는 것으로 보인다."[17] "정부 성향에 따라 통일교육의 방향성이 달라지는 것은 교원의 정치적 중립성 위반을 초래할 수 있다." "통일교육원은 해당 분야 전문가들을 통해 다양한 교수학습자료를 만들어 전달하지만, 교사들의 요구에 미치지 못하는 것으로 보인다. 또 너무 오래됐고 너무 길다."(김병연·조정아, 2020: 57-59) 등을 제시한다. 김병연·조정아 연구는 범교과학습주제로서 학교 통일교육의 구조적 문제점과 한계점을 잘 지적하며, 아울러 본 연구의 목적이나 내용과도 일치한다 하겠다.

평화통일교육과 평화통일 교육과정 개선의 중심축 또는 기본토대의 부재

남북분단 이후 통일교육은 명칭과 목표와 내용은 달라도 국가의 중요한 교육목표 또는 교육내용으로 강조되어왔다. 그러나 국가·사회적 요구

---

16 여기서 '실질적 실행'은 '학교 통일교육의 온전한 실행'을 뜻하는 것으로 볼 수 있다.

17 이를 뒷받침하는 근거로 이 연구는 다음 인터뷰 내용을 제시한다. "범교과를 외치지만 실질적으로 현실의 어려움도 많고, 전문성도 떨어질 수 있고, 그런데 교과에 이게 녹아들어 있으면 … 물론 분야는 다르지만 관심을 갖게 된다는 거예요(하략)."(중등교사 2, 2019.6.18. 중등교사 집담회). 이 진술은 범교과학습주제로서 학교 통일교육의 근본적인 문제점을 제시한다. 이런 견해는 다음 진술을 통해서도 알 수 있다. "다양한 교과교육과정에서 명문화하고 교과서를 통해 관련 내용이 다루어질 때 비로소 교사들이 관심을 두게 되고 수업이 실질적으로 진행될 수 있다."(김병연·조정아, 2020: 57)

에도 불구하고 단일 교과가 되지 못하고 범교과학습주제의 지위에 머물러 왔다. 교육부가 발표한 2022 개정 교육과정 추진 계획(안)(2021.4.20. 보도자료)을 보면 통일교육 개선이나 강화에 관한 내용은 찾기 어렵다. 그래도 다음과 같은 범교과학습주제의 활성화를 위한 개선안의 제시는 반가운 소식이다. 첫째, "범교과학습 관련 주제를 교과 수업시간에 다양하게 활용 연계하여 학습할 수 있도록 학교급별 주제 중심 교육과정 운영을 지원한다." 구체적으로 국가 수준에서 범교과학습주제와 관련 교과 성취기준 및 학습 내용의 통합·연계 지원과 안내를 한다는 것이다. 둘째, "범교과학습 주제 중 교과와 통합이 어려운 경우 원격 콘텐츠를 제작·보급하며, 원격수업 및 학교 안팎의 학습경험을 공인받은 기관에 의해 이루어졌을 경우 수업시수(학점)로 인정하는 방안을 검토한다."(교육부, 국민과 함께하는 미래형 교육과정 추진 계획(안). 2021.4.20)

　우리나라 평화통일교육 또는 평화통일 교육과정이 발전되지 않는 대표적인 요인 중 하나로 평화통일교육 또는 평화통일 교육과정 개선을 위한 중심축 또는 핵심세력(기본 토대)의 부재를 들 수 있다. 즉, 평화통일교육 시간이 매우 적고 평화통일교육 내용에 문제가 있어도 이를 협의하고 개선, 개혁할 주체나 공동 협의체가 없는 것이다. 여러 교과에서 나누어 가르치는 범교과학습주제이다 보니 문제점에 대한 근본적이고 종합적인 개선 또는 개혁을 추진할 중심축 또는 공동 협의체가 없다.

　교과 또는 교과목 개설은 학교 교과교육 개선과 발전의 중심축 또는 기본 토대가 될 수 있는 이론적·실제적 근거가 된다. 그러나 교과 개설은 공통교육을 하는 초·중·고등학교에서는 이수 과목과 시수 증대라는 문제를 발생시킨다. 따라서 과목이나 시수 증대라는 문제를 발생시키지 않으려면 중학교나 고등학교의 교양이나 진로·지역 및 학교별 선택과목으로 교과목 개설이 바람직하고 필요하다 하겠다.

통일 교과목 개발 방향과 방안

평화통일교육의 개선과 개혁이 이루어지려면 중심축 또는 공동 협의체가 있어야 한다. 통일교육 개선과 개혁의 중심축 또는 공동 협의체로 평화통일 교과교육학회, 평화통일 교과연구회, 평화통일교육연구원, 평화통일교육 교원양성기관 등이 있어야 한다. 이런 단체들은 교과 개설을 위한 준비 단체로서 역할을 할 수 있고, 교과 개설 후에는 교과 교육 기준 연구와 개발, 교원 양성 교육 및 연수 활동 등을 할 수 있고 또 해야 한다. 발전을 위해 다양한 역할과 기능을 할 수 있다.

범교과학습주제로서 학교 통일교육이 중·고등학교에서 어떻게 선택 교과가 될 수 있는지, 즉 실현 방법에 대해 이미 교과목이 된 '논술' 과목의 사례 분석은 통일 교과목 개설에 많은 시사점을 줄 수 있다. 통일 교과목 개설을 위해 개인이나 단체가 어떤 노력을 해야 하는지에 대해서도 살펴보면 다음과 같다.

'논술'의 교과 개설이 '평화공영' 교과 개설에 주는 시사점

2013년 12월 18일 교육부는 '논술'을 고등학교 생활/교양 영역 교양 교과 선택과목 중 하나로 고등학교 정규 교육과정에 포함한다고 발표했다. 이런 교육부의 '초·중등 교육과정 개정 고시'(교육부, 2013)에 따라 모든 고등학교에서는 2014년도부터 논술 과목을 (교양 선택과목으로) 신설, 교육할 수 있게 되었다(원만희·한혜정, 2015: 2).

위 내용은 교육부가 교과목 개설 여부를 결정한다는 사실과 논술교육이 고등학교 생활/교양 영역 교양교과 선택과목 중 하나로 정규 교육과정이 되었다는 소식을 나타낸다. 이 내용이 평화공영 교과 개설에 주는 시사점을 정리하면 두 가지로 요약할 수 있다.[18]

첫째, 교육부가 논술교육을 학교 교과로 설정한 것은 논술이 대학입시의 한 종류로 실행되는 등 현실적 측면에서 학교 교육의 필요성이 증대했기 때문이라 할 수 있다. 즉, 논술 전형에 응시하는 학생들에게 현재와 같이 학교에서 정규 교육과정으로 가르치지 않으면 학생들은 사교육을 받을 수밖에 없고, 이는 교육 불평등을 심화시키며 학교가 공교육기관으로서 제 역할을 못 한다는 사회적 비판과 지적에 대응하기 위해서라고 볼 수 있다. 이 사례가 주는 시사점은, 학교 평화통일교육이 교과가 되려면 국가 사회나 학생들이 절실히 필요해하거나 요구하는 교육이 되어야 한다는 것이다. 또 하나는 대통령이나 정당 또는 국회의원의 정책 입법으로 교과목이 개설될 수 있다는 점이다.

둘째, '논술'이 고등학교 생활/교양 영역의 교양교과 선택과목이 된 것은 평화통일교육이 어느 학교급, 어느 유형의 교육과정으로 교과 개설이 가능한가에 대한 시사점을 준다. 우리나라 국가교육과정은, 초등학교와 중학교 그리고 고등학교 1학년까지의 교육과정은 모든 학생의 필수 공통과목으로 편성되어 있다. 따라서 고교 1학년까지의 교육과정 편성은 오랜 시간에 걸쳐 형성된 매우 견고한 교육과정체제를 이룬다. 이런 이유로 신설되는 평화공영 교과가 초등학교와 중학교 및 고등학교 1학년의 공통과목이 되기는 현실적으로 어렵다. 따라서 '논술'과 같이 고등학교 생활/교양 영역의 교양교과 선택과목이나 진로 선택 교과목 또는 중학교의 학교 선택 교과목으로 개설할 수 있다.

---

18 이 책은 평화통일교육에 관한 교과목명을 '평화공영', '평화와 통일', '평화통일' 등 여러 형태로 제시하고 있다. 그 이유는 이 책의 토대가 된 필자의 연구 시점에 적합한 교과목명을 제시했었기 때문이다. 따라서 실행단계에서는 여러 전문가와 관련기관의 협의에 의해 교과목명을 결정할 필요가 있다.

학교 평화공영교육에 대한 교과목 개설은 앞에서 살펴본 바와 같이 국가수준 교육과정뿐만 아니라 지역교육청 그리고 개별 학교 단위에서도 가능하다. 즉, 17개 시·도 교육청 교육감이나 단위 학교 학교장의 개설이 가능한 것이다. 한편 김병연(2023)의 「학교 자율 교육과정으로 활용 가능한 통일교육 프로그램 개발」(통일교육연구, 20-1) 연구는 학교 수준에서 개별학교 또는 개별교사가 실행할 수 있는 사례를 제시한 좋은 연구라고 할 수 있다.

통일 교과 개설을 위한 향후 과제와 노력

'논술'이 고등학교 교양 선택과목이 된 가장 큰 이유는 대학입시에 논술 전형이 있으나 학교가 이에 적합한 교육을 못 하여 학생들이 사교육 기관을 찾는 현실에서 비롯했다. 이같이 학교에 교과목이 개설되려면 나름의 절실한 교육적 또는 국가·사회적 이유와 요인이 있어야 한다. 이런 이유와 필요는 평화공영 교과목 개설에도 적용될 수 있다. 학교에서 평화공영 교과목이 개설되기 위해 힘써야 할 몇 가지 과제와 방향을 아래와 같이 제시할 수 있다.

첫째, 학교 평화공영교육의 개선과 개혁을 위해서는 범교과학습주제에서 벗어나 교과가 되어야 할 필요성을 많은 사람에게 인식 또는 공감시키는 노력을 해야 한다. 평화공영교육과 관련된 교육자나 연구자 중에서도 평화공영 교과 개설 필요성에 소극적이거나 회의적인 사람들도 있다. 이런 견해를 갖는 대표적 이유 중 하나는 중·고등학교에 지역별 또는 학교별 선택과목이 있다는 사실을 모르기 때문인 경우가 많다.

둘째, 평화공영 교과목이 개설되려면 무엇보다도 평화공영 교과목 개설과 교육과정 개발에 대한 연구와 협의가 필요하다. 제대로 된 통일 교과 교육과정이 있어야 교육부에 교과 개설을 요구할 수 있고, 통일교육을 하는 학교나 사회 교육기관에 교육과정을 지원할 수도 있다. 2000년 통일교육지원법 제정 이후 학교 통일교육의 근간이 된 통일부 통일교육원의 '통일교육지침서'나 2018년 처음 발행된 뒤 현재까지(2121년 기준) 발행되지 않는 '평화·통일: 방향과 관점'이 학교 통일교육의 교육과정 기준으로서 역할을 해왔다. 그러나 2002년 이후 통일부가 발행한 '통일교육지침'이나 '평화·통일: 방향과 관점'은 평화통일 교육과정이라고 보기 어렵다. 용어 그대로 범교과학습주제에 대한 정부의 통일교육 지침이나 방향을 제시한 정부 문서다. 따라서 통일교육의 구체적인 목표와 내용을 선정하고 기술하는 데 필요한 면밀하고 체계적인 교육과정 기준을 개발해야 한다.

셋째, 고등학교 교양 교과 또는 진로 선택과목 등으로 통일 교과(목)가 개설되더라도, 학교(교사) 또는 학생들이 희망하거나 선택하지 않으면 교과 개설의 의미가 없다. 따라서 교육논리에 기초한 바람직하고 타당하며, 체계적이고도 효과적인 개별 또는 독립된 통일 교육과정의 연구와 개발 그리고 담당 교원들의 전문성 향상을 위한 연수 및 특별 프로그램의 편성·운영이 필요하다.

넷째, 2022 개정 교육과정 고시에 대한 통일교육 관련자들의 적극적인 대응과 준비가 필요하다.[19] 2021년 4월 20일 교육부는 2022 개정 교육과정 추진 계획을 발표했다. 2021년 하반기에 총론의 주요 내용이 발표되었고, 2022년 12월 22일 교과교육과정기준을 포함한 2022 개정 교육과정이 교육부 장관 명의로 고시되었다. 개정된 교육과정은 2024년에 초등 1·2학년 대상으로 교육이 시작되고, 2025년에는 초등 3·4학년과 중1, 고1 교육이 시작되는 등, 순차적으로 교육과정이 적용된다. 이번 교육부의 발표 중 본 연구와 관련된 계획안 내용을 정리하면 통일교육 개선이나 강화에 관한 내용은 찾기 어렵다. 한편, '통일교육' 교과화의 타당성과 가능성이 가

---

19 이 글은 2020년 작성된 논문에 기초하므로 2022 개정 교육과정이 고시(告示)되기 전이다.

장 크다고 할 수 있는 고등학교 선택과목에 기존 일반선택과목와 진로선택과목에서 융합선택과목이 추가된다. 이와 관련하여 김샛별(2021: 36)의 「고등학교 가정과 선택과목 개발을 위한 미국 미네소타주 고등학교 가정과 교육과정에 관한 사례 연구」는 많은 시사점을 준다 하겠다.[20]

다섯째, 교육부는 2022 개정 교육과정계획(안)에 범교과학습주제의 교육을 공인받은 기관의 연수 프로그램, 원격수업 콘텐츠를 활용하여 이수하면 수업(학점) 인정을 검토하고 있다고 발표했는데, 이에 대한 준비를 시급히 그리고 철저히 할 필요가 있다[교육부, 국민과 함께하는 미래형 교육과정 추진 계획(안), 2021.4.20.] 교육부의 이 계획(안)은 통일 교과 개설과 편성·운영에 앞선 차선책 또는 마중물로서 의미가 크다. 학생들은 주중에는 방과 후 학습시간이나 토요일에 그리고 방학 중에는 온/오프라인으로 교육을 받을 수 있다. 이와 관련하여 이광우·임유나(2021: 6)의 「고교학점제 도입에 따른 일반계 고등학교 학교 밖 학습경험의 학점 인정에 관한 쟁점 논의」 연구는 많은 시사점을 준다.[21]

한반도는 분단 시간이 길어짐에 따라 남북 차이와 이질감이 커지고 있다. 분단에 익숙해지고 평화통일을 위한 염원과 의지는 약해지고 있다. 특히 청소년과 젊은이의 평화통일의식과 실천 의지가 약해지고 있는 것은 심각한 문제라고 할 수 있다. 2020년 학교통일 교육실태조사는 우리나

---

20 김샛별은 「고등학교 가정과 선택과목 개발을 위한 미국 미네소타주 고등학교 가정과 교육과정에 관한 사례연구」를 통하여 "고교학점제가 대학입시를 위한 지식 전달 위주의 획일적 교육과정을 탈피하고 가정과 교육의 사회적 책무성을 실현할 수 있는 선택과목 개발을 제안한다."라고 밝혔다(2021: 36).

21 이 연구는 학점 인정 관련 시·도교육청 지침, 유사 제도 및 운영 사례 분석을 통해 다음 사항들을 제시한다. 1) 학교 밖 학습경험은 단기적으로는 국가 교육과정에 제시된 선택과목을 중심으로 개설하지만, 장기적으로는 학생의 요구와 진로가 고려된 다양한 과목 개설이 필요하다. 2) 과목 개설은 단기적으로 사전 승인, 장기적으로는 공모를 통한 승인. 3) 이수학점은 단기적으로 총 10±2학점, 장기적으로는 20±2학점까지 인정. 4) 이수 시기는 단기적으로 일과 후나 주말, 방학 가능/ 장기적으로는 일과 중에도 가능. 5) 학점 인정은 단기적으로 수업 일수 기준, 장기적으로는 교과 이수 기준 적용. 6) 평가는 단기적으로 공동교육과정 기준, 장기적으로는 과목과 수업에 따른 평가. 7) 기록은 교육청 송부 및 심의 후 학생 학교에 통보 NEIS 기록.

라 초·중·고 학생들이 대체로 1년에 8시간 미만의 매우 미흡한 통일 관련 교육을 받고 있음을 보여주었다. 통일 관련 교육의 목표와 내용, 방법의 타당성과 적합성은 차치하고 교육시간이 매우 적으며, 통일교육의 근본적인 문제점과 개선을 위한 중심축과 핵심세력인 통일 교과와 통일 교과교육과정이 없다. 이런 요인의 가장 큰 원인은 분단이 70년 이상 지속함에도 학교 통일 교육이 여러 교과에서 조금씩 가르치는 범교과학습주제의 국가 교육과정 지위에 머물러 있기 때문이라고 할 수 있다.

이 장의 주요 내용을 요약·정리하면 다음과 같이 제시할 수 있다. 첫째, 한반도 남북의 평화와 공영 나아가 평화통일은 역사적으로, 시대적으로 매우 절실한 현실의 문제다. 특히 한반도 평화와 평화통일을 위한 노력은 헌법이 명시하는 국가 과제다. 그럼에도 한국에는 평화나 평화통일을 위한 교과목이 없는 등, 교육부재 상태라 할 수 있다.

이에 '북맹'이란 말이 적합할 정도로 학생이나 국민들은 북한에 대해 거의 모른다고 할 수 있다. 이런 이유로 상당수 국민이 시간이 흐르면 북한은 언젠가 남한에 흡수통일 될 존재 또는 무관심하거나 적대시해도 될 나라로 인식하고 있다 하겠다. 현재는 정치가 교육을 지배하지만 미래는 교육이 정치를 지배한다. 학교에서 남북 평화와 공영에 대한 교육을 전혀 또는 제대로 받지 못한 학생이 정치인 또는 유권자가 되었을 때 한반도의 평화와 공영은 불가하다 할 수 있다.

둘째, 범교과학습주제로 한 학생이 1년에 평균 5~6시간 교육받는 통일교육지침(기준)이 통일부에서 제시되고 있는데, 교육부로 이관해야 한다. 교육부도 집권 정부의 영향을 받지만교육의 정치적 중립을 추구한다는 기본 원칙에 따라, 통일부보다는 덜 영향을 받는다고 할 수 있다. 현재 통일부 국립통일교육원이 실시하는 남북 평화와 평화통일에 대한 교육은 계속 실시할 필요가 있으나, 국가교육의 기본이 되는 통일교육지침(기준)만은 교육부로 이관해야 한다. 통일교육지침(기준)은 집권정부에 영향을 받지 않거나, 받더라도 비교적 덜 받는 한반도 평화와 평화통일에 관한 전문가와 전문기관의 연구개발을 통해 제시되는 것이 매우 중요하고 필요하다.

셋째, 학교에 평화와 평화통일을 위한 교육시간을 확대해야 한다. 2024년 현재 기준 학교에서 학생들이 평화와 평화통일에 관한 교육시간은 1년에 5~6시간 정도밖에 되지 않는다. 이렇게 적은 이유 중 하나는 독립 교과목이 없고, 독립 교육과정기준이 없는 만큼 대부분의 교사들은 어떤 내용으로 어떻게 교육해야 할지 잘 모르고 불안하다는 것이다. 교육시간이 부재하거나 필요시간보다 현저히 적을 경우 온전한 교육은 불가하거나 어렵다고 할 수 있다.

10

평화통일교육 교과교육과정과
기준의 연구개발[1]

유·초·중·고 평화통일교육의 핵심역량으로 ① 평화 감수성 역량, ② 통일 탐구역량,
③ 민주적·평화적 소통역량, ④ 평화·실천역량 등을 설정할 수 있다.
총괄목표로 '남북 분단 상황에 대해 다각적으로 이해하고 평화의 가치를 내면화하여
한반도 평화와 평화통일 과정에 적극 참여할 수 있다'를 설정할 수 있다. 내용 체계로
① 평화의 본질, ② 평화통일의 의미, ③ 남북의 평화와 통일,
④ 동아시아와 세계의 평화와 연합 등을 설정할 수 있다.

앞 장에서 평화통일 교과목 개설의 필요성과 통일교육지침(기준)의 설정·
제시 부서를 통일부에서 교육부로 이관하는 문제, 그리고 교육시간 확대
의 중요성에 대해 살펴봤다. 이 장에서는 평화통일 교과목 개설을 위한
교과교육과정과 기준의 연구개발에 대해 살펴본다. 이를 위해 1) 평화통
일 교육과정의 연구개발, 2) 교과교육과정 개발의 방법과 절차, 3) '평화와
통일' 교과목 개발의 기본 구성요소, 4) '평화와 통일' 교과목의 성격·목표·
내용 체계에 대해 탐색한다.[2]

----

1   이 장은 '평화와 통일' 교육과정의 성격, 목표, 내용 체계 연구(통일교육연구 18(2), 2021)에 게재된 필자의 논문
    을 수정·보완하여 재구성한 글이다.
2   이 장에서는 개설 필요성이 있는 교과목명에 대해 원래 논문에서 제시한 '평화와 통일'이라는 용어를 그대로
    사용한다.

평화통일 교육과정의 연구개발

병이 길어지면 치료 기간이 길어지고, 안 보면 멀어진다(Out of sight, out of mind). 한반도의 남북관계도 유사하다. 2023년 현재 기준 70년 전인 1953년 7월 27일 정전협정이 이루어졌으나 남북분단은 여전히 지속되고 있다. 독일은 한반도와 같은 해인 1945년 분단되었지만 분단 45년 만에 통일됐고, 통일된 지 벌써 33년이 넘는 독일과 남북한은 달라도 무척 다르다. 2017년 출범한 문재인 정부는 이명박·박근혜 정부의 통일안보교육에서 벗어나 평화통일교육을 지향했으나, 윤석열 정부가 들어선 이후 학교 통일교육은 다시 이명박·박근혜 정부의 통일안보교육으로 돌아갔다.

2018년 통일부 통일교육원은 16여 년간 학교 통일교육에서 국가 교육과정기준 역할을 해온 '통일교육 기본지침서'를 '평화·통일교육: 방향과 관점'으로 개칭했다. 김국현·변종헌·이인재·박보람·문경호·최선(2018)은 통일교육원의 지원으로 '통일교육 관련 초·중·고 교육과정 개선방안 검토' 연구를 했다. 이 연구는 평화·통일교육의 필요성과 이유, 평화·통일교육의 내용체계 분석, 평화·통일교육을 위한 교육과정 개선방안 등 의미 있는 여러 연구 내용과 결과를 제시했다. 그러나 학교에서 통일교육은 2015 개정 교육과정이 계속 적용되었기 때문에 학교 통일교육 개선에 실질적인 영향을 미치지 못했다.

또한 김상범 외(2020)의 '학교 평화·통일교육 내실화를 위한 교육과정 개선 방향 탐색'은 2022 개정 통일교육과정 개선에 많은 시사점을 주었다고 할 수 있다. 이 두 연구는 무엇보다 2018년 통일교육원이 발간한 '평화·통일교육: 방향과 관점'의 가장 큰 약점이라 할 수 있는 평화·통일교육의 개념을 명료히 하고 있다. 또한 평화·통일교육 활성화와 개혁을 위한 첫 번째 과제라 할 수 있는 교육목표도 명료히 했다. 나아가 평화·통일교육의 궁극적이며 실제적 교육목표라 할 수 있는 타당하고 의미 있는 평화·통일교육의 핵심역량도 제시했다. 이 외에도 통일교육지원법 개정 및 고등학교 교양과목으로 평화·통일 교과목 등의 개설 필요성 등 다양한 제언도 했다.

이 글은 이와 같은 선행연구 분석을 토대로 중학교 및 고등학교 선택과목으로 개설 가능한 '평화와 통일' 교과목의 성격, 목표, 내용 체계를 탐색하여 도출하고 제시하고자 한다. 여기서 교과목의 성격, 목표, 내용 체계는 이 장 제목인 교과교육과정과 (교과교육과정)기준의 핵심요소라고 할 수 있다.

교과교육과정 개발의 방법과 절차

교과 또는 교과목 개발 필요에 따라 국가, 지역교육청, 학교 등이 이를 개발하기로 했으면, 연구자와 개발자는 교과교육과정 또는 교과교육과정 기준을 개발해야 한다. 교육과정(curriculum)은 개발 및 운영 주체와 대상에 따라 국가수준, 지역수준, 학교수준으로 나눈다. 이 글은 국가수준의 교육과정 개발에 초점을 둔다. 그러나 지역수준 및 학교수준에서 개발할 때도 연구 결과는 큰 차이가 없다고 할 수 있다.

일반적으로 국가교육과정은 크게 총론과 각론(교과교육과정과 창의적 체험활동)으로 나눈다. 교과교육과정 연구와 개발은 각론에 해당한다. 본 장은 교과교육과정 개발에 관한 내용이므로, 교과교육과정 기준 개발에 관한 이론과 원리 중, 본 연구의 목적과 내용에 적합한 헌킨스(Francis P. Hunkins)와 맥타이(Wiggins·McTighe)의 교육과정 설계모형을 탐색한다. 이를 통해 중·고등학교 '평화와 통일' 교육과정 개발에 주는 시사점을 찾는다.

헌킨스의 교육과정 개발 모형과 시사점

[그림 10-1]은 헌킨스(Francis P. Hunkins, 1938~, 미국)의 교육과정 개발 모형이다. 이 모형은 교육과정 개발과 실행 및 평가, 개선 등 교육과정의 전 과정 및 절차를 보여준다. 특히 개념화와 합법화를 첫 단계로 하여 본 글에 주는 시사점이 크다. 또, 각 단계 또는 과정 및 절차마다 지속적인 환류(Feedback)를 제시하는 것이 교육과정 개발 모형으로서 다른 모형들과 구별되는 특징이다.

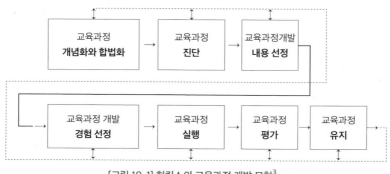

[그림 10-1] 헌킨스의 교육과정 개발 모형[3]

[그림 10-1]의 교육과정 개발 모형에서 첫 단계는 교육과정 개념화와 합법화, 둘째는 진단, 셋째는 내용 선정, 넷째는 경험 선정, 다섯째는 실행, 여섯째는 평가, 일곱째는 유지다. 여기서 첫 단계 교육과정 개념화와 합법화에서 네 번째 교육과정 개발 경험 선정은 교과교육과정 개발 단계라 할 수 있다. 이 모형에서 첫 단계로 교육과정 개념화와 합법화를 제시하는 것은 평화통일교육의 개념이 불명료하고 독립 평화통일 교과목이 없는 우리나라 평화통일교육과정 개선과 본 연구에 주는 시사점이 크다. 한편

---

3   Allan C. Ornstein·Francis P. Hunkins 공저, 장인실 외 역, 2007: 321.

헌킨스는 교육과정의 개념화와 합법화에 대하여 아래와 같이 설명한다.

교육과정의 개념화와 합법화의 첫 단계는 의사결정 참여자들이 교
육과정 특성과 교육과정의 교육적·사회적·정치적 가치에 대해 숙의
를 요구하는 단계다. 이 첫 단계는 교육과정 의사 결정자들이 교육
프로그램 창출뿐만 아니라 교육과정의 이해에 대해서도 탐색할 것
을 요구한다(Allan C. Ornstein·Francis P. Hunkins, 장인실 외 역, 2007: 321-322).

오른스타인(Allan C. Ornstein)·헌킨스(Francis P. Hunkins)의 교육과정 개발 모
형에서 두 번째 단계는 교육과정 진단이다. 교육과정 진단의 대표적인 방
법으로 요구 분석을 들 수 있다. 올리버(Peter F. Oliver)는 요구 분석의 방법
과 종류를 [그림 10-2]와 같이 제시한다. 올리버의 교육과정 요구 분석은
학교 평화통일교육의 활성화와 이 글 '평화와 통일' 교육과정 개발에 많은
시사점을 준다 하겠다.

1) 요구 분석 수행을 위한 시간과 인적자원 확보
2) 요구 분석 대상자(교사, 학생, 학부모, 행정가, 지역사회 구성원 등) 선정
3) 자료 수집 도구(조사, 공청회, 질문지, 검사결과, 인터뷰 등) 제작
4) 일정 수립
5) 수집된 자료 분석
6) 분석한 자료의 해석(참여자들의 차이점 비교 및 요인 분석)
7) 학교 교육과정 적용 시 예상되는 요구나 문제점 파악
8) 학교 및 지역사회 인사들에 의한 요구 중시하기
9) 구체적인 실행 목적과 목표 설정

[그림 10-2] 올리버의 교육과정 개발 요구 분석[4]

---

4   Allan C. Ornstein·Francis P. Hunkins, 장인실 외 역, 2007: 323.

위긴스와 맥타이의 역행 설계모형과 시사점

중·고등학교 '평화와 통일' 교육과정 개발에 도움을 주는 두 번째 교육과정 개발 모형으로 위긴스(G. Wiggins)와 맥타이(J. McTighe)의 역행 설계(Backward design)모형을 들 수 있다. 역행 설계모형은 위긴스와 맥타이가 제시했듯이 전통적인 타일러(R. Tyler, 1902~1994, 미국)의 교육과정 개발 모형과 브루너(Jerome Seymour Bruner, 1915~2016, 미국)의 내용 모형에 기반을 두고 발전했으나, 교육목표 설정 이후 교육내용과 교육평가를 함께 고려하는 것이 전통적인 타일러식의 교육과정 설계모형과 차이가 있다(G. Wiggins와 J. McTighe 공저, 강현석 외 옮김, 2008: 301). 이에 대해 좀 더 살펴보면 [그림 10-3]과 같다.

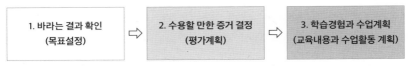

출처: 홍후조(2011), 183.

[그림 10-3] 위긴스와 맥타이의 역행 설계모형

[그림 10-3]은 교육과정의 설계 순서로 ① 바라는 결과 확인(Identify desired results), ② 수용할 만한 증거 결정(Determine acceptability evidence), ③ 학습경험과 수업 계획(Plan learning experience and instruction)의 3단계를 제시한다. 이와 관련하여 강현석은 이 설계모형의 특징을 [그림 10-3]과 같이 3단계로 제시할 때, 두 번째(평가 계획)와 세 번째(교육내용과 수업활동 계획)가 기존 교육과정 개발 방식과 다르다고 주장한다(G. Wiggins와 J. McTighe 공저, 강현석 등 공역, 2008: 3). 즉, 전통적 방식에서는 교육목표가 설정되면 교육내용과 교수·학습 방법이 제시된 후 평가 방향과 방법이 제시되는데, 이 방식은 평가 방향과 방법 등 평가 관련 내용이 교수·학습 방법의 제시 전에 고려되어야한다는 것이다.

위긴스와 맥타이의 이와 같은 역행 설계모형의 특징은 이미 우리나라 국가 수준의 교육과정에 반영되고 있다고 볼 수 있다. 즉, 교수·학습활동 기준 전에 '성취기준'이 제시되는 것이 바로 이것이다. 따라서 위긴스와 맥타이의 역행 설계모형이 이 글에 주는 시사점은 이 글의 목적인 중·고등학교 '평화와 통일' 교육과정 개발에서 '성취기준'이나 '핵심역량' 같은 교육과정 요소를 교수·학습 및 평가의 방향과 방법을 구안 또는 개발하기 전에 먼저 구안 또는 개발해야 한다는 것이다.[5]

'평화와 통일' 교과목 개발의 기본 구성요소 탐색

본 절에서는 평화통일교육 개선에 관한 선행연구들을 검토·분석하여 평화와 통일 교과목 개발의 기본 구성요소에 대해 탐색한다. 이 글에서 분석 및 검토 대상으로 설정한 대표적 연구는 김국현 외(2018)의 「통일교육 관련 초·중·고 교육과정 개선방안 검토」와 김상범 외(2020)의 「학교 평화·통일교육 내실화를 위한 교육과정 개선 방향 탐색」 등 두 연구다. 두 연구를 설정한 이유는 첫째, 이들 연구는 이 글의 목적과 부합하는 평화와 통일 교과교육과정의 개념과 목표, 내용 등 교과교육과정 구성요소 개발에 필요한 구체적인 내용을 제시하기 때문이다. 둘째, 김국현 외 연구(2018)는 통일부 통일교육원의 지원을 받아 수행되었고, 김상범 외 연구(2020)는 한국교육과정평가원 자체 연구로서 두 연구 모두 국가 수준에서 이루어진 연

---

5   2015 및 2022 개정 교육과정에는 고등학교뿐만 아니라 중학교에도 선택과목이 있다. 2022 개정 교육과정에 개설된 고등학교 선택과목은 한문, 환경, 생활 외국어(생활 독일어, 생활 프랑스어, 생활 스페인어, 생활 중국어, 생활 일본어, 생활 러시아어, 생활 아랍어, 생활 베트남어), 보건, 진로와 직업 등의 과목이다(국가교육과정정보센터). 이 글에서는 '평화와 통일' 교과목 개설을 고등학교 교양 선택과목으로 설정하는 것이 바람직하다고 보지만 중학교 선택과목으로 개설도 바람직하다고 본다. 다만 학생들의 학습경험과 발달단계를 고려하여 교육과정을 연구·개발할 필요가 있다.

구이기 때문이다. 셋째, 두 연구 모두 연구자나 연구 기간 및 범위, 그리고 타당성과 활용성 등 국가 수준의 연구로서 의미와 가치가 탁월하다고 볼 수 있기 때문이다.

김국현 외(2018)의 '통일교육 관련 초·중·고 교육과정 개선방안 검토'의 분석과 시사점

이 연구는 문재인 정부(2017~2022)가 시작된 후 국가가 평화통일교육을 지향하나, 학교 현장은 안보통일교육이라 할 수 있는 2015 개정 교육과정이 여전히 적용되는 상태에서 이루어졌다. 이 연구가 이 글에 주는 시사점은 다음과 같이 제시할 수 있다.

통합적 평화론의 강조

김국현 외 연구(2018)는 이 글의 목적이자 내용인 '평화와 통일' 교과교육과정의 기초와 중·고등학교 '평화와 통일' 교육과정 기준 개발의 토대라 할 수 있는 통합적 평화론(Integrative Theory of Peace, ITP)의 필요성에 대해 다음과 같이 제시한다.

> 평화지향의 통일교육을 확립하기 위해서는 통일교육의 변화를 뒷받침하는 이론과 개념이 필요하다. 통합적 평화론(Integrative Theory of Peace(ITP)을 한 예로 생각할 수 있다… (중략) …통합적 평화론은 심리사회학의 발달과 평화교육에 관한 기존 연구, 보스니아 헤르츠고비나의 112개 학교에서 5년간 평화교육 프로그램을 실행하면서 배운 것과 관찰 결과에서 나왔다(김국현 외, 2018: 31).[6]

---

[6] 이 인용문의 원전은 H. B. Danesh(2006), Towards an integrative theory of peace education, Journal of

위 인용문에서 주목할 점은 평화지향의 통일교육이 되기 위해서는 통합적 평화론과 같이 평화와 통일에 관한 이론과 개념의 도입 및 발전이 필요하고 중요하다는 것이다.

평화역량 중심의 통일교육 구성도 제시

이 연구의 두 번째 시사점은 학교 평화통일교육이 개인과 개인의 관계 및 타인과 사회 및 국가·지구 공동체를 교육 영역으로 하며, 갈등과 평화 문제를 기반으로 지식, 기능, 가치, 태도를 함양해야 한다는 것이다. 특히 학생들의 발달 특성과 경험, 정서를 중시하며 공감, 연민, 정의감 등 보편적 가치를 실천할 수 있는 역량을 발달시켜야 한다고 본다. 이 내용은 '평화와 통일' 교과의 목표와 교육내용 선정과 조직에 많은 시사점을 준다. 특히, 청소년들이 북한을 올바로 이해하고 통일을 대비하는 역량을 갖출 수 있도록 북한에 대한 합리적인 판단과 북한 주민들에 대한 정서적 공감과 이해가 결합되어야 한다고 강조하는 점은 이 글에 큰 시사점을 준다. 아울러 이 연구는 [그림 10-4]와 같은 평화역량 중심의 통일교육 구성도를 제시했다.

[그림 10-4] 평화역량 중심의 통일교육 구성도는 평화와 평화통일교육이 추구하는 기본 토대를 갖추고 있다. 즉, 평화와 평화통일교육의 성격과 추구하는 인간상, 핵심 가치, 핵심역량(평화역량), 가치 및 태도(기능), 교육

Peace Education, 3(1), pp.63-64이다. 통합적 평화론은 4가지 영역으로 이루어진다. 1) 평화는 심리·사회적, 정치적, 도덕적, 영적 상태, 2) 평화는 통합에 기반을 둔 세계관의 표현, 3) 통합에 기반을 둔 세계관은 평화 문화와 치유 문화를 만들기 위한 전제 조건, 4) 통합적 평화론은 생존과 안전(안보)에서 자유와 정의 등 포괄적 세계관으로 전환을 기반으로 함이다(김국현 외, 2018: 31). 원전에서 'Integrative Theory of Peace'의 우리말은 다양할 수 있으나, 이 책에서 필자는 '통합적 평화론'이 적합하다고 보고 이 용어로 번역 사용한다. 김국현의 연구에서는 '통합의 평화이론'이란 용어를 사용했다(김국현, 2018: 31). H. B. 다네쉬는 스위스 란데그 국제대학원 초대 원장이자 국제평화교육연구소 설립자다. 국내에는 『평화교육, 과거 현재 그리고 미래를 그리다』 4부 17장 '통합 기반 평화교육'이란 제목으로 그의 글이 실려 있다(220—233).

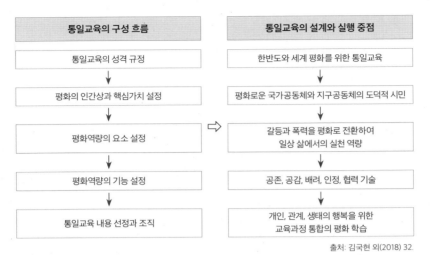

통일교육의 구성 흐름	통일교육의 설계와 실행 중점
통일교육의 성격 규정	한반도와 세계 평화를 위한 통일교육
평화의 인간상과 핵심가치 설정	평화로운 국가공동체와 지구공동체의 도덕적 시민
평화역량의 요소 설정	갈등과 폭력을 평화로 전환하여 일상 삶에서의 실천 역량
평화역량의 기능 설정	공존, 공감, 배려, 인정, 협력 기술
통일교육 내용 선정과 조직	개인, 관계, 생태의 행복을 위한 교육과정 통합의 평화 학습

출처: 김국현 외(2018) 32.

[그림 10-4] 평화역량 중심의 통일교육 구성도

내용 선정과 조직의 주요 내용 및 기준 등 교육과정의 주요 구성요소를 거의 갖추고 있다 할 수 있다. 이 구성도에서 특히 주목할 것은 교육 목표와 내용을 한반도에 국한하지 않고 지구 공동체 즉 세계로 확대하는 점이다. 오늘날 한 나라의 국가 문제는 주변 국가들과 밀접한 관련성이 있다는 점을 고려할 때, 이 점은 향후 평화와 평화통일교육의 구체적 교과목 목표와 내용을 선정하는 데 큰 도움을 준다 하겠다.

평화통일교육의 내용 강화와 신설 및 추가 강조

김국현 외 연구(2018)는 〈표 10-1〉 평화통일교육 활성화를 위한 중점 사항과 강약점에서 제시되듯 '내용요소 증가', '사회문화적 접근', '통일 주체성 및 통일 이후 삶에 대한 규범 문화 정립' 등을 강조한다. 아울러 '교과 교육과정 내용 신설', '통합사회 교육과정 교육내용 추가' 등을 제시한다. 이는 학교 평화통일 교육과정 개발에서 무엇보다도 교육내용과 교육시간의 확대가 중요하다는 것을 강조한다고 할 수 있다.

<표 10-1> 평화통일교육 활성화를 위한 중점 사항과 강약점

내용 영역	강조 내용		
교과활동	○교과교육과정 통일교육 내용 강화 - 내용 요소 증가 - 사회문화 접근, 통일 주체성 및 통일 이후 삶에 대한 규범 문화 정립	(가) 민주시민으로서의 공동체 역량 함양 촉진 (나) 대한민국 국가공동체에 대한 긍지와 자발적 기여 의지 향상	(가) 교사와 학생의 낮은 흥미도 (나) 국가주의 교육이라는 오해나 비판 제기 가능성
		교사와 학생들의 통일교육에 대한 교육 요구 조사 필요	
	○교과교육과정 내용 신설 - 2015 교육과정 '통합사회' 교육과정 교육내용 추가 - 정의, 행복 단원에 통일교육 내용 추가 또는 연계	(가) 고등학교 공통필수 이수 과목에서 통일교육 강화 (나) 통일지향 교과서 구성 가능성 제고	(가) 다른 국가·사회적 요구 반영도 저하 (나) 부자연스러운 교과 간 연계 가능성
	○통일교육 독립 교과목 신설 - '한국과 세계의 평화 꿈꾸기' 등의 선택 과목명으로 학생들의 자율적 탐구학습 중심 개발	(가) 통일정책과 통일교육의 일치도 제고 (나) 통일 관련 심화 교육 실행 (다) 학교 통일교육의 안정적 실행	(가) 교육과정 개정 및 교과서 개발 시간 소요 (나) 교육내용 구성의 객관성 및 중립성 확보 (다) 학교 교육과정 편성 및 운영의 어려움
교과외 활동[7]			

출처 : 김국현 외(2018) p. 73

통일교육 독립 교과목 '한국과 세계의 평화 꿈꾸기' 신설 제안

이 연구는 학교 통일교육 활성화 방안을 교과 활동과 교과외 활동으로 나눈 뒤, 교과 활동과 교과외 활동에서 각각 3가지 방안을 제시한다. 교과 부분에서 활성화 방안으로 제시한 3가지 방안 중 특히 주목되는 것은 '한국과 세계의 평화 꿈꾸기' 등 독립교과목 신설 제안이다. 이 제안은 이 책의 기본 토대이자 이 글의 목적과도 일치한다. 이 연구는 **독립 통일 교과목 신설은 1) 통일 정책과 통일교육의 일치도를 높이며, 2) 통일 관련 심화교육이 가능하고, 3) 학교 통일교육의 안정적 실행을 가능하게 한다**

---

[7] 김국현(2018) 등의 연구에서는 교과외 활동에 관한 내용도 있으나 이 글의 목적과 내용이 교과교육에 관한 것으로 국한하고 있어 교과외 활동(창의적 체험활동) 내용은 제외했다.

고 주장한다.

한편 통일교육 독립 교과목 개설의 문제점 및 과제로 1) **교육과정 개정 및 교과서 개발에 시간이 소요되며, 2) 교육내용 구성의 객관성 및 중립성 확보가 중요한 문제가 되고, 3) 학교 교육과정 편성 및 운영의 어려움**을 제시한다. 이런 문제 해결의 핵심은 무엇보다도 국가의 정책 결정과 행·재정적 지원이라고 할 수 있다.

김상범 외(2020), '학교 평화·통일교육 내실화를 위한 교육과정 개선 방향 탐색'의 분석과 시사점

이 글이 '평화와 통일' 교육과정 개발을 위한 심층 분석과 시사점 도출을 위해 선정한 두 번째 연구는 김상범 외 연구(2020)인 「학교 평화·통일교육 내실화를 위한 교육과정 개선 방향 탐색」이다. 이 연구의 핵심 내용과 시사점을 '연구 배경과 목적 및 의의'와 '평화·통일교육의 개념, 핵심역량, 목표'의 두 부분으로 나누어 살펴보면 다음과 같다.

연구 배경과 목적 및 의의

「학교 평화통일교육 내실화를 위한 교육과정 개선 방향 탐색」은 김상범 외가 2020년 한국교육과정평가원 자체 사업으로 수행한 연구다. 통일부 통일교육원은 2018년에 16여 년 동안이나 발간해온 '통일교육지침서'의 명칭을 '평화·통일교육: 방향과 관점'으로 바꿨다. 그러나 이 문서는 평화·통일교육의 개념이 무엇인지 명료히 제시하지 않았고, 평화교육에 대한 내용 체계도 구체적으로 제시하지 않았다(이병호, 2020b).

'평화·통일교육: 방향과 관점'이 발간된 후 평화·통일교육 과정 개선에 관한 여러 연구가 있지만, 평화·통일교육 개념의 명료화와 목표, 성격, 내용 체계 등 국가 수준 평화·통일교육 교육과정의 구성요소를 제시한 것은 이 연구가 처음이라 할 수 있다. 이런 측면에서 '학교 평화·통일교육 내실화를 위한 교육과정 개선 방향 탐색' 연구는 연구자나 연구 기간, 연구 방법과 연구 결과 등 여러 측면에서 평화통일교육의 교육과정 개선과 이 글의 목적인 중·고등학교 '평화와 통일' 교육과정 기준 개발에 많은 시사점을 준다. 아래 연구 목적은 연구의 주요 내용과 학교 평화통일교육에 관한 교육과정적 관점을 유추하게 한다.

> 본 연구의 목적은 학교 평화통일교육의 개념을 정립하여 핵심역량,
> 목표를 설정하고 이에 근거하여 평화통일교육의 현황 및 요구를
> 심층 분석함으로써 학교 평화통일교육의 내실화를 위한 교육과정
> 개선 방향을 탐색하며 향후 교육과정 개정 시 평화통일교육이 일
> 부 교과에만 집중되지 않고 전 교과교육과정을 통해 체계적이고
> 지속적으로 구현될 수 있도록 실질적이고 종합적인 정책 구상을
> 제시하는 것이다(김상범 외, 2020: 6).

이 인용문에서 "향후 교육과정 개정 시 평화·통일교육이 일부 교과에만 집중되지 않고 전 교과교육과정을 통해 체계적이고 지속적으로 구현될 수 있도록 실질적이고 종합적인 정책 구상을 제시"라는 대목을 주목할 필요가 있다. 즉, "평화·통일교육이 일부 교과에만 집중되지 않고 전 교과교육과정을 통해"라는 표현은 기존 범교과학습주제로서 학교 평화통일교육을 진행하되, 좀 더 많은 다른 교과들에서도 평화통일교육을 할 필요가 있음을 강조한 것으로 볼 수 있다.[8]

---

8 이 내용은 이 연구가 기존 범교과학습주제 지위에서 학교 평화통일교육과정의 개선을 제시하고 있음을 나타낸다고 할 수 있다.

평화통일교육의 개념, 핵심역량, 목표

이 글의 핵심은 제목과 같이 평화통일 교육과정 개선을 위한 평화통일 교육의 개념과 핵심역량, 목표의 제시다. 세 가지 요소를 간략히 살펴본 뒤 본 연구에 주는 시사점을 요약·제시하면 다음과 같다.

평화·통일교육의 개념

「학교 평화·통일교육 내실화를 위한 교육과정 개선 방향 탐색」이 제시하는 평화·통일교육의 개념은 [그림 10-5]와 같다.

개념	평화적 관점에서 남북분단으로 발생하는 다양한 문제를 인식하고 한반도 평화와 통일을 위해 상호 이해, 존중, 공존 방안을 능동적으로 모색하고 실천할 수 있는 시민을 기르는 교육

출처: 김상범 외(2020), p. 11

[그림 10-5] 평화·통일교육의 개념

범교과학습으로 이루어지는 우리나라 학교 통일교육의 근간이 된 것은 통일교육원이 2000년부터 2016년까지 매년 발간한 통일교육지침서였다. 이런 측면에서 집권 정부의 대북 및 통일관점에 따라 통일교육지침서 내용은 조금씩 달라졌다. 각 교과는 이 지침서를 토대로 통일교육기준을 개발하고, 교육부는 교과서 집필 기준을 만들었으며, 교과와 출판사는 교과서의 통일 단원 부분을 제작한 뒤, 교사는 이를 통해 학생 교육을 해 왔다.

2017년 문재인 정부가 들어선 후 2018년, 통일교육원은 통일교육지침서를 '평화·통일교육: 방향과 관점'이라고 개칭했다. 그러나 이 문서는 책 제목을 어떻게 읽어야 할지 모를 정도로 모호했고, 평화·통일 교육의 개념을 정의하지 않아 교육 현장에 혼선을 일으켰다(이병호, 2020b).

이러한 혼란 상태에서 김상범 외 연구(2020)는 개념 정의를 위해 많은 노력을 했다고 할 수 있다. [그림 10-5]에서 제시되는 평화·통일교육의 개념은 다음과 같이 분석할 수 있다. 첫째, "평화적 관점에서 남북분단으로 발생하는 다양한 문제를 인식하고"는 남북관계를 평화적 관점에서 접근하는 교육임을 뜻한다고 할 수 있다. 둘째, "한반도 평화와 통일을 위해 상호 이해, 존중, 공존 방안을 능동적으로 모색하고 실천할 수 있는 시민을 기르는 교육"에는 평화·통일 교육의 목표와 내용이 담겨있다. [그림 10-5] 평화·통일교육의 개념 정의는 향후 평화통일 교육과정을 연구·개발하는 데 큰 도움을 준다고 할 수 있다.

평화통일교육의 핵심역량

「학교 평화·통일교육 내실화를 위한 교육과정 개선 방향 탐색」이 제시하는 평화통일교육의 핵심역량은 [그림 10-6]과 같다. 이 연구가 제시하는 평화통일교육의 핵심역량은 '평화 감수성 역량', '통일 탐구역량', '민주적·평화적 소통역량', '평화·실천 역량' 등 4가지다. 이는 앞에서 제시한 평화통일교육의 개념을 기초로 설정된 것으로 볼 수 있다. 한편, 이 연구가

	평화 감수성 역량	통일 탐구역량	민주적·평화적 소통 역량	평화·통일 실천 역량
핵심 역량	남북분단 상황과 관련된 비평화적 구조와 요소들에 대한 민감성을 바탕으로, 상호 이해와 존중, 관용, 다양성 인정 등을 내면화하여 한반도 평화의 가치를 공감할 수 있는 능력	객관적 사실에 근거한 북한 이해와 남북분단의 영향에 대한 이해, 개인적 차원에서 세계적 차원까지 한반도의 평화와 통일이 갖는 의미 및 미래상을 탐색할 수 있는 능력	남북분단 상황과 통일에 대해 다양한 관점을 지닌 개인이나 집단과 대화, 토론, 타협, 협력을 통해 소통하고 갈등을 평화적으로 조정하고 해결할 수 있는 능력	일상생활에서 평화적으로 문제를 해결하고 한반도 평화와 통일을 위한 과정에 적극 참여함으로써 더 나은 공동체를 만드는 데 기여할 수 있는 능력

출처: 김상범 외(2020) 114.

[그림 10-6] 평화통일교육의 핵심역량

제시하는 평화통일교육의 핵심역량은 우리나라 국가 교육과정에서 제시되는 핵심역량이 일반적으로 교육 목표에서 도출하는 것과 같이, 평화·통일교육의 목표를 역량 중심 형태로 전환하여 표현한 것으로 볼 수 있다. 이 연구가 제시하는 4가지 핵심역량의 구체적 내용은 [그림 10-6]과 같다.

평화통일교육의 목표

김상범 외 연구(2020) 「학교 평화·통일교육 내실화를 위한 교육과정 개선 방향 탐색」이 제시하는 평화통일교육의 목표는 [그림 10-7]과 같다.

목표	남북분단 상황에 대해 다각적으로 이해하고 평화의 가치를 내면화하여 한반도 평화와 통일의 과정에 적극 참여할 수 있다.
초등학교	남북분단 상황을 인식하고 통일에 관심을 가지며 서로 존중하여 갈등을 평화롭게 해결할 수 있다.
중학교	통일과 관련된 다양한 쟁점을 탐구하고 평화의 필요성을 인식하며 평화로운 한반도의 미래에 대한 상상을 바탕으로 자신의 역할을 탐색할 수 있다.
고등학교	남북 관계를 세계 평화와 관련지어 이해하고 평화적 관계 형성 능력을 갖추어 한반도 평화와 통일에 관련한 문제를 해결하는 데 능동적으로 참여할 수 있다.

출처: 김상범 외(2020) 114.

[그림 10-7] 평화통일교육의 목표

[그림 10-7]은 평화통일교육의 총괄목표와 학교급별 목표를 제시한다. 총괄목표는 "남북분단 상황을 다각적으로 이해하고 평화의 가치를 내면화하여 한반도 평화와 통일의 과정에 적극 참여할 수 있다."이다. 총괄목표의 하위 목표라 할 수 있는 학교급별 교육목표는 [그림 10-7]과 같이 평화통일교육의 개념을 토대로 학생들의 발달 수준과 선수 학습 정도를 고려하여 설정되었다고 볼 수 있다. 즉, 초·중학교 교육목표는 한반도 내에서 평화와 통일로 한정되어 있다. 그러나 고등학교에서는 "남북 관계를 세계 평화와 관련지어 이해하고"라는 내용을 통하여 남북 평화가 세계 평화

와 깊은 관련이 있음을 제시한다.

'평화와 통일' 교과목의 성격, 목표, 내용 체계

이 책에서 지금까지 살펴본 1) '평화와 통일' 교과목 개설의 필요성, 2) 교과교육과정 개발 방법과 절차, 3) 선행연구 분석을 통한 평화통일 교육과정의 기본 구성요소 탐색 등을 토대로 중·고등학교 '평화와 통일' 교과목의 성격, 목표, 내용 체계를 설정하면 아래와 같이 제시할 수 있다. 이에 앞서 국가 교과교육과정의 구성요소와 평화통일교육의 교과목명과 학교급 및 지위 설정에 대해 살펴본다.

국가 교과교육과정의 구성요소

중·고등학교 선택과목 '평화와 통일' 교과목의 성격, 목표, 내용 체계 설정과 제시에 앞서 2015 개정 교과교육과정의 구성요소를 살펴보면 〈표 10-2〉와 같다.

<표 10-2> 2015 개정 교과교육과정의 구성요소

내용 영역	강조 내용
1. 성격	교과교육의 필요성 및 역할(본질, 의의 등), 교과역량 제시
2. 목표	교과의 총괄목표, 세부 목표, 학교급 및 학년군별 목표 등을 진술
3. 내용 체계 및 성취기준	
가. 내용 체계	영역, 핵심개념, 일반화된 지식, 내용 요소, 기능으로 구성
나. 성취기준	학생들이 교과를 통해 배워야 할 내용과 수행으로서 수업 후 할 수 있거나 할 수 있기를 기대하는 능력
4. 교수·학습 및 평가 방향	
가. 교수·학습 방향	교과의 성격이나 특성에 따른 교수·학습 방법 및 유의사항 제시
나. 평가 방향	교과의 성격이나 특성에 따른 평가 방향, 평가 방법, 유의사항 제시

출처: 교육부(2015) p. 12

2015 개정 교과교육과정 기준의 구성요소는 크게 1) 성격, 2) 목표, 3) 내용 체계 및 성취기준, 4) 교수·학습 및 평가 방향으로 되어 있다. 각 구성요소의 역할 및 기능은 〈표 10-2〉와 같다. 기존 교육과정 구성요소와 구별되는 가장 큰 특징은 '교과역량제시'와 '성취기준'으로의 용어 변경이다. 2022 개정 교육과정에서는 2015 개정 교육과정의 1. 성격과 2. 목표가 합쳐서 1. 성격 및 목표가 되었고, 2015 개정 교육과정의 4. 교수·학습 및 평가의 방향에서 '방향'이 빠져 3. 교수·학습 및 평가가 되었다. 외형적으로는 크게 바뀌지 않은 듯하다. 그러나 내용 체계의 구성요소가 2015 개정 교육과정이 영역, 핵심가치, 일반화된 지식, 내용요소, 기능으로 구성된 데 비하여, 2022 개정 교육과정에는 핵심 아이디어, 내용 요소, 범주(지식·이해, 과정·기능, 가치·태도) 등 많은 변화가 있다고 할 수 있다(국가교육과정정보센터, 2023.08.25).

평화통일교육의 교과목명과 학교급 및 지위 설정

통일부와 교육부 등 통일교육 관련 부처는 2018년 '평화·통일교육: 방향과 관점' 발행 이후 '통일교육'이라는 용어 대신 '평화·통일교육'이라는 용어를 사용했다(통일부 통일교육원, 2018). 학교는 물론 일반 시민 사회도 대체로 '평화·통일교육'이라는 용어를 사용했다.

평화·통일교육의 첫 번째 교과목명은 '평화·통일', '평화통일', '평화와 통일', '평화와 평화통일', '통일 평화' 등 다양한 형태로 사용될 수 있다. 그러나 본 연구의 선행연구 분석과 논의를 종합하면 대체로 기존 통일교육에 평화교육이 추가 또는 합쳐진 개념으로 볼 수 있다. 따라서 본 연구에서는 '평화와 통일'이 교과목명으로 적합하다고 본다.

독립 교과목 편성 학교급은 교사들의 교육 부담과 학생들의 학습 부담을 줄이고, 교육과정 개발과 교사양성 및 연수 등의 준비가 미흡한 관계로 우선은 중·고등학교 교양 및 선택과목으로 개설하는 것이 바람직하다. 중·고교 교양선택과목으로 설정하더라도 김국현 외 연구(2018)가 제시했듯이 교육과정과 교과서 개발 및 학교에서 교육과정 편성과 운영을 위해서는 국가와 교육 및 연구자들의 적극적인 준비와 관심 및 노력이 필요하다. 단기적으로는, 고등학교 선택과목 '평화와 통일'을 담당할 교사는 현재 통일교육을 담당하는 도덕과, 역사과, 사회과, 지리과 등의 교사 중 희망 교사들을 모집하고 방학 등을 이용하여 소정의 연수를 받게 하면 가능하고, 장기적으로는 대학과 대학원에 '평화와 통일'을 가르칠 교사들을 위한 강좌개설 등의 방법을 고려할 수 있다.

중·고등학교 '평화와 통일' 교육과정의 성격

국가 교과교육과정 기준에서 '성격'은 교과교육의 필요성 및 교육적 의의(의미, 가치) 등을 제시한다. 아울러 교과교육과정 기준의 기본적 구성요소인 교육목표, 교육내용, 교수·학습 방향, 교육평가 방향 등을 종합하여 개괄적으로 소개하는 의미도 있다(이병호, 2009: 32). 이런 면에서 교과교육과정 기준 가운데 '성격'은 교과교육의 목적 및 의의 그리고 구성요소 등을 종합적으로 소개하는 역할을 한다고 할 수 있다. 예를 들면 2015 도덕과 교육과정 기준은 [일러두기]를 통해 도덕과 교육과정은 국가 교과교육과정 기준 문서를 기준으로 작성하였고, '성격'은 교과가 갖는 고유한 특성에 대한 개괄적 소개와 교과교육의 필요성 및 역할(본질, 의의 등), 교과 역량 제시가 필요하다고 했다(교육부, 2015).[9]

---

9 2015 개정 교육과정에서 고교 일반선택 과목인 '생활과 윤리'는 도덕과(교과)에 속한다. 이에 도덕과의 성격과 목표(총괄목표, 학교 급별 목표)가 포함된 도덕과 교육과정에 과목의 성격과 목표, 내용 체계 및 성취기준 등이 제시된다. 반면 고등학교 교양 선택과목인 '논술'은 교과가 없고 교과목만 있으므로 과목의 성격과 목표 및 내용 체계 등만 제시되어 있다. 이 같은 면에서 '평화와 통일'도 '논술'과 같이 교과의 총괄목표와 학교급별 목표는 제시하지 않고 교과목의 성격과 목표, 내용 체계의 제시만 가능하다고 할 수 있다.

평화통일 교육과정 개선을 위한 선행연구 분석과 우리나라 고교 교양 과목의 일반적 특성 검토 그리고 국가 교과교육과정 기준 구성요소의 역할 등을 고려하고(이병호, 2021, 90-93), 본 연구의 중·고등학교 '평화와 통일' 교육과정의 '성격'을 제시하면 [그림 10-8]과 같이 설정·제시할 수 있다.[10]

---

1. 성격

'평화통일' 교과는 평화적 관점에서 남북분단으로 발생하는 다양한 문제를 인식하고 한반도 평화와 통일을 위해 상호 이해, 존중, 공존 방안을 능동적으로 모색하고 실천할 수 있는 한반도 시민을 기르는 교과다.

'평화와 통일' 과목은 중·고등학교 과목으로, 범교과학습주제로 초·중·고교에서 이루어지는 평화통일교육을 지원하고 선도하는 평화통일과의 기본 과목이다.

'평화와 통일'은 분단된 한반도의 평화와 평화통일 그리고 공영에 대한 지식과 이해, 내면화 및 실천의지를 갖고자 하는 학생들이 선택할 수 있는 과목이다. 한반도의 평화와 평화통일에 관심이 크고 이 분야로 진로를 탐색, 설정, 준비하는 학생을 위한 과목이기도 하다.

'평화와 통일'은 평화통일 교과의 선도과목이자 대표과목이다. 이에 평화와 평화통일의 기본 개념에 대한 이해와 학습을 중시하고, 한반도의 통일 또는 통합문제만이 아니라 유럽연합 및 동아시아연합 나아가 세계 연합의 이해와 필요성 및 가능성 그리고 실현 방법 등에 대한 이해와 탐색도 추구한다.

'평화와 통일'은 과거보다는 현재, 현재보다는 미래를 지향하며 정치·경제체제의 통일, 통합뿐만 아니라 교류 협력, 자유 왕래 등 인간과 사회·문화적 유대 및 연합을 위한 노력과 활동을 중시한다.

'평화와 통일'의 교수·학습 방법은 학습자의 흥미와 관심, 요구를 중시하며 강의식 설명 수업보다는 토론과 발표, 체험학습을 지향한다. 특히 열린 질문과 자유 토론을 중시하며, 교육과 학습 활동에서 평화와 통일 및 통합의 정신이 반영되도록 한다. 평가는 2022 개정 교육과정의 평가 기준을 참고로 하되 '평화와 통일' 과목의 특성이 반영되도록 한다.

[그림 10-8] 중·고등학교 교양과목 '평화와 통일' 교육과정의 성격

---

10 2015 개정 교육과정에 의한 우리나라 고등학교 교양 선택과목의 일반적 특성 중 하나는 학생들에게 가르칠 필요가 있으나, 고등학교 교육과정의 성격이나 목표나 내용에 비추어 볼 때 일반 교과목으로 개설하기 어려운 과목들로 편성되어 있다고 할 수 있다. 또 하나는 평가에서 이수(P)와 비이수(F)만 표시하여 학생들의 학습 부담이 적다는 것이다. 그러나 학교생활 종합기록부(줄여서 학종)에는 학생들의 학업활동을 기록하여 대학입시 자료로 활용할 수 있는 이점도 있다.

중·고등학교 '평화와 통일' 교육과정의 목표

중·고등학교 선택과목 '평화와 통일' 교육과정의 교육목표가 설정되기 위해서는 학교 평화통일교육의 초·중·고 전체 교육목표가 먼저 설정되어야 한다. 이 글은 김상범 외 연구(2020)가 제시한 평화·통일교육의 총괄목표와 학교급별 목표([그림 10-7])를 중·고등학교 '평화와 통일' 교육과정 목표의 기본 토대로 삼는다. 그 이유는 본 연구의 중·고등학교 '평화와 통일' 교육과정의 기초가 되는 평화통일교육의 개념, 목표, 핵심 역량 등 교육과정의 기초를 수용하고 있기 때문이다. 김상범 외의 연구(2020) 토대에 본 연구가 수행한 선행연구 분석과 시사점을 융합하여 중·고등학교 교양 및 선택과목 '평화와 통일' 교육과정의 교육목표를 제시하면 [그림 10-9]와 같다.

---

2. 목표

고등학교 '평화와 통일'은 평화적 관점에서 남북분단과 국제사회의 대립과 갈등으로 발생하는 다양한 문제를 인식하고, 한반도와 세계의 평화와 인류 공영을 위해 상호 이해, 존중, 공영 방안을 능동적으로 모색하고 실천할 수 있는 역량 함양을 목표로 한다. 비평화적 요소에 대한 민감성과 평화의 가치를 공감할 수 있는 평화 감수성 역량, 평화와 통일이 갖는 의미 및 미래상을 탐색할 수 있는 통일 탐구 역량, 갈등을 평화적으로 조정하고 해결할 수 있는 민주적·평화적 소통역량, 평화와 통일을 위한 과정에 적극 참여함으로써 더 나은 공동체를 만드는 데 이바지할 수 있는 평화통일 및 통일 실천 역량의 함양을 목표로 한다.

[그림 10-9] 중·고등학교 교양과목 '평화와 통일' 교육과정의 목표

중·고등학교 '평화와 통일' 교육과정의 내용 체계

2015 개정 교육과정의 내용 체계 구성요소는 '영역', '핵심개념', '일반화된 지식', '내용 요소', '기능' 등 총 5개다. 구성요소로 여러 요소를 제시하지만 공통점은 교육내용의 제시라고 할 수 있다." 교육과정에서 교육내용

---

11   2022 개정 교육과정의 내용 체계 구성요소는 전술했듯이 핵심 아이디어, 내용 요소, 범주(지식·이해, 과정·기능,

은 일반적으로 교육목표 다음에 제시된다. 그러나 교육내용을 선정한 뒤 교육목표를 선정하는 것이 바람직하다고 보는 경우도 있다. 이와 같은 교육과정학의 교육내용의 선정과 조직에 관한 이론과 원리는 '평화와 통일' 교육과정의 내용 체계를 설정·제시하는 데 도움을 준다.

교육내용 선정과 조직에서 교육과정학이 제시하는 주요 내용은 다음과 같다. 첫째, 교과 특성에 따라 타당성, 포괄성, 일관성이 유지되는 내용, 둘째, 기본 개념과 원리 및 기능이 중심이 되는 내용, 셋째, 참신하고 신뢰할 만한 내용, 넷째, 목표달성에 적합하며 중요성에 따른 비중이 적절한 내용, 다섯째, 학생의 발달 정도, 흥미와 만족, 학습 기회 등이 적절한 내용, 여섯째, 시대적 요청과 전통문화를 반영하는 내용, 일곱째, 종적으로 계속성·계열성이 유지될 수 있는 내용, 여덟째, 횡적으로 통합성, 논리성이 있는 내용 등이다(홍후조, 2011: 229-230).

본 연구에서 분석 검토한 선행연구와 본 연구가 설정한 '평화와 통일'의 학교급 및 교과 지위, 교과 성격, 교과 목표 그리고 교육내용 선정과 조직 원리를 토대로 고등학교 교양과목 및 선택과목으로서 '평화와 통일' 교육과정의 내용 체계를 〈표 10-3〉과 같이 설정할 수 있다.

〈표 10-3〉 중·고등학교 '평화와 통일' 교육과정의 '내용 체계'는 크게 ① 평화의 본질 이해, ② 평화통일의 의미 이해, ③ 남북분단과 평화통일의 방법, ④ 유럽연합(EU)의 역사와 이해, ⑤ 동아시아 연합의 필요성과 전망, ⑥ 평화와 통일 현장 체험학습, ⑦ 평화와 통일 열린 토론대회 등으로 구성된다. 이 내용 체계에서 학교 평화통일교육의 핵심적 교육내용이라 할 수 있는 남북 평화와 평화통일에 관한 시간은 좀 적은 것으로 보인다. 그

가치·태도) 등으로 바뀌었다. 필자의 「'평화와 통일' 교육과정의 성격, 목표, 내용 체계 연구」(2021)는 2022 개정 교육과정이 고시되기 전 발표된 논문으로, 2015 개정 교육과정의 내용 체계에 따른 '평화와 통일' 교과목의 내용 체계에 따라 제시되었다.

러나 이런 교육내용의 설정은 평화·통일 교과를 대표하는 교과목으로서 범교과학습주제로 이루어지는 학교 평화통일교육의 이론적 토대를 제공하고, 고등학교 교양 교과목으로서의 특성과 평화와 통일 분야에 관심 있는 학생들에게 이론적 내용을 더 많이 접할 수 있게 하기 위함이라 할 수 있다. 아울러 열린 토론대회 등 체험학습과 현장학습을 교육과정에 포함한 이유는 교육 및 학습 효과를 높이고, 2022 개정 교육과정이 강조하는 민주시민 양성 교육의 방향과도 일치하기 때문이라고 할 수 있다.

<표 10-3> 중·고등학교 교양 및 선택과목 '평화와 통일' 교육과정의 내용 체계

3. 내용 체계

영역	핵심 개념	일반화된 지식	내용 요소	기능(역량)
평화의 본질 (평화란 무엇인가)	평화 폭력 대립 갈등	개인과 집단, 국가, 세계에 평화가 유지되기 위해서는 평화의 의미와 종류, 방법 및 과제에 관한 지식, 이해, 가치, 태도, 실천 역량의 함양이 필요하다.	1. 평화의 의미 : 평화란 무엇이며 왜 중요한가? ① 평화와 폭력의 의미 ② 평화의 중요성과 과제	평화의 의미 제시와 평화 감수성 키우기
		평화는 폭력이 제거된 상태로 직접적 폭력, 구조적 폭력, 문화적 폭력 등이 있다. 폭력은 주로 문화적 폭력으로부터 구조적 폭력을 거쳐 직접적 폭력으로 번진다.	2. 평화의 종류 : 평화의 종류에는 어떤 것들이 있을까? ① 소극적 평화와 적극적 평화 ② 문화적 폭력과 구조적 폭력	평화의 종류 제시와 민주적·평화적 소통 역량 키우기
		평화를 실현하기 위해서는 폭력이 제거돼야 한다. 폭력이 제거되기 위해선 국가 간에서는 평화협정과 관계 정상화가 필요하며, 평화가 유지되기 위해서는 적극적 평화를 추구해야 한다.[12]	3. 평화 실현과 유지 방법 : 평화를 실현하고 유지하는 방법에는 어떤 것들이 있을까? ① 평화의 실현 방법 ② 평화의 유지 방법	평화 실현의 방법 제시와 평화·통합 실천 역량 키우기
평화통일의 의미 (평화통일이란 무엇인가)	평화통일 분단 화합 통합	평화통일의 의미와 유형은 다양하며 평화통일의 의미와 방법에 따라 결과도 다양하다.	1. 평화통일의 의미 : 평화통일이란 무엇인가? ① 평화통일의 의미 ② 평화통일과 통합의 관련성	평화통일의 의미 제시와 평화통일 탐구 역량 키우기

---

12 박한식은 "평화는 전쟁이 없는 상태가 아니라, 다름과 다양성을 인정하고 수용하는 상태다."라고 한다(『평화에 미치다』, 2021, 표지).

	평화통일 분단 화합 통합	통합의 종류는 공간과 수준 및 차원 그리고 목적에 따라 다양하다.	2. 통합의 종류와 특성 : 통합에는 어떤 종류와 차원이 있을까? ① 화합과 통합 ② 지역 통합과 국가 연합	통합의 종류 제시와 민주적·평화적 소통 역량 키우기
평화통일의 의미 (평화통일이란 무엇인가)		평화통일의 방법과 과정 및 절차는 다양하며 목적과 상황에 적합한 방법과 과정 및 절차에 따라 이루어져야 한다.	3. 평화통일의 방법과 절차 : 바람직한 평화통일의 방법과 절차는 무엇인가? ① 평화통일의 과정과 절차 ② 평화통일의 방법과 통일의 결과	평화통일 방법 제시와 평화통일 실천 역량 키우기

[평화통일 현장 체험학습]

'평화와 통일'의 현장 체험 교육: 학교 주변 또는 차량 이동을 통한 '평화와 통일' 현장 체험을 통한 학습 및 교육 실행

	분단 대립 갈등 폭력 평화 통일 통합 교류 협력 공존 공영	남북분단의 원인과 문제점, 교류·협력 및 평화통일이 되지 않는 이유와 원인에 관해 다양한 견해가 있다.	1. 남북분단의 원인과 문제점 : 남북분단의 원인과 문제점은 무엇인가? ① 분단의 실태와 원인 ② 분단의 문제점과 해결 방향	남북분단의 문제 제시, 평화통일 탐구 역량 키우기
남북 평화와 통일		현재 북한의 정치경제체제 및 사회 문화 실태를 바르게 인식한다. 남북 교류협력 및 평화통일을 위한 정부와 시민 간 합의와 노력의 역사에 관한 지식을 갖추고 그 의미를 이해한다.	2. 북한의 모습과 교류·협력 방안 : 현재 북한의 모습과 남북교류·협력 방안은 무엇인가? ① 북한의 정치·경제체제와 사회 문화 실태 ② 남북교류·협력의 역사와 현황	북한의 모습 제시, 통일 탐구 역량 키우기
		남북의 평화와 평화통일은 국가와 국민의 인식과 가치관 그리고 태도 및 실천역량에 좌우된다. 학교와 사회에서 올바른 남북 평화와 평화통일을 위한 활성화와 개혁 노력이 필요하다.	3. 남북의 평화와 평화통일을 위한 바른 노력과 전망 : 남북의 평화와 평화통일에 대한 바른 인식과 노력은 무엇일까? ① 평화와 평화통일을 위한 국가의 바른 자세와 방향 ② 평화와 평화통일을 위한 사회와 개인의 바른 자세와 방향	남북의 평화와 평화통일을 위한 노력 제시, 평화통일 실천역량 키우기
동아시아와 세계의 평화와 연합	동아시아 세계 평화 연합 폭력 공존 공영	독일 통일은 독일인들의 노력과 태도, 실천 의지뿐만 아니라 유럽연합(EU) 탄생이 큰 도움을 주었다. 유럽연합은 어떻게 탄생했고, 남북의 평화통일에 주는 함의는 무엇인지 제시할 수 있다.[13]	1. 유럽연합 결성 과정과 의미 : 유럽연합은 어떻게 결성되었고 오늘날 어떤 모습일까? ① 유럽연합 결성 과정과 실태 ② 유럽연합의 미래와 과제	유럽연합 결성 과정과 의의 제시하기, 통합 탐구 역량 키우기

----

13   김해순은 『평화의 거울: 유럽연합』(2021: 7)에서 "동·서 유럽은 경제적 정치적 체제가 상이하지만, 그들의 체제 결합은 오늘날까지 평화적으로 이루어지고 있다. 독일 통일도 유럽통합을 통해 가능했던 것이다."라고 한다.

동아시아와 세계의 평화와 연합	동아시아 세계 평화 연합 폭력 공존 공영	남북의 평화와 평화통일이 이루어지려면 동아시아의 평화와 연합이 필요하다. 동아시아 연합 결성에 어려운 점은 무엇이고 개선 방향과 노력은 무엇인지 제시할 수 있다.14	2. 동아시아 연합의 필요성과 방안 : 동아시아 연합의 필요성과 가능성 그리고 방법은 무엇인가? ①동아시아 연합의 필요성과 가능성 ②동아시아 연합과 동아시아 평화의 전망 및 과제	동아시아 연합의 필요성과 방법 제시하기, 통합 탐구역량 키우기

[평화통일 열린 토론대회: 학급 내, 학교 내, 지역 내]
(예시) 주제: "한반도의 바람직한 미래상과 방법과 절차는 무엇인가?"

이상에서 하나의 시안(試案)으로 고등학교 교양 선택 및 진로 선택과목으로서 '평화와 평화통일'이란 교과목을 설정하고, 교육과정을 구상 설계해 보았다. 그러나 이런 교육과정의 설계는 여러 교육전문가가 모여 오랜 기간 숙의와 협의를 거쳐 종합적이고 체계적으로 개발 연구되어야 한다.

이 글은 필자(2021)의 「통일 교과 개설의 필요성: 범교과학습주제로서 한계」의 후속 연구로 이루어졌다. 「통일 교과 개설의 필요성: 범교과학습주제로서 한계」가 통일 교과 개설의 필요성과 정당성 및 통일 교과 개발 방향과 방안을 제시했다면, 이 글은 이를 어떻게 구현할 수 있는가를 제시했다. 교과나 교과목이 개설되려면 먼저 교육과정이 개발되어야 한다. 이에 본 연구는 교사와 학생의 교육 및 학습 부담이 비교적 적다고 할 수 있는 중·고등학교 교양 및 선택과목으로 '평화와 평화통일' 교과목을 설정하여 '평화와 평화통일' 교육과정의 개발을 글의 목적과 내용으로 했다.

교육부는 2021년 11월 24일, '2022 개정 교육과정 총론 주요 사항'을 발표했다(교육부, 2021). 내용을 살펴보면 2015 개정 교육과정에서 개설된 10개 교양교과목 수는 변화가 없다. 그러나 '진로와 직업'과 '논술' 및 '보건'을 제

---

14 남기정은 "한반도 평화프로세스의 지속가능성은 동아시아에 평화의 공동체를 건설하는 데서 마련될 수 있다."고 한다(고상두 외, 『동아시아 신안보질서와 우리의 전략』, 2019: 9).

외하고는, 기존 철학은 '인간과 철학'으로, 논리학은 '논리와 사고'로, 심리학은 '인간과 심리'로, 교육학은 '교육의 이해'로, 종교학은 '삶과 종교'로, 환경은 '생태와 환경'으로, 실용 경제는 '인간과 경제활동'으로 교과명이 바뀌었다. 아울러 2015년 개정 교육과정에서 10개 교양과목은 모두 선택과목 중 일반선택에 포함되었으나, 2022 개정 교육과정에는 선택과목 영역 중 '진로와 직업'과 '생태와 환경'은 일반선택으로, '인간과 경제활동'과 '논술'은 융합 선택으로, 그리고 남은 교양과목들은 진로 선택으로 분류 제시되었다(교육부, 2021: 47). 그러나 발표 내용에는 본 연구가 희망하고 강조하는 '평화와 통일' 과목은 안타깝게도 찾을 수 없다.

김국현 외(2018: 73)는 학교 통일교육의 활성화 방안으로 교과 부분에서 '한국과 세계의 평화 꿈꾸기' 등 독립 교과목 신설을 제안했다. 독립 교과목의 신설은 1) 통일 정책과 통일 교육의 일치도를 높이며, 2) 통일 관련 심화교육이 가능하고, 3) 학교 통일교육의 안정적 실행을 가능하게 한다고 봤다. 또 김국현 외(2018: 73)는 독립 교과 신설의 문제점 및 과제로 '교육과정 개정 및 교과서 개발의 시간 소요', '교육내용 구성의 객관성 및 중립성 확보의 중요성', '학교 교육과정 편성 및 운영의 어려움' 등을 제시했다.

남북 평화와 평화통일교육을 위한 교과목 개설은 1) 기존 범교과학습 주제 교육을 활성화하고 지원할 수 있으며, 2) 교과교육학회와 교과연구회 같은 평화·통일교육의 활성화와 개혁의 중심축 또는 핵심세력을 형성할 수 있고, 3) 학업 및 직업적 진로와 연관하여 평화와 평화통일에 관심이 있는 학생들의 진로 선택 및 진로 준비 기회를 마련하며, 4) 대학의 교육 및 연구 기능을 활성화하고, 5) 사회 및 시민을 위한 평화와 평화통일교육을 활성화하고 지원할 수 있다는 측면에서 매우 중요하고 절실하다. 따라서 국가 차원에서 교과목 설정에 대한 정책 결정이 이루어지고, 교육과정과 교과서 개발에 대한 연구와 실행이 속히 이루어져야 한다 하겠다.

11

평화통일 교과용 도서 편찬과 검정기준 개발

2022년 12월 22일 '2022 개정 교육과정'이 고시되었고,
2023년 1월 27일 '2022 개정 교육과정에 따른 검정도서 개발을 위한 편찬상의 유의점 및
검정기준'이 발간되었다. 아울러 2023년 3월 14일 윤석열 정부의 첫 통일교육지침서인
'2023 통일교육 기본방향'이 발간되었다.[1]

　한반도의 분단된 남과 북은 누가 뭐라 해도 수천 년 역사를 함께 해온
같은 민족이다. 일제로부터 해방되었으나 분단 그리고 6·25 전쟁이 정전된
지 70여 년이 넘었는데도 분단과 적대적 남북관계의 지속과 반복은 여전
하다. 같은 민족이 아니라도 이웃 나라와 사이좋게 지내는 것은 두 나라
에 서로 도움이 되는 인류의 보편적 가치라 할 수 있다.

　남과 북 두 나라에 평화통일에 앞선 평화와 공영이 이루어지기 위해서
는 바람직하고 타당한 교육이 효과적으로 이루어져야 한다. 이런 면에서
우선 학교통일교육의 지침을 집권정부의 북한관·통일관에 크게 영향을
받는 통일부가 아니라 정치적 중립성을 추구하는 교육부로 이관해야 한
다. 아울러 집권 정부의 북한관·통일관이 아닌 국민적 합의와 학문적 배

1　이 글은 한국통일교육학회 등재 학술지 '통일교육연구' 20-2(2023.12)에 실린 논문을 수정·보완하여 구성한 글
　이다. 논문 내용을 최대한 전달하기 위해 수정·보완을 최소화했다.

경에 토대를 둔 평화통일에 관한 교육과정과 교육과정기준을 연구 개발해야 한다(이 책 10장). 이를 위해서는 중·고등학교에 교양 및 선택과목으로 평화통일에 대한 교과목이 개설되고 교육시간이 확대돼야 한다(이 책 9장).

이 장에서는 9장과 10장에서 살펴본 국가 교육과정(기준)을 토대로 연구 개발되어, 학교 교육에서 매우 중요한 실제적 역할을 하는 교과서 등 교과용 도서의 편찬과 검정 문제에 대해 살펴본다.

교과서 집필기준과 비발간의 의미

윤석열 정부의 첫 통일교육지침인 '2023 통일교육 기본방향'은 5년 전 문재인 정부에서 처음이자 마지막으로 발간한 통일교육지침인 '평화·통일교육: 방향과 관점'과는 교육의 목적·목표와 성격이 매우 다르다. 이에 필자는 "36년 전 시절로 돌아간 '통일교육지침'"이란 글을 한겨레신문에 기고했다(2023.03.28). 이 글을 계기로 대진대·경기도 평화통일교육단체협의회 주최로 "2023 통일교육 기본방향과 통일교육의 문제점 및 개선방안 토론회"가 열렸다(2023.6.24). 이 토론회에서 김상무는 「2023 통일교육 기본방향과 통일교육의 문제점과 개선 방향」을, 김진숙는 「2023 통일교육 기본방향과 통일교과목 개설의 필요성」을 발표했다. 필자는 기획·운영·토론을 맡았다.

이와 같은 '2023 통일교육 기본방향'에 대한 문제 제기와 학술 토론회를 토대로 한국통일교육학회는 "통일교육지침: 변천 과정, 비판, 그리고 대안 탐색"을 주제로 2023 하계 학술대회를 개최했다(2023.06.30). 이 학술대회에서 김진숙(2023)의 「통일교육지침의 형성 배경과 변천 과정, 그리고 사회적 합의 방안」, 이병호(2023)의 「2022 개정 교육과정의 통일교육기준과 2023 통일교육 기본방향의 분석과 개선과제」, 김상무(2023)의 「한국과 독일의 통일교육지침 비교」, 강구섭(2023)의 「독일 정치교육의 보이텔스바흐 합의 원칙 적용 연구―통일교육 원칙 개발을 위한 시사점―」 등의 발표와 토론이 있었다.

한편, 한국교육과정평가원은 교육부와 함께 '2022 개정 교육과정에 따른 검정도서 개발을 위한 편찬상의 유의점 및 검정기준'을 개발한 뒤, 개발 과정을 연구보고서로 발간했다(한국교육과정평가원, 2023). 이 보고서에서 한국교육과정평가원은 "2022 개정 교육과정은 교과서 집필기준을 비발간한다"고 밝혔고, 실제로 교육부와 한국교육과정평가원은 교과서 집필기준을 발간하지 않았다.

따라서 그동안 교과서 집필기준이 통일교육교과서 편찬 및 검정에 미친 영향이 매우 컸다는 점을 고려할 때(이병호, 2021, 2021b), 교과서 집필기준 비발간이 통일교육 개선에 주는 의미와 과제에 대한 면밀한 검토와 연구는 매우 중요하고 필요하다.

2022년 하반기에 시작된 교과용 도서 개발은 2023년 하반기에 국·검·인정 심사가 이루어졌고, 2024년에는 초등 국정 교과용 도서가 초등학교 1·2학년에 적용되고 있고, 2025년에는 초등 3·4학년과 중1, 고1 학생들에게 국·검·인정 교과용 도서가 적용될 예정이다(한국교육과정평가원, 2023: 18).

국가 및 학교교육에서 교육은 기본적으로 국가 또는 학교 교육과정기준에 의해 이루어져야 한다. 그러나 우리나라 초·중·고 학교교육에서 교과서는 여전히 큰 비중을 차지한다. 특히 독립 교과목이 아닌 국가가 설정한 10개 범교과학습주제 중 하나로, 몇몇 교과에서 1년에 겨우 1~2시간 생색만 내며 가르치는 통일교육 현실에서 바르고 타당한 교과서의 개발과 검정은 매우 중요하고 필요하다.

남북 평화와 평화통일을 위한 노력은 헌법과 통일교육지원법이 명시하는 국가과제이자 대통령과 통일부 장관의 주요 직무다. 평화통일을 위한 바람직하고 효과적인 교육 실행을 위한 노력은 교육부 장관의 직무이기도

하다. 그런데도 우리나라 평화통일교육은 국가가 설정한 10개 범교과학습주제 중 하나로 매우 미흡하다. 즉, 국가 교육과정 총론에 범교과학습주제에 대한 간략한 설명과 권고 및 10개의 학습주제를 제시할 뿐이다.

이 글은 2022 개정 교육과정에 따른 교과서 집필기준 비발간이 통일교육 개선에 주는 의미와 과제 탐색이 주 목적이다. 주요 내용은 다음과 같다.

첫째, 교과서 집필기준 비발간의 배경과 이유, 2022 개정 교육과정 고시에 따른 교과용 도서 개발·심사·적용 과정을 살펴본다.

둘째, 통일교육 관련 교과서 집필기준의 문제점을 검토한다. 이를 위해 2015 개정 교육과정의 도덕과 교과서 집필기준의 의미와 기능, 2015 개정 중학교 도덕 교과서 집필기준의 문제점에 대해 살핀다.

셋째, 학생과 청년 그리고 교사와 일반 국민의 통일 필요성과 북한 의식 정도를 살피고, 이런 의식 정도와 학교 통일교육 시간이 교과서 집필기준 비발간과 어떤 관련성이 있는지 살핀다.

넷째, 교과서 집필기준 비발간이 통일교육 개선에 주는 의미와 향후 과제를 단기 과제와 장기 과제로 나누어 살핀다.

이 글에서 연구 방법은 문헌 및 자료 연구법으로서 먼저 통일교육에서 교과서 집필기준의 문제점과 통일교육의 개선 및 활성화를 위한 선행연구를 검토한다. 이를 위해 필자(2020, 2020b; 2021, 2021b)의 '학교통일교육과정 개선방안 탐색'과 '평화·통일교육: 방향과 관점'의 개선방안 그리고 '통일 교과 개설의 필요성—범교과학습주제로서 한계'와 '평화와 통일' 교육과정의 성격, 목표, 내용 체계 연구 등의 선행연구를 분석한다. 교과서 집필기준의 문제점과 바르고 타당한 통일교육 관련 교과서 편찬 및 검정을 위한 시사점 도출을 위해 「2015 개정 교육과정에 따른 교과용 도서 개발을 위한 집필기준(국어, 도덕, 경제, 역사)(교육부, 2015.12)」, 「2015 개정 교육과정에 따른 교과용 도서 개발을 위한 편찬상의 유의점 및 검정기준(교육부· 한국교육과정평가원, 2016.1)」, 「2022 개정 교육과정에 따른 검정도서 개발을 위한 편찬상의 유의점 및 검정기준(교육부·한국교육과정평가원, 2023)」, 「2022 개정 교육과정에 따른 편찬상의 유의점 및 검정기준 개발 연구(한국교육과정평가원, 2023)」 등을 분석하여, 이 글에 주는 시사점을 도출한다. 통일·북한의식 정도와 학교 통일교육 시간 파악을 위해서는 통일부·교육부의 2022년 학교 통일교육 실태 조사와 서울대 통일평화연구원의 2023 통일의식 조사 결과를 분석하여 시사점을 도출한다.

이 글은 2022 개정 교육과정에 따른 교과서 집필기준 비발간이 통일교육 개선에 주는 의미와 장·단기 과제를 도출하여 국가 통일교육 개선에 이론적·실제적 측면에서 도움을 줄 것으로 기대한다. 그러나 국가 평화통일교육의 개선 또는 개혁을 위해서는 통일교육 연구자와 정치인 그리고 언론인 및 시민사회단체 등 한반도의 모든 시민이 국가 및 학교 평화통일교육의 심각성과 문제점을 의식하고 이를 개선 또는 개혁하려는 강한 실천적 의지와 노력이 있어야 한다 하겠다.[2]

교과서 집필기준 비발간의 이유와 통일교육 관련 교과서 집필기준의 문제점

교과서 집필기준은 교과서를 집필(편찬, 개발) 및 검정 또는 심사할 때 적용되는 국가 기준이다. 이와 같은 교과서 집필기준은 2007 개정 교육과정기부터 시작됐다. 2007 개정 교육과정은 다양하고 창의적인 교과서 개발을 유도하기 위해 중등 국정도서의 검정 전환 정책을 실시했다. 그런데 이 때 정치·경제·역사적 편향성과 문학 및 통일 등 편향성이 우려되는 교과

---

2   2022 개정 교육과정은 기존 교과서 집필기준을 발간하지 않기로 하고 실제로 발간하지 않았다. 이에 이 글에서는 '비발간'이라는 용어를 쓴다.

목—예를 들면 국어, 역사, 도덕, 경제 과목 등에 대해 '집필기준안'과 '전문 기관 감수제' 도입안이 제기되었다. 이에 따라 2007 개정 교육과정(교육인적자원부 고시 제2007-79호)은 국어, 도덕, 역사, 경제 집필기준을 발간했다(한국교육과정평가원, 2023: 52.).[3] 그러나 시간이 흐름에 따라 다음과 같은 교과서 집필기준 개발 및 적용상의 쟁점과 문제점이 나타났다. 한국교육과정평가원의 연구보고서는 비발간 배경과 이유를 다음과 같이 제시한다(한국교육과정평가원, 2023: 53-54).

첫째, '법령상의 근거 미비'로, 교과용 도서 편찬상 유의점 및 검정기준과 달리 '교과용 도서에 관한 규정[대통령령 제3254호, 2022.3.22]'에 해당 문서가 명기되어 있지 않다. 또한 검정 실시 공고 등 일반적인 행정 절차와 다른 방식으로 배포되는 경우가 대부분인 관계로 교과서 개발 및 검정 심사 때 공식적인 편찬 준거로서의 위상이 모호하다.

둘째, '주요 편찬 준거와의 역할 중복 및 일부 내용 불일치'다. 2015 개정 교육과정 시기까지 집필기준 내용은 교육과정 문서 및 편찬상 유의점과 상당 부분 중복되며, 일부 서술의 경우 교육과정에 제시된 범위를 벗어나는 경우도 있다. 따라서 교육과정 개발진 중 일부 또는 별도의 연구진이 집필기준을 개발하는 경우 교육과정 해석의 임의성이나 관점 차이 등으로 쟁점이 유발될 수 있다. 예를 들어 2015 개정 교육과정기 일부 고등학교 교과목의 집필기준에 교육과정에 제시되어 있지 않은 용어가 제시되면서, 해당 용어를 사용한 일부 교과용 도서의 추후 수정이 이루어지기도 했다.[4]

셋째, '다양하고 창의적인 교과서 제시의 어려움'을 들 수 있다. 즉, 교과서 집필진의 자율성이 제약되고 내용이 계속 획일화될 가능성이 있다. 이

---

3   이런 면에서 우리나라에서 교과서 집필기준은 15년간 존속했다고 할 수 있다.
4   조선일보. "고교 윤리 교과서에 적힌 '인민→국민' 바뀐다". 2020.10.27.

는 교과서 집필기준 개발이 '다양하고 창의적인 교과서 제시를 추구하는 2022 개정 교육과정의 개정 취지나 대강화 원칙' 등에 부합하지 않는다고 할 수 있다(한국교육과정평가원, 2023: 53-54).

이 절에서는 2022 개정 교육과정에 따른 교과용 도서 편찬상 유의점 및 검정기준을 개발한 한국교육과정평가원의 연구보고서를 토대로 교과서 집필기준 비발간 배경과 이유를 살펴본 후, 도덕과 교과서 집필기준을 중심으로 통일교육 관련 교과서 집필기준의 문제점을 분석한다. 이어 초·중·고 학생과 청년세대 그리고 교사 및 성인들의 통일 필요성과 북한에 대한 의식 정도 그리고 학교 통일교육 시간 실태를 파악하여 교과서 집필기준 비발간과 학생과 청년 및 국민들의 통일·북한 의식 정도 간 상관성을 살핀다.

2022 개정 교육과정 고시에 따른 교과용 도서 개발, 심사 및 적용 일정

2022년 12월 22일 2022 개정 교육과정이 고시되었고, 2023년 1월 27일 '교과용 도서 편찬상의 유의점 및 검정기준'이 발간되었다. 교육부와 한국교육과정평가원이 발표한 2022 개정 교육과정에 따른 교과용 도서 개발, 심사 및 적용 일정은 아래와 같다.[5]

[그림 11-1] 2022 개정 교육과정에 따른 교과용 도서 개발, 심사 및 적용 일정에 따르면 2023년 12월 현재 국정/검정/인정 교과용 도서 중 일부는 개발 중이거나 검정 및 심사 중이다. 2024년부터 2022 개정 교육과정이 적용되는 초등 1·2학년 학생들은 국정 교과서로 2022 개정 교육과정에

---

5 교과서와 교과용 도서에 대한 정의는 「교과용 도서에 관한 규정」에 제시되어 있다. 동 규정 제2조 제1항에서 교과용 도서는 교과서 및 지도서로 규정되며, 제2항에서는 교과서에 대해 정의한다. 교과서(textbooks)는 학교에서 학생들의 교육을 위해 사용되는 학생용의 서책·음반·영상 및 전자 저작물 등을 말한다. 지도서(curriculum books)는 제3항에서 규정하는데, 학생들의 교육을 위해 사용되는 교사용 서책·음반·영상 및 전자 저작물 등으로 규정한다(한국교육과정학회 편, 교육과정학 용어 대사전, 2017: 64).

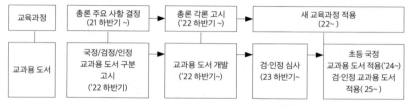

출처: 한국교육과정평가원(2023), p.18

[그림 11-1] 2022 개정 교육과정에 따른 교과용 도서 개발, 심사 및 적용 일정

따라 교육받게 된다. 한편 초등 3·4학년과 중1, 고1 학생들은 '2022 개정 교육과정에 따른 교과용 도서 편찬상의 유의점 및 검정기준'을 토대로 개발한 국·검·인정 교과용 도서를 통해 2022 개정 교육과정에 따라 교육 받게 된다.

국가 및 학교교육은 교육과정 기준을 토대로 교육해야 한다. 이런 면에서 국가 및 학교교육과정에 대한 이해는 매우 중요하고 필요하다. 또한, 교육과정 기준을 토대로 개발되는 교과서는 우리나라 초·중·고 교육에서 교수학습의 대표적인 교육매체로 여전히 중요한 역할을 한다. 따라서 바르고 타당한 교과서의 개발과 검정은 매우 중요하고 필요한 국가적 교육과제라고 할 수 있다.

통일교육 관련 교과서 집필기준의 문제점

이 절에서는 통일교육에서 교과서 집필기준의 문제점을 도덕과 통일교육 관련 교육과정 기준과 교과서를 중심으로 살핀다. 이 절의 내용은 앞 절에서 살펴본 교과서 집필기준 비발간의 배경과 이유에 대한 구체적 사례라 할 수 있다.

도덕과 교과서 집필기준의 의미와 기능

2015 개정 교육과정에 따른 중II 도덕과 교과서 집필기준은 그 의미와

기능에 대해 다음과 같이 제시했다.

> 교과서 집필기준은 교육과정의 내용 요소들이 집필진들의 해석을
> 통해 교과서의 형태로 전환될 때, 집필진의 내용 요소에 대한 해석
> 의 융통성을 어느 정도까지 허용할 것인지, 내용 요소를 어느 정도
> 의 폭과 깊이로 다룰 것인지, 내용 요소는 어떠한 방식으로 진술되
> 는 것이 바람직한지, 내용 요소에 대한 진술 방식으로 지양되어야
> 할 것은 무엇인지 등에 관해 밝힘으로써 학교급별, 과목별 교과서
> 내용에 대한 적절성을 확보하고 교육과정 해석에 대한 합의 수준
> 을 높이는 데 기여할 수 있다(교육부, 2015: 45).

이상의 중Ⅱ 도덕과 교과서 집필기준이 제시하는 교과서 집필기준의
의미와 기능은 "학교급별, 과목별 교과서 내용에 대한 적절성을 확보하
고 교육과정 해석에 대한 합의 수준을 높이는 데 기여할 수 있다." 등 여
러 긍정적 기능과 의미를 제시한다. 그러나 「2022 개정 교육과정에 따른
교과용 도서 편찬 상의 유의점 및 검정기준 개발 연구」가 제시하는 바와
같은 '주요 편찬 준거와의 역할 중복 및 일부 내용 불일치'와 '다양하고 창
의적인 교과서 제시의 어려움' 등의 문제점에 대한 내용은 언급하지 않았
다. 개발하는 교과에서 기준의 문제와 한계점을 제시하는 것은 현실적으
로 어려웠다고 볼 수 있다. 그러나 한국교육과정평가원 연구보고서가 제
시하는 바와 같이 교과서 집필기준은 교과 교육의 전문성과 자율성을 해
치는 결과를 초래했다는 비판을 피하기 어렵다.

2015 개정 중학교 도덕 교과서 집필기준에서 북한관·통일관의 문제점

2015 개정 중학교 도덕 교과서 집필기준 중 통일교육과 관련한 문제점

을 살피면 다음과 같다. 2015 개정 교육과정에 따른 중학교 도덕과 교과서 집필기준은 [그림 11-2]와 같이 통일교육이 지향해야 할 북한 및 통일에 대한 의식 및 가치관을 교육목표 또는 교육내용으로 제시했다.

□ **북한 이해, 통일윤리의식**

○ 북한을 바라볼 때, 북한 정권은 군사적·안보적 경계대상이며, 북한 주민은 민족공동체 형성을 위한 동반자라는 점을 균형 있게 인식하도록 기술한다.

○ 북한 주민의 생활 모습을 정치, 경제, 사회, 문화 부문에 걸쳐 소개하되, 인간의 존엄성, 자유, 평등, 인권 등 보편적 가치의 관점에서 평가해볼 수 있도록 기술한다. 이때 북한 주민의 생활에 대해 부정적 평가만으로 흐르지 않도록 유의한다.

○ 남북한 교류와 협력은 북한에 대한 일방적인 지원이나 시혜의 차원을 벗어나 남북한 상호 간 이익이 됨은 물론 민족의 화해나 공동 번영이라는 대승적 목표에 부합해야 함을 기술한다(교육부, 2015: 55).

[그림 11-2] 2015 중학교 도덕 통일교육 관련 교과서 집필기준 내용

'한반도의 평화통일 또는 평화통일을 위한 노력은 국가 과제이자 대통령의 주요 직무'라는 헌법 내용 측면에서 위 내용을 살펴보면 다음 두 가지 문제점을 지적할 수 있다.

먼저 "북한 정권은 군사적·안보적 경계대상이며, 북한 주민은 민족공동체 형성을 위한 동반자라는 점을 균형 있게 인식하도록 기술한다"라는 내용이다. 이 내용의 문제점으로 다음 두 가지를 지적할 수 있다.

첫째, 중학생들에게 평화통일교육을 할 때 북한 정권과 북한 주민을 분리하여 교육하는 것이 교육이론과 실제 측면에서 가능한가 하는 문제다. 즉, 유·초·중·고 학생들에게 이런 북한관을 교육한다면 학생들은 북한은 믿지 못할 대상으로 여기게 되며 결국 반(反)북한, 반통일의식을 초래한다고 할 수 있다. 2015 개정 교육과정의 이런 교과서 집필기준이 학생들에게 '북한은 적대 및 경계의 대상이다'라는 의식을 심어주고, 이로 인해 통일 필요성 의식 정도가 낮아지는 데 영향을 미치거나 미쳤다고 할 수 있다.

둘째, 북한을 협력의 대상이자 경계 대상이라고 보는 것은 도덕과 교과서 집필기준이 제시하는 바와 같이 군사적·안보적 차원에서 필요한 북한관이다. 즉 현역 군인이나 제대 군인 및 정치인 그리고 일반 국민에게 적합한 또는 적합할 수 있는 북한관이라고 할 수 있다. 성인이 되거나 사회에 나아가려면 아직 많은 시간이 남아있고, 또 평화로운 한반도에서 남북이 교류·협력을 통해 지속적인 평화 속에서 상생, 공영하며 살아갈 청소년들에게 적합한 북한관이나 북한 의식이라고 보기는 어렵다(이병호, 2023).

2015 개정 중학교 도덕 통일교육 관련 교과서 집필기준의 또 다른 문제점으로 "남북한의 교류와 협력은 북한에 대한 일방적인 지원이나 시혜의 차원을 벗어나 남북한 상호 간 이익이 됨은 물론 민족의 화해나 공동 번영이라는 대승적 목표에 부합해야 함"이라는 내용을 들 수 있다. 여기서 문제가 되는 것은 "일방적인 지원이나 시혜 차원을 벗어나 남북한 상호 간 이익이 됨은 물론(이다)"이라는 내용이다. 이에 대한 문제점을 다음과 같이 제시할 수 있다.

첫째, 남북한 교류와 협력의 중요성과 필요성을 눈앞의 단기적 이익 또는 실용적 이익에 초점을 맞추고 있다는 것이다. 남북한 교류와 협력은 현재 또는 눈앞의 정치적·경제적·군사적 이익이나 이해관계가 아닌 민족의 화해와 협력, 나아가 평화통일이라는, 보다 미래 지향적인 상위 가치적 행동이라 할 수 있다. 특히 '일방적 지원이나 시혜'의 가치를 부정하는 것은 지원이나 시혜의 본질적 가치 또는 윤리·도덕적 가치를 부정하는 것이며, 이는 윤리·도덕이라는 교과의 목표 또는 성격과도 일치하지 않는다. 독일 통일 과정에서 서독은 남한이 지금까지 북한에 지원한 것과는 비교가 안 될 정도의 비용을 동독과 소련 등 주변국에 무상 지원했다는 것을 주목해야 한다. 나아가 불교의 무주상보시(無住相布施, 베푼 것을 기억하지 않는다-금강경)의 의미를 새겨볼 필요가 있다.

이상의 내용을 종합하면 2015 도덕과 교과서 집필기준은 북한을 "북한 정권과 북한 주민으로 둘로 나눈 후, 북한 정권은 군사적·안보적 경계 대상이며, 북한 주민은 민족공동체 형성을 위한 동반자"라고 이분법적 북한 관과 통일관을 제시한다 하겠다. 이런 북한관은 2015 개정 교육과정 도덕과 교육과정 기준에는 없는 내용이다. 이는 2008년 집권한 이명박 정부의 대북관과 통일정책에 토대를 두고 제시된 내용으로, 헌법이 명시하는 평화통일과 이를 위한 교육목표와 교육내용으로는 적합하지 않다(이병호, 2020: 91-92).

도덕과의 통일교육 관련 교과서 집필기준은 이처럼 중학교와 고등학교의 통일교육 관련 교과서 개발과 검정에 직접적인 영향을 미쳤다고 볼 수 있다. 필자가 2020년 통일교육 내용이 있는 고등학교 '생활과 윤리', '한국사', '통합사회', '한국지리' 등 네 과목 11개 교과서를 분석한 결과 가장 큰 문제가 있다고 판단되는 과목은 고등학교 '생활과 윤리'였다. '생활과 윤리' 교과서에서도 가장 문제가 큰 것은 '2015 교과서 집필기준에 따라 편찬·검정된 북한 및 통일에 대한 교과서 사례'와 고등학교 '생활과 윤리' 교과서에 실린 '북한 인권 실태 내용'이었다.[6]

'2015 교과서 집필기준에 따라 편찬·검정된 북한 및 통일에 대한 교과서 사례'는 앞에서 살펴봤듯이, 한반도의 평화통일을 위한 바람직한 통일교육의 교과서 내용으로 적합하지 않다고 할 수 있다. 이런 교과서 내용의

---

6 2015 개정 교육과정(교과용 도서 편찬 및 검정기준)에 의해 발행된 한 고등학교 교과서는 북한 인권 실태에 대해 언제 발행된 통일연구원 보고서인지 출처를 명확히 밝히지 않은 채 다음과 같은 내용을 교과서에 실었다. 내용의 사실 여부를 떠나 이 내용을 읽는 학생은 반북한, 반평화통일의 감정과 의식을 갖게 되는 것이다. "북한의 정치범 수용소는 극심한 인권 침해가 이루어지기 때문에 국제 사회로부터 거센 비난을 받고 있다. 정치범 수용소의 아이들은 10시부터 강제 노동을 해야 한다. 엄마가 아이 일을 도와주면 벌을 받는다. 부모와 자식 사이라도 각자의 일은 각자가 완수해야 한다. 식사로는 옥수수밥을 지급하는데, 보안원의 지적을 받거나 아이 일을 도와주다가 발각되면 이틀 치 식사를 제공받지 못한다. 한편 정치범 수용소에는 지하 감옥이 있다. 개인 과업을 완성하지 못한 사람은 가로 1m, 세로 1m 크기의 독방에 20~30일 동안 구금된다. -통일연구원, 『북한 인권 백서』"

개발은 교과서 개발자나 검정자들의 미흡함이 크다고 할 수 있다. 앞 절에서 살펴본 도덕과 교과서 집필기준의 문제점에 근본적인 문제점이 있다다고 할 수 있다.[7]

또 하나의 사례인 고등학교 '생활과 윤리' 교과서의 '북한 인권 실태 내용'도 마찬가지다. 앞에서 제시한 같은 교과서의 다음 쪽에 해당하는 이 부분의 가장 큰 문제점은 출처를 정확히 밝히지 않은 것과, 북한의 가장 취약점이라 할 수 있는 인권실태를 제시하며 북한에 대한 부정적·회의적 가치관을 심어주는 것이라 하겠다.

통일·북한 의식 정도와 통일교육 시간이 통일교육 개선에 주는 시사점

이 글은 2022 개정 교육과정의 교과서 집필기준 비발간이 통일교육 개선에 주는 의미와 과제 탐색을 목적으로 한다. 앞 절에서 살펴본 대로, 기존 통일 관련 교과서 집필기준의 가장 큰 문제점으로 통일의 필요성에 대한 인식과 북한 의식에 문제가 있다는 점을 들 수 있다. 이 절은 초·중·고등학생과 청년세대, 교사 및 일반 국민의 통일 필요성과 북한 의식 등에 대한 조사결과를 분석하여, 2022 개정 교육과정의 교과서 집필기준 비발간이 통일교육 개선에 주는 의미와 과제 탐색에 도움이 되는 시사점을 찾는다. 통일·북한 의식 정도에서 분석 대상 자료는 통일부·교육부의 2022년 학교통일교육실태 조사와 2023 서울대 통일평화연구원의 통일의식 조사 결과다.

---

[7] 위 교과서 내용은 여러 문제점이 있지만, 대표적인 것으로 "장거리 미사일을 발사한 북한을 압박하기 위해 개성공단 가동을 전면 중단한다"는 문장에서 보듯 교과서 집필 및 검정 당시 정부의 대북, 통일 정책을 그대로 나타낸다. 학교 통일교육이 진보나 보수의 정치 성향을 떠나 집권 정부의 대북 및 통일정책을 홍보 또는 전달하는 것이 아닌, 장기적이고 지속적인 교육의 전문성과 자율성에 따라 교육내용을 선정, 조직해야 한다는 교육의 기본 논리에 비추어 이 같은 교과서 개발과 검정은 여러 문제점이 있다.

학생과 성인의 통일 필요성과 북한 의식 정도

바람직하고 효과적인 교육을 위한 첫 과제는 학습자에 대한 충분하고도 정확한 이해다. 이는 통일 또는 평화통일교육에서도 마찬가지다. 통일교육을 받을 학생에 대한 이해의 영역 중 하나로 '통일 필요성에 대한 의식'과 '북한에 대한 의식'을 들 수 있다. 이 절에서는 통일부와 교육부가 매년 실시하는 '학교 통일교육 실태 조사'와 서울대 통일평화연구원이 매년 실시하는 '통일의식조사' 결과를 통해 우리나라 초·중·고등학생과 청년세대 그리고 교사와 일반 국민의 통일 필요성과 북한 의식 정도를 탐색한다. 이어서 이런 분석 결과와 교과서 집필기준 비발간의 관련성 및 통일교육 개선에 주는 시사점을 살핀다.

학생과 청년세대의 통일 필요성 의식 정도

〈표 11-1〉 초·중·고 학생의 통일 필요성에 대한 의식 정도(%)

	2018	2019	2020	2021	2022
필요하다	63.0	55.5	62.4	61.2	57.6 (-5.4)
필요하지 않다	13.7	19.4	24.2	25.0	31.7 (+14)
잘 모르겠다/관심 없다	22.6	24.4	13.4	13.8	10.7 (-8.8)

참고: 통일부·교육부(2019; 2022). 학교 통일교육 실태 조사[8]

〈표 11-1〉은 통일부와 교육부의 2018년과 2022년 학교 통일교육 실태

---

8 2019년 학교 통일교육 실태 조사의 문항은 '필요하다' 문항이 '매우 필요하다'와 '대체로 필요하다'로 나뉘어 있는데, 본 연구는 2022년 설문 문항 형식에 맞추어 이를 '필요하다'로 통합했다. 아울러 '필요하지 않다' 문항의 경우 '대체로 필요하지 않다'와 '전혀 필요하지 않다'로 나뉘어 있는데, 이 역시 '필요하지 않다'로 통합했다. 2022년 조사 대상은 지역, 학교급에 따른 학교 수 비례층화 표본추출 방법을 통하여 초·중·고 734개교에 학생 [65,966명: 초 5~6학년 21,703명, 중 23,708명, 고 20,555명(95% 신뢰수준, ±0.38%p)]과 교사(3,983명) 및 관리자(920명): 초등 담임, 중등 사회·도덕·역사 교사 등(95% 신뢰수준, ±1.55%p)이고, 조사 기간은 2022.10.18.~11.22. 조사방법은 온라인 조사다(통일부, 2023.2.17.).

조사 결과를 중심으로 구성한 '초·중·고등학생의 통일 필요성에 대한 의식 정도'의 변화 추이를 나타낸다. 주요 특징을 다음과 같이 제시할 수 있다.

첫째, 2018년과 2022년 조사 결과를 비교하면, 통일의 필요성에 대한 의식 정도는 5.4%가 낮아졌고, 통일의 불필요성에 대한 의식 정도는 14% 증가했다. 여기서 불필요성 의식 정도의 증가는 〈표 11-1〉에 기초하여 산술적으로 보면 2018년 '통일의 필요성(필요하다)'과 '잘 모르겠다/관심없다'라고 응답했던 학생들이 '불필요하다'로 옮겨간 것으로 볼 수 있다.

둘째, 2018년에 비해 2019년 '통일의 필요성(필요하다)' 의식도가 7.5% 낮아졌다. 이에는 다양한 요인이 있겠지만, 2018년 평창 동계올림픽 공동 입장과 단일팀 구성 그리고 세 차례에 걸친 남북정상회담 및 평양·서울 공동 방문 등 남북관계가 호전되어 '통일의 필요성(필요하다)'이 높아졌으나, 2019년 2월 하노이 북미정상회담의 비성과로 남북관계가 냉각되어 '통일의 필요성(필요하다)'의 의식도가 낮아진 것으로 추정할 수 있다. 한편, 2020년과 2021년에는 2018년 수준으로 다시 올라갔으나, 2022년 윤석열 정부 출범과 함께 다시 낮아진 양상이 나타난다. 이런 현상은 통일 필요성과 북한 의식 정도가 한국의 대북·통일정책과 남북관계 변화에 영향을 받는다고 할 수 있다.

셋째, 이상에서 살펴본 5년간 초·중·고등학생들의 통일 필요성 의식 정도는 시간이 흐를수록 낮아졌다. 서울대 통일평화연구원의 2023년 통일 의식조사에서 청년세대(19~29세) 의식 양상을 초·중·고등학생의 통일 필요성에 대한 의식 정도 비율과 같은 형식으로 나타내면 〈표 11-2〉와 같이 나타낼 수 있다.

〈표 11-2〉 청년세대(19~29세)의 통일의 필요성에 대한 의식 정도 비율에서 나타나는 주요 특징은 다음과 같이 요약할 수 있다.

<표 11-2> 청년세대(19~29세)의 통일 필요성에 대한 의식 정도(%)

	2018	2019	2020	2021	2022	2023
필요하다	**54.1**	41.1	35.3	27.8	27.8	28.2 (-25.9)
필요하지 않다	**17.6**	25.3	35.3	32.9	39.6	41.2 (+23.6)
잘 모르겠다/관심 없다	**28.3**	33.7	29.5	29.2	32.5	30.6 (+4.2)

참고: 통일부·교육부(2019; 2022). 학교 통일교육 실태 조사[9]

첫째, 통일 필요성에 대한 의식 정도가 2018년에 비해 5년 만에 무려 25.9%가 낮아졌다. 초·중·고등학생들에 비해 무척 큰 차이다. 한편, 통일의 불필요성에 대한 의식 정도는 2018년보다 23.6%가 올라갔다. 청년세대 조사 대상자의 1/4이 '필요하다'에서 '불필요하다'로 옮겨간 것이다. 서울대 통일평화연구원의 2023 통일의식 실태조사에 의하면 우리나라 청년세대는 10명 중 3명만이 통일이 필요하다고 보고, 4명은 불필요하다고 보며, 3명은 잘 모르겠거나 관심 없다고 생각하는 것으로 나타난다.

둘째, 초·중·고등학생들의 경우 2018년과 비교할 때 2019년에 통일 필요성 의식 정도가 조금 낮아졌다. 2020년 이후 2018년 수준으로 다시 오르는 모습을 보였다. 그러나 청년세대는 이런 변화가 나타나지 않았다.

이상의 내용을 요약하면 우리나라 초·중·고등학생과 청년세대 모두 통일 필요성 의식이 낮아지고 있는데, 특히 청년세대의 의식 비율이 급격히 낮아지는 경향을 보인다. 학생과 청년세대의 이런 차이의 원인에 대한 적극적인 관심과 면밀한 연구가 필요하다.

---

9   서울대 통일평화연구원 2023 통일의식 조사의 문항은 '매우 필요하다'와 '약간 필요하다'로 나뉘어 있는데, 본 연구는 초·중·고등학생 의식조사와 비교하기 위해 '필요하다'로, '별로 필요하지 않다'와 '전혀 필요하지 않다'를 '필요하지 않다'로 통합하여 제시했다.

교사와 성인 세대의 통일 필요성 의식 정도

통일교육의 주체인 교사들의 통일 필요성 의식 정도는 통일교육 개선에 주는 의미가 크다. 청년세대(19~29세) 이후 연령대인 40대, 50대, 60대 이상 역시 국가의 중추 또는 핵심 세력으로서 이들의 통일 필요성 의식은 남북의 평화통일과 통일교육 개선에 주는 시사점이 크다. 먼저 초·중·고교 교사의 통일 필요성에 대한 의식 정도를 살펴보면 〈표 11-3〉과 같다. 통일교육 개선과 관련하여 이 자료가 지니는 의미는 다음과 같이 제시할 수 있다.

〈표 11-3〉 초·중·고교 교사의 통일 필요성에 대한 의식 정도(%)

	2020	2021	2022
필요하다	87.9(62.4)	85.6(61.2)	86.7(57.6) +29.1
필요하지 않다	9.3(24.2)	10.8(25.0)	11(31.7) -20.7
잘 모르겠다/관심 없다	2.8(13.4)	3.6(13.8)	2.4(10.7)

참고: 통일부·교육부, 2022 학교 통일교육 실태 조사,[10] ( )안은 학생의 통일 필요성 의식 정도 비율

첫째, 학생들에 비해 통일이 필요하다는 의식 정도가 매우 높고(86.7%. 학생들보다 29.1% 높음), 통일이 필요하지 않다는 의식 정도 역시 매우 낮다(11%. 학생보다 20.7% 낮음).

둘째, 통일 필요성에 대한 학생과 교사의 의식 정도가 이렇게 큰 차이를 나타낸 데는 연령 차이나 남북의 평화와 통일의 필요성에 대한 교사 자신의 의식에서 비롯한 요인도 있겠지만, 학교는 통일교육을 해야 한다는 법률 조항 등 교육적 당위성에 따른 요인도 영향을 미친 것으로 추정

---

10 통일부·교육부의 2019년 학교 통일교육 실태 조사에서 교사 대상 문항에 '통일 필요성'에 대한 문항이 없어, 2018~2019년 교사들의 통일 필요성 의식 정도는 파악하기 어렵다.

할 수 있다. 그러나 이런 분석 결과보다 중요한 것은 교사들의 통일 필요성 의식 정도가 학생이나 일반 국민보다 매우 높다는 점이다.

셋째, 통일의 필요성에 대한 교사들의 높은 의식 정도는 통일 또는 평화통일교육 개선에 긍정적 요소나 기본 토대로 작용할 것으로 볼 수 있다. 그러면 일반 국민 또는 성인 세대의 통일 필요성 의식 정도는 어떠할까? 서울대 통일평화연구원의 2023 통일의식조사는 이 물음에 대한 답을 〈표 11-4〉와 같이 제시한다.[11]

〈표 11-4〉 통일 필요성 의식 정도에 대한 세대별 응답 비율 조사 결과에 나타나는 주요 의미로 첫째, 응답자의 연령이 낮아질수록 '통일이 필요하다'고 의식하는 비율이 낮아진다. 즉, 2023년 '매우 필요하다'와 '약간 필요하다'에 응답한 비율이 '60대 이상'부터 '19~29세'로 연령대가 낮아질수록 필요성 의식도 계속 낮아진다(55.6% 〉 51.9% 〉 42.3% 〉 34% 〉 28.2%).

〈표 11-4〉 통일 필요성 의식 정도에 대한 세대별 응답 비율(%)

A	매우 필요하다						약간 필요하다						반반/그저 그렇다 (보통이다)						별로 필요하지 않다						전혀 필요하지 않다					
	'18	'19	'20	'21	'22	'23	'18	'19	'20	'21	'22	'23	'18	'19	'20	'21	'22	'23	'18	'19	'20	'21	'22	'23	'18	'19	'20	'21	'22	'23
가	13.3	14.4	7.6	5.0	6.1	7.3	40.8	26.7	27.7	22.8	21.7	20.9	28.3	33.7	29.5	29.2	32.5	30.6	14.0	17.6	28.6	36.1	29.0	32.5	3.6	7.7	6.7	6.8	10.6	8.7
나	17.3	11.7	16.8	9.6	7.3	8.5	35.6	26.5	26.2	31.3	26.7	25.5	27.4	36.9	26.2	24.5	33.8	31.0	17.5	21.5	23.8	28.8	24.2	28.0	2.3	3.4	7	5.8	8.1	7.0
다	23.2	21.7	23.0	16.5	13.4	9.2	35.4	32.3	35.9	30.0	36.9	33.1	26.4	27.0	21.8	29.6	24.3	25.9	13.8	14.4	16.5	20.2	20.6	25.5	1.1	4.6	2.8	3.7	4.9	6.3
라	27.2	25.9	28.0	15.1	18.6	17.7	42.2	36.1	34.9	31.8	31.8	34.2	16.0	21.0	18.4	26.4	30.3	22.7	13.3	14.6	13.0	22.5	16.3	20.8	1.2	2.5	5.8	4.3	3.0	4.6
마	24.6	25.1	26.9	20.6	23.8	28.1	37.5	41.7	33.6	36.4	37.4	27.5	23.4	15.6	18.2	21.0	18.4	23.7	9.3	11.4	18.6	18	16.5	17.6	5.2	6.2	2.8	4.0	3.9	3.1

A - 연령대(가: 19~29세 나: 30 다: 40대 라: 50대 마: 60대 이상)

출처: 서울대 통일평화연구원, 2023: 13

11 본 조사는 2007년부터 매년 통일, 북한, 대북정책, 주변국, 북한이탈주민에 대한 국민의 시각과 인식 변화를 조사한다. 2023년도 조사는 한국 갤럽에 의뢰하여 7월 4~27일 전국 17개 시·도의 만 19세 이상 성인 남녀 1,200명을 대상으로 1:1 면접조사를 통해 실시했으며, 표본오차는 ±2.8%, 신뢰수준은 95%다. MZ세대(1985~2004년생)의 경우 30.6%가 '통일이 매우 필요하다' 혹은 '필요하다'라고 응답했는데, M세대(30대, 1985~1996년생)의 통일의 필요성 응답률은 30.9%로 조사 이래 최저치(2022년 32.3%, 2021년 31.9%, 2020년 35.4%)를 기록했다(서울대 소식, 2023.11.11.).

둘째, 2018년 이후 통일이 필요하다는 의식이 계속 낮아지고 있다. 〈표 11-4〉를 보면 19~29세의 경우 2018년에 통일은 '필요하다(매우 필요하다 + 약간 필요하다)'라고 응답한 비율이 54.1%였는데, 2023년은 28.2%로 무려 25.9%가 줄었다. 반면 60대 이상의 경우에는 2018년 62.1%에서 55.6%로 6.5%가 줄었는데, 줄어든 폭이 청년세대보다는 작다.

이상에서 살펴본 통일 필요성 의식 정도는 연령이 낮아질수록 낮아지고 있다. 이런 현상의 원인은 좀더 면밀하고 체계적인 연구로 밝혀지겠지만, 분단 기간의 장기화와 화해와 교류·협력을 위한 노력의 중요성에 대한 정치인과 국민의 무책임·무관심, 특히 집권 정부에 따라 교육 목표와 내용이 바뀌며 통일교육 시간도 거의 부재하다 할 수 있는 국가 통일교육의 근본적 문제점에 기인한다고 할 수 있다.

초·중·고교생과 청년세대의 북한 의식 정도

통일교육과 관련한 학생들의 의식 중 또 다른 중요한 영역은 북한을 어떻게 보느냐, 즉 북한에 대한 의식 정도 또는 북한관을 들 수 있다. 평화통일의 대상을 긍정적·호의적으로 보는 태도와 자세는 평화통일의 필요조건이라고 볼 수 있기 때문이다. 통일부·교육부의 2022년 학교 통일교육 실태에서 나타난 초·중·고교생들의 북한 의식 정도는 다음과 같다.

"북한은 우리에게 어떠한 대상이라고 생각하나요?"라는 질문에 초·중·고교생들은 '협력해야 하는 대상' 38.7%, '경계해야 하는 대상' 38.1%, '적대적인 대상' 10.9%의 응답률을 보였다. 반면, 교사들은 '협력해야 하는 대상' 76.9%, '경계해야 하는 대상' 11.8%, '적대적인 대상' 2.5%의 응답률을 보였다. 여기서 '경계하는 대상'과 '적대적인 대상'을 합치면 50.0%로, '협력해야 하는 대상' 38.7%보다 크다. 반면, 교사들은 '경계하는 대상'과 '적대적인 대상'을 합하면 14.3%로 학생들에 비해 매우 작다.

좀더 살펴보면, '협력해야 하는 대상'에 교사가 76.9%를 보인 반면 학생
은 38.7%를 보여 무려 38.2%의 차이를 보인다. 이런 차이의 원인과 개선
방안에 대한 면밀한 연구가 필요하다. 청년세대의 북한 의식도는 2023년
서울대 통일평화연구원 통일의식조사 학술대회에서 김병로의 "북한에 대
한 인식" 발표를 통해 잘 나타난다. 김병로는 2023년 한국인의 대북인식
은 전반적으로 적대/경계 의식이 높아지고, 협력의식이 약화했으며, 북한
도발 가능성에 대한 의식도 높아졌다고 발표했다(서울대 통일평화연구원, 2023:
26). 즉, 적대 의식은 전년 대비 13.6%→18.6%, 경계 의식은 17.7%→24.0%
로 높아졌으나, 협력의식은 47.9%→37.7%로 낮아졌다. 또한, 연령별 의식
차에서 50대가 북한 정권에 대한 신뢰도가 높게 나오는데, 무력도발 가능
성 역시 높은 결과가 나왔다고 발표했다. 반면, 통일의 필요성 의식 정도
가 연령대별 비교에서 가장 낮았던 20대(19~29세)는 부정적 북한 인식(경계+적
대)이 49.3%로 비교 연령대 중 가장 높게 나타났으며, 통일 필요성 의식 정
도와 북한 의식 정도 또는 북한관은 상관관계가 높은 것으로 봤다(김병로,
2023: 26-35).

　　한편, 20대의 부정적 북한 인식(경계+적대) 49.3%를 통일부의 2022년 통일
의식조사에서 나타난 초·중·고교생들의 응답률('협력해야 하는 대상' 38.7%, '경계해
야 하는 대상' 38.1%, '적대적인 대상' 10.9%)과 비교하면, 2023년 서울대 통일평화연구
원이 조사한 청년세대의 북한 의식과 통일부의 2022년 통일의식조사에서
나타난 학생들의 북한에 대한 경계/적대 인식 비율(49.7%: 38.1% + 10.9%)은 유
사한 모습을 나타낸다고 할 수 있다.

　　이상에서 살펴본 초·중·고교생들과 청년세대의 북한 의식이 부정적·회
의적으로 바뀌는 데는 여러 요인이 있을 수 있다. 그중 하나로, 본 연구
에서 분석·연구하는 통일교육 관련 교과서 집필기준의 문제점을 들 수
있다.

교사의 통일교육 시간

앞 항에서 살폈듯이 시간이 흐를수록 학생과 청년세대 그리고 일반 국민의 통일 필요성 의식 정도는 계속 낮아지고 있다. 그러나 통일교육의 실행 주체인 교사들의 통일 필요성 의식도는 매우 높다(86.7%가 통일이 필요하다고 의식). 그러나 교사들의 통일 필요성 의식 정도와 다르게 실제 통일교육 시간은 〈표 11-5〉와 같이 매우 미흡하다. 거의 '부재한다'라고 할 정도다. 구체적으로 보면 2022년 기준, 교사의 78.6%가 연 4시간 이하의 교과 교육을 하고 있다. 이런 결과는 교사의 교육 필요성에 대한 의식 정도와 실제 교육시간 간에 상당한 차이가 있음을 나타낸다고 할 수 있다.

〈표 11-5〉 교사의 연간 통일 교과교육 시간 및 창의적 체험활동 교육 정도

교과교육 시간	2021	2022	2023	창의적 체험활동	2021	2022	2023
1~2시간	40.9	44.8	46.5	있음	55.6	58.0	57.9
3~4시간	36.6	33.6	32.1	없음	44.4	42.0	42.1
5시간 이상	22.5	21.7	21.5				

참고: 통일부·교육부, 2023년 학교 통일교육 실태 조사 p.19.

〈표 11-5〉에 따르면 통일 교과를 연간 1~2시간 교육하는 교사 비율이 2021년에 비해 2022년에 40.9%에서 44.8%로 늘었다. 이는 통일교육 시간이 줄어든 것을 나타내는 지표로 볼 수 있다.[12] 아울러 창의적 체험활동에 대한 교육 경험 여부를 묻는 문항에 대한 답변은 큰 변화가 없는 것으로 나타난다. 즉 22% 정도의 교사들이 연간 1회 창의적 체험활동을 하고 있다. 그런데 이 문항은 1회의 시간과 내용이 어떠한지를 묻지 않기 때문에,

---

12 연간 3~4시간이나 5시간 이상 통일교육을 하는 교사들이 있음을 고려할 때 1~2시간 교육하는 교사의 비율이 늘어난 것은 교사의 통일교육 시간이 전체적으로는 줄어든 것이라고 할 수 있다.

정확한 내용은 확인할 필요가 있다. 분명한 것은 초·중·고교 교사 10명 중 2명만이 연간 최소 1회의 창의적 체험활동 교육을 하고 있다는 것이다.

평화통일은 국가 과제이고, 대통령 취임식 때 취임 선서의 주요 내용이자, 통일교육지원법에서 제시하는 국가 교육임에도, 지금까지 살펴본 교사의 통일교육시간을 기준으로 하면 우리나라 국가 또는 학교 통일교육은 '거의 부재' 또는 '빈사(瀕死) 상태'로 매우 심각한 상황이다.

교사의 통일교육시간 조사 결과에서 주목할 점이 또 있다. 교과교육으로 5시간 이상의 경우 2021년 22.5%인데 2023년 21.5%로 큰 차이 또는 변화가 없는 점이다. 이 결과는 10명 중 2명 정도의 교사는 열악한 학교 통일교육 여건이나 집권 정부의 정치적 성향과 상관없이 통일교육에 대한 관심과 열정으로 임하는 교사들로 추정할 수 있다.

아래 〈표 11-6〉은 통일부와 교육부가 실시한 2019년 학교 통일교육 실태 조사결과로, 2018~2019년과 2020~2023년 교사들의 통일교육 시간 정도를 비교할 수 있는 지표가 된다. 〈표 11-5〉 2020~2023년 교사들의 통일교육 시간과 〈표 11-6〉 2018~2019년 교사의 연간 학교 평화 통일교육 시간을 비교하면, 2020~2023년 교사들의 통일교육 시간이 다소 줄어든 것을 확인할 수 있다.

〈표 11-6〉 교사의 연간 학교 평화 통일교육 시간(%)

		실시하지 않음 (0시간)	2시간 미만	2시간 이상 ~ 3시간 미만	3시간 이상 ~ 4시간 미만	4시간 이상 ~ 5시간 미만	5시간 이상 ~ 6시간 미만	6시간 이상 ~ 7시간 미만	7시간 이상
교과 시간	2018년	6.2	23.7	24	11.7	12.5	6.3	6.3	7
	2019년	5.7	22	22.3	13.5	11.3	6.8	6.4	10.4
창의적 체험시간	2018년	19.9	28.1	25.1	7.7	6.6	2.7	5.3	2.7
	2019년	18.6	28.8	25	10.8	7	2.7	3.4	2.6

출처: 이병호(2020: 77)

이상에서 살펴본 바와 같이 우리나라 초·중·고교의 통일교육 시간은 거의 없거나 매우 미흡하다. 더 큰 문제는, 거의 부재하다시피 한 통일교육 시간조차 점점 줄어들고 있다는 것이다. 국가는 남북 화해와 교류·협력 그리고 평화통일이 중요하다고 큰소리치며 생색을 내지만 정작 이를 실현할 학교 교육시간은 없는 것이다. 국가 통일교육의 개선 및 확대를 위해 교과서 집필기준 비발간의 의미와 개선과제를 탐색하고 실천하는 것도 중요하지만, 이런 노력이 결실을 보려면 학교 통일교육 시간 확보가 필요함을 설문 결과는 제시한다.

교과서 집필기준 비발간이 통일교육 개선에 주는 의미와 과제

이 장에서는 앞서 언급한 분석과 논의를 토대로 교과서 집필기준 비발간이 통일교육 개선에 주는 의미를 간략히 제시한 뒤, '2015 개정과 2022 개정 교과서 편찬상의 유의점과 검정기준의 비교', '통일교육 교과서 편찬 및 검정과 관련된 쟁점 및 논의' 등의 분석을 통하여 교과서 집필기준 비발간에 따른 통일교육 개선 과제를 단기적 과제와 장기적 과제로 나누어 제시한다.

교과서 집필기준 비발간이 통일교육 개선에 주는 의미

본 연구의 서론과, 교과서 집필기준 비발간의 이유와 통일교육 관련 교과서 집필 기준의 문제점 그리고 통일·북한 의식 정도와 통일교육 시간의 분석과 논의에 기초할 때, 교과서 집필기준이 통일교육 개선에 주는 주요 의미를 다음과 같이 세 가지로 제시할 수 있다.

첫째, 2022 개정 교육과정에 따른 교과서 집필기준 비발간을 제안하고 수용한 한국교육과정평가원의 연구팀과 교육부는 비발간이 필요한 근거로 '법령상 근거 미비', '다양하고 창의적인 교과서 제시의 어려움'을 들었다. 이런 문제점은 일반 독립교과목의 교과서 편찬 및 검정에서도 중요한 문제점이지만, 통일교육 같은 범교과학습주제 교육에서는 교육의 전문성과 자율성을 더욱 해칠 수 있는 요인이었다고 할 수 있다. 따라서 교과서 집필기준 비발간은 학교 통일교육에서 교육의 전문성과 자율성 확보에 긍정적 영향을 미치게 되었다.

둘째, 2022개정 교육과정에서 교과서 집필기준을 발간하지 않기로 한 것은, 교과서 개발에서 특정 정부의 북한관·통일관의 과도한 영향을 차단하는 긍정적 의미가 있다.

셋째, 학교 통일교육에 악영향을 미치던 교과서 집필기준 비발간에 한국통일교육학회 같은 학회나 교과연구단체는 문제 제기는 물론 한국교육과정평가원과 교육부의 협의 및 결정에 전혀 참여할 수 없었다. 대표적인 이유는 독립 또는 개별 교과목이 아니기 때문이었다. 따라서 평화통일교육 개선을 위해서는 통일교과목 개설(중·고등학교 교양 및 진로 선택과목 등)이 시급하다.

교과서 집필기준 비발간에 따른 통일교육 개선 과제
단기 과제: 바르고 타당한 통일교육 교과서 편찬 및 검정 활동

앞 절 '통일·북한 의식 정도와 교사의 통일교육 시간'에서 살폈듯이 평화통일은 헌법이 명시하는 국가 과제이고 대통령의 대표적인 직무 중 하나다. 평화통일 실현 방법은 여러 가지가 있지만 그중 대표적인 것으로 교육을 들 수 있다. 평화통일에 대한 독립 교과목과 독립 교육과정기준이 없는 현실에서 바르고 타당한 통일교육 교과서 편찬 및 검정은 매우 중요하다. 바르고 타당한 통일교육 교과서가 개발되어 학교 교실까지 전달되려면 교과서 개발자뿐만 아니라 검정자들의 역할도 매우 중요하다.

교과서 중심 수업에서 바르고 타당한 교과서 편찬 및 검정의 중요성

[그림 11-3]은 교과서 중심 수업에서 바르고 타당한 교과서 편찬 및 검정의 중요성을 나타낸다. 독립 교과목은 교과교육과정기준이 있으므로 교육과정기준 중심 수업을 할 수 있다. 이때 교과서는 교수학습의 보조 또는 주요 교육 매체로 사용될 수 있다. 그러나 우리나라 통일교육은 독립 교과목이 아닌 범교과학습주제에 불과하여 독립 교육과정기준이 없다. 따라서 통일교육에서 바르고 타당한 교과서의 편찬과 검정은 독립 교과목의 교수학습에서보다 더욱 중요하고 의미가 있다.

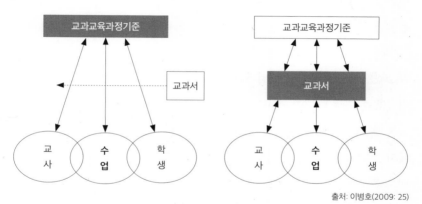

출처: 이병호(2009: 25)

[그림 11-3] 교육과정기준 중심 수업과 교과서 중심 수업의 비교

2015 개정과 2022 개정 교과서 편찬상 유의점과 검정기준의 비교

2022 개정 교육과정의 연구개발과 관리를 맡은 교육부와 교육과정평가원 및 관계자들은 '법적 근거 미비', '교육과정기준과 중복성', '교과서 편찬 및 검정의 전문성 및 자율성 저해' 등 여러 쟁점과 문제점이 있다며 교과서 집필기준을 비발간하기로 했다. 아울러 교과서 집필기준 비발간에 따라 교과서 집필기준이 필요했던 핵심 내용은 교과서 편찬상 유의점 및 검정기준의 '공통 편찬상의 유의점'에 포함시키기로 했다. 2022 공통 편찬상

유의점에 어떻게 기존 교과서 집필기준 내용이 포함되었는지 파악하기 위해 '2015 개정 편찬상 유의점 및 검정기준'과 '2022 개정 편찬상 유의점 및 검정기준'을 비교하면 아래와 같다.

① 2015년과 2022년 교과서 편찬상 유의점 및 검정기준의 '공통 편찬상 유의점 목차와 내용'

교육부 발간 2015년 및 2022년 개정 교과서 편찬상 유의점 및 검정기준에서 '공통 편찬상 유의점' 중 통일교육과 관련된 목차와 내용을 이 글 내용과 관련하여 비교하면 〈표 11-7〉과 같이 나타낼 수 있으며 주요 내용은 다음과 같다.

첫째, '2015 편찬상 유의점 및 검정기준'에서 **1** 헌법 및 관령 법령 준수가 2022에서는 '1. 헌법 이념과 가치의 존중'과 '5. 교과용 도서 편찬 관련 법령의 준수'로 나뉘어 제시됐다.

둘째, 2015 개정의 **3** 지식 재산권 관련 법령 준수 항목명이 2022 개정에서는 없어졌다. 그런데 이 항목의 내용은 '5. 교과용 도서 편찬 관련 법령의 준수'에 포함되어 제시됐다.

셋째, 2015 개정의 **7** 범교과 학습 내용이 없어졌다. 이 기준 내용은 2022 개정 교과서 편찬상 유의점과 검정기준의 "I. 교과용 도서 편찬 방향 3. 주요 내용, 나. 미래사회가 요구하는 핵심역량을 갖춘 창의적·혁신적 인재 육성에 적합한 교과용 도서 편찬", (2) 창의적·혁신적으로 사고하고 행동하는 인재를 육성할 수 있도록 편찬 항목의 내용에 포함시켰다.

좀더 자세히 살펴보면 2015 개정의 경우 "**7** 범교과 학습 내용 반영, ○ 안전·건강 교육, 인성 교육, 진로 교육, 민주 시민 교육, 인권 교육, 다문화 교육, 통일교육, 독도 교육, 경제·금융 교육, 환경·지속가능발전 교육 등을 관련 교과목 내용에 따라 포함되도록 한다"였다. 그런데 2022 개정의 경우 "범교과 학습 주제를 관련 교과목과 연계하여 다양하고 창의적인 경험을 제공하도록 개발"하는 내용만 제시되었다.

〈표 11--7〉 2015·2022 개정 편찬상 유의점 및 검정기준의 '공통 편찬상 유의점'

2015 개정 편찬상 유의점 및 검정기준	2022 개정 편찬상 유의점 및 검정기준
II. 공통 편찬상 유의점	II. 공통 편찬상 유의점
1 헌법 및 관련 법령 준수 ㅇ 헌법, 교육기본법, 초·중등교육법 및 동법 시행령, 교과용 도서에 관한 규정 등 관련 법령을 준수해야 한다. **2** 교육의 중립성 유지 **3** 지식 재산권 관련 법령 준수 **4** 교육과정 구현 및 목표 진술 **5** 내용 선정 및 조직 **6** 표기와 인용의 정확성 **7** 범교과 학습 내용의 반영 **8** 기타사항	**1. 헌법 이념과 가치의 존중** ㅇ 교육 내용은 헌법의 이념과 가치 및 기본원리를 준수해야 한다. ㅇ 대한민국의 정통성과 국가 체제, 대한민국의 자유민주적 기본 질서와 이에 입각한 평화통일 정책을 부정하거나 왜곡·비방하는 내용이 담기지 않아야 한다. ㅇ 대한민국 영토가 한반도와 그 부속 도서임을 부정하거나 왜곡·비방하는 내용이 담기지 않아야 한다. ㅇ 대한민국의 국가 상징을 부정하거나 왜곡·비방하는 내용이 담기지 않아야 한다. **2. 교육의 중립성 유지** **3. 교육과정 구현 및 목표 진술** **4. 내용 선정 및 조직** **5. 교과용 도서 편찬 관련 법령 준수** **6. 표기와 인용의 정확성** **7. 기타 사항**

② 통일교육 교과서 편찬 및 검정과 관련된 쟁점 및 논의

2015 개정 공통 편찬상 유의점은 '**1** 헌법 및 관련 법령 준수' 항목에 "헌법, 교육기본법, 초·중등교육법 및 동법 시행령, 교과용 도서에 관한 규정 등 관련 법령을 준수하여야 한다."를 제시했다. 그러나 2022 공통 편찬상 유의점은 '1. 헌법 이념과 가치의 존중'이란 항목 아래 "교육 내용은 헌법의 이념과 가치 및 기본원리를 준수해야 한다."와 같이 4개 세부 내용을 제시했다.

이 같은 변화는 기존 교과서 집필기준이 비발간됨에 따라 '교과서 편찬상 유의점과 검정기준'에 교과서 집필기준을 포함시키며 추가 또는 수정한 대표적인 핵심 내용이라 할 수 있다. 따라서 통일교육 개선과 통일교육

교과서 편찬과 검정을 앞두고 이같이 변화된 내용의 의미와 시사점에 대한 면밀한 분석이 필요하다.

좀더 살피면, 2022 편찬상 유의점과 검정기준은 첫째 내용으로 '교육내용은 헌법의 이념과 가치 및 기본원리를 준수해야 한다.'를 제시한다. 여기서 '헌법의 이념과 가치 및 기본원리'가 구체적으로 무엇을 의미하는지에 대한 면밀한 분석과 해석이 필요하다. 즉, 2015 편찬상 유의점과 검정기준에서 "헌법을 준수해야 한다"는 문장과 '헌법의 이념과 가치 및 기본원리 존중'의 의미 차이를 면밀히 분석하고 타당한 해석을 해야 하는 것이다. '헌법을 준수한다'와 '헌법의 이념과 가치 및 기본원리를 준수해야 한다'는 문장의 의미는 큰 차이가 없다고 볼 수 있다. '헌법의 이념과 가치 및 기본원리를 준수해야 한다'는 문장의 의미는 '헌법을 준수한다'는 문장의 의미를 좀더 풀어쓴 것으로 볼 수 있기 때문이다.

이에 대한 해석은 다양하게 나타날 수 있다. 여러 가능한 해석 중 하나로 2022 개정 편찬상 유의점 및 검정기준이 제시하는 아래 ②, ③, ④ 내용을 들 수 있다. 구체적으로는 다음과 같다.

〈표 11-7〉에서 나타나듯 2022 개정 교과용 도서 편찬상 유의점 및 검정기준, '공통 편찬상 유의점'은 본 연구에서 이상의 분석과 논의를 종합하면 "1) 교육내용은 헌법의 이념과 가치 및 기본원리를 준수해야 한다"는 항목 아래에 다시 세 개 내용(②, ③, ④)을 제시했는데, 이 내용들은 "① 교육내용은 헌법의 이념과 가치 및 기본원리를 준수해야 한다"의 내용을 구체화하여 제시한 것으로 볼 수 있다.

② 대한민국의 정통성과 국가 체제, 대한민국의 자유민주적 기본 질서와 이에 입각한 평화 통일 정책을 부정하거나 왜곡·비방하는 내용이 담기지 않아야 한다.

③ 대한민국의 영토가 한반도와 그 부속 도서임을 부정하거나 왜곡·비

방하는 내용이 담기지 않아야 한다.

④ 대한민국의 국가 상징을 부정하거나 왜곡·비방하는 내용이 담기지 않아야 한다.

③ 2022 개정 교육과정 통일교육 교과서 편찬 및 검정 시 유의사항

2022 개정 교육과정에 따른 교과용 도서 편찬상 유의점 및 검정기준을 2015년 기준의 목차 및 내용 비교를 통해 살펴봤다. 2022 개정 교육과정에 따른 교과용 도서 편찬상 유의점 및 검정기준에서 'Ⅱ. 공통 편찬상 유의점'의 목차와 내용 일부가 바뀌었지만 '2015의 목차 및 내용'과 크게 달라진 것은 찾기 어렵다.

이런 측면에서 통일교육 관련 교과서 편찬 및 검정자들은 '2022 개정 교과용 도서 편찬상 유의점 및 검정기준의 공통 편찬상 유의점'에 따라 바르고 타당하며 효과적인 교과서를 개발하고 심의 및 검정 심사를 하면 된다고 할 수 있다. 즉, 2015 개정 교과서 집필기준과 같이 기존 교과서 집필기준 또는 교과서 집필기준 내용을 의식할 필요가 없는 것이다. 혹자는 '2023 통일교육 기본방향'을 의식하여 교과서 편찬 및 검정 활동을 해야 하는 게 아닌지 의구심이 들 수 있다. 그러나 『2022 개정 교육과정에 따른 검정도서 개발을 위한 편찬상 유의점 및 검정기준』은 문서명 그대로 '2022 개정 교육과정에 따른' 편찬상 유의점 및 검정기준이므로 '2023 통일교육 기본방향'을 전혀 의식할 필요가 없다 하겠다.

장기 과제: 전문성과 자율성에 기초한 통일교육과정의 개발과 독립 교과목 개설

2022 개정 교육과정에 따른 교과서 집필기준 비발간이 통일교육 개선에 주는 장기 과제와 관련된 내용을 살피면 다음과 같다.

첫째, 교육의 중립성과 전문성, 자율성에 기초한 통일교육과정 또는 통일교육과정 기준 개발이다. 이 책에서 여러 번 제시했듯이 독립된 통일교육과정 또는 통일교육과정 기준이 없기 때문에 우리나라 통일교육은 국가 과제이자 대통령의 주요 직무임에도 집권 정부의 대북 및 통일정책에 따라 수시로 변한다고 할 수 있다.

둘째, 독립된 통일교육과정 또는 통일교육과정 기준이 개발되기 위해서는 평화통일교육 교과목이 있어야 한다. 2022 개정 교육과정은 고교 학점제를 지향하는 만큼, 국가 및 학교 단위에서 많은 교과목 개설이 필요하다. 이런 측면에서 국가 또는 지역 및 학교 차원에서 통일 관련 교과목 개설이 절실하다. 몇몇 대학과 대학원에서는 이미 오래전부터 통일 관련 강좌가 개설, 운영되고 있다는 점을 고려할 필요가 있다.

셋째, 통일교육과정 개발과 통일교육 교과목 개설을 위한 정치계, 교육계, 시민사회단체 등의 적극적인 관심과 실행 노력이 필요하다. 본 연구 가운데 '통일·북한 의식 정도와 교사의 통일교육 시간'에서 살펴봤듯이 초·중·고교생들을 비롯하여 청년세대 및 일반 국민의 통일 필요성 의식 정도는 점점 낮아지고 있다. 반면 북한을 적대 또는 경계 대상으로 의식하는 정도 또는 북한관은 계속 늘고 있다. 특히 이른바 MZ세대라고 불리는 30대 또는 20세 청년세대의 통일 필요성 의식 정도와 북한 의식 정도는 큰 우려가 된다. 한편 교사들의 통일 필요성에 대한 의식은 여전히 높다. 그러나 가르칠 교과목과 교육시간 특히 학부모로부터 항의를 받지 않아도 될, 학문적으로나 국가 사회적으로 지속적이고 안정된 통일교육과정 또는 통일교육과정 기준이 부재한 것은 시급히 해결해야 할 과제라 하겠다. 한반도의 지속적 평화와 같은 민족으로서 공영과 상생을 위해서는 정치인, 일반국민, 교육자, 시민사회단체의 적극적인 관심과 실행 노력이 절실한 시대다.

넷째, 남북 평화와 평화통일 관련 교육과정을 개발할 때, 국제 정세 및 남북관계 변화와 MZ세대의 통일관과 북한관을 포함한 가치관과 세계관의 특성을 적극 고려할 필요가 있다. 한반도를 둘러싼 주변 국가의 국제관계와 초·중·고교생과 청년세대의 가치관과 세계관, 이들의 심리적·정서적 특성을 고려하여 평화와 통일 관련 교육과정을 개발할 필요가 있다.

다섯째, 평화와 통일을 위한 교과목 및 교육과정 개발 방식으로, 위로부터의 개혁(국가위원회의 협의와 결정에 따라 교과교육 전문가와 교육과정 총론 전문가, 평화통일 교육 전문가, 학교 교사 등이 교과목과 교육과정을 개발)과 아래로부터의 개혁(통일교육학회와 교과교육학회, 통일교육시민 단체 등이 공동으로 교육과정을 개발하여 정부에 제안)이 가능할 수 있다.

요약하면, 현재 또는 단기적으로는 교과서 집필기준이 비발간으로 결정된 만큼, 통일교육 관련 교과서 개발과 검정자들은 정부가 발표한 교과서 편찬과 검정의 유의점과 기준에 부합하는 바른 통일교육 관련 교과서를 개발하고 검정해야 한다. 장기적으로는 독립 교과목을 개설하여 집권정부에 흔들리지 않고 바른 평화통일교육을 할 수 있는 교육과정을 연구·개발하고 학교 현장에서 바르고 효과적인 평화통일교육을 해야 한다.

평화통일교육의 방향

2022 개정 교육과정은 평화통일교육 교과서 개발과 검정에 걸림돌이었다고 할 수 있는 교과서 집필기준을 발간하지 않기로 했고, 실제로 발간하지 않았다. 이 글은 교과서 집필기준 비발간이 통일교육과 통일교육 교과서 편찬 및 검정 개선에 주는 의미와 시사점을 탐색하고, 이에 따른 개선과제를 탐색·설정·제시하는 것을 목적으로 했다. 이 글의 주요 결과와 제언은 다음과 같다.

첫째, 통일부·교육부의 2022년 학교통일교육 실태 조사와 서울대 통일평화연구원의 2023년 통일의식 실태 조사 결과, 초·중·고교생과 일반 국민의 통일 필요성 의식 정도가 계속 낮아지고 있다. 특히 청년세대(19~29세)의 통일 필요성 의식 정도는 매우 낮고, 조사 연령대 중에서 가장 낮은 것으로 나타났다.

둘째, 학생과 청년세대 및 일반 국민의 통일 필요성 의식 정도와 달리 교사들의 통일 필요성은 높은 것으로 나타났다. 5년간의 수치를 비교해도 차이점이 거의 없을 정도로 낮아지지 않았다. 교사들의 이 같은 통일 필요성 의식 정도는 국가가 통일교육을 활성화 또는 개혁할 기본 여건을 확보한 것이라 할 수 있다. 그러나 대부분 교사는 법령으로 보장하거나 고시된 독립된 통일교육과정과 교과목이 없고, 통일교육에 대한 온전한 연수를 받은 적이 없으므로 통일교육에 많은 어려움을 겪고 있다 하겠다 (김병연, 2022: 30).

셋째, 초·중·고교생과 청년세대의 많은 비율이 북한을 협력의 대상이 아닌 적대 또는 경계 대상으로 보는 의식 정도가 높은 것으로 나타났다. 이런 결과는 2009 개정 교육과정 이후 북한은 '군사적·안보적 경계의 대상이자 협력의 대상'이라고 제시한 교과서 집필기준도 하나의 원인으로 작용했다고 볼 수 있다.

넷째, 교육부와 한국교육과정평가원 연구보고서(2023)가 밝힌 교과서 집필기준 비발간의 배경과 이유는 '법령상 미비', '주요 편찬 준거와 역할 중복 및 일부 내용 불일치', '다양하고 창의적인 교과서 제시의 어려움'이다.

다섯째, 교과서 집필기준 비발간에 따른 통일교육 개선 과제 중 단기 과제로는 '바르고 타당한 통일교육 교과서 편찬 및 검정 활동'을 들 수 있다. 이를 위해서는 2022 개정 편찬상 유의점 및 검정기준에서 특히 'Ⅱ. 공통 편찬상 유의점'을 충분히 이해하고 숙지해야 한다. 또, '2022 개정 편찬상 유의점 및 검정기준'에서 기존 '헌법 준수'가 '헌법 이념과 가치의 존중'으로 제목이 바뀌고 '헌법의 이념과 가치 및 기본원리를 준수해야 한다'는 등 세부 내용 4가지를 제시했는데, 이는 기존 '헌법 준수' 내용과 큰 차이가 없다고 볼 수 있다. 장기 과제로는 교과목 개설과 통일교육과정 개발을 제시할 수 있다. 학교 또는 교사 수준에서는 김병연(2023)의 「학교 자율교육과정으로 활용 가능한 통일교육 프로그램 개발-남북교역을 주제로」의 적용도 좋은 방법이라 할 수 있다.

여섯째, 교과서 집필기준 발간과 비발간은 국가 및 학교 통일교육의 목표와 내용을 설정하고 교과서 편찬에 매우 큰 영향을 미쳤다고 할 수 있다. 그러나 이런 국가적 결정에 통일교육학회나 단체들은 나름의 역할과 기능을 거의 못 했다고 할 수 있다. 무엇보다 통일교육에 대한 교과목이 없어 교과목을 대표할 통일교과교육학회 등이 부재했기 때문이라 할 수 있다.

일곱째, 통일교육과정 또는 통일교육과정기준의 개발을 위해서는 통일교육 교과목의 조속한 개설이 필요한데, 2022 개정 교육과정이 고교학점제 실행을 핵심목표로 제시한 만큼 중학교나 고등학교에서 선택과목으로 개설하는 것이 적합하다.

한국의 평화통일교육이 개혁되기 위해서는 첫째, 이 책 9장에서 살펴봤듯이 평화통일교육에 대한 교과목이 개설되고 교육시간이 확대되어야 한다. 둘째, 평화통일 교과교육과정과 기준이 집권 정부의 북한관·통일관에 크게 영향을 받는 통일부가 아니라 교육의 정치적 중립성을 추구하는 교육부에서 관련 전문가와 기관 및 단체의 협의로 체계적으로 연구·개발되어야 한다(이 책 10장). 셋째, 이 장에서 살펴본 바와 같이 교과교육의 핵심인 교과서를 포함한 교과용 도서의 편찬과 검정이 제대로 이루어져야 한다.

한국의 평화통일교육의 개혁을 위해서는 체계적이고 종합적으로 연구해야 할 분야와 영역이 매우 많다. 이 책에서는 세 영역에 대해 집중적으로 살펴봤지만, 국내외 정세 및 상황 변화에 따라 고려하고 연구해야 할 분야가 매우 많다. 단기적으로는 바람직하고 타당한 교과서 개발 및 검정 활동에 치중하고 장기적 측면에서는 통일교육의 전문성과 자율성에 기초한 통일교육과정 개발과 개별 교과목의 개설이 주요 과제라고 할 수 있다.

12

분단과 적대적 남북관계 지속과
반복의 구조적 원인과 해결

한국의 평화통일교육 개혁이 이루어지기 위해서는 국가교육의 토대인 평화통일 정책과 제도의
개혁이 필요하다. 현재는 정치가 교육을 지배하지만 미래는 교육이 정치를 지배한다.
따라서 평화통일교육의 개혁이 우선이냐 아니면 평화통일정책의 개혁이 우선이냐는
닭이 먼저냐, 계란이 먼저냐의 문제와도 비슷하다고 볼 수 있다.
2024년 초 북한은 '통일종언'과 '적대적 두 국가론'을 발표했다.
이 장은 북한의 '통일종언'과 '적대적 두 국가론' 발표를 계기로 80여 년이 되어가는 분단과
적대적 남북관계의 지속과 반복의 구조적 원인과 해결 방향에 대해 살펴보고,
남북 평화와 공영에 주는 시사점을 찾는다.[1]

북한은 2023년 12월 30일 조선로동당 중앙위원회 제8기 제9차 전원회
의에서 "북남관계는 더 이상 동족관계, 동질관계가 아닌 적대적인 두 국가
관계, 전쟁 중인 두 교전국 관계로 완전히 고착됐다. (중략) 당 중앙위원회
통일전선부를 비롯한 대남사업 부문의 기구들을 정리, 개편하기 위한 대
책을 세워야 한다."고 발표했다(조선중앙통신. 2023.12.31.). 2024년 1월 15일 최고
인민회의 제14기 제10차 회의에서는 헌법에서 '북반부'라는 표현과 1972년
'7·4 남북 공동성명'에서 남북한이 합의한 '자주, 평화, 민족대단결'의 평화
통일 3대 원칙에 대한 표현을 삭제하는 헌법 개정을 다음 최고인민회의에
서 심의할 것을 촉구하기도 했다(외교안보연구소. 2024.01.26.).

아울러 "헌법에 대한민국을 철두철미 제1의 적대국으로, 불법의 주적으
로 확고히 간주하도록 교육교양사업을 강화한다는 것을 해당 조문에 명

---

1   이 글은 『통일교육연구』 제21권 제2호(한국통일교육학회, 2024)에 투고한 글을 수정·보완한 것이다.

기하는 것이 옳다.", "조선반도에서 전쟁이 일어나는 경우 대한민국을 완전히 점령, 평정, 수복하고 공화국 영역에 편입시키는 문제를 반영하는 것도 중요하다"라고 발표하기도 했다(연합뉴스, 2024.01.16.). 이 같은 발표에 대해 문재인 정부에서 외교통일안보특보를 지낸 문정인 연세대 명예교수는 "통일전선 전략의 완전한 폐기이자 코페르니쿠스적 전환"이라고 표현했다(한겨레신문, 2024.03.25.).[2]

북한의 이른바 2024 연초 '통일종언선언'에 대해 윤석열 대통령은 국무회의에서 "지금 대한민국 정부는 과거 어느 정부와도 다르다.", "북한이 도발하면 몇 배로 응징할 것"이라며, 북한의 이른바 '통일종언선언'에 대해 우려와 고려의 대상이 전혀 아니라고 밝혔다(KBS 뉴스, 2024.01.16.).[3] 윤 대통령의 이 같은 발언은 2024년 신년사에서 미국의 핵전략 자산의 한반도 전개를 강화하는 이른바 '확장억제 강화'를 제시한 데 이어, 북한을 향한 강력한 군사적 대응의 메시지를 낸 것으로 볼 수 있다. 신원식 국방부 장관이 취임사에서 군 장병들에게 북한에 대한 대응 원칙으로 '즉강끝(즉시·강력하게·끝까지)'이라는 강경 군사적 조치를 지시한 것과 같은 맥락이라 할 수 있다.

문재인 정부가 출범(2017.05.10.)한 2017년 말, 남북관계는 2024년 현재와 같이 전쟁 발발 가능성이 매우 컸다. 그러나 2018년 평창 동계올림픽대회에 북한 선수단 참가 요청과 북한의 호응 및 적극 참여 그리고 3차례 남북정상회담 등으로 남북관계는 매우 좋아졌다. 그러나 2019년 2월 하노이 2차 북미정상회담의 노딜 이후, 3월에는 한미연합훈련이 재개됐고 F-35 스텔스 전투기를 비롯한 첨단무기 도입이 본격화됐다.[4] 이후 남북관계는 다

2   "통일이 평화보다 자유를 앞세울 때", 한겨레신문(2024.03.25.)

3   이 글에서는 북한의 2024 연초 한국과의 관계 및 통일정책에 대한 발표를 '통일종언선언'이란 용어로 사용한다. 그러나 관점에 따라 다양한 용어로 사용할 수 있다.

4   정욱식 평화네트워크 대표는 "문제는 2019년 6월 30일 남북미 정상들의 판문점 번개팅 이후 벌어졌다. 김정은 위원장과 도널드 트럼프 당시 미국 대통령은 두 가지 구두 합의를 했다. 트럼프가 한미연합훈련 중단을 약

시 나빠졌고, 2020년 6월 16일에는 북한의 개성공단 내 남북연락소 폭파를 계기로 남북관계는 2018년 이전 상태로 돌아갔다. 나아가 2024 연초 북한의 이른바 '통일종언선언'으로 '남북기본합의서(남북 사이의 화해와 불가침 및 교류협력에 관한 합의)'가 채택된 1991년 이전 또는 7·4남북공동성명(1972) 이전 상태로 돌아갔다고 할 수 있다.

문재인 정부에 이어 출범한 윤석열 정부는 대통령 취임식에서 '자유'를 무려 35회나 언급할 정도로 자유민주주의를 강조하며 출발했다. 또, 통일부 남북교류협력부를 통폐합하는 등 남북의 교류협력보다는 한국 중심체제로의 통일정책을 폈다(매일경제, 2023.07.28.).[5] 남북관계 악화로 문재인 정부에서 합의 채택한 9·19 군사합의는 사실상 파기되었으며(연합뉴스, 2023.11.23.; 한겨레신문, 2023.11.23.; 경향신문, 2023.11.23.), 2024년 연초 북한의 이른바 '통일종언선언'이 발표되는 상황에 이르게 된 것이다.

이 글에서 사용하는 북한의 '통일종언선언'은 2024년 연초 북한이 한국은 더 이상 같은 민족이 아니며 남북 간 통일은 끝났다고 선언하고 이후 이에 대한 일련의 조치를 취한 것에 초점을 맞춘 용어다.[6] 또 이 글에서 사용하는 '통일담론'은 통일에 관한 여러 의견과 주장을 의미하는 것으로, 특히 통일방안, 통일정책, 통일제도에 관한 의견과 주장 등을 의미한다.

속하자 김정은은 북미 실무대화에 나가겠다고 화답한 것이다. 하지만 8월 들어 한미연합훈련은 강행되었고, 문재인 정부는 5년간 290조원이 넘는 국방비를 투입해 군비 증강에 더욱 박차를 가하겠다는 뜻을 분명히 밝혔다. '삶은 소대가리가 앙천대소할 노릇'을 비롯해 문재인 정부를 향해 북측의 막말은 이때부터 쏟아지기 시작했다고 볼 수 있다(정욱식, "한반도 평화·강한 국방 '이중(적)사고'에 대하여", 한겨레신문. 2024.06.17.).

5 통일부는 남북 교류협력 관련 부서를 대폭 축소·통폐합해 부처 정원 80여 명을 줄였다(매일경제, 2023.07.28.).

6 2024년 연초 북한의 대남·통일정책 발표에 대해 한국에서는 '결별', '전환', '평화 종언', '헤어질 결심' 등 다양한 용어를 사용했다. 이 글에서는 한국과 통일은 끝났음을 선언했다는 데 초점을 맞추어 '통일종언선언'이란 용어를 사용한다. '종언(終焉)'이란 용어는 다니엘 벨(Daniel Bell, 1919~2011, 미국)의 『이데올로기의 종언(The End of Ideoloy, 1960)』을 한국어로 옮기면서 쓰이기 시작했다고 볼 수 있다.

선행연구 고찰

한반도 분단과 적대적 남북관계 지속의 구조적 원인과 개선 방향 탐색을 위해 필자가 이 글의 목적과 내용에 적합하다고 보고 설정하며 살펴본 선행연구는 ① 이종석(2012)의 『한반도 평화통일론』, ② 북한연구학회(2015), 강성윤·고유환·김영수·김학성·박종철·유호열·이상만·전현준·조성렬·최대석·최완규·최진욱의 『통일논쟁―12가지 쟁점, 새로운 모색』, ③ 통일부 통일교육원(2021.02), 『분단 이후 제기된 통일담론에 대한 정리와 성찰』, ④ 평화·통일비전 사회적 대화 전국시민회의(2021.07), 『통일국민협약』 등이다.

이종석(2012)의 『한반도 평화통일론』

이종석은 이 책 제4부 '분단 극복과 평화통일을 위한 노력', 제11장 '평화통일을 향한 현 단계 전략'에서 한반도 평화번영을 위한 실천과제 4가지를 아래와 같이 제시한다.

(1) 평화번영의 한반도 실현을 위해서는 먼저 분단상황의 안정적 관리가 필요하다. 즉, 분단상황의 안정적 관리는 분단을 항구화하자는 것이 아니라 분단상황을 극복하기 위해 남북관계에서 전쟁의 위험성을 감소시키고 평화를 제도화해 가는 것이다.

(2) 호혜적 남북관계 정립과 남북간 이질성 극복을 위한 노력이 필요하다. 먼저 장기적이고 지속적인 남북관계의 발전은 남북이 서로 이익이 되는 교류와 협력관계에서 가능하다.

(3) 한반도 평화 실현을 위한 국제협력을 끌어내야 한다. 한반도 평화정착과 통일은 남북 당사자가 해결해야 할 사안인 동시에 국제적인 성격을 띤 문제다. 특히 통일은 동북아 4강의 역학관계를 변화시킬 중요한 변수가 될 것이므로 주변국의 협조가 필수적이다.

(4) 북한과 공존공영을 추구할 수 있는 국내적 기반을 구축해야 한다. 이를 위해 무엇보다 절실한 것이 공존의 문화 형성이다. 통일시대는 다른 제도와 사상 속에서 긴 세월을 보내온 남과 북이라는 두 공동체가 공존하는 시대, 즉 '다름'과 공존하는 시대다(이종석. 2012: 303-306).

이종석의 '한반도 평화통일론'의 주요 내용을 다음과 같이 요약할 수 있다. ① 분단상황의 안정적 관리(남북관계에서 전쟁 가능성 감소, 평화제도 구축), ② 호혜적 남북관계·남북이질성 극복을 위한 노력(남북교류·협력 추진), ③ 국제협력 도출, ④ 남북한 공존 문화 형성('다름'의 공존 추구) 강조. 이러한 이종석의 견해는 2000년 6·15 정상회담 이후 김대중, 노무현, 문재인 정부가 추구해온 북한·통일정책의 방향 및 목표와 일치한다고 할 수 있다.

북한연구학회(2015) 강성윤 외, 『통일논쟁—12가지 쟁점, 새로운 모색』

이 저서에서 본 글에 시사점을 주는 대표적인 세 사람의 내용은 다음과 같다.

(1) **최완규:** "통일 논의에서 가장 중요한 쟁점 중 하나가 남북관계를 정상적인 국가 대 국가 관계(two Korea)로 볼 것인가 아니면 적대와 공존이 교차하는 민족 내부 특수 관계(one Korea)로 볼 것인가의 문제다. 남북을 정상적인 국가 대 국가 관계로 보면 쌍방은 국제법상 각각 대외적으로 단일의 국가 주권을 행사하는 별개의 국가다"(21쪽). 또한 "분단 이후 남북의 정권 담당자들은 모두 정도의 차이는 있지만, 통일을 최대의 민족적 과업 또는 정치적 대의명분으로 내세우면서 체제의 정통성을 강화하고 국민(인민)을 동원하고 일체화시키는 정치적 기제로 활용했다"(37쪽).

이러한 최완규의 의견은, 양자택일이 어려운 문제이지만 한반도 평화와 공영을 위해서는 남북관계가 정상적인 국가 대 국가의 관계로 보는 것이 더욱 바람직함을 강조한다고 하겠다. 특히 2024년 연초 북한의 '통일종언

선언'과 관련지어 볼 때 더욱 그렇다고 할 수 있다.

(2) **전현준**: "남북 간 통일방식에 대한 합의가 없는 한 평화통일은 요원할 것이다. 양측이 자기 방식의 통일을 끝까지 고수할 경우 '제2의 6·25 전쟁'이 발생할지도 모른다. … 특히 북한의 사회주의적 요소와 남한의 자본주의적 요소가 적절히 배합된 '제3의 통일이념'이 창조되어야 한다. 이를 위해서는 남북이 모두 일보씩 양보해야 한다. 양보와 타협 없이는 상호 간에 접점을 찾지 못할 것이고 평화통일도 그만큼 지연될 것이다"(122쪽). 전현준은 구체적으로 "북한의 사회주의적 요소와 남한의 자본주의적 요소가 적절히 배합된 '제3의 통일이념'의 실체를 파악하고 이를 찾아내는 방법이 핵심 과제라고 주장한다.

(3) **최대석**: 독일 통일 과정과 관련하여 다음과 같은 의견을 제시한다. "독일 통일 과정에서 서독의 통일외교는 단연 빛을 발했다고 할 수 있다. 흔히 (사람들이) 독일 통일에 대해 말할 때 독일 통일을 강력하게 밀고 나간 헬무트 콜(Helmut Kohl) 총리의 적극적인 의지와 능란한 외교력을 높게 평가한다. 그러나 서독은 초대 수상인 콘라트 아데나워(Konrad Adenauer) 시절부터 통일에 대한 서방의 지원을 얻으려고 지속적인 노력을 기울여 왔다. 분단 초기부터 서독은 나토(NATO)에 가입했고 유럽 통합에 주도적으로 참여해 주변국들과의 관계를 공고히 했다. 또한 사민당의 빌리 브란트(Willy Brandt) 총리와 그의 외교보좌관 에곤 바르(Egon Bahr)는 '접근을 통한 변화'라는 기치 아래 동방정책을 추진했다. 이러한 일관된 노력이 있었기에 서독의 지도부는 미국의 지지를 끌어내 주변국들의 반대를 극복하고 통일을 이룰 수 있었다(183쪽).

통일부 통일교육원(2021). 『분단 이후 제기된 통일담론에 대한 정리와 성찰』

이 연구는 한국의 통일담론을 ① 정부와 여야 정치권, ② 시민사회, ③ 학계, ④ 여성 및 생태의 4분야로 나누어 한국 통일담론에 관한 정리와 성찰 내용을 제시한다. 4개 분야 중 이 글에 많은 시사점을 준다고 할 수 있는 분야는 홍석률이 담당한 ③ 학계 부분을 들 수 있는데, 주요 내용은 아래와 같다.

> 학계를 포함하여 한국 사회의 통일담론은 전반적으로 탈냉전과 민주화가 동시 진행된 1990년대를 거쳐, 2000년 남북정상회담을 전환점으로 크게 변하고 있다. 과거에는, 특히 1980년까지의 냉전 시기에는 통일과 평화, 분단문제의 해결과 통일 과업은 거의 구분되지 않았다. 통일문제의 해결이 곧 평화 문제의 해결이었고, 분단문제를 해결한다고 하면 당연히 남북통일을 이루는 그것으로 생각했다. 그러나 탈냉전을 거쳐 21세기 접어들어 일시적으로나마 남북대화가 비약적으로 개선되면서 상황은 많이 달라졌다. 통일과 평화가 구분되거나 분리되기 시작했고, 분단문제 해결이 남북한의 정치적 통합만을 의미하지는 않는 별개의 영역으로 설정되기 시작했다. 또한 남북의 정치적 통합도 1민족 1국가 형태만을 의미하는 것이 아니라 남북연합도 통일의 초보적 단계로 이야기되는 등, 좀더 복합적으로 사고하는 경향이 나타났다(통일부 통일교육원, 2021. 210쪽).

홍석률의 연구가 이 글과 관련된 주요 내용은 '분단의 해결은 통일(정치적 통합)만은 아니다. 즉, 공존·공영 같은 평화의 지속도 있다.', '통일국가의 모습은 남북연합 같은 다양한 형태가 있을 수 있다' 등을 들 수 있다. 홍석률의 연구는 2000년을 기점으로 분단 지속 해결에는 다양한 방향 또는 방안이 가능하고 또 필요함을 강조한다.

평화·통일비전 사회적 대화 전국시민회의(2021.07). 『통일국민협약』

문재인 정부 시절 이루어진 '통일국민협약'의 도출은 문재인 후보의 대선공약이었다. 취임 후 4년(2018~2021)간 진보·중도·보수의 서로 다른 정치 성향을 지닌 개인과 단체를 아우르는 대화와 협의로 도출되었다. 이『통일국민협약』은 통일에 관한 국민협약이 도출되는 과정, 방법 그리고 내용 등 여러 면에서 한국의 통일담론 개선에 주는 시사점이 크다.

또, 통일국민협약은 '군사적 위협이 없는 평화로운 한반도'에서 '국제사회와 인도적 지원이 이루어지는 한반도' 등 한반도의 평화와 통일을 희망하는 시민들이 바라는 〈한반도의 바람직한 미래상〉 16가지를 제시한다. 또, 이를 실현하는 과정과 방법으로 '국민 참여와 합의형성', '대북 통일정책 일관성 확보' 등 총 8개로 구분된 세부 분야별 과제도 명시한다. 나아가 평화·통일에 관한 사회적 대화의 지속과 발전을 위한 정부·지자체·국회에 대한 권고 사항 22개 항을 정리 도출하고, 사회적 대화가 남북 간 대화로 발전되는 비전도 제시했다(대한민국 정책브리핑, 2021.01.05.).[7] 이 같은 '통일국민협약'이 이 글에 주는 시사점은 다음과 같이 정리할 수 있다.

첫째, 문재인 정부에서 진행된 '통일국민협약' 사업은 '한반도의 바람직한 미래상'과 '이를 실현하는 과정과 방법'의 도출이라는 유용하고 의미 있는 결과를 냈다. 둘째, 한국의 집권 정부가 평화통일에 대한 실천적 의지가 강하면, 남남갈등 해결 또는 개선에 효과적인 정책과 제도를 국가 차

---

[7] 대한민국 정책 브리핑(2022.01.05.). 통일국민협약. 2024.04.06. 인출
https://www.korea.kr/special/policyCurationView.do?newsId=148897704#policyCuration.

원에서 적극 실시할 수 있음을 보여주었다. 셋째, 이 협약 도출해 참여한 사람들은 처음부터 한반도 평화와 평화통일에 모두 동의했다. 그러나 평화와 평화통일을 이루는 방법과 과정에 의견 차이가 있었는데, 토론 참가자들이 마음을 열고 무엇이 옳은 것인지를 공동의 노력으로 찾으면 최선의 방법과 결과를 찾을 수 있었다는 것이다.

'통일국민협약'은 2021년 7월 이인영 통일부 장관에게 공식적으로 전달되었지만, 어떠한 국가 정책과 제도로도 실행되지 못했다. 이는 문재인 정부를 포함한 이른바 진보 또는 민주 진영이라고 불리는 정당 또는 집권 정부의 근본적인 한계와 문제점을 보여주는 대표적인 사례라고 할 수 있다.

문재인·윤석열 정부의 북한·통일정책의 특징과 문제점

문재인 정부의 북한·통일정책 특징과 문제점

2019년 하노이 북미정상회담 결렬로 평창 동계올림픽 북한 참가와 3차례 남북정상회담, 9·19 남북 군사합의 도출 성과 등 문재인 정부의 평화와 통일을 위한 노력은 한순간에 사라졌다고 할 수 있다. 즉, 남북한 두 나라가 일 년 넘게 공들여 쌓아 올린 남북의 평화와 긍정적인 통일 관계가 북미정상회담 결렬로 순식간에 사라진 것이다. 따라서 2019년 하노이 북미정상회담 결렬은 한반도 분단 지속의 구조적·근본적 원인 파악과 개선 방향 탐색에 많은 시사점을 주는 매우 중요한 사건이라고 할 수 있다.

2019년 하노이 북미정상회담 '노딜'로 인한 남북관계의 악화를 초래한 것에는 여러 원인이 있다. 그중 대표적인 것이 남북의 중대한 문제를 남북 당국이 풀지 못하고, 미국의 승인 또는 동의를 필요로 하는 지나친 미국

의존성이라고 할 수 있다.[8]

2018년 북한의 평창 동계올림픽 참가와 3회나 진행된 남북정상회담 및 평양 9·19 군사합의 등 남북관계가 급속도로 진전되자 미국은 이에 대한 조정 또는 조절의 필요에 따라 '한-미 워킹그룹' 결성을 제안하여 2018년 11월 한국 정부의 동의로 만들었고, 남북관계가 악화된 후인 2021년 6월 해체했다. 이러한 한미워킹그룹의 결성과 해체에 대해 한겨레신문은 사설을 통해 다음과 같이 비판했다.

> 한-미 워킹그룹은 2018년 11월 한반도의 완전한 비핵화, 항구적 평화, 대북제재 이행 등에 관해 양국의 소통과 협력을 강화하기 위해 만들어졌다. 대북제재 문제를 미국의 여러 관련 부처와 일일이 논의할 필요 없이 한 협의체에서 원활하게 다룬다는 명분이었지만, 실제로는 미국이 유엔 제재를 명분으로 남북관계의 발목을 잡는 부작용을 낳았다. 금강산에서 열린 남북행사에 동행한 취재진의 노트북 반출을 막고, 독감 치료제 타미플루의 북한 지원 사업을 무산시키며, 개성공단 기업인들의 자산 점검을 위한 방북을 막은 것 등이 대표적 사례다. 미국이 과도한 잣대를 들이대 남북관계를 통제하고 있다는 비판이 국내에서 확산됐을 뿐 아니라 북한의 거센 반발도 불렀다. 김여정 조선노동당 중앙위원회 부부장은 "친미 사대의 올가미"라고 비난하기도 했다(한겨레신문, 2021.06.22.).[9]

---

8 북한은 이 같은 한국의 미국에 대한 지나친 의존성에 대해 '괴뢰(꼭두각시)'라는 표현으로 비난하기도 한다.(중 앙일보, 2024.04.01.). "괴뢰입네까" 묻더니…러 北식당 돌연 '한국인 문전박대' https://www.joongang.co.kr/ article/25239379 2024.04.06. 인출.

9 문재인 정부에서도 지나친 미국 의존에서 벗어나지 못한 이유에 대해, 문재인 정부에서 통일외교안보특보를 지낸 문정인 연세대 명예교수는 '문 대통령의 결기 부족'을 들었다(2021.08.25. 파주평화아카데미), 한편 정세현 전 통일부 장관은 '대통령 주변 참모들의 미흡함'을 지적했다(KBS 1라디오. "강원국의 지금 이 사람". 2023.04.18.- 19.). 필자는 두 사람의 의견에 미국에 대한 한국의 지나친 의존성을 추가한다.

2019년 하노이 2차 북미정상회담 '노딜'이 초래한 남북관계의 악영향을 분석·성찰하면 미국에 대한 지나친 의존에서 벗어나지 않는 한 한반도의 지속적 평화와 공영 나아가 통일은 어렵다고 할 수 있다. 이에 대한 대표적인 이유와 근거는 무엇보다 한국과 미국의 국익이 근본적으로 다르기 때문이다. 따라서 미국과의 외교 관계는 돈독히 할 필요가 있으나 '북한이 상대할 나라는 미국이 아니라 한국'이라는 인식이 가능하도록 미국에 대한 지나친 의존에서 벗어날 필요가 있다.

2019년 2월 하노이 북미회담 결렬로 남북관계는 매우 나빠졌다. 이렇게 된 데는 2차 하노이 북미회담 결렬만이 문제는 아니다. 문재인 정부의 국방력 강화정책의 문제점을 들 수 있다. 정욱식 평화네트워크 대표는 평화를 위해 국방력을 증대한다는 주장의 한계와 역설을 아래와 같이 제시한다.

> 문재인 정부가 출범한 2017년 남과 북의 세계 재래식 군사력 순위
> 는 각각 12위와 18위였다. 퇴임한 2022년에는 6위와 32위로 그 격차
> 가 크게 벌어졌다. 문 전 대통령의 신념처럼 "강한 국방"을 건설한
> 셈이다. 또 하나의 신념이었던 남북대화와 비핵화는 어떨까? 2018
> 년 12월을 끝으로 문재인 퇴임 때까지 공식적인 남북대화는 한 차
> 례도 없었다. 1971년 이래 최장기간이다. 문 정부 후반기에 비핵화
> 도 사실상 물건너갔다("한반도 평화·강한 국방 '이중사고'에 대하여", 한겨레신문.
> 2024.06.17.)

윤석열 정부의 북한·통일정책 특징과 문제점

문재인 정부에 이어 출범한 윤석열 정부는 2022년 5월 10일 대통령 취임식에서 '자유'를 무려 35회나 언급할 정도로 자유민주주의를 매우 강조하며 출발했다. 취임 후 한미연합합동군사훈련에 일본군을 참여시켜 훈

련을 하는 등, 이전 정부들보다 규모가 큰 강경 대북 군사정책을 폈다. 나아가 통일부의 남북교류협력부를 통폐합하는 등, 남북 교류협력보다는 자유민주주의 체제라는 한국 중심체제로의 통일정책을 추구했다고 할 수 있다.

이러한 윤석열 정부의 한국 체제 중심 북한·통일정책과 한미일 연합군사훈련 등의 실시로 문재인 정부 중반기 이후 침체 또는 악화된 남북관계는 더욱 악화되었다. 특히 문재인 정부에서 합의 채택한 9·19 군사합의는 파기되었다(연합뉴스, 2023.11.23.; 한겨레신문, 2023.11.23.; 경향신문, 2023.11.23.)[10], 이런 배경에서 2024년 연초 북한의 이른바 '통일종언선언'이 발표되었다고 할 수 있다.

윤석열 정부의 강경 대북 및 통일정책으로 윤 대통령 취임 후 남북 간 연락 채널이 끊겼고, 남북 당국 간 대화도 전혀 이루어지지 않고 있다. 특히 남북 간 통신 두절은 남북 간 통신 개설 이후 문재인 정부에 이어 최장 기간을 계속 경신하고 있다. 윤석열 정부는 출범 직후 문재인 정부의 북한·통일정책을 부정적으로 평가·비판했다(조선일보, 2022.09.20.).[11] 윤석열 대통령의 이 같은 대북 및 통일정책은 통일교육 부분에서도 잘 나타난다. 대표적인 예로 윤석열 정부의 첫 통일교육지침인 『2023 통일교육 기본방향』을 들 수 있다. 『2023 통일교육 기본방향』은 필자의 "36년 전 시절로 돌아간 '통일교육지침'"이란 칼럼 제목같이 반(反)북한 그리고 남한 중심체제로의 통일을 지향하는 교육 방향을 제시하고 있다 하겠다(한겨레신문, 2023).[12] 필자의 한겨레 기고 칼럼 전문은 이 책 부록에 QR코드로 제시했다.

---

10 한국의 대북 전단 살포에 대한 항의로 2024년 5월 28일부터 북한이 남쪽을 향해 오물풍선 날리기를 하자 남북관계는 더욱 악화되었다. 이에 한국 정부는 2024년 6월 5일, 9·19 군사합의 효력의 전면 중지를 선언했다 (KBS, 2024.06.05.).

11 조선일보(2022.09.20.). [LIVE] 외교·통일·안보 대정부 질문 "문재인 정부 대북 정책 실패". https://www.youtube.com/watch?v=J0tQIKN5fEg 2024.04.07. 인출

12 이병호. "36년 전 시절로 돌아간 '통일교육지침'". 한겨레신문(2023.03.27.) https://www.hani.co.kr/arti/opinion/because/1085373.html. 2024.04.07. 인출

문재인·윤석열 정부의 북한·통일정책 분석의 시사점

문재인 정부 출범 초기인 2016년 말 한반도에는 전운이 짙었다. 그러나 문재인 정부는 2018 평창 동계올림픽 에 북한의 참가를 가능하게 했고, 이후 3차례 남북정상회담과 9·19 군사합의를 이끌어내는 등, 한반도의 평화와 공영에 큰 기여를 했다. 특히 통일교육에서 '평화'를 강조해 헌법이 명시하는 평화통일에도 부합하는 교육정책을 펼쳤다. 그러나 2019 하노이 북미회담 결렬과 이후 한반도에서 한미연합군사훈련 재개 그리고 F-35 스텔스기 도입 등 국방력 강화로 인한 적대적 남북관계의 반복 현상은 한반도 분단 지속의 구조적·근본적 원인이 무엇인지를 파악하는 데 중요한 사례가 되었다고 할 수 있다.

세계 10위권의 경제대국과 세계 5위의 군사대국임에도 '전시작전권' 하나 없는 ① 미국에 대한 지나친 의존과 ② 국방력 우선주의(군사우선주의)는 분단과 적대적 남북관계 지속의 구조적 원인 중 하나라 할 수 있다.

그뿐만 아니라 ① 북한을 독립 또는 주권국가로 인정치 않으며 1987년 10월 전면 개정 후 변화된 남북 및 국제관계의 변화를 담지 않는 현행 헌법의 관련 조항 역시 분단과 적대적 남북관계의 지속과 반복의 구조적 원인이라 할 수 있다. "제3조 대한민국의 영토는 한반도와 그 부속도서로 한다"와 "④ 제4조 대한민국은 통일을 지향하며, 자유민주적 기본질서에 입각한 평화적 통일정책을 수립하고 이를 추진한다"가 그 예다.

이 외에도 ⑤ 집권정부의 북한관·통일관에 따라 수시로 변하는 국가보안법 제7조 북한 고무·찬양 조항의 존속과 비개정, ⑥ 평화통일교과목 부재와 통일부의 통일교육지침 발표· 수업시간 절대 부족, ⑦ 북한 그리고 평화통일과 관련된 온전한 TV 방송은 2024년 기준 KBS 1TV의 '남북의 창'밖에 없는 방송의 부재 또는 절대 미흡 등, ⑧ 북한을 흡수통일 대상 또는 대립과 갈등으로 여기며 지배권력을 구축하려는 정당이나 정치인 및 세력을 들 수 있다. 이 장의 이하 글은 이 내용을 중심으로 좀더 조사·분석하여 남북 평화와 공영에 주는 시사점을 찾는다.

북한 '통일종언선언'과 이후 조치 분석

'통일종언선언' 내용과 배경
'통일종언선언' 내용

김정은 국무위원장은 2023년 12월 30일 당 중앙위 제8기 제9차 전원회의 '결론'에서 "북남관계는 더 이상 동족관계, 동질관계가 아닌 적대적인 두 국가관계, 전쟁 중에 있는 두 교전국 관계로 완전히 고착됐다"고 밝혔다(조선중앙통신. 2023.12.31.). 아울러 조선중앙통신은 다음과 같은 내용도 보도했다.

> 김 위원장은 먼저 남쪽을 향해 "우리 제도와 정권을 붕괴시키겠다는 괴뢰들의 흉악한 야망은 '민주'를 표방하든 '보수'의 탈을 썼든 조금도 다를 바 없었다"고 비판했다. 그는 이어 "당이 내린 총체적인 결론은 대한민국 것들과는 그 언제 가도 통일이 성사될 수 없다는 것"이라며 "외세와 야합해 '정권붕괴'와 '흡수통일'의 기회만 노리는 족속들을 화해와 통일의 상대로 여기는 것은 더 이상 우리가 범하지 말아야 할 착오"라고 말했다. 그는 이에 따라 "현실을 냉철하게 보고 인정하면서 당중앙위원회 통일전선부를 비롯한 대남사업 부문의 기구들을 정리, 개편하기 위한 대책"을 세워야 한다고 강조했다. 조선중앙통신은 이를 두고 "쓰라린 북남관계사를 냉철하게 분석한 데 입각해 대남 부문에서 근본적 방향전환을 할 데 대한 노선이 제시됐다"고 설명했다(연합뉴스. 2023.12.31.).

북한의 이 같은 발표 내용을 정리하면 첫째, '한국은 같은 민족이 아니다.' 둘째, '한국은 적대국이자 교전국이다.' 셋째, '북한 제도와 정권의 붕괴를 바라는 것은 민주 진영이건 보수 진영이건 같다.' 넷째, '한국과 통일은 불가능하다.' 다섯째, '외세와 결합하여 정권 붕괴와 흡수통일의 기회만을 노리는 한국과 화해와 통일을 기대한다는 것은 착오다.' 여섯째, '당중앙위원회 통일전선부를 비롯한 대남사업 부분의 기구들을 정리하겠다.' 일곱째, '대남 부분에서 근본적 방향전환이다' 등으로 정리할 수 있다.

북한의 이번 보도는 위와 같은 여러 내용을 담고 있기 때문에 다양한 제목이 붙여질 수 있다. 그런데 북한 보도 또는 선언의 중심 내용은 한국과는 통일을 위한 화해와 교류·협력을 위한 활동과 노력을 하지 않겠다는 의도를 드러낸 것이라 할 수 있다.

북한의 이른바 '통일종언선언' 2개월 후 북한 조선중앙통신은 "조국통일민주주의전선 중앙위원회 회의가 23일 평양에서 진행되었다. 회의에서 조국통일민주주의전선 중앙위원회를 정식 해체하기로 결정하였다"며 다음과 같은 내용도 첨부했다(통일뉴스, 2024.03.25.).

①"북남관계가 동족관계, 동질관계가 아닌 적대적인 두 국가관계, 전쟁중에 있는 두 교전국관계로 완전히 고착된 현실에서 전민족적인 통일전선조직인 조국통일민주주의전선 중앙위원회가 더 이상 존재할 필요가 없다는 데 대하여 견해 일치를 보았다."

②"조선로동당과 공화국 정부가 근 80년에 걸쳐 우리를 '주적'으로 선포하고 외세와 야합하여 '정권 붕괴'와 '흡수통일'만을 추구해온 대한민국 족속들을 화해와 통일의 상대가 아닌 가장 적대적인 국가, 불변의 주적, 철저한 타국으로 낙인하고 북남관계와 통일정책에 대한 입장을 새롭게 정립할 데 대하여 강조되었다."

참고: 조선중앙통신. 2024.03.24.; 통일뉴스. 2024.03.25.[13]
[그림 12-1] 2024년 3월 조국통일민주주의전선 중앙위원회 회의 결정 내용

....

13 조국전선은 1949년 6월 남북·해외 70여 개 정당, 사회단체들이 모여 결성한 통일전선조직으로, 북한은 '새 사회 건설과 조국통일을 위하여 투쟁하는 애국적이며 민주주의적인 정당, 사회단체들이 자원성(自願性)의 원칙에서 망라된 정당, 사회단체들의 연합체, 모든 정당, 사회단체들이 독자성을 가지고 활동하면서 공동의 목적을 실현하기 위하여 굳게 단결하여 서로 긴밀히 협조하는 정당, 사회단체들의 협의체'라고 할 수 있다(통일뉴스. 2024.03.25.).

이 같은 북한의 결정과 선언은 2016년 6월 9일 평양에서 열린 북한 '정부·정당·단체 연석회의'에서, '조선반도의 평화와 자주통일을 위한 북·남·해외 제정당·단체·개별인사들의 연석회의'를 열자고 제안했던 것을 8년 만에 폐기한 것이다(통일뉴스. 2024.03.25.). 따라서 2016년 6월 북한의 대남·통일정책과 8년의 시간이 흐른 2024년 북한의 대남·통일정책은 많이 바뀌었다고 할 수 있다. 2018년 문재인 정부 시기 한국과의 화해 및 교류협력에 큰 기대를 걸었으나, 2019년 하노이 북미회담 결렬로 크게 실망한 후, 윤석열 정부 들어 북에 대한 더 큰 압박에 북한은 이 같은 결정을 내린 것으로 판단할 수 있다.

북한은 이후 한국과 통일을 위한 희망과 목표를 단념 또는 포기한 여러 조치를 취했다. 첫째, 노동당의 핵심 부서인 통일전선부를 공식적으로 해체하기에 앞서 조국평화통일위원회, 민족화해협의회 등 대남사업 부문 기구들을 대폭 정리했고, 대남 선전매체인 '우리민족끼리'와 대남 국영방송인 평양방송의 송출도 중단했다. 더욱 놀라운 것은, 북한 체제가 금과옥조처럼 다뤄왔던 평양 낙랑구역 통일거리의 '조국통일 3대 헌장 기념탑'을 '꼴불견'이라고 하며 철거를 지시했다는 사실이다(한겨레 신문. 2024.03.25.).

둘째, 금강산으로 이어지는 동해선 북측 철로 구간에 침목이 제거되는 등, 동해선 철로 철거에 나선 것으로 확인되었다. 이런 현상은 2024년 1월 김정은 북한 국무위원장이 "경의선의 우리 측 구간을 회복 불가한 수준으로 물리적으로 완전히 끊어놓는 것을 비롯하여 접경지역의 모든 북남 연계 조건들을 철저히 분리시키기 위한 단계별 조치들을 엄격히 실시해야겠다"라고 지시한 것과 일치하는 내용이다. 북한은 2024년 1월 경의선과 동해선 도로에 지뢰를 매설하고 3월에는 가로등을 철거했다(KBS 뉴스. 2024.06.05.).

셋째, 2024년 5월 말과 6월 초 대북 전단 살포 및 오물풍선, 9·19 군사합의 효력 전면 중지 사건 이후, 북한이 군사분계선 서쪽에서 동쪽까지 전 지역에서 장벽과 이를 잇는 도로 건설을 하는 모습도 관측됐다(YTN, 2024.06.15.).

북한의 '통일종언선언' 배경과 주요 특징

2024 연초 북한의 통일종언 선언은 오랜 기간 내재하는 남북 간 구조적 문제점에 윤석열 정부의 강경 대북정책이 맞물려 이루어진 것으로 판단할 수 있다. 2022년 5월 윤석열 정부 출범 당시 북한의 대남·통일 정책 기본 방향과 성격은 대체로 2024 연초 발표된 '통일종언선언' 정도는 아니었다. 여기서 북한의 '통일종언선언'에 영향을 미쳤을 윤석열 정부의 요인은 두 가지로 제시할 수 있다.

첫째, 자유와 자유민주주의의 강조다. 윤석열 대통령은 2022년 취임식에서 "저는 이 나라를 자유민주주의와 시장경제 체제를 기반으로 국민이 진정한 주인인 나라로 재건하고…"라는 내용의 취임식사를 발표했다. 이 취임식사에서 윤석열 대통령은 '자유'란 용어를 무려 35번이나 사용했다 (BBC NEWS 코리아. 2022.05.10.).

둘째, 문재인 정부 초기에 중단했던 한미연합 실제 군사훈련을 자주 그리고 대규모로 실시한 것이다. 특히 '힘에 의한 평화가 진짜 평화'라는 신념으로 북한을 상대로 외국 군대들과 대규모 군사훈련을 했다. 미국의 전략·전술 무기가 한국에 들어왔고, 유엔사 12개국 병력이 참가하는 여러 나라와의 합동 군사훈련이 이루어졌다(한국일보, 2024.02.28.; 대한민국 정책브리핑[14]).

윤석열 정부의 '힘에 의한 평화' 강조는, 2022년 1월 24일 발표한 대통령 선거 외교안보공약 가운데 '힘을 통한 평화구축'에서 처음 등장했다고 할

---

14 2024년 3월 4일부터 14일까지 11일 동안 자유의 방패(FS, Freedom Shield) 연습을 했는데, 이 훈련에는 미국을 포함해 호주, 캐나다, 프랑스, 영국, 그리스, 이탈리아, 뉴질랜드, 필리핀, 태국, 벨기에, 콜롬비아 등 12개 유엔 회원국이 참여했다(대한민국 정책브리핑. https://www.korea.kr/news/estNewsView.do?newsId=148926428&cateId =subject#top50. 2024.03.31. 인출).

수 있다(BBC NEWS 코리아, 2022.03.10.).[15] 이후에도 '힘에 의한 평화 구축' 강조는 2023년 3월 10일 해군사관학교 졸업 및 임관식에서 "해군·해병대가 강력한 해양 강군을 구축하여 '힘에 의한 평화'에 앞장서야 한다"는 연설에서도 제시됐고, 2023년 9월 15일 인천상륙작전 전승 행사에서는 "강력한 국방력으로 힘에 의한 평화를 구축하고 자유민주주의를 수호할 것"이라는 연설을 통해서도 강조되었다.

이와 같은 윤석열 정부의 한국 중심체제의 통일정책과 강경한 군사주의의 추구는 남북의 군사적 충돌을 막기 위해 2018년 9월 19일 남북의 두 정상이 체결한 판문점선언 이행을 위한 군사 분야 합의서인 '9·19 군사합의'를 사실상 파기하는 결과의 한 요인이 되었다.[16]

북한의 '통일종언선언'과 이후 조치에 관한 분석과 시사점

2024 연초 북한의 '통일종언선언'은 남북 분단 지속의 구조적 요인과 개선 방향을 찾는 데 아래와 같이 여러 시사점을 준다.

첫째, 북한은 남한의 이른바 '민주' 진영이건 '보수' 진영이건 한국 정부나 정치인 또는 정당을 불신하거나 배척한다.

둘째, 문재인 정부 이후 등장한 윤석열 정부의 대북 강경책에 대한 한국

---

15 BBC NEWS 코리아(2022.03.10.) "전문가들이 바라본 향후 남북관계 전망은? https://www.bbc.com/korean/news-60688690 2024.03.31. 인출.

16 9·19 군사합의의 사실상 파기 과정을 구체적으로 살피면, DMZ 부근 또는 동서해역에서 북한의 군사 실험 또는 훈련을 한국은 '도발'로 규정하고 비난하며, '9·19 군사합의의 일시적 효력 정지'를 발표하였다(경향신문. "9·19 군사합의 폐기는 '헤어질 결심'". 2023.11.25). 이에 북한은 비무장지대(DMZ) 최전방 감시초소(GP)를 복구하고 중화기를 배치했고, 북한의 이러한 조치에 한국도 곧바로 '상응 조치'를 했다. 남북의 이런 조치는 결국 9·19 군사합의의 사실상 파기를 초래했다고 볼 수 있다. 나아가 한국 민간단체의 대북 전단 살포에 대항하여 북한이 일명 오물풍선을 날리자, 윤석열 정부는 2024년 6월 4일 2018년 발표한 9·19 군사합의 효력을 전면 중지한다는 발표를 했다(KBS 뉴스. 2024.06.04.). 발표 후 22일이 지난 6월 26일에는 7년 만에 백령도와 연평도에서 남서쪽으로 290여 발을 발사하는 해상 포사격 훈련을 했다. 이어 7월 3일에는 군사분계선 5km 이내에 있는 연천의 사격장에서 약 두 시간 동안 140여 발의 육지 포사격 훈련을 했다. 이것은 한국의 9·19 남북군사합의 전면 중지를 실제로 보여준 것이다.

관·통일관의 중대한 변화 또는 전환이라 할 수 있다. 김정은 국무위원장과 조선로동당의 '통일종언선언' 발표와 이후 조치는 문정인 교수가 '코페르니쿠스적 전환'이라고 명명한 것과 같이 가히 개혁 또는 대전환이라 할 수 있다. 자신의 조부와 아버지의 한반도 통일을 위한 대표적 상징이라 할 수 있는 조국통일 3대 헌장 기념탑의 철거와 조선로동당의 통일 관련 부서 해체, 군사분계선 전체에 걸친 장벽 설치, 경의선, 동해선 지뢰 매설 및 침목 철거 등 일련의 조치는 한동안 북한의 한국관·통일관 변화나 정책 변화를 기대하기 어렵다 하겠다.

셋째, 이 같은 측면에서 남북 평화와 평화통일을 위해서는 북한을 주권국가로 인정하고, 남한체제 중심의 통일과정과 절차를 명시하는 헌법 개정이 필요하다. 즉, 평화통일을 이루는 것도 중요하고 필요하지만, 평화통일이 이루어지기 위해서는 남북 평화 즉 화해와 교류·협력 활동을 통한 우호적인 남북관계 형성이 우선 과제라고 할 수 있다.

넷째, 북한도 하나의 주권국가로 국가체제의 존속, 유지, 발전이 최우선 과제라고 할 수 있다. 따라서 국가 또는 체제보장에 위해(危害)가 되는 한국 또는 주변국의 정책과 실행이 이루어지면 이는 허용될 수 없는 것이다. 즉, 북한이 한국 및 주변국에 대해 어떤 외교정책을 펴는가는 한국 및 외국의 입장과 자세가 큰 영향을 준다고 할 수 있다. 따라서 한국은 북한이 긍정적이고 우호적인 입장을 유지하게 하려면 북한의 국가 인정과 체제 보장을 최우선 정책으로 설정하고 제안할 필요가 있다.

북한 '통일종언선언'과 이후 조치에 관한 한국의 전문가 의견

북한의 '통일종언선언' 발표와 이후 조치 및 한국의 대응에 대해 진보와 보수 진영 북한·통일 전문가들의 의견이 분단 지속의 구조적 원인과 개선

방향을 탐색하는 이 글에 주는 시사점을 다음과 같이 나타낼 수 있다.

김성경(북한대학원 대학교 교수)

김성경은 "민족과 통일을 넘어 '평화 공존'의 미래 기획의 중요성"을 강조하며, 북한의 '통일종언선언'에 대해 다음과 같은 의견을 제시한다.

> 끊임없이 민족을 운운하며 통일을 되뇌었지만 남북 관계는 여전히 '정전 체제'에서 한 걸음도 나아가지 못했으며, 분단과 적대의 시간이 길어지자 대부분은 북한을 동족은커녕 대화 상대로도 인정하지 않는다. 2022년 국방백서에서 북한을 다시금 '적'으로 규정한 것만을 뜻하는 것이 아니다. 북한을 향한 보수 세력의 적대적 인식에 버금가는 평범한 사람들의 냉소적 시각과 무관심이 깊어졌다는 것을 이제는 인정할 때라는 뜻이다(한겨레신문. 2024.01.28.).

이 같은 의견은 한국 통일 담론에 대하여 이른바 보수성향과 진보성향 그리고 정치인과 일반국민을 막론하고, 북한과 통일에 대한 냉소적 시각과 무관심에 대한 경종 또는 자성을 촉구한다고 할 수 있다.

김연철(전 통일부 장관·인제대 교수)

김연철은 '민족주의의 종언'이란 제목하에 북한의 통일에 대한 "인식의 전환은 남북관계 악화를 반영하지만, 그것이 전부는 아니다. 사실 민족주의적 접근은 오래전에 이미 끝났다. 황혼의 남은 한 줌 빛이 이제 꺼졌을 뿐이다."라는 아래 칼럼의 내용을 통하여 북한에서 민족 개념은 두 개임을 제시한다.

북한의 민족 개념은 두 개다. 하나는 통일 담론으로 1972년 7·4 남북공동성명의 '민족 대단결'에서 2000년 6·15공동선언의 '우리 민족끼리', 2018년 정상회담의 '하나의 민족'까지 이어졌다. 다른 하나는 '한민족'이 아니라 '북한 민족'이다. 김정일 시대의 '김일성 민족'이나 '조선 민족 제일주의'는 북한의 이념, 제도, 지도자를 정당화하는 개념이다. 김정은 시기의 '김정일 애국주의' 역시 '김일성 민족' 개념에 입각해 있다.

북한의 역사에서 '우리 민족끼리'는 남북관계가 좋았던 시기에 등장한 담론이다. 그렇게 길지 않다. 대내적으로 체제 정당성 담론인 '북한 민족'을 강조하던 시기가 훨씬 길었다. 2019년 1월 김정은 체제에서 강조한 '우리 국가 제일주의'는 '민족'에서 '국가'로 전환한 것이 아니다. 두 개의 민족 개념 중 통일담론으로서의 민족 개념을 폐기하고 '북한 민족'을 국가라는 개념으로 대체한 것이다(한겨레신문. 2024.02.05.).

'민족주의의 종언'이라 표현한 김연철의 글 중, 북한의 민족 개념은 한국인이 생각하는 민족의 개념과는 다르게 두 개가 있다는 의견은 좀더 유념할 필요가 있다.

정의길(한겨레신문 국제부 선임기자)

정의길은 "북한의 '헤어질 결심'을 인정하자"라는 제목하에 다음과 같은 의견을 제시한다.

북한의 헤어질 결심은 따지고 보면, 두 개의 한국이라는 현실을 공식화한 것뿐이다. 진보 진영의 민족통일론이나 보수 진영의 반공통

일론 모두가 사실 언제부터인가 현실성이 떨어지는 이상주의였을
뿐이다. 또한, 핵심은 북한을 하나의 국가로 인정하고 주변국으로
서 공존과 그 이후를 내다보는 현실주의가 중요하고 필요하다.
북한은 생존을 위해 몸부림치는 국가이고, 우리는 이런 북한이라
는 국가와 어떤 관계를 맺어야 할지를 숙고해야 한다. 그 해답은 남
북한의 국가 관계를 인정하는 현실주의에 따라, 한반도와 그 주변
의 세력 균형에 초점을 맞춰야 한다는 것이다(한겨레신문. 2024.02.05.).

이 글의 핵심은 "두 개의 한국이라는 현실을 공식화", "민족통일론이나
반공통일론은 모두 이상주의", "북한을 하나의 국가로 인정하고 주변국으
로서 공존과 그 이후를 내다보는 현실주의가 더 중요하고 필요"라고 할 수
있다. 정의길의 의견은 한국 통일담론의 구조적 문제점과 개선 방향에 구
체적인 대안을 제시한다고 할 수 있다. 특히 "이는 남북한의 화해나 통일
을 포기하는 것이 아니다. 오히려, 남북한의 공존과 그 이후를 내다보는
현실주의다"라는 주장은 북한 통일종언 선언의 의미와 한국 통일담론 개
선 방향을 탐색하는 이 글에 주는 시사점이 크다고 할 수 있다.

문정인(연세대 명예교수)

문정인은 북한의 '통일종언선언'이 부정적 측면만 있는 것은 아니라고
본다. "본래 한국의 통일정책은 '두 국가 모델'인 '하나의 민족, 두 개의 국
가, 두 개의 체제와 정부'라는 원칙에 따른 일종의 유럽연합식 국가연합
모델을 상정해왔기 때문이다." 따라서 전화위복의 기회가 될 수도 있다고
본다.

그러나 문정인은 3·1절 경축사에서 윤석열 대통령이 "북한 정권의 폭정
과 인권유린은 인류 보편의 가치를 부정하는 것"으로 "자유와 인권이라

는 보편의 가치를 확장하는 것이 바로 통일"이라고 천명한 것에 대해 이는 "자유의 북진 통일을 공식화한 셈이다"라며 부정적 의견을 제시한다.

또한 '평화' 대신 '자유'를 맨 먼저 앞세운 윤석열 정부의 통일정책이 가져다줄 미래는 과연 무엇인가? 전쟁, 파괴, 분단의 심화를 막는 데 도움이 될 수 있을까? 라는 의구심과 질문도 함께 제기한다(한겨레신문. 2024.03.25).[17]

박명림(연세대 교수)

박명림은 북한의 '통일종언선언'이 있기 4년 전, 한겨레 신문 기고문 "핵 폐기와 체제보장·북미수교…'평화의 수레바퀴'를 굴리자"에서 다음과 같은 글을 제시했다.

> 비핵평화와 국제 보장은 한반도 평화체제로 가는 제일 요건이다. 북한의 핵 국가로의 공식 등장은 한반도 평화엔 재앙이다. 북한은 반드시 핵을 폐기해야 한다. '완전한 핵 폐기'와 '완전한 체제 보장'의 교환을 통한 평화체제 구축이 해답이다. 즉 국제적으로 한반도 장기 분단과 비핵평화의 요건은 같다. 완전한 체제보장은 정전 체제와 북핵체제라는 두 개의 한반도 안보체제를 동시에 뛰어넘는 지름길이다. 특히 북-미 수교는 필수다(한겨레신문. 2020.06.24).

박명림의 글은 2019년 2월 하노이 북미정상회담이 '노딜'로 끝나고, 다음 해인 2020년 개성공단 내 남북공동연락사무소가 폭파된 지 6일 후 게

----

17 문정인은 "노동당의 핵심 부서인 통일전선부를 공식적으로 해체하기에 앞서 조국평화통일위원회, 민족화해협의회 등 대남사업 부문 기구들을 대폭 정리했고 대남 선전매체인 '우리민족끼리'와 대남 국영방송인 평양방송의 송출도 중단했다. 더욱 놀라운 것은 북한 체제가 금과옥조처럼 다뤄왔던 평양 낙랑구역 통일거리의 '조국통일 3대헌장 기념탑'을 '꼴불견'이라고 하며 철거를 지시했다"라는 의견도 함께 제시한다. 아울러 이러한 북한의 변화는 통일전선 전략의 완전한 폐기이자 코페르니쿠스적 전환으로 보았다(한겨레신문. 2024.03.25).

재된 글이다. 이 글에서 박명림은 북한의 완전한 핵 폐기를 위해서는 완전한 북한의 체제보장이 동시에 이루어져야 함을 강조한다. 이 글 발표 이틀 전 박명림은 "한국전쟁과 오늘 그리고 내일"이란 글에서도 한반도 평화와 남북관계의 진전을 위해서는 "통일보다 평화, 남과 북은 '국가 대 국가'로 만나야 한다."라는 글을 기고했다.

조선일보, [사설] 北 첫 사용 '대한민국' 용어, 무심코 넘길 일 아니다

북한과 통일정책에 대해 이른바 보수 신문이라고 볼 수 있는 조선일보의 사설과 기사 내용을 토대로 북한·통일 전문가들의 의견을 살펴보면 다음과 같다. 먼저 조선일보는 2023년 7월 12일 북한 김여정 부부장의 '대한민국'이란 용어 사용에 대해 다음과 같은 사설을 냈다.

> 북한은 그동안 남조선, 남조선 괴뢰라는 말을 써왔다. 대남 비난 메시지에서 '대한민국'을 사용한 것은 처음이다. (…) 북한 최고 수준의 담화에서 '대한민국'을 사용한 것은 그동안 같은 민족끼리의 특수관계로 간주해 왔던 남북관계를 일반적인 적대국 관계로 대체하겠다는 뜻일 수 있다. 북한은 지난 1일 정몽헌 전 현대그룹 회장 사망 20주기 금강산 추도식을 거부할 때도 대남기구인 조평통이 아니라 외무성을 내세웠다. 이 역시 같은 맥락으로 보인다(조선일보. 2023.07.12.).

위 기사는 북한은 한국에 대하여 처음으로 '대한민국'이라는 용어를 썼으며, 이는 남북관계를 민족끼리의 특수관계가 아닌 적대국 관계로 대체하겠다는 뜻일 수 있으며,[18] 정몽헌 전 현대그룹 회장 추도식을 거부할 때

---

18 북한의 통일종언 선언과 관련하여 한반도에서 전쟁 발발 가능성을 우려하는 사람들은 한국인들만이 아니라

도 대남기구인 조평통이 아닌 외무성을 내세웠음을 지적한다. 이 같은 내용은 북한의 '통일종언 선언'이 하루아침에 즉흥적으로 이루어진 것이 아니라, 윤석열 정부 출범 이후 지속적으로 준비해왔음을 보여주는 것이라 할 수 있다.

"통일, 北주민의 유일 희망… 김정은이 거부해도 계속 메시지 내야"

조선일보는 북한의 통일종언 선언 이후 2024년 3월 1일치 기사를 통해 "전문가들 '통일전략, 지금이 기회'"라는 부제를 통해 북한·통일 전문가 4인의 의견을 아래와 같이 보도했다.[19]

(1) **김천식(통일연구원장):** "통일 원칙 확고해야 유사시 우리가 기회 잡아", "북한 체제에 큰 변화가 생길 경우 한국 정부의 입장이 가장 중요하게 받아들여지도록 (미리 준비) 해놔야 우리가 통일 기회를 놓치지 않을 것"이라고 주장.

(2) **김영환(북한민주화네트워크 연구위원):** "북한 주민들, 한국 드라마 몇 편만 봐도 통일 희망". 북한 정권의 민심 기반을 흔들려면 정부가 공세적 통일 입장을 계속 표명하고 자유민주주의에 기초한 평화 통일 추구 메시지를 지속적으로 발신해야 함.

외국의 여러 전문가가 있다(VOA, 2024.02.02.; 한국경제, 2024.03.08.). 아울러 한반도의 전쟁 위기 가능성을 우려하는 한국의 시민과 시민단체들은 북한의 통일종언 선언 이후 몇 차례에 걸쳐 '군사훈련 중지 대북 전단 중지', '오직 평화 전쟁 반대' 등의 피켓과 구호를 외치며 시위 및 기자회견을 했다(한겨레신문, 2024.02.02; 통일뉴스, 2024.02.20.).

19 조선일보가 이 기사를 낸 날은 공교롭게도 3·1절 105주년이 되는 날이다. 일제강점기의 식민시대 기간은 35여 년이다. 그러나 자본주의와 사회주의의 이념 대립과 갈등에 따라 남북이 분단된 기간은 일제강점기의 2배가 넘는 80여 년을 눈앞에 두고 있다. 이 사실을 독립운동가들이 알면 어떤 반응을 보일지 우려된다.

(3) **천영우(전 외교안보 수석):** "김정은의 두 국가론은 흡수 통일을 피하기 위해 내린 결론", "통일은 결국 대북 문화·정보 전쟁에서 결판날 것", "효과가 제한적인 대북 전단이나 확성기보다 대북 방송 채널을 확 늘리고 콘텐츠 질도 끌어올려서 북한 주민들이 바깥세상 소식을 접하고 지금보다 나은 삶이 있다는 걸 알게 해줘야 함", "북한 김정은이 '두 국가론'을 들고나온 건 한국이 주도하는 흡수통일을 피하려고 긴 고민 끝에 내린 결론"임.

(4) **염돈재(전 국정원 1차장):** "그간 독일 통일에 대한 화해·협력 영향 과대평가", "북한이 두 국가론을 주장하더라도 대한민국의 정통성 유지와 통일을 위해 한국이 한반도 유일의 합법 정부라는 입장은 반드시 고수해야 한다.", "향후 대북 정책 초점은 북한 주민의 인권 보호와 북한 내 외부 정보 유입 및 확산에 둘 필요가 있음", "북한의 김씨 왕조와 북한 주민을 분리해 북한 정권을 군사적 적대 대상으로 삼더라도 북한 주민은 포용하고 지원해야 할 대상으로 규정해야 함."

조선일보는 이상의 북한·통일 전문가들의 의견을 토대로 북한의 통일종언 선언에 대해 아래와 같은 입장을 제시했다.

북한 김정은이 연초 한국을 '동족 아닌 교전 중인 적대국'으로 규정하고 교류·통일을 위한 조직과 제도를 모두 폐지하면서 국내 일각에서도 "우리도 이참에 차라리 남북 관계를 '국가 대 국가' 관계로 정립하자"는 목소리가 나온다. 하지만 전문가들은 북한이 '통일 폐기', '두 국가론' 입장을 고수할수록 우리 정부가 북한 주민들을 향해 통일에 대한 희망을 불어넣고 국제사회에도 우리 정부의 통일 의지와 능력을 보여줘야 한다고 말한다. 종북 진영이 혼란에 빠진 지금이 자유 민주 진영이 통일담론을 주도할 기회이자 적기라는 것이다. 동족 개념을 버리는 것은 위헌일 뿐 아니라 언제 찾아올지 모르는 통일 기회를 스스로 걷어차는 패착이기도 하다(조선일보. 2024.03.01.).

위 기사의 핵심 내용은 첫째, "북한이 '통일 폐기', '두 국가론' 입장을 고수할수록 우리 정부가 북한 주민들을 향해 통일에 대한 희망을 불어넣고 국제사회에도 우리 정부의 통일 의지와 능력을 보여줘야 한다." 둘째, "종북 진영이 혼란에 빠진 지금이 자유 민주 진영이 통일담론을 주도할 기회이자 적기이다." 셋째, "동족 개념을 버리는 것은 위헌일 뿐 아니라 언제 찾아올지 모르는 통일 기회를 스스로 걷어차는 패착이기도 하다." 등으로 요약할 수 있다. 지금까지 2024 연초 북한의 이른바 '통일종언선언'에 대한 민주 진보 진영 전문가들과 자유 보수 진영 전문가들의 의견을 수렴·분석했다.

분단과 적대적 남북관계 지속과 반복의 구조적 원인과 해결[20]

2025년 현재 남북 분단과 적대적 남북관계의 지속과 반복이 80년을 맞고 있다. 한국에 남북간 화해와 교류·협력 나아가 평화통일을 지향하는 정부가 들어서면 남북관계가 좀 나아지는 듯한 모습을 보인다. 그러나 2019년 2월 하노이 북미 2차 정상회담 결렬과 이후 한국 정부의 대북한 및 한미정책으로, 2024년초 북한은 "남북간 통일은 끝났고 적대적 두

---

20 이 절은 이 책의 핵심내용이자 맺는 글이다. 그러나 여는 글에서 밝혔듯이 이 절의 주제와 내용은 나를 포함하여 평화를 사랑하는 모든 한반도 시민이 더 많은 관심을 갖고 논의 및 실천해야 할 중요하고 시급한 과제라 할 수 있다.

국가"라는 선언을 하였다. 이같이 남북 분단과 적대적 남북관계의 지속과 반복은 계속되고 있다.

남북 평화통일도 중요하고 필요하다. 그러나 이것이 가능하지 못할 경우, 이에 대한 사전 노력으로 남북 평화와 공영을 추구하는 것은 중요하고 필요한 일이다. 남북 평화와 공영이 이루어질 때 남북 평화통일도 가능하다.

한반도의 분단과 적대적 남북관계의 지속과 반복이 이루어지는 구조적 요인은, 한국뿐만 아니라 북한(조선)에도 있다. 나는 북한의 요인에 대한 분석은 차후 과제로 남겨 놓고, 한국의 요인에 대해 1) 선행연구, 2) 문재인·윤석열 정부의 대북 및 통일정책 비교, 3) 북한의 통일 종언과 두 적대적 교전국 선언에 대한 한국의 진보와 보수 진영의 전문가들 의견 등을 종합·분석하여 탐색했다.

한반도 분단과 적대적 남북관계의 지속과 반복을 초래하는 한국의 구조적 요인이자 해결 방안 또는 요인에는 어떤 것이 있을까? 여러 가지가 있지만 우선 다음 일곱 가지 요인 또는 사안을 제시한다.

첫째, 화해와 교류·협력을 통해 평화와 공영을 추구하며 나아가 평화통일의 상대국인 북한을 온전한 독립·주권국가로 인정하지 않는 대한민국 헌법 제3조의 개정이다("대한민국의 영토는 한반도와 그 부속도서로 한다"). 남북 정상회담을 하고 정상 간 합의를 하더라도 대한민국 헌법이 북한을 주권국가로 인정하지 않으므로, 언제라도 번복 또는 파기될 수 있는 구조적 원인이자 조속히 개정해야 할 사안이다.

둘째, 통일 한반도의 모습을 현 한국 체제로 설정하는 헌법 제4조이다("대한민국은 통일을 지향하며, 자유민주적 기본질서에 입각한 평화적 통일정책을 수립하고 이를 추진한다"). 사회주의를 기본 정치체제로 하는 북한이 이러한 통일 한반도의 정치체제를 수용하는 것은 불가능하다. 앞으로 통일 한반도의 국가체제는 남북 두 국가의 합의와 국민투표에 의해 결정될 일이라 할 수 있다.

셋째, 전시작전권이 미국에 있는 등, 군사 주권의 미국 종속성을 개선 및 해결하는 것이다. 미국에 대한 한국의 지나친 종속성 또는 사대성은 군사 분야에만 있는 것은 아니다. 정치와 경제 등 여러 면에서 한국은 미국에 지나치게 의존하고 있다. 이러한 잘못된 또는 지나친 한미관계의 종속성, 사대성을 지닌 한국에 대해 북한이 한국이 아닌 미국과 협상·협의하려는 것은 당연지사라 할 수 있다.

넷째, 지나친 또는 잘못된 군사주의다. 평화를 위하거나 지키기 위해 힘 또는 군사력은 필요하다. 그러나 군사 만능주의는 지속적 평화를 위협하거나 깨친다. 압도적 힘만이 평화를 지킨다는 신념은 잘못된 것이다. 압도적 힘만이 평화를 지킨다는 윤석열 식의 안보관은 많은 문제점이 있다. 아울러 건국 이후 군사 무기 확보에 최대의 재정을 투입한 문재인 정부도 깊이 반성해야 한다.

다섯째, "북한에 대한 경제적·군사적 압박은 한국 체제 중심으로 통일이 이루어진다."라는 한국 체제 중심의 흡수통일 망상에서 벗어나고, 이에서 비롯한 문제를 해결해야 한다. 북한 은 1990년대 중후반 85만여 명이 아사했다는 이른바 '고난의 행군기'라는 대기근에도 불구하고 붕괴하지 않은 나라다. 이런 면에서 이명박 정부의 '비핵 3000'이나 박근혜 정부의 '통일 대박론', 윤석열 정부의 '압도적 힘에 의한 자유민주주의 통일'은 북한에 대한 바람직한 정책 또는 접근법이 될 수 없다. 주권 독립국으로 북한을 인정하고 교류와 협력을 통해 평화와 공영을 추구하며 향후 남북관계가 더욱 좋아지고 협의가 이루어질 때 더 나은 남북관계의 모습을 찾고 이를 추구할 수 있다 하겠다.

여섯째, 분단과 적대적 남북관계의 지속과 반복을 초래하는 구조적 요인이자 해법으로 북한을 제대로 바르게 알 수 있도록, 조선중앙TV 같은 북한의 방송과 로동신문 등의 신문을 한국 사람들이 시청하거나 볼 수 있게 해야 한다. 현재 북한의 방송과 언론을 한국의 일반 국민은 시청·청취하거나 읽기 어렵고, 일부 국가로부터 인가받은 방송단체와 언론인, 그리고 공무원과 연구자들만이 시청·청취 또는 읽기가 가능하다. 북한에 대해 제대로 그리고 바르게 이해하게 하려면 일반 국민도 자유롭고 비판적으로 볼 수 있도록 정책과 제도를 바꿔야 한다.

일곱째, 남북 평화와 공영 나아가 평화통일에 대한 독립 교과목이 개설되고 교육시간이 확대되어야 한다. 평화와 평화통일에 대한 독립 교과목 개설은 무엇보다 교과 교육과정 연구 개발이 집권 정부의 대북관·통일관이 아닌 한반도의 평화와 공영 나아가 평화통일을 지향하는 교과교육 전문가와 국민의 의견 수렴을 통해 가능할 수 있는 출발점이기 때문이다. 독립교과목이 개설되더라도 범교과학습주제로서 현재의 통일교육 지위는 유지해야 한다. 나아가 평화와 통일에 대한 학교 교육시간이 늘어나고, 대학에 교원양성을 위한 교과목 개설이 확대되어야 한다. 중요한 것은 평화통일교육의 교육과정과 기준 개발 그리고 도서 편찬과 검정 등의 주무부서가 다른 국가 교육과 같이 통일부가 아닌 교육부가 되어야 한다는 것이

2000년 이후 한국 대통령의 북한관·통일관에 따라 남북관계는 달라졌다.
그러나 달라지지 않은 것도 있다. 분단과 적대적 남북관계의 지속과 반복의 구조적 원인이다.
남북 평화와 공영을 진정으로 염원하며 이를 해결 또는 개선하는 노력을 해야 한다.

다. 따라서 통일부는 사회교육이나 공무원 교육 등에 집중하는 것이 바람직하고 효율적이라 하겠다.

한 나라의 교육을 알면 그 나라의 미래를 알 수 있다. 현재는 정치가 교육을 지배하지만 미래는 교육이 정치를 지배한다.

[부록] <한겨레> '왜냐면' 기고 칼럼

2019년 10월 16일부터 2024년 8월 14일까지 한겨레신문 '왜냐면'에 게재된 필자의 칼럼. 글 제목 또는 URL을 검색하거나 QR코드에 휴대폰 카메라를 대면 해당 글로 이동한다.

	1	비교과 영역 축소·폐지 논의, 중지해야 <한겨레> 2019.10.16. https://www.hani.co.kr/arti/opinion/because/913447.html
	2	언제까지 "좌편향" 타령인가 <한겨레> 2021.01.25. https://www.hani.co.kr/arti/opinion/because/980268.html
	3	노태우 묘, 국유림 용도변경 안된다 <한겨레> 2021.11.15. https://www.hani.co.kr/arti/opinion/because/1019400.html?_fr=mt5
	4	'평화와 통합' 등 과목 개설 절실 <한겨레> 2022.04.20. https://www.hani.co.kr/arti/opinion/because/1039748.html#cb
	5	550평의 노태우 '국가보존묘지' 지정, 문제없나? <한겨레> 2022.06.20. https://www.hani.co.kr/arti/opinion/because/1047705.html
	6	'좋은 교육' 훼방 놓는 '보수언론' 보도 <한겨레> 2022.09.12. https://www.hani.co.kr/arti/opinion/because/1058304.html

	7	정권 외풍에 흔들리는 '2022 개정 교육과정'···국정조사 나서야 <한겨레> 2022.11.14. https://www.hani.co.kr/arti/opinion/because/1067213.html
	8	공존과 지속성 무시한 채 폭주하는 윤석열 교육 열차 <한겨레> 2023.01.18. https://www.hani.co.kr/arti/opinion/because/1076293.html
	9	36년 전 시절로 돌아간 '통일교육지침' <한겨레> 2023.03.27. https://www.hani.co.kr/arti/opinion/because/1085373.html
	10	'공교육 멈춤의 날' 겁박한 교육부 관계자 징계해야 <한겨레> 2023.09.11. https://www.hani.co.kr/arti/opinion/because/1108085.html?_fr=mt5
	11	통일 '종언'에 혼란···교과서 편찬·검정 흔들림 없어야 <한겨레> 2024.03.11. https://www.hani.co.kr/arti/opinion/because/1131772.html
	12	"압도적 힘" 떠드는 윤 정부는 뉘른베르크 재판을 기억하라 <한겨레> 2024.08.14. https://www.hani.co.kr/arti/opinion/because/1153763.html

1. 국내 문헌·외국 문헌

〈단행본〉

경제·인문사회연구회(2019). 『북한 분야별 실태 평가 및 변화 가능성 전망』

고상두·김지운·남기정·동용승·이재현·이혜정·조은정·조한범(2019). 『동아시아 신안보질서와 우리의 전략』. 서울: 평재리(정토출판)

교육과학기술부(2009). 『초·중등학교 교육과정 총론』. 서울: 교육과학기술부

교육부(2015). 『도덕과 교육과정』. 교육부 고시 제2015-74호 별책 6

교육부(2015). 『초·중등학교 교육과정 총론』. 교육부 고시 제2015-80호

교육부(2022). 2022 개정 교육과정

교육부·통일부(2020). 『2020년 학교통일교육 실태조사 결과』

교육부·한국교육과정평가원(2016.1.). 『2015 개정 교육과정에 따른 교과용도서 개발을 위한 편찬상의 유의점 및 검정기준』

교육부·한국교육과정평가원(2023.1.). 『2022 개정 교육과정에 따른 검정도서 개발을 위한 편찬상의 유의점 및 검정기준』

교육부(2015.12). 2015 개정 교육과정에 따른 교과용도서 개발을 위한 집필기준[국어, 도덕, 경제, 역사]

교육인적자원부(2007). 2007 개정 교육과정

국가정보원. 『北漢法令集』 https://www.nis.go.kr:4016/AF/1_2_1.do

국립통일교육원(2023). 『2023 북한이해』

국립통일교육원(2023). 『2023 통일교육 기본방향』

국제법평론회(2019). 『통일국민협약 제도화 방안 연구』

김국현·변종헌·이인재·박보람·문경호·최선(2018). 『통일교육 관련 초·중·고 교육과정 개선방안 검토』. 한국교원대학교. 통일부 통일교육원 연구보고

김누리(2020). 『우리의 불행은 당연하지 않습니다』. 서울: 해냄

김누리(2021). 『우리에겐 절망할 권리가 없다』. 서울: 해냄

김명기·김영기·엄정일·유하영·이동원(2019). 『남북간 종전선언과 평화협정』. 한국통일법연구원·책과사람들

김병로(2016). 『북한, 조선으로 다시 읽다』. 서울대학교출판문화원

김상범·김현미·이상아·김태환·이인정(2020). 『학교 평화·통일교육 내실화를 위한 교육과정 개선 방향 탐색』. 한국교육과정평가원 연구보고 RRC 2020-4

김정원·김지수·최유림(2014). 『남북한 교사 역할 비교 분석 연구』. 한국교육개발원

김지수·김지혜·김희정·김병연·한승대·강호제·김선(2019).『김정은 시대 북한 유·초·중등교육연구』. 한국교육개발원

김해순(2021). 『평화의 거울: 유럽연합』. 용인: 킹덤북스

김헌수(2000). 『교과교육의 이론과 실제』. 서울: 동문사

남성욱(2002). 『북한의 IT산업 발전전략과 강성대국건설』. 한울아카데미. 2002

모니샤 바자즈 엮음, 권순정·오덕열·정지수 옮김(2022). 『평화교육 과거, 현재 그리고 미래를 그리다』. 서울: 살

림터

문정인(2021). 『문정인의 미래 시나리오 코로나19, 미·중 신냉전, 한국의 선택』. 청림출판

박찬석(2013). 『북한 교육 연구』. 서울: 한국학술정보

박한식(2021). 『평화에 미치다』. 서울: 삼인

박현선·이승환·박지용·이현진(2017). 「시민참여형 통일국민협약 실행방안 연구」. 통일부.

박형빈(2020). 『통일교육학: 그 이론과 실제』. 서울: 한국학술정보

베티 리어든 지음, 강순원 옮김(2021). 『포괄적 평화교육』. 서울: 살림터

북한연구학회(2015). 강성윤·고유환·김영수·김학성·박종철·유호열·이상만·전현준·조성렬·최대석·최완규· 최진욱(2015). 『통일논쟁─12가지 쟁점, 새로운 모색』 서울: 한울 아카데미

브루스 커밍스(1986). 『한국전쟁의 기원』. 서울: 일월서각

서동만(2005). 『북조선사회주의체제 성립사(1945~1961)』. 선인

서보혁(2011). 『코리아 인권 -북한 인권과 한반도 평화』. 책세상

서보혁(2024). 『군사주의: 폭력의 이데올로기와 작동방식』. 박영사

서울대 통일평화연구원(2023). 『2023 통일의식 조사』

성래운(2015). 『분단시대의 통일교육』. 서울: 살림터

신효숙 편(2003). 러시아의 교육제도. 『현대비교교육론』. 서울: 교육과학사

신효숙(2003). 『소련 군정기 북한의 교육』. 서울: 교육과학사

신효숙(2023). 『분단시대 탈경계의 동학, 탈북민의 이주와 정착』. 서울: 명인문화사.

심성보·정창호·김세희·이윤미·정해진·양은주·송순재·정훈·조나영·성열관·유성상(2023). 『교육사상가의 삶과 사상』. 서울: 살림터

안재영(2021). 『우표로 보는 북한 현대사』. 좋은땅

안재영(2022). 북한우표의 국가적 상징성에 관한 연구. 경기대학교 정치전문대학원 박사학위논문

에두아르트 베른슈타인 지음/송병헌 옮김(2002). 『사회주의란 무엇인가 외』. 서울: 책세상

요제프 슘페터 지음/이종인 옮김(2016). 『자본주의 사회주의 민주주의』. 서울: 북길드

이기범·이성숙·정영철·정용민·정진화·최관의(2018). 『한반도 평화교육 어떻게 할 것인가』. 서울: 살림터

이윤미(2023). 「로버트 오웬: 유토피아와 도덕적 신세계 그리고 교육」. 『교육사상가의 삶과 사상』 살림터

이인석(2019). 『독일은 어떻게 통일되고, 한국은 왜 분단이 지속되는가』. 도서출판 길

이종석(2002). 『새로 쓴 현대북한의 이해』. 역사비평사

이종석(2012). 『한반도 평화통일론』. 서울: 한울 아카데미

이향규·조정아·김지수·김기석(2010). 『북한 교육 60년 형성과 발전, 전망』. 서울: 교육과학사

임상순·김병욱·신봉철·최영일(2023). 『남북한의 삶, 만남, 평화이야기』. 박영사

임순희(2005). 『북한 청소년의 교육권 실태』. 통일연구원

장석준(2013). 『사회주의』. 서울: 책세상

정근식·강명숙·임수진·김윤애·이춘근·최윤재·황상익·박성춘·김형수·이은주(2017). 『북한의 대학: 역사, 현실, 전망』. 진인진

정지웅(2014). 『동북아 바둑판 한국의 새로운 접근 전략』. 서울: 도서출판 태민

정지웅(2014). 『통일학-통일과 국력(개정판)』. 서울: 도서출판 태민

조정아·이교덕·강호제·정채관(2015). 『김정은 시대 북한의 교육정책, 교육과정, 교과서』. 통일연구원

조한범·이우태(2017). 『통일국민협약 추진방안』. 통일연구원. KINU 정책연구시리즈 17-02

정경호(2013). 『선생님, 통일이 뭐예요』. 서울: 살림터

진천규(2018). 『평양의 시간은 서울의 시간과 함께 흐른다』. 타커스

주승현(2018). 『조난자들』. 생각의힘

최영표·박찬석(2010). 『북한의 교육학 체계 연구』. 서울: 집문당

칼 폴라니 지음, 홍기빈 옮김(2009). 『거대한 전환 우리 시대의 정치·경제적 기원』. 도서출판 길

통일연구원(2020). 『중·러협력과 한반도 평화·번영』

통일부 통일교육원(1996). 『북한이해』

통일부 통일교육원(2006). 『주제가 있는 통일문제 강좌 10. 김정일시대 북한 교육의 변화』

통일부 통일교육원(2016). 『2016 북한이해』. 서울: 통일교육원

통일부 통일교육원(2018). 『평화·통일교육: 방향과 관점』

통일부 통일교육원(2021.02). 『분단 이후 제기된 통일담론에 대한 정리와 성찰』

통일부(2021). 『2020년 학교통일교육 실태조사 결과』

통일부 통일교육원(2021.02). 『분단 이후 제기된 통일담론에 대한 정리와 성찰』

통일부(2023). 『2022년 학교통일교육 실태조사 결과』

통일부 국립통일교육원(2023). 『북한지식사전』

통일부·교육부(2022). 2023년 학교 통일교육 실태조사

통일원(1995). 『95 북한개요』

프랜시스 후쿠야마 지음, 이상원 옮김(2023). 『자유주의와 그 불만』. 아르테

하니 로젠버그. 김인식·백은진 역(2016). 『교육과 혁명-러시아 혁명의 위대한 사회주의 교육실험』. 〈마르크스 21〉 15호. 서울: 책갈피

한국갈등학회(2019). 『2019년 통일국민협약 도출을 위한 사회적 대화 개선방안 연구』

한국개발연구원(1996.04). 『북한경제동향』

한국교육과정평가원(2023.1). 『2022 개정 교육과정에 따른 편찬상의 유의점 및 검정기준 개발』

한국교육과정학회편(2017). 『교육과정학 용어 대사전』. 서울: 학지사

한국학중앙연구원(1991). 『한국민족문화백과대사전』

한만길(1997). 『통일시대 북한 교육론』. 서울: 교육과학사

한만길·윤종혁·이정규(2001). 『북한 교육의 현실과 변화』. 한국교육개발원

한만길·강구섭·강순원·권성아·김상무·김윤영·김창환·김해숙·박찬석·안승대·오기성·이향규·정지웅·조정아·최영표(2016). 『통일을 이루는 교육』. 교육과학사

홍후조(2011). 『알기쉬운 교육과정』. 서울: 학지사

히가시 다이사쿠, 서각수 옮김(2018). 『적과의 대화』. 원더박스

Allan C. Ornstein·Francis P. Hunkins(1980). Curriculum: Foundation, principles, and issues(4th ed.). 『교육과정: 기초·원리·쟁점』 장인실·한혜정·김인식·강현석·손민호·최호성·김평국·이광우·정영근·이흔정·정미경·허창수 공역(2007). 서울: 학지사

Engels, Friedrich(1908). Socialism: utopian and scientific(원저 1880). Translated by E. Aveling, Chicago: Charles H. Kerr & Company.

G. D. H. Coles(1962). Socialist Thought-The Forerunners 1789-1850, London: MacMilan, pp.87-90

Grant Wiggins & Jay McTighe(2005). Understanding by Design(expanded 2nd ed.). 『거꾸로 생각하는 교육과정 개발』. 강현석·이원희·허영식·이자현·유제순·최윤경 공역(2008). 서울: 학지사

Halpin, D.(2001). Utopianism and education: the legacy of Thomas More. British Journalism of Educational Studies. 49(3). 299-315.

Harrison, J.F.C.(1969). Quest for the new moral world: Robert Owen and the Owenites in Britain and America. New York: Charles Scribner's Sons.

Lewis, T.(2006). Utopia and Education in Critical Theory. Policy Futures in Education, 4(1), 6-17.

Owen, R.(1970). The book of the new moral world(1842). New York: Augustus M. Kelly Publishers.

Owen, R.(1969), A New View of Society(1816), Harold Silver(ed.), Robert Owen on Education, Cambridge : Cambridge University Press, 1969. p.71.

Stephen Castles and Wibke W⊠stenberg(1979). THE EDUCATION OF THE FUTURE: An Introduction to the Theory and Practice of Socialist Education. London: Pluto Press.

S. 캐슬·W. 뷔스텐베르크, 이진석 옮김(1990). 『사회주의 교육의 이론과 실천』. 서울: 도서출판 푸른나무.

〈논문〉

강구섭(2023). 독일 정치교육의 보이텔스바흐 합의 원칙 적용 연구─통일교육 원칙 개발을 위한 시사점. 한국통일교육학회 하계학술대회, 2023.6.30. 고려대 운초우선교육관 312호

기광서(1998). 쏘련의 대한반도─북한정책 관련 기구 및 인물분석: 해방~1948.12. 현대북한연구 창간호, 경남대학교 북한대학원, 131-140

김병연(2022). 2022 개정 평화와 통일교육과정 방향과 과제. 한국통일교육학회·남북교육연구소 춘계 온라인 학술대회. 토론발표. 2022.3.24

김병연(2023). 학교 자율 교육과정으로 활용 가능한 통일교육 프로그램 개발-남북교역을 주제로. 통일교육연구 20-1.

김병연·김지수(2020). 김정은 시대 북한 교육의 질 향상을 위한 교육조건과 환경 변화에 대한 연구. 북한연구학회보 24(1). 175-205

김병연·조정아(2020). 학교 통일교육 교육과정 운영 실태에 관한 FGI 연구. 도덕윤리과교육 제67호. 43-72

김상무(2022). 독일 통일과정과 이후 교육 분야 지원, 교류, 협력에 관한 연구. 한국통일교육학회 동계 학술대회 자료집. 2022.12.09. 동국대 사회과학관 M305. p.27

김상무(2023). 2023 통일교육 기본방향과 통일교육의 문제점 및 개선 방향. 대진대⊠ 경기도 평화통일교육단체협의회 공동학술대회. 2023.06.24. 경기도의회 중회의실2

김상무(2023). 한국과 독일의 통일교육지침 비교 연구. 한국통일교육학회 하계학술대회, 2023.6.30. 고려대

운초우선교육관 312호

김상무(2023). 학교 통일교육의 통일 담론에 관한 연구. 2023 한국통일교육학회 동계학술대회. "정전 70년, 통일교육의 학문적 체계 재정립". 서울 종로 NUGUNA. 2023.11.25.

김샛별(2021). 고등학교 가정과 선택과목 개발을 위한 미국 미네소타주 고등학교 가정과 교육과정에 관한 사례연구. 교육과정연구 39(1), 36

김석향·김경미(2017). 로동신문에 나타난 북한의 전반적 12년제 의무교육 분석. 통일정책연구 26(1). pp. 105-134

김정원·김지수·한승대(2015). 북한 초·중등 교육과정 및 교과서 정책 변화 방향. 한국교육 42(4). pp. 29-56

김지수(2013). 북한 의무교육제도의 전개와 12년제 의무교육제도 추진에 대한 연구. 교육사회학연구 23(3). 59-82

김지수·김병연(2020). 김정은 시대 북한 교원 정책의 특징 분석. 교육사회학연구 30(1). pp.1-26

김지수·김지혜·김희정·김병연·한승대·강호제·김선·조정래(2019). 김정은 시대 북한 유·초·중등 교육연구. 연구보고 RR 2019-11

김진숙(2016). 북한의'전반적 12년제 의무교육'에 따른 학제와 교육과정 개정 동향. KDI 북한경제리뷰 2016년 6월호

김진숙(2016). 북한의 '전반적 12년제 의무교육'에 따른 학제와 교육과정 개정 동향. KDI.

김진숙(2023). 2023 통일교육 기본방향과 통일과목 개설의 필요성. 대진대학교 학술토론회. 2023.06.24. 경기도의회 중회의실 2

김진숙(2023). 통일교육지침의 형성 배경과 변천과정, 그리고 사회적 합의 방안. 한국통일교육학회 하계학술대회, 2023. 6. 30. 고려대 운초우선교육관 312호

김학준(1987). 한반도 분단의 대내외적 요인, 국제정치논총 27(1)

박순경(1996). 한국 교육과정에서의 '범교과학습'의 실태와 개선방안. 교육과정연구 24(2). 159-182

박찬석(2018). 통일공감대 확산을 통한 통일교육과 평화교육의 융합. 통일교육연구. 15(2). 1-20

박형빈(2020). 도덕과 교육과정에서 통일교육과 민주시민교육 그리고 평화교육의 관계 설정 및 발전방안. 도덕윤리과교육연구, 67, 99-128

박혜숙(2012). 사회주의체제 형성기 북한 교원의 충원과 관리, 교원양성기관 교원을 중심으로. 현대북한연구 15(3). pp.203-250

서소영(2022). 개발도상국 디지털 전환에 대한 논의와 북한의 혁신역량 분석. 정보통신정책연구원. KISDI Perspectives. 초점 December 2022 No.4. 1-19

서울대 통일평화연구원(2023). 2023 통일의식조사·학술회의,'신냉전 한반도, 멀어지는 통일'. 서울대 호암교수회관 수련홀. 2023.9.26. https://zrr.kr/m8JX

소경희(2010). 학문과 학교교과와의 차이: 교육과정개발에의 함의. 교육과정연구 28(3), 107-125

송경준(2005). 『북한의 IT교육 현황과 특징』 전북대학교 석사학위 논문

신효숙(2001). 북한 교육의 발전과정에 대한 논의, 북한연구학회보 5권 1호, 북한연구학회

신효숙(2015). 북한 교육의 발전과 특징. 대한민국역사박물관. 현대사광장 제6호. 10-29.

신효숙(2014). 「제3장 북한 교육의 문제점과 개선 과제」 서울: 한울아카데미

안재영(2022). 북한우표의 국가적 상징성에 관한 연구. 경기대학교 정치전문대학원 박사학위논문

엄현숙(2018). 북한의 12년제 의무교육실시와 '무자격' 교원 문제. 한국교육문제연구 36(3). 177-196

오만석·신효숙(2004). 현대 러시아의 교육과정과 교과서 개혁 정책. 비교교육연구 14(1)

원만희·한혜정(2015). 고등학교 교양교과 과목으로서의 '논술' 교육과정의 성격, 목표, 내용 체계 고찰. 교육과정평가연구 18(2), 01-28

이광우·임유나(2021). 고교학점제 도입에 따른 일반계 고등학교 학교 밖 학습경험의 학점 인정에 관한 쟁점 논의. 교육과정연구 39(1)

이광우·정영근(2017). 2015 개정 교육과정의 총론·각론 간 연계 양상에 대한 반성적 논의: 국가교육과정 각론 조정을 중심으로. 교육과정연구 35(3)

이병호·홍후조(2008). 교과교육과정 기준 문서 체제의 개선에 관한 연구 – 한국, 미국, 영국의 과학과 교육과정 문서 비교를 중심으로-. 한국비교교육학회 18(3)

이병호(2009). 교과교육과정 기준 개선에 관한 연구. 고려대학교 박사학위논문

이병호(2020b). 학교 통일교육과정 개선방안 탐색, 통일교육연구 17(1), 81-113

이병호(2020). 「평화·통일교육: 방향과 관점」의 개선 방안. 통일교육연구 17-2. 66-91.

이병호(2021). 통일 교과 개설의 필요성-범교과학습주제로서 한계. 통일교육연구 18(1)

이병호(2021b). '평화와 통일' 교육과정의 성격, 목표, 내용 체계 연구. 통일교육연구 18-2.

이병호(2022). 2022 통일교육과정 개선 방향. 2022년 한국교육학회 학술대회(2022.6.30.). 고려대 운초우선관.

이병호(2023). 2022 개정 교육과정의 통일교육 기준과 2023 통일교육 기본방향의 분석과 개선과제. 한국통일교육학회 하계학술대회, 2023.6.30. 고려대 운초우선교육관 312호

이병호(2023). 교과서 집필기준 비발간이 통일교육 개선에 주는 의미와 과제. 통일교육연구 20-2.

이윤미(2018). 유토피아와 교육: 로버트 오웬(Robert Owen)의 『도덕적 신세계』에서 나타난 교육사상, 교육사상연구 32(1)

이윤미(2019). 오웬의 유토피아적 공동체와 교육, 『비판적 실천을 위한 교육학』, 살림터

이인정(2019). 평화·통일 감수성 함양 교육의 목표와 내용 체계에 관한 연구. 도덕윤리과교육 제62호

정은하(2018). 평화교육 관점을 적용한 2015 개정 중학교 도덕 교과서 통일교육 내용 분석 및 보완방향 연구, 이화여자대학교 교육대학원 석사학위논문

조경자·이현숙(2016). 교육과정 변천에 따른 유치원 통일교육외 변화, 교육연구논총, 37(4)

조정아(2004). 김정일시대의 북한 교육정책, 『아시아교육연구』 5권 2호, 서울대 교육연구소

조정아(2007). 교육에서의 실리주의와 교육의 불균등 발전: 2000년대 북한 교육의 변화. 교육사회학 연구 17(4). 109-131

조정아(2009). 2000년대 북한의 교육전략과 교육생활세계의 변화. 북한경제 리뷰. 2009년 4월호, 30-45. 한국교육개발원

조정아(2014). 김정은시대 북한 교육정책 방향과 중등교육과정 개편. 통일정책연구 23(2). 177-206

조정아·이춘근(2008). 북한의 고등교육개혁과 이공계 대학 교육과정. 북한연구학회보 12(1). pp. 207-233.

차승주(2013). 김정은 시대 북한 교육의 변화에 관한 소고: 1970년대와의 비교를 중심으로. 북한연구학회보 17(1). pp.179-203

한만길(2018). 한반도 평화체제 이행기 통일교육의 과제. 통일교육연구 15(2). 47-64

한만길(2019). 평화통일교육의 방향과 내용 고찰. 통일정책연구 28(1). 135-157

한만길·이관형(2014). 북한의 12년 학제 개편을 통한 김정은 정권의 교육정책 분석. 북한연구학회보 18(2)

허문영(1996). 북한의 대외정책 이념: 형성과 적응. 민족통일연구원. 통일연구논총 5(1)

〈그 밖의 자료〉

경향신문(2023.07.28.)

경향신문(2023.11.23.)

경향신문(2023.11.25.)

경향신문(2024.02.16.)

교과용도서에 관한 규정[대통령령 제3254호, 2022.3.22.]

교육부(2021). 2022 개정 교육과정 총론 주요사항. 보도자료. 2021.11.24

교육부(2021). 고교학점제, 직업교육의 미래와 만나다. 교육부 보도(2021.3.15)

교육부(2021). 국민과 함께하는 미래형 교육과정 추진 계획(안). 교육부 보도(2021.4.20)

국가법령정보센터(2021). 대한민국헌법 제4조; 제5조 1항; 제66조 3항

국가법령정보센터(2021). 통일교육지원법

권혁철(2023). "전군 주요지휘관 불러놓고 정치적 발언하는 국방부 장관". 한겨레신문 2023.12.13.

김누리(2021). "독일통일 20년과 한반도의 미래". 한반도평화경제회의. 2021.05.17.

김연철(2023). "대화와 협상을 가짜평화라고 주장하는 이들에게". 한겨레신문. 2023.07.10.
        https://www.youtube.com/watch?v=R_gHVJgGlkw&t=525s

김창환(2016). O. Anweiler(1988). Schulpolitik und Schulsystem in der DDR, Opladen; p.128; 통일부.
        2016. 독일통일 총서 17 교육통합 분야 관련 정책문서, p.19

나무위키(2023). https://zrr.kr/yBKw 2023.08.11.

남북교육연구소(2023). "로버트 오언의 꿈, 뉴 라나크를 가다 외". https://lrl.kr/eXs4

남북교육연구소(2023). MBC 통일전망대 방송 34년 만에 종영 외 [통일전망대 풀영상] 2023.12.23.
        https://cafe.daum.net/koreaeduinstitue/s506/162

대한민국 정책브리핑(2021.01.05.).

대한민국 정책브리핑(2024.02.28.). 한미 '자유의 방패'훈련 내달 4~14일 실시…12개 유엔회원국 참여.

독일 베를린 코리아협의회(2023). "독일과 남북한 학교의 가치교육 변화, 한독 온라인 국제학술회의.
        2023.10.14-15.

민주평화통일자문회의(2018.10.05.). "역대 정부의 통일방안과 대북정책"

법제처 국가법령정보센터(2024). 대한민국 헌법

북한경제리뷰(2016). 2016년 6월호. 3-16

연합뉴스(2023.11.23.)

연합뉴스(2024.01.16.)

연합뉴스(2024.01.19.)

이병호(2024). "통일 '종언'에 혼란…교과서 편찬·검정 흔들림 없어야". 한겨레신문(2024.03.11.)

외교안보연구소(2024). 북한의 대남정책 변화와 2024년 대남·대외정책 전망

유네스코 세계유산위원회 https://zrr.kr/UUo5.

이병호(2021). "언제까지 '좌편향' 타령인가". 한겨레신문. 2021.01.26.

이병호(2022). "'좋은 교육' 훼방 놓는 '보수언론' 보도". 한겨레신문. 2022.09.13.

이병호(2022). "'평화와 통합' 등 과목 개설 절실, 학교 통일교육 어떻게 할 것인가". 한겨레신문, 2022.04.21.

이병호(2022). "통일교육 또 푸대접할 것인가". 새교육 74권 8호(통권 814호). 78-81

이병호(2023). "36년 전 시절로 돌아간 '통일교육지침'". 한겨레신문. 2023.03.27.

이병호(2023). "공존과 지속성 무시한 채 폭주하는 윤석열 교육 열차". 한겨레신문. 2023.01.18.

이인선(2021) "러시아는 지금, 교육체계로 보는 러시아", 자주시보. 2021.4.16.

이제훈(2023). "박정희·김일성 간접대화로 7·4성명…이후 분단독재의 길". 한겨레신문. 2023.05.22.

자주시보(2021.4.16.)

정인환(2021). "중 무력시위-미·대만 밀착, 강 대 강 '안보 딜레마' 빠져", 한겨레신문. 2021. 04. 28.

조선일보(2020). "고교 윤리 교과서에 적힌 '인민→국민' 바뀐다". 2020.10.27.

조선일보(2022.09.20.)

주러시아대사관 홈페이지. https://c11.kr/1dtxp

중앙일보(2024.04.01.)

통일뉴스(2004.03.16.)

통일뉴스(2024.02.20.)

통일뉴스(2024.03.25.)

통일부(2023), 국민참여 통일플랫폼. https://www.unikorea.go.kr/promise/about/introduction/

한겨레신문(2020.06.24.)

한겨레신문(2021.01.26.; 06.22.; 07.05.)

한겨레신문(2022.01.13.; 04.21; 06.24.)

한겨레신문(2023.01.19.; 03.28.; 11.23.; 12.28.)

한겨레신문(2024.01.28.; 02.02.; 02.05.; 03.11.; 03.25.; 03.29.)

한국일보(2024.02.28.)

한국교육과정평가원(2017). 중국 교육동향 정리[교육정책]. https://zrr.kr/MfIF. 2023.04.22

한국교육과정평가원(2023). 국가교육과정 정보센터 https://ncic.re.kr/mobile.index2.do

한인기(2006). "러시아의 중등학교 체계와 수학 교수-학습 자료들". 한국수학교육학회 〈전국수학교육연구대회 프로시딩〉 제37회. 2006.10.

황선길(2022). 2022.04.02. 유라시아평화통합연구원 세미나. '자본주의 세계시장의 형성과정과 노동', https://cafe.daum.net/koreaeduinstitue/pvi6/65

국제이주연구소(International Migration Institute)(2022). 스티븐 캐슬스 교수, 1944-2022. 2022.08.10.

https://www.migrationinstitute.org/news/professor-stephen-castles-1944-2022

BBC NEWS 코리아, 2022.03.10.

KBS 1TV(2023). [클로즈업 북한] 성과 보이는 12년제 교육개혁 10년, 「남북의 창」. 2023. 01. 14.

KOSIS 국가통계포털. 북한통계 주요 지표

MBC TV(2022). "중대조치 과업 학용품 생산 늘려라", 「통일전망대」. 2022. 1. 29.

VOA(2024.02.02.)

UN E-Government Knowledgebase(n.d.)(2023). https://zrr.kr/TyWI. 2023.3.13.

UNICEF(2006). Analysis of the situation of children and women in the Democratic People's Republic of
    Korea.

2. 북한 문헌

〈단행본〉

교육도서출판사(1991). 『사회주의교육학 사범대학용(주간)』. 평양: 교육도서출판사

교육위원회(2013). 『우리는 어떤 교과서를 집필하려고 하는가』

교육위원회(2013). 『제1차 전반적12년제의무교육강령(소학교)』

교육위원회(2013). 『제1차 전반적12년제의무교육강령(초급중학교)』

교육위원회(2013). 『제1차 전반적12년제의무교육강령(고급중학교)』

김일성. 사상사업에서 교조주의와 형식주의를 퇴치하고 주체를 확립할 데 대하여, 『김일성저작선집 1』, pp
    560-569

남진우·리영복·리병모·리성석·김강호·김필규·류진식·한상유·류승겸. 『사회주의교육학 사범대학용』. 평양: 교육
    도서출판사. 1991

북한 교원법(2015)

북한 교육법(1999, 2015)

북한 보통교육법(2011, 2015)

사회과학원 역사연구소(1981). 『조선전사』 23권, 평양: 과학출판사. p.238

조선노동당(1954). 『김일성 선집』 제1권, 평양: 조선노동당출판사, p.55

조선민주주의인민공화국 교육성 편(1955). 『해방 후 10년간의 공화국 인민교육의 발전. 평양

〈그 밖의 자료〉

교원신문. 2001.01.01., 2001.02.01., 2004.01.15.

교육신문. 2014.08.07., 2015.12.17.

김미향(2003). 「우리 당의 종자론은 21세기 교육혁명의 위력한 무기」. 『교원선전수첩』. 2003년 제4호, p.49

김일. 「전반적 9년제 기술의무교육을 실시할 데 대하여」. 최고인민회의 제3기 제6차 대회 회의록

김정일(1984.7.22). "교육사업을 더욱 발전시킬 데 대하여"

김정일(1996.11.28). "혁명발전의 요구에 맞게 대학교육을 강화할 데 대하여" 〈중앙방송〉

교원신문. 2004.01.15.

로동신문. 1994.12.25., 2000.1.1.,7.4, 2001.1.1., 5.23.

로동신문. 2023.12.28.

로동신문. 2022.9.25. "우리의 교육을 가장 우월한 교육, 리상적인 교육으로. 전반적 12년제 의무교육의 실시에 관한 법령이 채택된 10돐을 맞으며"

신기화(2007). 「새 세기 교육사업을 발전시켜 나가는 데서 견지하여야 할 중요원칙」, 『인민교육』. 2007년 6호

장관호(2006). 「세계교육 발전추세—대학교육단계에서 수재 선발지표와 내용」, 『고등교육』. 2006년 제6호

조선신보. 2012.09.25. [자료] 최고인민회의 법령 「전반적 12년제 의무교육을 실시함에 대하여」

조선의오늘. 2020.01.13. "(론설) 과학기술은 사회주의강국건설의 힘있는 추동력"

조선중앙통신. 2019.09.04. "제14차 전국교원대회 진행"

조선중앙통신(2024.03.24.)

최청의(2003). 「수재형의 학생들을 옳게 찾기 위한 몇 가지 방법」. 교원신문. 2003.08.14.

[찾 아 보 기]

ㄱ

강구섭 244

강성대국 116, 117

개성공단 6, 112, 279, 286, 299

검정도서 개발을 위한 편찬상의 유의점 및 검정기준 243, 245, 247

경의선과 동해선 292

계몽주의 33, 36

고급중학교 87, 92, 94, 104~106, 115, 133, 141, 143, 144, 147, 148, 150, 158, 159, 163, 169, 170, 175, 180~182, 188

고급중학교 교과목 편제와 배당 시간 150, 158

고난의 행군(기) 77, 109, 110, 123, 305

고드윈 33

공동체주의 49

공동합의문 62

공산당 선언 42, 90

공산주의 45, 49, 55, 57~60, 64, 90, 98~100

공상적 사회주의자 33

과학기술교육과 IT교육 강화 116, 117

과학적 사회주의 42

교과 개발 17, 198, 241

교과 성립의 주요 조건 198

교과교육과정 198, 199, 204, 208, 217~220, 223, 227, 229, 233~236, 275

교과교육과정 개발의 방법과 절차 217, 219

교과교육과정과 기준의 연구개발 17, 217

교과목 개발의 기본 구성요소 217, 223

교과목의 성격·목표·내용 체계 217, 219, 233, 235

교과서 중심 수업 267

교과서 집필기준 17, 266~269, 271, 273~275

교과서 집필기준 비발간 17, 245~247, 250, 255, 256, 265~267, 271, 273, 274

교과서 편찬부 86

교과와 학습자의 유의미성 199

교과용 도서 개발·심사·적용 246, 249, 250

교과용 도서에 관한 규정 248, 249, 269

교과의 기본 질문 196, 197

교과의 의미와 구성 및 성립 조건 193

교과의 특성 198

교사의 통일교육 시간 206, 263, 266, 272

교수요강 85, 86, 147, 148

교육강령 48, 98, 133, 137~142, 145~148, 150

교육과정 변천에 따른 유치원 통일교육의 변화 154

교육과정기준 중심 수업 267

교육과정안 120, 147

교육과정연구 193

교육국 81, 82, 84, 86

교육신문/교육신문사 162~164, 166~169

교육열 냉각기 92

교육의 대중화 112, 114

교육통합 문제 62

구 동독 사통당 독재 청산 독일연방재단 186

국가 교육과정 144, 147, 153, 192, 202, 214, 215, 232, 244, 246

국가의 행·재정적 지원 139, 142, 146, 161, 171, 172

국제 노동자연맹 46

국제프로그래밍경연대회 코드쉐프 181

금강산·개성 육로관광 112

기본법 62

기술고급중학교 145, 182

김국현·변종헌·이인재·박보람·문경호·최선 218

김나지움 59

김대중 111, 112, 281

김병연 9, 91, 192, 207, 208, 212, 274, 275

김상무 62, 244

김상범 218, 223, 228~232, 237

김성경 296

김성보·기광서·이신철/ 김성보 외 100, 101, 102

김연철 11, 12, 296, 297

김일성저작선집 1 101,

김일성종합대학 78, 114, 119, 181

김일성주의·수령론 100, 102

김정은 시기 교육개혁의 특징 143, 144

김정은 시대 북한 유·초·중등 교육연구 교육과정 136

김정일(국방위원장) 8, 13, 20, 67, 76, 91, 96, 102, 109~119, 121~123, 128, 131, 132, 151, 155, 158, 168, 297

김지수·김지혜·김희정·김병연·한승대·강호제·김선·조정래 91

김진숙 9, 135, 137, 139, 140, 141, 144, 175, 176, 244

김창환 59, 60

김헌수 194, 195, 197~199

ㄴ

남북 교류 및 협력 관계 112

남북의 평화와 공영 191, 215

남북정상회담 112, 121, 205, 257, 283, 285, 286, 289

남북한 교사 역할 비교 분석 연구 94

남북한 교육과정 용어 및 총론의 의미 비교 135

남북한 교육과정 통합 135

남북한 국가교육과정의 비교 분석 135

노동계급 38, 40, 42, 99

노동당규약 112

노동력 착취 27

노무현 113, 281

뉴 라나크(New Lanark) 학교 38, 41, 46, 47

ㄷ

당중앙위원회 과학교육부 114, 115

덩샤오핑 이론 67

도그마 59

독립교과목 7, 13, 191, 227, 266

독일 베를린 코리아협의회 186

독일 사회민주당 59

독일 정치교육의 보이텔스바흐 합의 원칙 적용 연구 244

독일 통일 28, 59, 62, 111, 116, 121, 240, 253, 282, 302

동독 교육 59

동독의 교육 형성 58

동독의 학제 61

ㄹ

랭카스터 (시스템) 34, 37

러시아 8, 44, 45, 48, 49, 51, 52, 55, 70, 75, 76, 81, 110, 132

러시아 교육 현대화 구상 57

러시아 사회민주노동당 52

러시아의 학교제도 56

레닌 44, 47, 51, 52, 70, 75, 90

로동신문에 나타난 북한의 전반적 12년제 의무교육 분석 135

로버트 오언 27, 30~35, 38~42, 45~48

루소 33

ㅁ

맨체스터 문학·철학협회 33

몽고메리셔 31

무상의무교육 93, 96, 106, 114, 137, 146

무전제적 인간 평등 36

문정인 278, 286, 295, 298, 299

미소공위를 위한 지침서 79

민족공동체 형성을 위한 동반자 252, 254

민주적·평화적 소통역량 217, 231, 237

박명림 299, 300

박찬석 9, 76

범교과학습주제 7, 21, 191~193, 200~204, 206~210, 212~215, 229, 236, 239, 241, 242, 245, 246, 266, 267, 306

ㅂ

베를린 자유대학 183

변증법적 유물론 30

보통교육 정상화 및 수재교육 확대 117

보통교육법 91, 129, 130, 131, 166

볼로냐 선언 57

볼세비키 51

볼세비키의 교육강령 52

북조선 교육이념 84

북조선 학교교육임시조치요강 84

북조선분국 조직위원회 75

북조선임시인민위원회 80, 83, 104

북한 12년제 의무교육 강령의 초급중학교 교과목 및 수업시수 155

북한 교육 관련 법규/ 법령 104, 130

북한 교육의 발전과정과 특징 93
북한 국가과학원 연구소 182
북한 사회의 성격 변화 91
북한 의무교육제도의 역사 113, 114
북한 인권 실태 254, 355
북한 학생들의 국제대회 수상 181
북한 학제 146
북한 학제 개정과 의무교육제도의 변화 93, 94
북한 교육법령의 변화와 특징 128
북한연구학회 15, 280, 281
북한의 교육목적 109, 112
북한의 교육행정 체계 114, 115
북한의 내각 114
북한의 학교급별 교과구성 비교 135
북한의 학제 87, 94, 147
북한이 추구하는 교육의 목적 138
북한판 발전교육론 126
분단 이후 제기된 통일담론 280, 283
분단과 적대적 남북관계 5, 280, 289
분단과 적대적 남북관계의 지속과 반복 5, 9, 17, 243,
    277, 289, 303~306
붉은기 철학 116
비브케 뷔스텐베르크 27~30, 33, 34, 41, 47, 48, 51,
    52, 58, 63~65

ㅅ

사회 의사결정의 산물 199
사회교육체계 87
사회이론 34, 44
사회주의 8, 12, 20, 27, 28, 30, 31, 35, 41, 42, 45, 48,
    49, 59, 64~67, 70, 79, 80, 84, 99, 112, 116, 117,
    121, 132, 133, 136~138, 140, 141, 149, 186, 304
사회주의 교육 8, 12, 15, 16, 20, 27~29, 33, 47, 48,
    50~52, 57, 58, 62~64, 66, 68, 70, 78, 79, 80,
    87~91, 97~100, 106, 107, 109, 113, 122, 174
사회주의 헌법 95, 106, 112
사회주의 혁명 30, 60, 76, 113
사회주의교육에 관한 테제 98~100, 106, 107, 113
사회주의적 애국주의 60

산업자본주의 27, 47
생산노동 43~46, 48, 51, 65, 66, 104
생시몽 27, 35, 42,
샤를 푸리에 27, 35, 42
서소영(정보통신정책연구원) 180, 181, 183, 184, 185
서울대 통일평화연구원 247, 255~258, 260, 261
선군정치 116
성과 보이는 12년제 교육개혁 76, 178, 179, 184
소경희 197~199
소련 군정(기) 12, 48, 59, 75~80, 82, 83, 85, 86, 88,
    93, 107, 186
소련 붕괴 62
소련군의 대일작전 77
소련민정국 78, 80, 81
소학교 교과목 편제와 배당 시간 149, 151
스코틀랜드 글래스고 33, 39
스탈린 44, 52, 77, 103
스티븐 캐슬 27~30, 34, 47, 48, 51, 52, 58, 63~65
시대 변화와 교육과정 변화 199
신효숙 9, 54, 55, 63, 75, 77~82, 84~87, 90, 93~96,
    186
실용적 교과 도입 118
실험 실습 장비 및 교과서 등 교구재 개선 139, 141,
    142, 167

ㅇ

야간학교 38, 39, 41, 53
어린이보육교양법 91, 99, 106, 112, 128, 129
엘베티우스 33
영국 사회주의 노동자당 49
영재교육 95
오만석·신효숙 54, 55, 56, 57
오위일체 67,
올리버의 교육과정 요구 분석 221
우리식 사회주의 116
위긴스와 맥타이의 역행 설계모형 222, 223
유네스코 세계유산위원회 40
유라시아평화통합연구원 49
유럽교육권 57

유물사관 30

유엔 대북제재위원회 183

유일사상 확립 95, 109

유토피아 사회주의 35

윤석열 정부 4, 5, 19, 187, 205, 218, 243, 244, 257, 279, 285, 287~289, 292, 293, 294, 299, 301, 304, 305

융성자료 182

의무교육제도의 변화 93, 94

이데올로기의 종언 279

이윤미 35, 36, 42, 43

이종석 94~96, 280, 281

이향규·조정아·김지수·김기석 76, 96, 122

인간성 상실 27

인격형성학교 33, 38

인민위원회 78

인민정부 수립요강 79

일반명령 제1호 77

ㅈ

자본주의 8, 16, 27, 30, 31, 45, 58, 62, 66, 67, 70, 79, 88, 153, 186, 301

자본주의 제도 연구원 121

자본주의경제강좌 121

자유의 방패(FS, Freedom Shield) 293

자유인의 연합 44

장혁 182

적대적 두 국가론 277, 303

전개된 집필요강 147

전국교원대회 162, 188

전반적 12년제 의무교육실시 87, 88, 133~136, 138,~143, 146, 148, 151, 153, 154, 158, 161~165, 167, 168, 171, 172, 174~178, 184, 185, 187

전반적 12년제 의무교육실시에 대한 북한의 평가 176

전반적 12년제 의무교육실시에 대한 한국의 평가 178

전반적 12년제 의무교육실시의 (목적과) 목표 136~143, 146

전반적 교육 27, 42

전반적 인민의무교육제 실시 83

전반적으로 발달된 인간 43, 44, 45

전시작전권 289, 305

전현준 280, 282

정세현 286

정욱식 278, 279, 287

정의길 297, 298

정치·종교적 이데올로기 30

정치교양 과목 86

정치적 중립성 21, 67, 208, 243, 275

제3차 교육과정 85

제네바 결의문 46

조국통일민주주의전선 중앙위원회 291

조선노동당 75, 83

조선노동당 중앙위원회 99

조선민주주의인민공화국 84, 88, 90, 129

조정아 76, 96, 122, 123, 127, 134, 137, 139~141, 143, 144, 147, 170, 171, 175, 207, 208

종전선언 205

종합기술교육 27, 41~44, 48, 51, 62

주체교육 97, 177

주체사상의 형성과 변화 102

주체형 인간 양성 112, 113

중국 교육부의 '업무(교육정책)요강' 66

중국몽 63

중등일반지식 133, 137, 140, 141, 148

즉강끝 278

집필요강 147

ㅊ

창의적 체험활동 150, 152, 154, 157, 160, 192, 194, 201, 202, 206, 207, 219, 227, 263, 264

체제유지와 이데올로기교육 재생산 115

초급중학교 86, 87, 92, 96, 104~106, 133, 135, 141, 143, 144, 146~149, 154, 155, 157~159, 164, 170, 180, 181

초급중학교 교과목 편제와 배당 시간 154

최경옥 185, 186

최대석 280, 282

최완규 280, 281

ㅋ

칼 마르크스 30, 42, 45, 47, 48
칼 포퍼 30
크룹스카야 44, 47, 51, 52
클로즈업 북한 178, 179

ㅌ

탈북민 110, 124, 125, 182, 184, 185, 186
통일 교과 개설의 필요성 191, 193, 241
통일 교과목 개발 방향과 방안 210
통일 교육과정 연구 개발 206, 213
통일 탐구역량 217, 231
통일·북한 의식 정도 249, 255, 265, 266, 272
통일교육 관련 교과서 집필기준의 문제점 17, 246, 247, 249, 250, 253, 262
통일교육 교과서 편찬 및 검정/검정 활동 266, 269, 271, 274
통일교육 교과연구회 192
통일교육 교과학회 192
통일교육 시간 206, 246, 249, 255, 261, 263, 264, 265, 266, 272
통일교육 실태조사 192, 206, 207
통일교육에 대한 국가 교육과정 총론기준 내용 202
통일교육의 페다고지 9
통일교육지원법 13, 205, 219, 245, 264
통일교육지침(서) 205, 213, 215, 216, 217, 228, 230, 243, 244, 288, 289, 309
통일교육지침의 형성 배경과 변천 과정 244
통일국민협약 280, 284, 285
통일담론 279, 283, 284, 297, 298, 303
통일종언(선언) 200, 277~279, 281, 288, 290, 291, 293~296, 298~301, 303
통합적 평화론 224, 225

ㅍ

파리코뮌의 교육강령 48
파리코뮌의 교육내용 50
페레스트로이카 55
페스탈로치 40

평양 미래소학교 180
평양비즈니스스쿨 121
평창 동계올림픽(대회) 202, 205, 257, 278, 285, 286, 289
평화 감수성 역량 217, 231, 237
평화·실천역량 217
평화·통일: 방향과 관점 213
평화·통일교육의 개념 218, 228, 230, 231
평화·통일비전 사회적 대화 전국시민회의 284
평화와 공영 5, 6, 7, 11, 191, 215, 243, 277, 281, 287, 290, 304, 305, 306
평화의 본질 217, 238, 239
평화통일 5, 6, 11~13, 21, 95, 111, 172, 178, 185, 187, 191, 202, 203, 205, 214~217, 234, 236~245, 252~254, 259, 261, 264~266, 269, 273, 277, 282, 284, 285, 289, 295, 303, 304, 306
평화통일 교육과정의 연구개발
평화통일교육 4, 6~9, 13~17, 19~21, 191, 192, 202~204, 206~211, 218, 220, 224~226, 228~230, 232~234, 236~239, 242, 246, 247, 252, 256, 266, 272, 273, 275
평화통일교육(의) 개혁 193, 205, 277
평화통일교육의 방향 273
평화통일교육의 핵심역량 231, 232
평화통일의 의미 240
'평화와 통일' 교과목의 성격, 목표, 내용 체계 217, 219, 233
'평화와 통일' 교육과정의 내용 체계 237, 238, 239
'평화와 통일' 교육과정의 목표 237
'평화와 통일' 교육과정의 성격 235, 236
평화통일학 203, 204
평화협정 205
프롤레타리아 국제주의 60

ㅎ

하노이 (2차) 북미(정상)회담 63, 278
하노이 (2차) 북미(정상)회담 '노딜'/결렬 5, 278, 285, 287, 289, 292, 299, 303
하니 로젠버그 49, 50
학교 통일교육 실태 조사 256, 258, 259, 263

학교 통일교육과정의 문제점과 한계점 193

학교 통일교육의 구조적 문제점과 한계점 208

한국과 독일의 통일교육지침 비교 244

한국과 북한의 교육 기초통계 비교 135

한국과 세계의 평화 꿈꾸기 227, 242

한국교육과정평가원 6, 9, 63, 66, 67, 69, 228, 245, 247~251, 265, 274

한국교육과정평가원 국가교육과정정보센터 152, 156, 160

한국통일교육학회 243, 244, 277,

한만길 9, 11, 19, 110, 134, 137, 139, 140, 141, 143, 144, 175

한–미 워킹그룹 286

한미연합군사훈련 재개 289

한반도 평화통일론 280, 281

한인기 56

항미원조전쟁 63

허문영 101

헌킨스의 교육과정 개발 모형 220, 221

헤겔 30

현대 북한 교육의 변화 146

현대 중국 교육의 특징 66

홍(紅)과 전(專) 122

홍후조 196~199, 222, 238

황선길 49

훔볼트대학 183

힘에 의한 평화 293, 294

12년제 의무교육실시의 전망과 과제 174

11년제 의무교육 (실시) 91, 95, 97, 106, 112, 114

12년제 의무교육의 실시에 관한 법령이 채택된 10돐을 맞으며 319

2009 개정 교육과정 201, 274

2015 개정 교육과정 156, 157, 194, 201, 203, 204, 206, 208, 218, 224, 234~238, 241, 246, 248, 250, 252, 254

2022 개정 교육과정 17, 146, 149~153, 155, 156, 159~161, 192, 201, 202, 209, 213, 214, 223, 234, 236~239, 241~243, 246, 247, 249~252, 255, 265~267, 271~273, 275

2022 개정 교육과정 초등학교 편제와 시간 배당 기준 152

36년 전 시절로 돌아간 통일교육지침 244 309

4개 전면 67, 68

4년제 초등 의무교육(제) 93, 113

7·1 경제관리 개선조치 120

7년제 무료 중등의무교육 93

9·19 군사합의 202, 279, 286, 288, 289, 294

KBS 1TV '남북의 창' 172, 178, 179, 184, 188, 289

MBC TV '통일전망대' 125, 172, 178, 185, 186, 187, 188

UN EDGI 2022 184

UNESCO 2015 184

UNESCO 2022 184

VNR보고서 180

삶의 행복을 꿈꾸는 교육은 어디에서 오는가?

미래 100년을 향한 새로운 교육 혁신교육을 실천하는 교사들의 필독서

● **교육혁명을 앞당기는 배움책 이야기** 혁신교육의 철학과 잉걸진 미래를 만나다!

한국교육연구네트워크 총서

01	핀란드 교육혁명	한국교육연구네트워크 엮음 l 320쪽 l 값 15,000원
02	일제고사를 넘어서	한국교육연구네트워크 엮음 l 284쪽 l 값 13,000원
03	새로운 사회를 여는 교육혁명	한국교육연구네트워크 엮음 l 380쪽 l 값 17,000원
04	교장제도 혁명	한국교육연구네트워크 엮음 l 268쪽 l 값 14,000원
05	새로운 사회를 여는 교육자치 혁명	한국교육연구네트워크 엮음 l 312쪽 l 값 15,000원
06	혁신학교에 대한 교육학적 성찰	한국교육연구네트워크 엮음 l 308쪽 l 값 15,000원
07	진보주의 교육의 세계적 동향	한국교육연구네트워크 엮음 l 324쪽 l 값 17,000원
08	더 나은 세상을 위한 학교혁명	한국교육연구네트워크 엮음 l 404쪽 l 값 21,000원
09	비판적 실천을 위한 교육학	이윤미 외 지음 l 448쪽 l 값 23,000원
10	마을교육공동체운동: 세계적 동향과 전망	심성보 외 지음 l 376쪽 l 값 18,000원
11	학교 민주시민교육의 세계적 동향과 과제	심성보 외 지음 l 308쪽 l 값 16,000원
12	학교를 민주주의의 정원으로 가꿀 수 있을까?	성열관 외 지음 l 272쪽 l 값 16,000원
13	교육사상가의 삶과 사상	심성보 외 지음 l 420쪽 l 값 23,000원
14	교육사상가의 삶과 사상 2	김누리 외 지음 l 432쪽 l 값 25,000원

한국교육연구네트워크 번역 총서

01	프레이리와 교육	존 엘리아스 지음 l 한국교육연구네트워크 옮김 l 276쪽 l 값 14,000원
02	교육은 사회를 바꿀 수 있을까?	마이클 애플 지음 l 강희룡·김선우·박원순·이형빈 옮김 l 356쪽 l 값 16,000원
03	비판적 페다고지는 세상을 변화시킬 수 있는가?	Seewha Cho 지음 l 심성보·조시화 옮김 l 280쪽 l 값 14,000원
04	마이클 애플의 민주학교	마이클 애플·제임스 빈 엮음 l 강희룡 옮김 l 276쪽 l 값 14,000원
05	21세기 교육과 민주주의	넬 나딩스 지음 l 심성보 옮김 l 392쪽 l 값 18,000원
06	세계교육개혁 민영화 우선인가 공적 투자 강화인가?	린다 달링-해먼드 외 지음 l 심성보 외 옮김 l 408쪽 l 값 21,000원
07	콩도르세, 공교육에 관한 다섯 논문	니콜라 드 콩도르세 지음 l 이주환 옮김 l 300쪽 l 값 16,000원
08	학교를 변론하다	얀 마스켈라인·마틴 시몬스 지음 l 윤선인 옮김 l 252쪽 l 값 15,000원
09	존 듀이와 교육	짐 개리슨 외 지음 l 심성보 외 옮김 l 376쪽 l 값 19,000원
10	진보주의 교육운동사	윌리엄 헤이스 지음 l 심성보 외 옮김 l 324쪽 l 값 18,000원
11	사랑의 교육학	안토니아 다더 지음 l 심성보 외 옮김 l 412쪽 l 값 22,000원
12	다시 읽는 민주주의와 교육	존 듀이 지음 l 심성보역 l 620쪽 l 값 32,000원

● 비고츠키 선집 시리즈 발달과 협력의 교육학 어떻게 읽을 것인가?

01 생각과 말	L.S. 비고츠키 지음 l 배희철·김용호·D. 켈로그 옮김 l 690쪽 l 값 33,000원	
02 도구와 기호	비고츠키·루리야 지음 l 비고츠키 연구회 옮김 l 336쪽 l 값 16,000원	
03 어린이 자기행동숙달의 역사와 발달 I	L.S. 비고츠키 지음 l 비고츠키 연구회 옮김 l 564쪽 l 값 28,000원	
04 어린이 자기행동숙달의 역사와 발달 II	L.S. 비고츠키 지음 l 비고츠키 연구회 옮김 l 552쪽 l 값 28,000원	
05 어린이의 상상과 창조	L.S. 비고츠키 지음 l 비고츠키 연구회 옮김 l 280쪽 l 값 15,000원	
06 성장과 분화	L.S. 비고츠키 지음 l 비고츠키 연구회 옮김 l 308쪽 l 값 15,000원	
07 연령과 위기	L.S. 비고츠키 지음 l 비고츠키 연구회 옮김 l 336쪽 l 값 17,000원	
08 의식과 숙달	L.S 비고츠키 l 비고츠키 연구회 옮김 l 348쪽 l 값 17,000원	
09 분열과 사랑	L.S. 비고츠키 지음 l 비고츠키 연구회 옮김 l 260쪽 l 값 16,000원	
10 성애와 갈등	L.S. 비고츠키 지음 l 비고츠키 연구회 옮김 l 268쪽 l 값 17,000원	
11 흥미와 개념	L.S. 비고츠키 지음 l 비고츠키 연구회 옮김 l 408쪽 l 값 21,000원	
12 인격과 세계관	L.S. 비고츠키 지음 l 비고츠키 연구회 옮김 l 372쪽 l 값 22,000원	
13 정서 학설 I	L.S. 비고츠키 지음 l 비고츠키 연구회 옮김 l 584쪽 l 값 35,000원	
14 정서 학설 II	L.S. 비고츠키 지음 l 비고츠키 연구회 옮김 l 480쪽 l 값 35,000원	
15 심리학 위기의 역사적 의미	L·S 비고츠키 지음 l 비고츠키연구회 옮김 l 560쪽 l 값 38,000원	
비고츠키와 인지 발달의 비밀	A.R. 루리야 지음 l 배희철 옮김 l 280쪽 l 값 15,000원	
비고츠키의 발달교육이란 무엇인가?	비고츠키교육학실천연구모임 지음 l 412쪽 l 값 21,000원	
비고츠키 철학으로 본 핀란드 교육과정	배희철 지음 l 456쪽 l 값 23,000원	
비고츠키와 마르크스	앤디 블런던 외 지음 l 이성우 옮김 l 388쪽 l 값 19,000원	
수업과 수업 사이	비고츠키 연구회 지음 l 196쪽 l 값 12,000원	
관계의 교육학, 비고츠키	진보교육연구소 비고츠키교육학실천연구모임 지음 l 300쪽 l 값 15,000원	
교사와 부모를 위한 발달교육이란 무엇인가?	현광일 지음 l 380쪽 l 값 18,000원	
비고츠키 생각과 말 쉽게 읽기	진보교육연구소 비고츠키교육학실천연구모임 지음 l 316쪽 l 값 15,000원	
교사와 부모를 위한 비고츠키 교육학	카르포프 지음 l 실천교사번역팀 옮김 l 308쪽 l 값 15,000원	
레프 비고츠키	르네 반 데 비어 지음 l 배희철 옮김 l 296쪽 l 값 21,000원	

혁신학교	성열관·이순철 지음 l 224쪽 l 값 12,000원
행복한 혁신학교 만들기	초등교육과정연구모임 지음 l 264쪽 l 값 13,000원
서울형 혁신학교 이야기	이부영 지음 l 320쪽 l 값 15,000원
혁신교육, 철학을 만나다	브렌트 데이비스·데니스 수마라 지음 l 현인철·서용선 옮김 l 304쪽 l 값 15,000원
대한민국 교사, 어떻게 가르칠 것인가?	윤성관 지음 l 320쪽 l 값 15,000원
아이들을 어떻게 가르칠 것인가	사토 마나부 지음 l 박찬영 옮김 l 232쪽 l 값 13,000원
모두를 위한 국제이해교육	한국국제이해교육학회 지음 l 364쪽 l 값 16,000원
경쟁을 넘어 발달 교육으로	현광일 지음 l 288쪽 l 값 14,000원
혁신교육 존 듀이에게 묻다	서용선 지음 l 292쪽 l 값 14,000원

다시 읽는 조선 교육사	이만규 지음 l 750쪽 l 값 33,000원
교실 속으로 간 이해중심 교육과정	온정덕 외 지음 l 224쪽 l 값 13,000원
대한민국 교육혁명	교육혁명공동행동 연구위원회 지음 l 224쪽 l 값 12,000원
포스트 코로나 시대의 교육	성열관 외 지음 l 224쪽 l 값 15,000원
내일 수업 어떻게 하지?	아이함께 지음 l 300쪽 l 값 15,000원
핀란드 교육의 기적	한넬레 니에미 외 엮음 l 장수명 외 옮김 l 456쪽 l 값 23,000원
한국 교육의 현실과 전망	심성보 지음 l 724쪽 l 값 35,000원
독일의 학교교육	정기섭 지음 l 536쪽 l 값 29,000원
교실 속으로 간 이해중심 통합교육과정	온정덕 외 지음 l 224쪽 l 값 15,000원
초등 백워드 교육과정 설계와 실천 이야기	김병일 외 지음 l 352쪽 l 값 19,000원
학습격차 해소를 위한 새로운 도전 보편적 학습설계 수업	조윤정 외 지음 l 240쪽 l 값 15,000원

● **경쟁과 차별을 넘어 평등과 협력으로 미래를 열어가는 교육 대전환!** 혁신교육 현장 필독서

학교의 미래, 전문적 학습공동체로 열다	새로운학교네트워크·오윤주 외 지음 l 276쪽 l 값 16,000원
마을교육공동체 생태적 의미와 실천	김용련 지음 l 256쪽 l 값 15,000원
학교폭력, 멈춰!	문재현 외 지음 l 348쪽 l 값 15,000원
학교를 살리는 회복적 생활교육	김민자·이순영·정선영 지음 l 256쪽 l 값 15,000원
삶의 시간을 잇는 문화예술교육	고영직 지음 l 292쪽 l 값 16,000원
미래교육을 디자인하는 학교교육과정	박승열 외 지음 l 348쪽 l 값 18,000원
코로나 시대, 마을교육공동체운동과 생태적 교육학	심성보 지음 l 280쪽 l 값 17,000원
혐오, 교실에 들어오다	이혜정 외 지음 l 232쪽 l 값 15,000원
수업, 슬로리딩과 함께	박경숙 외 지음 l 268쪽 l 값 15,000원
물질과의 새로운 만남	베로니카 파치니-케처바우 외 지음 l 이연선 외 옮김 l 240쪽 l 값 15,000원
그림책으로 만나는 인권교육	강진미 외 지음 l 272쪽 l 값 18,000원
수업 고수들 수업·교육과정·평가를 말하다	박현숙 외 지음 l 368쪽 l 값 17,000원
아이들의 배움은 어떻게 깊어지는가	이시이 쥰지 지음 l 방지현·이창희 옮김 l 200쪽 l 값 11,000원
미래, 공생교육	김환희 지음 l 244쪽 l 값 15,000원
들뢰즈와 가타리를 통해 유아교육 읽기	리세롯 마리엣 올슨 지음 l 이연선 외 옮김 l 328쪽 l 값 17,000원
혁신고등학교, 무엇이 다른가?	김현자 외 지음 l 344쪽 l 값 18,000원
시민이 만드는 교육 대전환	심성보·김태정 지음 l 248쪽 l 값 15,000원
평화교육 과거, 현재 그리고 미래를 그리다	모니샤 바자즈 외 지음 l 권순정 외 옮김 l 268쪽 l 값 18,000원
학교의 미래, 전문적 학습공동체로 열다	새로운학교네트워크·오윤주 외 지음 l 276쪽 l 값 16,000원
마을교육공동체 생태적 의미와 실천	김용련 지음 l 256쪽 l 값 15,000원
학교폭력, 멈춰!	문재현 외 지음 l 348쪽 l 값 15,000원

학교를 살리는 회복적 생활교육	김민자·이순영·정선영 지음	256쪽	값 15,000원
삶의 시간을 잇는 문화예술교육	고영직 지음	292쪽	값 16,000원
미래교육을 디자인하는 학교교육과정	박승열 외 지음	348쪽	값 18,000원
코로나 시대, 마을교육공동체운동과 생태적 교육학	심성보 지음	280쪽	값 17,000원
혐오, 교실에 들어오다	이혜정 외 지음	232쪽	값 15,000원
수업, 슬로리딩과 함께	박경숙 외 지음	268쪽	값 15,000원
물질과의 새로운 만남	베로니카 파치니-케처바우 외 지음	이연선 외 옮김	240쪽	값 15,000원
그림책으로 만나는 인권교육	강진미 외 지음	272쪽	값 18,000원
수업 고수들 수업·교육과정·평가를 말하다	박현숙 외 지음	368쪽	값 17,000원
아이들의 배움은 어떻게 깊어지는가	이시이 쥰지 지음	방지현·이창희 옮김	200쪽 값 11,000원
미래, 공생교육	김환희 지음	244쪽	값 15,000원
들뢰즈와 가타리를 통해 유아교육 읽기	리세롯 마리엣 올슨 지음	이연선 외 옮김	328쪽	값 17,000원
혁신고등학교, 무엇이 다른가?	김현자 외 지음	344쪽	값 18,000원
시민이 만드는 교육 대전환	심성보·김태정 지음	248쪽	값 15,000원
평화교육 과거, 현재 그리고 미래를 그리다	모니샤 바자즈 외 지음	권순정 외 옮김	268쪽	값 18,000원
마을교육공동체란 무엇인가?	서용선 외 지음	360쪽	값 17,000원
강화도의 기억을 걷다	최보길 지음	276쪽	값 14,000원
체육 교사, 수업을 말하다	전용진 지음	304쪽	값 15,000원
평화의 교육과정 섬김의 리더십	이준원·이형빈 지음	292쪽	값 16,000원
마을로 걸어간 교사들, 마을교육과정을 그리다	백윤애 외 지음	336쪽	값 16,000원
혁신교육지구와 마을교육공동체는 어떻게 만들어지는가?	김태정 지음	376쪽	값 18,000원
서울대 10개 만들기	김종영 지음	348쪽	값 18,000원
선생님, 통일이 뭐예요?	정경호 지음	252쪽	값 13,000원
함께 배움 학생 주도 배움 중심 수업 이렇게 한다	니시카와 준 지음	백경석 옮김	280쪽	값 15,000원
다정한 교실에서 20,000시간	강정희 지음	296쪽	값 16,000원
즐거운 세계사 수업	김은석 지음	328쪽	값 13,000원
학교를 개선하는 교장 지속가능한 학교 혁신을 위한 실천 전략	마이클 풀란 지음	서동연·정효준 옮김	216쪽	값 13,000원
선생님, 민주시민교육이 뭐예요?	염경미 지음	244쪽	값 15,000원
교육혁신의 시대 배움의 공간을 상상하다	함영기 외 지음	264쪽	값 17,000원
도덕 수업, 책으로 묻고 윤리로 답하다	울산도덕교사모임 지음	320쪽	값 15,000원
교육과 민주주의	필라르 오카디즈 외 지음	유성상 옮김	420쪽	값 25,000원
남도 임진의병의 기억을 걷다	김남철 지음	288쪽	값 18,000원
프레이리에게 변혁의 길을 묻다	심성보 지음	672쪽	값 33,000원
다시, 혁신학교!	성기신 외 지음	300쪽	값 18,000원

백워드로 설계하고 피드백으로 완성하는 성장중심평가	이형빈·김성수 지음 ǀ 356쪽 ǀ 값 19,000원
우리 교육, 거장에게 묻다	표혜빈 외 지음 ǀ 272쪽 ǀ 값 17,000원
교사에게 강요된 침묵	설진성 지음 ǀ 296쪽 ǀ 값 18,000원
왜 체 게바라인가	송필경 지음 ǀ 320쪽 ǀ 값 19,000원
풀무의 삶과 배움	김현자 지음 ǀ 352쪽 ǀ 값 20,000원
비고츠키 아동학과 글쓰기 교육	한희정 지음 ǀ 300쪽 ǀ 값 18,000원
교실을 위한 프레이리	아이러 쇼어 엮음 ǀ 사람대사람 옮김 ǀ 410쪽 ǀ 값 23,000원
마을, 그 깊은 이야기 샘	문재현 외 지음 ǀ 404쪽 ǀ 값 23,000원
비난받는 교사	다이애나 폴레비치 지음 ǀ 유성상 외 옮김 ǀ 404쪽 ǀ 값 23,000원
한국교육운동의 역사와 전망	하성환 지음 ǀ 308쪽 ǀ 값 18,000원
철학이 있는 교실살이	이성우 지음 ǀ 272쪽 ǀ 값 17,000원
왜 지속가능한 디지털 공동체인가	현광일 지음 ǀ 280쪽 ǀ 값 17,000원
선생님, 우리 영화로 세계시민 만나요!	변지윤 외 지음 ǀ 328쪽 ǀ 값 19,000원
아이를 함께 키울 온 마을은 어떻게 만들어야 할까?	차상진 지음 ǀ 288쪽 ǀ 값 17,000원
선생님, 제주 4·3이 뭐예요?	한강범 지음 ǀ 308쪽 ǀ 값 18,000원
마을배움길 학교 이야기	김명신 외 지음 ǀ 300쪽 ǀ 값 18,000원
다시, 남도의 기억을 걷다	노성태 지음 ǀ 332쪽 ǀ 값 19,000원
세계의 혁신 대학을 찾아서	안문석 지음 ǀ 284쪽 ǀ 값 17,000원
소박한 자율의 사상가, 이반 일리치	박홍규 지음 ǀ 328쪽 ǀ 값 19,000원
선생님, 평가 어떻게 하세요	성열관 외 지음 ǀ 220쪽 ǀ 값 15,000원
남도 한말의병의 기억을 걷다	김남철 지음 ǀ 316쪽 ǀ 값 19,000원
생태전환교육, 학교에서 어떻게 할까?	심지영 지음 ǀ 236쪽 ǀ 값 15,000원
어떻게 어린이를 사랑해야 하는가	야누쉬 코르착 지음 ǀ 396쪽 ǀ 값 23000원
북유럽의 교사와 교직	예스터 에크하트 라르센 외 묶음 ǀ 유성상·김민조 옮김 ǀ 432쪽 ǀ 값 25,000원
산마을 너머 지금 뭐해?	최보길 외 지음 ǀ 260쪽 ǀ 값 17,000원
전문적 학습네트워크	크리스 브라운·신디 L. 푸트먼 엮음 ǀ 성기선·문은경 옮김 ǀ 424쪽 ǀ 값 24,000원
선생님이 왜 노조 해요?	윤미숙 외 지음 ǀ 326쪽 ǀ 값 18,000원
자율성과 전문성을 지닌 교사되기	린다 달링 해몬드·디온 번즈 지음 ǀ 전국교원양성대학교총장협의회 옮김 ǀ 412쪽 ǀ 값 25,000원
초등 개념 기반 탐구학습의 설계와 실천 이야기	김병일 지음 ǀ 380쪽 ǀ 값 27,000원
교실을 광장으로 만들기	윤철기 외 지음 ǀ 220쪽 ǀ 값 17,000원
선생님, 완벽하지 않아도 괜찮아요	유승재 지음 ǀ 264쪽 ǀ 값 17,000원
지속가능한 리더십	앤디 하그리브스 외 지음 ǀ 정바울 외 옮김 ǀ 352쪽 ǀ 값 21,000원
남도 명량의 기억을 걷다	이돈삼 지음 ǀ 280쪽 ǀ 값 17,000원
교사가 아프다	송원재 지음 ǀ 300쪽 ǀ 값 18,000원

존 듀이의 생명과 경험의 문화적 전환	현광일 지음 l 272쪽 l 값 17,000원
왜 먹고 쓰고 걸어야 하는가?	김태철 지음 l 300쪽 l 값 18,000원
미래 교직 디자인	캐럴 G. 베이즐 외 지음 l 정바울 외 옮김 l 192쪽 l 값 17,000원
타일러 교육과정과 수업 설계의 기본 원리	랄프 타일러 지음 l 이형빈 옮김 l 176쪽 l 값 15,000원
시로 읽는 교육의 풍경	이상철 외 지음 l 384쪽 l 값 22,000원
부산 교육의 미래 2026	이성우 지음 l 272쪽 l 값 17,000원
11권의 그림책으로 만나는 평화통일 수업	경기평화교육센터·곽인숙 외 지음 l 304쪽 l 값 19,000원
명랑 10대 명량 챌린지	강정희 지음 l 320쪽 l 값 18,000원
교장이 바뀌면 학교가 바뀐다	홍제남 지음 l 260쪽 l 값 16,000원
교육정치학의 이론과 실천	김용일 지음 l 308쪽 l 값 18,000원
모두 아픈 학교, 공동체로 회복하기	김성천 외 지음 l 276쪽 l 값 17000원
교실 속으로 간 이해중심 교육과정	온정덕, 변영임, 안나, 유수정 지음 l 216쪽 l 값 15,000원
마오쩌둥의 국제정치사상	정세현 지음 l 332쪽 l 값 19,000원
교사, 깊이 있는 학습을 말하다	황철형 외 지음 l 214쪽 l 값 15,000원
세계의 대안교육 교육	넬 나딩스, 헬렌 리즈 엮음 l 심성보, 유성상, 강석, 김가형, 김남항, 김보영, 박광노, 신정윤, 이민정, 허나겸, 황현경 옮김 l 652쪽 l 값 38,000원
더 좋은 교육과정 더 나은 수업 교육	이형빈 지음 l 292쪽 l 값 18,000원
마을 교육, 다 함께 가치	김미연, 박아남, 윤나영, 강기훈, 이종숙, 문지현 지음 l 320쪽 l 값 19,000원
한나 아렌트와 교육	모르데하이 고든 엮음 l 조나영 옮김 l 376쪽 l 값 23,000원
더 나은 사고를 위한 교육	로렌스 스플리터, 앤 마가렛 샤프 지음 l 김혜숙, 박상욱 옮김 l 438쪽 l 값 25,000원
공동체의 힘, 작은학교 만들기	미셸 앤더슨 외 지음 l 권순형 외 옮김 l 264쪽 l 값 18,000원
어떻게 어린이를 사랑해야 하는가(개정판)	야누시 코르착 지음 l 송순재, 안미현 옮김 l 396쪽 l 값 23,000원
토대역량과 사회정의	알렌산더 M 지음 l 유성상, 이인영 옮김 l 324쪽 l 값 22,000원
북한교육과 평화통일교육	이병호 지음 l 336쪽 l 값 22,000원
사교육 해방 국민투표	이형빈, 송경원 지음 l 260쪽 l 값 17,000원
마을교육, 다 함께 가치	김미연 외 지음 l 320쪽 l 값 19,000원
나는 어떤 특수 교사인가(개정판)	김동인 지음 l 268쪽 l 값 17,000원
능력주의 시대, 교육과 공정을 사유하다	한국교육사상학회지 l 280쪽 l 값 19,000원

참된 삶과 교육에 관한
생각 줍기